quando chega a hora

© 2022 por Zibia Gasparetto

Direção de Arte: Luiz Antonio Gasparetto
Coordenadora editorial: Tânia Lins
Coordenador de comunicação: Marcio Lipari
Capa: Kátia Cabello
Diagramação: Priscilla Andrade
Foto quarta capa: Renato Cirone
Preparação: Janaina Calaça
Revisão: Equipe Vida & Consciência

1ª edição — 1ª reimpressão
5.000 exemplares — setembro 2022
Tiragem total: 506.000 exemplares

**CIP-BRASIL — CATALOGAÇÃO NA PUBLICAÇÃO
(SINDICATO NACIONAL DOS EDITORES DE LIVROS, RJ)**

L972f
    Lucius (Espírito)
    Quando chega a hora / Zibia Gasparetto ; pelo espírito Lucius. -
[1. ed., reimpr.] - São Paulo : Vida & Consciência, 2022.
    416 p. ; 23 cm.

    ISBN 978-65-88599-56-3

    1. Romance espírita. 2. Obras psicografadas. I. Título.

22-79033

                         CDD: 133.93
                         CDU: 82-97:133.9

Índices para catálogo sistemático:
1. Romances espíritas psicografados: Espiritismo 133.93

Todos os direitos reservados. Nenhuma parte desta edição pode ser utilizada ou reproduzida, por qualquer forma ou meio, seja ele mecânico ou eletrônico, fotocópia, gravação etc., tampouco apropriada ou estocada em sistema de banco de dados, sem a expressa autorização da editora (Lei nº 5.988, de 14/12/1973).

Este livro adota as regras do novo acordo ortográfico (2009).

Vida & Consciência Editora e Distribuidora Ltda.
Rua das Oiticicas, 75 – Parque Jabaquara – São Paulo – SP – Brasil
CEP 04346-090
editora@vidaeconsciencia.com.br
www.vidaeconsciencia.com.br

Zibia Gasparetto

ditado por Lucius

quando chega a hora

ESCLARECIMENTO

Muitas pessoas perguntam por que os livros que escrevemos têm tido tanta aceitação dos leitores. Alguns se admiram das revelações a respeito de como é a vida em outras dimensões do universo; outros indagam se as histórias que narramos aconteceram de fato; outros, ainda, sentem que depois da leitura suas vidas se transformaram para melhor.

Há aqueles também que, preconceituosos, os classificam de livros religiosos ou "esotéricos", sem perceber que um livro — seja de ficção ou não — vale pelo bem que consegue fazer a quem o lê, pelos valores verdadeiros que revela e pelos bons pensamentos que inspira.

É que muitos ainda não estão prontos para entender a diferença entre as religiões do mundo e a religiosidade do espírito em sua união interior com Deus.

Na verdade, nós, aqui na vida astral, valorizamos tudo o que possa levar o ser humano a descobrir os valores eternos da alma, porque são eles que nos conduzem à harmonia, ao progresso e à paz.

Por isso, na comunidade onde vivo, não professamos essa ou aquela religião. Atuamos em um plano mais amplo, no qual o que conta é o nível espiritual de cada um. Nosso objetivo maior é esclarecer como funcionam as leis da vida para que o homem aprenda a disciplinar a mente e tornar-se mais equilibrado e feliz.

Há séculos temos observado o quanto as crenças erradas infelicitam as pessoas, fazendo-as mergulhar no círculo vicioso dos sofrimentos e tomar decisões inadequadas, quando já têm condições para usar a própria inteligência e disciplinar suas atitudes, obtendo melhores resultados.

O homem perde-se nos cultos exteriores, ilude-se com rituais e exemplos de santidade, como se isso fosse suficiente para gerar o próprio equilíbrio e o desenvolvimento interiores. No fim, regressa do mundo após a morte do corpo físico nas mesmas condições ou em estado pior de sofrimento, tendo gastado um longo tempo nesse vaivém sem grande progresso.

O amadurecimento do espírito e o desenvolvimento da consciência são um processo interior, em que a experiência vai pouco a pouco abrindo a conquista da sabedoria, sem a qual ninguém poderá encontrar a felicidade e a paz.

Esse é o motivo pelo qual tenho trazido a vocês essas histórias. Elas ilustram, com o realismo que a própria vida escreveu, situações, escolhas, atitudes das pessoas, os resultados que colheram, oferecendo-nos, dessa forma, a oportunidade de compreender, por meio da inteligência, o que significa aprender sem sofrimento.

Todas são verdadeiras, os personagens são reais, todavia, devo explicar que, em se tratando de histórias recentes, em que alguns dos protagonistas ainda estão encarnados, vi-me forçado a modificar alguns detalhes a fim de preservar-lhes a privacidade.

Mudei nomes, cidades, porque para nós o importante são os fatos e não os detalhes materiais. Tenho notado que algumas pessoas tentam descobrir onde, inutilmente, se encontram alguns deles.

Tenha certeza de que o importante continua sendo a essência, não a forma. Saiba também que, quando você começa a ler um de nossos livros, seu guia espiritual, que estava só esperando que você lhe desse uma chance, vai acompanhá-lo na leitura, aproveitando para trabalhar seus sentimentos e realizando uma verdadeira terapia espiritual.

Essa é a razão pela qual muitos melhoraram suas vidas com a leitura de nossos livros. Sem falar que cada livro que trata dos elevados critérios da espiritualidade maior carrega naturalmente energias iluminadas, das quais você se beneficia.

Esperando haver respondido a algumas indagações dos leitores, deixo com você meus votos de progresso, luz e paz.

Lucius

PRÓLOGO

Nico era um menino ágil, esperto, sempre atento e disposto a tirar proveito de tudo quanto acontecesse ao seu redor. Se ele via alguma mulher com pacotes, oferecia-se para carregá-los; se alguém estava se mudando, lá ia ele oferecer-se para ajudar. Quando não tinha nada para fazer, costumava ficar na porta dos armazéns observando as pessoas à espera de poder ser-lhes útil. Uns níqueis aqui, outros ali, ele sempre conseguia juntar algum dinheiro com o qual comprava os cadernos para a escola e ainda lhe sobrava um pouco para a entrada da matinê do domingo no cinema, em que muitas vezes trabalhava como lanterninha quando o dinheiro não dava para comprar o ingresso. Quando ia ajudar nas mudanças, ganhava muitos objetos e levava-os para casa, onde sempre tinham alguma utilidade.

Aos nove anos, Nico era o segundo filho entre cinco irmãos de uma família muito pobre. O pai não era muito dado ao trabalho e gastava suas tardes no bar da esquina jogando baralho com os amigos. Era a mulher Ernestina, lavando roupas para fora, quem mantinha a família. Quando alguém lhe perguntava por que Jacinto não trabalhava, respondia resignada que ele não podia, pois tinha um problema de saúde e não servia pra nada.

Muitas vezes, a pessoa retrucava:

— Qual nada, dona Ernestina! Ele é preguiçoso! Ah, se fosse o meu marido! Teria de se virar! Onde já se viu?

Ernestina dava de ombros e não respondia. Estava habituada àquela vida. Casara-se muito cedo: ele, com trinta anos; ela, com treze. Seu pai lhe dissera:

— Você vai se casar com ele. Já acertamos tudo.

— Mas, pai, eu nem o conheço direito!

— Fica conhecendo, ora essa! Ele é um bom partido. Um homem que já tem um pedaço de terra, tudo plantado, tem fartura. Sabia que a terra é dele? O pai já passou tudo pra ele. Você ficará bem.

Ela obedeceu. Como não obedeceria? Educada de maneira dura, jamais poderia dizer não aos pais. Durante o primeiro ano de casamento, quando o pai de Jacinto ainda estava vivo, tudo foi muito bom. Ela era bem tratada, não lhe faltava nada.

Quando nasceu o primeiro filho, deram uma festa: mataram um leitão, fizeram bolo, abriram um garrafão de vinho.

A vida parecia-lhe fácil até o dia em que o pai de Jacinto ficou doente. Sua esposa tratou dele, levaram-no ao médico da cidade, mas nada deu jeito. Ele morreu. Depois disso, tudo foi se modificando. Sem o marido, dona Edinete ficou triste, deu para beber e fechou-se no quarto por dias e dias. Ernestina teve de assumir a direção da casa.

Muitas vezes, tentou fazer Jacinto cuidar da plantação, mas ele alegava que se sentia mal, que não gostava do cabo da enxada e que sua saúde era delicada.

Apesar da saúde delicada, Jacinto conseguia um filho por ano e logo ela estava com cinco filhos. Como ele não cuidava da plantação, o mato começou a crescer, e Ernestina não dava conta de cuidar da família e também da plantação. Quando muito, conseguia criar as galinhas e aproveitar as frutas que cultivavam no pomar.

Teve de aprender. Não queria mais filhos. Foi procurar um curandeiro, que lhe deu alguns remédios com os quais evitava engravidar. Foi então que começou a pegar roupas de fora para lavar. Não tinha dinheiro para mandar os meninos à escola, mas Nico queria aprender a ler. Já José, o mais velho, não se importava. Ficava jogando bola o dia inteiro e não ajudava a olhar os irmãos. Era Nilce, um ano mais nova que Nico, quem tomava conta dos pequenos, enquanto Ernestina cuidava da roupa.

Era Nico quem a ajudava mais. Além das coisas que ganhava das pessoas, conseguia comprar pão e até café.

— Quando eu crescer, mãe, vou ganhar muito dinheiro e morar na cidade. Você vai ver!

Ela ria, balançava a cabeça e não respondia.

"Quem nasce pobre morre pobre!", pensava, mas não falava isso para ele. Para quê? Era uma criança e não tinha de conhecer a dureza da vida antes do tempo.

Ele continuava sempre bem-disposto, alegre, procurando aproveitar o tempo de forma lucrativa. Enquanto seu irmão se divertia nadando na lagoa ou jogando bola com os amigos, Nico perambulava em busca de uma oportunidade pelas ruas de Sertãozinho, pequena cidade do interior de São Paulo, onde viviam.

As pessoas gostavam dele, sempre alegre e disposto a ajudar. Muitas vezes lhe davam guloseimas, alguns até mandando alguma coisa para sua família.

— Ele nem parece filho do Jacinto! — diziam as comadres.

— Ele puxou a mãe. Ela, sim, é mulher *trabalhadeira*! Não sei como sustenta aquele vagabundo do marido.

— E a sogra, então? Um horror! Vive envergonhando todo mundo. Outro dia, ela bebeu e saiu pra rua semidespida. Precisou Ernestina pegar ela à força e levar pra dentro. Uma vergonha! Se não fosse a Aurora ajudar, nem sei o que teria acontecido. Ela ia acabar tirando a roupa toda na rua!

— Coitada da Ernestina! Uma mulher tão séria, tão educada!

***

Nico chegou em casa tarde e perguntou:

— Mãe, ainda tem janta?

Ela foi à cozinha e respondeu:

— Deixei um prato pra você no fogão. Por que veio tão tarde?

— Fui ajudar seu Aurélio. Ele pegou um serviço na mansão.

— Na mansão?

— É. Sabia que vão reformar? Gente muito rica da capital. Vão se mudar assim que estiver pronta.

— Tem certeza?

— Tenho. Seu Aurélio foi contratado para cuidar do jardim e me pediu para ajudá-lo. Vai pagar bem. É que eles têm pressa de aprontar tudo, e há muito trabalho lá.

— Por que será que eles querem vir morar aqui no interior? Gente rica e da cidade!

— Não sei. O que sei é que veio muita gente de São Paulo, e estão trabalhando para aprontar tudo. A senhora precisava ver o rebuliço. Tem pedreiro, carpinteiro, pintor, tudo. Fiquei louco de vontade de entrar na mansão.

— É melhor não. Dizem que é assombrada.

— Não acredito. Isso é conversa do povo.

— Está fechada desde que o coronel morreu. O Nestor jura que viu a alma dele vagando por lá.

— Bobagem. O povo é ignorante, fala demais.

Uma voz vinda de trás de Nico interrompeu a conversa:

— Olha só quem fala! O que você sabe da vida?

Nico voltou-se. Jacinto estava na porta olhando-o provocador.

Os dois não se davam bem. Nico escapava do pai sempre que podia. Tinha sua própria opinião sobre ele e não gostava de expô-la. Achava-o preguiçoso e envergonhava-se de vê-lo no bar jogando, enquanto sua mãe trabalhava duro para conseguir algum dinheiro.

Apesar de não dizer nada, seu olhar irritava o pai. A esperteza do menino, sempre bem-disposto, trabalhando o dia inteiro, incomodava-o. Parecia-lhe que ele fazia isso só para irritá-lo. Por que ele não era como José? Esse, sim, era um menino como os outros.

Nico não respondeu. Apanhou o prato e foi comer no quintal. Gostava de sentar-se em um caixote que colocara sob uma mangueira. A noite estava estrelada, e ele gostava de olhar para o céu, imaginando o que haveria atrás daquele manto de estrelas.

Seria o paraíso mesmo, como dizia o vigário? Seriam outros mundos, como ele vira naquela revista que ganhara outro dia? Enquanto comia, pensava: "Eles falavam em discos voadores. E se um disco voador do outro mundo descesse em seu quintal, o apanhasse e levasse para conhecer outros planetas?".

Sentiu um arrepio de medo, mas ao mesmo tempo empolgou-se: "Que aventura! Iria, com certeza. Não teria nem um pouco de medo".

Acabou de comer, mas ficou ainda algum tempo olhando o céu, imaginando como seriam suas aventuras nesses mundos desconhecidos.

Sua mãe chamou-o para dormir, e ele lhe obedeceu. Prometera estar na mansão antes das sete da manhã para ajudar Aurélio com o jardim. Esse era um trabalho que ele conhecia bem. Havia algum tempo, cultivava um pedaço de terra, plantando algumas verduras que vendia, e o dinheiro ajudava-o a manter-se na escola.

Entrou, colocou o prato na pia, lavou-o, enxugou-o e guardou-o. Depois, lavou o rosto e foi se deitar, mas ainda ficou algum tempo imaginando sua viagem em um disco voador e sua aventura em outros planetas. Em meio aos seres criados por sua fantasia, finalmente conseguiu adormecer.

CAPÍTULO 1

O galo cantou, e Nico pulou da cama. Foi ao banheiro, lavou-se, penteou os cabelos, trocou de roupa e foi à cozinha. Era muito cedo, mas Ernestina já coara o café. O menino apanhou uma caneca e serviu-se direto do coador, adoçou o café e, apanhando um pedaço de pão, foi sentar-se embaixo da mangueira.

Enquanto tomava o café, aspirava com prazer o cheiro gostoso das plantas, olhando o céu que o amanhecer matizava, criando desenhos caprichosos. Ele gostava de ver o dia clarear, de sentir a brisa fresca e o silêncio apenas quebrado pelo chilrear dos pássaros.

Enquanto os outros dormiam, ele podia usufruir da calma e da companhia da mãe, que, como ele, madrugava. Ernestina pegou sua caneca de café e aproximou-se.

— É cedo ainda. Podia ter dormido mais.

— Não quero perder a hora. Sente-se um pouco aqui.

Afastou-se para que ela se acomodasse. Ficaram silenciosos tomando o café. Gostavam de ficar assim, lado a lado, sem conversar.

De repente, Nico indagou:

— Você conheceu o coronel?

— Não. Sua avó contava que ele era muito bravo. Mandou a filha embora de casa, prendeu a mulher no quarto e nunca mais a deixou sair.

— Por que será que ele fez isso?

— Foi briga. A filha se meteu com um colono e ficou esperando filho. O coronel a expulsou, e a mãe queria ir atrás, então, ele a prendeu.

— E o moço?

— Ninguém sabe. O coronel mandou matá-lo, mas ele fugiu. Nunca mais ninguém soube dele.

— E depois?

— A moça sumiu. Alguns dizem que ela voltou e que o coronel mandou prendê-la também; outros, que ela morreu quando o filho nasceu. Mas ninguém sabe ao certo. A mulher do coronel morreu dez anos depois, e ele ficou sozinho na mansão. Diziam que não estava bom da cabeça e que a alma da mulher vinha atormentá-lo para se vingar. Ele andava pelos jardins falando sozinho, brigando com todo mundo, um horror.

— Ele ficou louco?

— Dizem que sim. Foi de ruindade. Deu um trabalho danado, pois não queria morrer de jeito nenhum. Foi preciso o vigário rezar muito, pedir pra ele fechar os olhos. Já não falava coisa com coisa e não morria. Estava velho, magro, acabado. Dizem que nem a morte queria levá-lo.

— Se todos morreram e ninguém sabe da filha nem do neto dele, quem herdou a mansão quando ele morreu?

— Um irmão que morava na cidade. Eles não se davam, mas ele herdou tudo. Era da lei.

— Eles nunca foram à mansão?

— Foram, e foi aí que as coisas começaram a acontecer. Eles arrumaram tudo, pintaram e vieram passar as férias. A família inteira. Mas logo os empregados começaram a ver as almas penadas e contaram pra todo mundo.

— Será verdade mesmo?

— Eu acredito. Apesar de o emprego ser bom, de eles pagarem bem, ninguém quis ficar lá. Eles acabaram indo embora antes do tempo. Depois disso, tentaram voltar algumas vezes, mas os fantasmas expulsaram todos.

— Não acredito nessas coisas.

— Eu não desafio. Cruz-credo! Deus nos livre! — disse Ernestina, persignando-se. — E você, que vai lá, é melhor respeitar. A casa é assombrada mesmo, e os fantasmas não querem que ninguém more lá. Por mim, você não iria.

— Pois eu vou. Não tenho medo dessas coisas.

— Então, não entre na mansão. Fique só no jardim. Se acontecer alguma coisa, será fácil sair correndo.

Nico sorriu malicioso:

— Se algum fantasma aparecer, perguntarei o que ele quer.

— Deus nos livre! Já pensou se ele vem atrás de você?

— Eu arranjo uma cruz e o espanto. O vigário disse que é assim que se espantam as almas que vêm nos atormentar.

12

Ernestina balançou a cabeça negativamente:

— Não confie nisso, não. Sei de casos em que a cruz não valeu de nada.

— O vigário está mentindo? — perguntou Nico.

— Isso não, mas já percebi que ele não sabe de tudo. Tem coisas que ele pensa de um jeito e são de outro.

— Nesse caso, ele não deveria ser vigário.

— Ele entende das coisas da religião, mas fora disso é um homem como os outros. Tem suas fraquezas. Nós precisamos entender que ele não é um santo.

Nico ficou calado pensando. Santo deveria ser mais sábio, conhecer todos os segredos da vida. Deveria saber o que há nas estrelas do céu e nos mundos que ele sonhava conhecer um dia.

Ernestina levantou-se e foi até a cozinha. Nico ficou um pouco mais. Quando achou que era hora, deixou a caneca na pia e saiu rumo à mansão. Era distante, e ele foi caminhando pensando em sua conversa com a mãe. Não acreditava em fantasmas, mas, se a alma do coronel aparecesse, ele não teria medo. Já que a cruz podia não adiantar nada, ele precisava pensar em outra coisa. Correr é que ele não correria. Se existisse alma do outro mundo mesmo, ele tentaria conversar e saber o que ela queria, afinal, ele nem conhecera as pessoas da família do coronel, não tinha nada com isso e não havia razão para que o fantasma dele o perseguisse.

A mansão, como era conhecida na cidade, era o casarão de uma antiga fazenda de café que o proprietário loteara, tendo ficado com a casa construída no meio de um terreno de três mil metros quadrados. Ela era rodeada de um imenso jardim e um pequeno pomar e cercada por um muro alto que terminava em duas colunas em cima das quais havia duas esculturas de bronze voltadas para os portões de ferro trabalhado, a entrada principal. A outra, a de serviço, ficava na rua de trás.

Nico foi o primeiro a chegar e deu uma volta para ver se Aurélio já havia chegado. Como não viu ninguém, sentou-se na calçada em frente ao portão principal, esperando. Seus olhos curiosos examinavam todos os detalhes da propriedade, tentando imaginar como teria sido a vida na mansão antes de acontecer a desgraça da família.

Pensava que era bobagem uma pessoa que possuía uma casa tão bela não saber aproveitá-la. Se aquela casa fosse sua, ele se sentiria muito feliz. Não pensava no dinheiro que ela valia, mas na alegria de poder morar em um lugar tão bonito, de acordar todos os dias naquele jardim maravilhoso. Era verdade que agora o jardim estava feio, as plantas estavam secas e que o mato crescia livremente, mas ele podia ver as árvores e imaginar como teria sido.

13

Aurélio chegou com mais um rapaz e arrancou Nico de seus devaneios. Vendo-o, o jardineiro sorriu satisfeito.

— Chegou cedo — foi dizendo. — Assim é que eu gosto. Vamos começar logo e aproveitar o tempo.

Dirigiu-se ao portão de ferro e tocou a sineta. Logo depois apareceu o caseiro com as chaves. Após os cumprimentos, Aurélio tornou para os dois ajudantes:

— Subam na caminhonete. Vamos descarregar tudo lá dentro.

Sentado no banco da caminhonete, Nico sentia o coração bater forte. Finalmente estava entrando na mansão. Quantas vezes havia parado em frente àqueles portões imaginando como seria lá dentro? Agora poderia matar a curiosidade.

A estrada saía dos portões em forma de um semicírculo, que se fechava em frente à porta de entrada da casa, sobre a qual havia uma grande marquise de ferro trabalhado e de vidro, rematada por algumas colunas sobre as quais havia acabamento de luminárias de ferro.

Nico desejou que a caminhonete passasse por baixo daquela cobertura. Ele queria ver melhor a porta de entrada, mas Aurélio não fez a curva e continuou indo até parar nos fundos, em frente às acomodações de fora.

Descarregaram a caminhonete, e avisaram a Aurélio que em breve o engenheiro chegaria para mostrar-lhe a planta de como os jardins deveriam ser.

Como eles queriam iniciar logo, Aurélio determinou que começassem a tirar o mato de perto dos muros.

O engenheiro chegou acompanhado de outros homens e chamou Aurélio para conversar. Eles tinham pressa. Ele deveria arranjar mais gente. Achava pouco os três. O jardineiro ficou de arranjar mais dois ajudantes, garantindo que fariam o trabalho no tempo desejado.

Logo começou a movimentação dentro da casa, e, de vez em quando, Nico olhava curioso na tentativa de ver como era lá. Percebendo-lhe a curiosidade, Aurélio comentou:

— Você está louquinho pra saber como é lá. Se eu tiver jeito, levo você junto quando for até lá.

— O senhor faria isso, seu Aurélio? — respondeu o menino com os olhos brilhantes.

— Claro. Mas, se a casa for assombrada, não venha reclamar depois. Quero ver se tem coragem mesmo.

— Cruz-credo! — comentou Maninho. — Eu é que não entro lá. Minha tia me avisou que é perigoso.

Maninho era o apelido do outro jovem ajudante. Sobrinho da mulher de Aurélio, morava com eles para aprender o ofício, já que sua família era da roça e muito pobre.

Aurélio sorriu com ar de superioridade e contestou:

— Isso é coisa de mulher! Deixe de ser covarde. Um homem precisa ser corajoso.

— Eu não tenho medo — disse Nico. — Não acredito em fantasmas. Estou curioso para ver como a casa é por dentro. Deve ser uma beleza!

— Está muito abandonada. Foi bonita mesmo.

— O senhor conheceu a casa naquele tempo? — indagou Nico, entusiasmado.

— Eu era criança, tinha a sua idade, mas ainda me lembro. Era uma beleza.

— Conheceu a família do coronel? — Continuou Nico.

— Conheci. Mariinha era linda! Nunca vi moça igual. Quando passava, todo mundo suspirava. Tinha cabelos negros, pele branca, e olhos que pareciam duas jabuticabas. O corpo, então, nem se fala. Era linda mesmo. Muito parecida com a mãe, dona Mariquinha.

— Minha mãe me contou que ela se tomou de amores por um colono e se perdeu.

— Nem me fale... Que infelicidade! O coronel mandou a filha embora de casa. Nunca mais ninguém viu dona Mariquinha. Quando morreu, dona Salomé, que foi vestir o corpo, contou pra minha mãe que nem parecia ela, de tão acabada.

— Ela também era bonita?

— Era. Dava gosto ver. Tão elegante e delicada... Era gentil com todos.

— Já o coronel, sei que ele era o oposto — comentou Nico.

— Era mesmo. Dizem que ele era ruim, mas não acredito. O povo inventa muito. O coronel ajudou muitas famílias, inclusive a do meu avô. Agora, que ele era severo, isso era. Se você trabalhasse direito, fizesse o que ele queria, tinha tudo com o coronel. Mas, se fosse contra ele ou se o desafiasse, então, era melhor fugir do seu pedaço.

— Ele devia ser um homem muito feio.

— Que nada. Era até bem-parecido, mas, por causa do desgosto, foi ficando acabado. Então, sim, enfeou mesmo.

— O Zeca da venda disse que um dia veio aqui trazer as compras do caseiro — contou Maninho. — Era de noite, porque ele teve que esperar o armazém fechar pra poder vir. Seu Inácio pediu que ele levasse as caixas pra dentro. Ele obedeceu e levou pra casa dele, que é aquela lá do fundo. Quando ia saindo, ele resolveu espiar dentro da casa-grande, foi até a janela e olhou. Ficou arrepiado. Viu a alma do coronel, do jeitinho que dizem que ele era, andando lá. Ele quis gritar e não pôde, mas, mesmo assim, o coronel o viu e saiu correndo atrás. O Zeca conseguiu correr e passar pelo portão, sem esperar o caseiro trazer o dinheiro. Disse que nunca mais volta aqui.

Aurélio riu gostosamente.

— Eu queria ver vocês correrem, se ele aparecesse aqui, agora.

— Cruz-credo, seu Aurélio! — disse Maninho, persignando-se. — O senhor não deveria brincar com essas coisas.

Nico ouvia e não se importava. Estava cansado de ouvir histórias de assombração e nunca vira nenhuma. Começava a desconfiar da veracidade delas.

Por mais que Nico desejasse, o tempo foi passando sem que ele houvesse tido oportunidade de entrar na casa. Ainda assim não desanimou.

Foi no dia seguinte que aconteceu. O sol estava a pino. Depois de os jardineiros trabalharem a manhã toda, almoçaram e estenderam-se debaixo das árvores para descansar um pouco.

Enquanto Aurélio, Maninho e Inácio, que se juntara a eles para agilizar o serviço, descansavam, Nico levantou-se e circundou a casa, tentando ver, através das janelas entreabertas, o que havia lá dentro.

— Menino, venha cá.

Nico olhou para o lado de onde vinha a voz. Na soleira estava o engenheiro contratado para reformar a casa. O menino aproximou-se correndo:

— Sim, senhor.

— Preciso de cigarros. Sabe onde vende?

— Sei, sim, senhor. Na venda do Zeca. Se o senhor quiser, posso ir comprar.

— É longe?

— Não, senhor. Três quadras. Vou num pé e volto no outro.

O engenheiro sorriu satisfeito. Tirou uma nota do bolso e entregou-a a Nico junto com uma embalagem de cigarros vazia.

— Compre dois maços deste aqui.

O menino apanhou o dinheiro e saiu correndo. Dentro de pouco tempo estava de volta e procurou pelo engenheiro.

— Está lá dentro — informou um pedreiro.

Nico estremeceu de prazer. Rápido, entrou no saguão olhando tudo. Não podia perder nenhum detalhe. Apesar de estar tudo remexido e fora do lugar, Nico deslumbrou-se com os desenhos do teto e com os ladrilhos do *hall*. Informado de que o engenheiro estava no andar de cima do casarão, subiu as largas escadas de mármore, admirando os vitrais coloridos que deixavam a claridade entrar. Uma vez em cima, entregou os maços de cigarro ao engenheiro, que satisfeito lhe deu duas moedas.

— Obrigado, doutor — disse o menino sorrindo. — Se desejar mais alguma coisa, é só chamar. Terei gosto em ajudar.

— Você é esperto. Foi depressa mesmo. É parente de Aurélio?

— Não, senhor. Ele me contrata para trabalhar quando precisa.

O engenheiro olhou para Nico e sorriu:

— Está certo. Pode ir.

— Se precisar de alguma coisa, pode me chamar.

Nico foi saindo devagar. Seus olhos curiosos examinavam cada detalhe, imaginando como seriam os móveis que estavam cobertos e os quadros que haviam sido retirados e embalados cuidadosamente.

À noite, comentou com Ernestina:

— Mãe, a senhora precisava ver que beleza! Cada sala grande, com muitas janelas! E o teto, então? Cheio de desenhos em volta. As paredes estavam estragadas, manchadas, mas ainda assim lindas. Cheias de desenhos, cada sala de uma cor. Barras pintadas de ouro. A senhora precisava ver.

— Agora que já viu, vê se fica do lado de fora. Não gosto da ideia de ver você dentro daquela casa.

— Bobagem, mãe. Não tem nada lá. Está cheia de gente, e ninguém viu nada.

Ernestina sacudiu a cabeça e não respondeu.

Naquela noite, após o jantar, Nico demorou-se embaixo da mangueira, mas não olhava o céu, como de hábito. Seu pensamento estava longe, tentando imaginar como era a mansão nos tempos do coronel.

Nos dias que se seguiram, Nico teve várias oportunidades de entrar na mansão. O engenheiro, satisfeito com a presteza do menino, chamava-o quando precisava de pequenos serviços ou de alguma informação sobre a cidade. Os outros que trabalhavam para ele também começaram a fazer o mesmo, o que fez Aurélio se queixar com o engenheiro.

— Doutor Mário, não tenho nada contra que ocupem o Nico, mas é que preciso dele pra acabar o serviço no tempo certo.

Por causa disso, Mário conversou com seus auxiliares e combinaram entre si utilizar a ajuda do menino apenas durante o horário de almoço.

Assim Nico pôde entrar e sair da casa-grande muitas vezes, sempre atento a tudo quanto acontecia lá, observando os detalhes. Certa vez, Mário perguntou-lhe:

— Quantos anos você tem?

— Nove.

17

— Acho que tem trabalhado demais. Não acho justo. Nem na hora do almoço você descansa. Vou pedir aos homens que o deixem em paz.

Nico inquietou-se:

— Por favor, doutor! Não faça isso! Não me sinto cansado.

— Você é ainda criança. Estamos abusando de você.

— Nada disso. Eu gosto de entrar aqui. Há muito tempo sonhava em conhecer esta casa por dentro. Agora que estou tendo essa oportunidade, não me mande embora!

Mário olhou-o admirado. Tinha observado que Nico olhava tudo com muito interesse.

— Não pretendo fazer isso. Você gosta da casa?

— É linda! Fico imaginando como ela era no tempo do coronel.

O engenheiro sorriu.

— Do que você gosta mais?

— Das janelas, da escada, dos vidros coloridos, dos desenhos nas paredes.

— Mesmo estando tudo tão velho? — Brincou ele, querendo ver aonde Nico queria chegar. — Se fosse minha, eu a derrubaria e construiria outra moderna no lugar.

Nico sobressaltou-se:

— Pois eu não... — calou-se encabulado, pois não queria aborrecer o engenheiro.

Mário riu gostosamente. Achava engraçado que um menino pobre, que provavelmente nunca saíra daquela pequena cidade do interior, soubesse apreciar uma obra de arte.

— Se fosse sua, o que você faria?

Os olhos de Nico brilharam, e seu rosto distendeu-se em um sorriso:

— Se fosse minha, eu deixaria igualzinha ao que era no tempo do coronel. Ela ficaria do jeito que vi outro dia em uma revista. Até os jardins eu faria como naquele tempo. As paredes, tudo. Até o telhado...

— O que é que tem o telhado?

— Eu consertaria tudo e deixaria do jeito que ele era.

— Hoje há muitas coisas modernas, mais bonitas. Por que você gosta tanto dessa casa tão velha?

— Não sei, não, mas ela é a casa mais linda que já vi. Eu não ia gostar de vê-la jogada no chão. Seria uma judiação desmanchar uma casa tão linda!

Mário colocou as mãos nos ombros de Nico e disse sério:

— Eu também acho. Você tem razão. Ela é uma obra de arte mesmo. Difícil de encontrar nos dias de hoje.

— Quer dizer que não vai derrubá-la?

— Estou aqui para fazer exatamente o mesmo que você quer. Vou fazê-la voltar a ser igualzinha ao que era antes.

Nico deu um salto de alegria:

— Que bom! Logo vi que o senhor era um homem sábio.

— Parece que você também. Agora pode ir.

— O senhor vai me deixar entrar aqui de vez em quando para olhar?

— Claro. Você será meu convidado sempre que quiser.

Admirado com a sensibilidade do menino, Mário passou a conversar mais com ele, e a cada dia se surpreendia com sua inteligência, lucidez e boa vontade. A princípio, receou que, lhe dando atenção, Nico abusasse, mas depois de algum tempo percebeu que ele nunca passava dos limites. Era discreto, educado, respeitoso e sabia manter-se em seu lugar.

Percebendo seu interesse, Mário muitas vezes o chamava, mostrando-lhe outras dependências da casa. Nico fazia perguntas, querendo saber como se fazia isto ou aquilo, e Mário, um apaixonado pela arte, sentia prazer em explicar-lhe.

Um dia, falou com Aurélio sobre Nico.

— É um menino muito vivo e inteligente — comentou. — Como é a família dele?

— Gente simples, doutor: o pai é lavrador; a mãe, lavadeira.

— É surpreendente. Ele parece ter sede de aprender.

— Isso é verdade. Ele plantou uma horta e trabalha pra poder ficar na escola.

— Mas ele tem vindo o dia inteiro trabalhar. Está perdendo aula?

— Não, senhor. A escola está fechada até o mês que vem. Ele está de férias.

— Seria uma pena um menino como ele não estudar. Tem tudo para fazer carreira. É muito esperto e trabalhador.

— Todo mundo gosta dele na cidade. É um menino bom mesmo.

— Pena que os pais não têm dinheiro para ele estudar na capital.

— Não mesmo. O pai dele nem trabalha. Diz que é doente. O que a dona Ernestina ganha lavando roupa mal dá para a comida dos cinco filhos. São sete pessoas pra vestir e alimentar.

Mário balançou a cabeça:

— É pena. Esse menino merecia uma oportunidade. Os outros irmãos são assim como ele?

— Qual nada, doutor. O Zé, o mais velho, vive vadiando. Não serve pra nada. Os outros três são muito pequenos.

***

O jardim ficou pronto dentro do prazo previsto, e Nico, além do salário que Aurélio lhe pagou, ganhou muitas gorjetas durante o período em que trabalhou lá. No último dia, depois que Mário acertou as contas com Aurélio, Nico foi procurá-lo.

— Doutor Mário, o jardim ficou pronto, mas eu queria continuar trabalhando. Será que o senhor poderia me dar alguma coisa para fazer? Qualquer serviço serve.

— Suas aulas começam depois de amanhã. Você precisa estudar.

— Eu irei para a escola de manhã e sairei às onze horas. Depois, terei o dia inteiro livre. Por favor, eu gosto de vir aqui e quero trabalhar. Tenho aprendido muito olhando os pedreiros e principalmente os pintores. Outro dia, seu Cláudio me deu aquele resto de tinta que sobrou e um pincel que ele não iria usar mais. Pintei a cozinha de minha mãe e ficou uma beleza! Eu queria que o senhor visse! A casa é feia, mas a parede ficou linda! Eu já sei pintar e posso aprender outras coisas.

Mário sorriu. Era surpreendente a disposição do menino.

— Tem certeza de que trabalhar aqui não prejudicará seus estudos?

— Tenho. Eu levanto cedo. Quando o galo canta, já estou de pé. Só irei para a escola às oito. Tenho muito tempo para fazer a lição e estudar.

— Nesse caso, pode vir.

Nico ficou radiante. A partir daquele dia, começou a sair da escola, deixar os livros em casa, comer alguma fruta ou um pedaço de pão e ir para a mansão. Tanto o engenheiro quanto o pintor e os outros que estavam trabalhando na casa se habituaram à presença ágil do menino, sempre disposto a dar uma mão e cheio de vontade de aprender. Dentro de pouco tempo, ele se tornou tão útil que sua ajuda começou a ser disputada.

Mário gostava de conversar com ele sobre a decoração da casa. Mostrava-lhe seus projetos, admirava-se do interesse do menino e até das observações inteligentes que fazia. Nico tinha gosto apurado e sabia diferenciar a verdadeira arte. O engenheiro perguntava-se como um menino pobre, sem herança cultural de família, podia ter tal sensibilidade? Nico possuía aguçado senso estético e sabia exatamente o que seria mais adequado para cada lugar.

Com a convivência naqueles dois meses, Mário afeiçoou-se ao menino. Levava-o a almoçar no restaurante de vez em quando e mandava algumas guloseimas para sua família.

Nico admirava-o e olhava para ele com carinho. Um dia, depois de almoçarem juntos, Nico disse-lhe sério enquanto caminhavam:

— Quando crescer, serei igual ao senhor.

Mário riu bem-humorado.

— Quer estudar engenharia como eu?

— Quero. Já decidi que é isso que farei.

— Terá de morar na cidade. Por aqui não há faculdade.

— Se não fosse por minha família, eu iria embora para a cidade desde já, mas não quero deixar minha mãe. Sem mim ela não conseguirá sustentar a casa.

— Nesse caso, quando pensa em fazer isso?

— Depois que meus irmãos crescerem e puderem trabalhar. Um dia, o Zé terá que aprender alguma coisa. Os outros também. Então, eu irei embora.

— Você diz isso, mas não sei se aguentaria deixar sua família. Parece que gosta muito dela.

— Gosto, sim, mas irei. Estudarei, ganharei muito dinheiro e voltarei para dar conforto e alegria para eles.

Mário olhou para Nico e comoveu-se. Ele tivera todo o conforto, pais ricos, e nada lhe faltara. Nunca tivera de se preocupar com a família. Tudo em sua vida viera fácil, sem que ele precisasse lutar para conseguir. Estudara por amor à arte, fazia de seu trabalho um prazer, já que restaurar e embelezar lugares era sua paixão. O que teria sido dele se houvesse nascido pobre igual a Nico?

Olhando o rosto confiante do menino, ele começou a pensar que talvez acabasse encontrando uma forma de ajudá-lo a realizar seus projetos para o futuro.

Passando o braço sobre os ombros do menino enquanto caminhavam, Mário disse:

— Você está certo. É isso mesmo. Um dia, você conseguirá.

O menino balançou a cabeça concordando e sorrindo com satisfação. Haviam chegado aos portões da mansão e entraram para trabalhar.

CAPÍTULO 2

A reforma da mansão não ficou pronta no prazo estipulado, por mais que Mário tenha se esforçado. Alguns atrasos dos fornecedores e problemas inesperados na casa, que precisaram de solução mais demorada, impediram que o cronograma de trabalho fosse cumprido com exatidão.

Se para o engenheiro foi um transtorno, para Nico foi um prazer. Acompanhar passo a passo o decorrer da obra permitiu-lhe aprender muito e saber como as coisas eram feitas fascinava-o. Ver as ruínas serem transformadas em beleza e conforto maravilhava-o. Nico não pensava em outra coisa. Todos os seus pensamentos estavam voltados para o que estava acontecendo na mansão.

Ele já não ficava mais na porta do armazém à espera de algum trabalho. Depois da escola, ia para a mansão e lá ficava até que o mandassem para casa.

Uma manhã, enquanto tomavam café sob a mangueira, Ernestina considerou:

— Me disseram que a mansão já ficou pronta.

— Quase, mãe. Faltam ainda algumas coisas.

— A dona Engrácia disse que o doutor engenheiro já fez até as malas pra voltar pra capital.

— Não é verdade. Ele só irá embora depois que os donos chegarem.

— Como é que você sabe?

— O doutor Mário me disse. Ele quer entregar tudo funcionando direito. Por isso, só voltará para São Paulo quando os donos tiverem chegado. Até agora não veio ninguém.

Ernestina olhou para o filho com um pouco de preocupação. Ele estava muito absorvido pela mansão. Só falava nisso, só pensava em ir para lá. Como ficaria quando tudo acabasse?

— Eles virão logo, e aí o trabalho acabará. Você precisa pensar no que vai fazer depois que o doutor engenheiro for embora.

— Sentirei falta dele! É o homem mais inteligente e bom que conheci. Sabe fazer de tudo!

— Ele é da cidade. Logo irá embora e nunca mais voltará.

— Ele disse que é amigo da família do doutor Norberto. Virá muitas vezes para cá.

Ernestina tomou um gole de café e não respondeu. Compreendia a admiração de Nico. Não sabia se havia sido bom o engenheiro dar tanta atenção ao menino. Quando ele fosse embora, seria difícil para Nico retomar a vida de sempre. Aquela convivência o fizera conhecer coisas novas e descortinara oportunidades que ele nunca vira. Diante da triste realidade de suas vidas, ela temia que o menino se desiludisse.

Calou-se, porém. Ela também, na idade de Nico, havia sonhado com coisas maravilhosas, com fadas e príncipes, contudo, sua realidade tinha sido muito diferente. Agora, em meio às lutas de seu dia a dia, Ernestina perguntava-se muitas vezes qual teria sido seu destino se seus pais não a houvessem obrigado a casar-se com Jacinto.

De vez em quando, deitada ao lado do marido na cama pobre, enquanto ele roncava sonoramente, Ernestina reencontrava seus sonhos de moça, pensava no amor que nunca sentira e como seria poder amar e ser amada, como no filme a que assistira uma vez, quando Nico trabalhava de noite como lanterninha do cinema e conseguira uma entrada para ela.

Depois disso, sem nunca ter tido coragem de contar a ninguém, quando ela acordava no meio da noite ou se levantava de madrugada, imaginava-se vivendo uma aventura de amor como aquela enquanto o marido dormia. Esse desejo, esse sonho que ela guardava escondido de todos, fazia parecer ainda mais triste sua realidade, mas ao mesmo tempo era dele que Ernestina tirava forças para continuar a cumprir suas funções com a família.

— Mãe, o doutor Mário me perguntou se eu queria ir estudar na cidade.

— Ele não deveria perguntar essas coisas. Sabe que você não tem como.

— Não tenho agora, mas, quando puder, eu irei. Sei que um dia, quando eu for grande e todos já estiverem trabalhando, conseguirei ir.

Ernestina olhou pensativa para o menino. Muitas vezes, sentira que a pequena cidade onde residiam era pouco para Nico. Ela sabia que um dia ele não conseguiria mais conter sua necessidade de conhecimento e iria embora em busca de outros caminhos. Não pensava em contê-lo. Mesmo sabendo que sentiria muita falta do filho, gostaria que ele pudesse ter as oportunidades que ela não tivera, por isso respondeu:

— Se eu tivesse como, mandaria você amanhã mesmo.

— Sei, mãe, mas eu não iria. Não quero deixá-los. O Zé não ajuda; a Nilce, o Jaime e a Neusinha são muito pequenos. Só eu posso ajudar a senhora.

Ernestina passou a mão nos cabelos ondulados de Nico num gesto carinhoso.

— Você me ajuda muito, mas sabe de uma coisa? Eu iria me arranjar e ficar muito feliz em vê-lo aprendendo coisas novas, estudando na cidade. Aí eu ia ficar muito orgulhosa quando você estivesse estudado, bonito, ganhando muito dinheiro, e voltasse pra me visitar. Eu só queria ver a cara da dona Edinete e do Jacinto!

— O pai não iria ligar.

— Iria ficar com inveja. Até o Zé deixaria a preguiça e, quem sabe, se decidiria a estudar e trabalhar um pouco.

— Ele ainda é novo, mãe; não percebe como as coisas são. Logo ele vai querer ter mais dinheiro e, então, vai começar a procurar o que fazer.

— É. Pode ser. Você é mais novo do que ele e já entendeu.

— As pessoas são diferentes, mãe.

— É verdade.

Naquela tarde, quando Nico foi até a mansão, viu um movimento desusado. Um grande caminhão estava parado em frente à porta principal da casa, e vários homens descarregavam móveis e caixas.

Interessado, Nico entrou na casa. Mário andava de um lado para o outro, determinando aonde cada coisa deveria ir. Havia também duas mulheres que iam e vinham, limpando, fazendo arrumação. Nico não as conhecia e deduziu que deveriam ter vindo da capital, porque eram muito diferentes das pessoas locais.

Nos jardins, Aurélio e Maninho cuidavam das plantas e chamaram Nico para ajudar. Ele pegou a mangueira e começou a molhar um dos canteiros, enquanto Maninho afofava a terra e arrancava o mato.

— Isto aqui está movimentado hoje — comentou Nico, curioso.

— É — respondeu Maninho. — Parece que os donos chegarão amanhã. As criadas já vieram pra deixar tudo em ordem.

— Será que vai dar tempo?

— Nossa parte ficou pronta faz tempo. Estamos só conservando. Agora, lá dentro, não sei.

— Acho que vai. Está tudo uma beleza. Elas já estão arrumando as roupas dentro dos armários, e o Zeca já trouxe as compras que fizeram no armazém do seu Nestor.

— Minha tia diz que eles não ficarão muito tempo morando aqui. Que gastaram essa dinheirama à toa.

— Bobagem. Eles virão para ficar.

Maninho levantou a cabeça e, com ar de incredulidade, perguntou:

— E o fantasma do coronel? Você acha que ele deixará?

Nico riu com gosto e respondeu:

— Qual nada! Essa história é de gente ignorante. Cadê ele esse tempo todo? Alguém viu? Eu vim aqui todos os dias. Ele nunca apareceu.

— Cruz-credo, Nico! Não se desafia alma do outro mundo! Ele pode estar ouvindo e correr atrás da gente.

— Pois eu não tenho medo. Se ele vier, eu mesmo falarei com ele.

— Hahaha! Isso eu quero ver!

— Chega de palavrório, e vamos ao trabalho. Há muita coisa ainda pra aguar, e temos que aproveitar agora que o sol está indo embora — interveio Aurélio.

A noite já havia caído, quando eles acabaram o jardim. Os três olhavam embevecidos para os canteiros floridos. Estava tudo uma beleza!

Dentro da casa, a azáfama ainda continuava. Aurélio foi conversar com Mário sobre o serviço. Quando os donos chegassem, ele gostaria de continuar cuidando dos jardins.

— Falarei com o doutor Norberto. Pelo que sei, ele não trará jardineiro. Se ele quiser, mando avisar.

Os dois saíram, e Nico ficou.

— Doutor Mário, posso ajudar?

— Não está cansado?

— Não, senhor.

— Paramos um pouco para comer alguma coisa. Você já jantou?

— Não, senhor, mas não precisa se preocupar. Minha mãe deixa meu prato no fogão. Eu como quando voltar.

— Nada disso. Hoje, você jantará comigo aqui. Sente-se um pouco aí, enquanto elas aprontam a comida.

Nico já havia se lavado, penteado os cabelos e se trocado. Sempre que ia trabalhar na mansão, ele vestia um macacão de brim que ganhara do engenheiro e, ao terminar, tomava um banho e se trocava.

Ele sentou-se em um banquinho que estava ao lado e que servia de escada na arrumação.

— Me disseram que o senhor irá embora e que já fez as malas.

— Não ainda. Ficarei mais três ou quatro dias.

Nico ficou silencioso por alguns segundos e depois disse:

— Sentirei muito a sua falta.

— Eu também sentirei a sua. Temos sido bons companheiros, Nico. Em outros lugares que for trabalhar, não o terei para me ajudar.

— Se o senhor me chamasse, eu iria!

Mário riu bem-humorado.

— Iria? E a família? E sua mãe?

— Hoje, tive uma conversa com ela.

— O que foi?

— Ela me disse que, se eu pudesse ir estudar na cidade agora, ela iria se arranjar. Apesar da falta que eu iria fazer, ela ficaria muito feliz em saber que estou progredindo e que um dia, quando eu viesse visitá-la, estudado, ganhando muito dinheiro, iria ficar muito orgulhosa.

— Sua mãe é uma mulher muito inteligente, Nico. Gosta muito de você e coloca sua felicidade em primeiro lugar.

Nico concordou satisfeito:

— Não tem no mundo mulher melhor que ela!

— Ela disse isso, mas não sei se você teria coragem de ir embora agora.

Nico balançou a cabeça de um lado para o outro, e em seus olhos passou um brilho emotivo.

— Não sei, não. Eu ficaria dividido entre a vontade de ir e a vontade de ficar.

— Para conseguir o que se quer, é preciso ter força e coragem. Se você for, poderá melhorar sua vida, progredir e também melhorar a vida dos seus. Se ficar, sua vida poderá continuar a ser como sempre foi, e você não poderá fazer muito para si nem para sua família.

— Pelo que o senhor diz, o melhor seria eu ir mesmo. Pode ser. Quem sabe um dia, se aparecer a oportunidade. Agora sou pequeno e não posso ir sozinho para a cidade. Quando eu crescer um pouco mais, vou me lembrar de suas palavras.

— Para ser rico, é preciso não perder nenhuma das oportunidades que a vida nos oferece.

— É o que eu sempre faço. Todo trabalho que aparece eu pego. Mesmo quando não sei, tento aprender.

— É por isso que você sempre encontra trabalho.

A empregada aproximou-se e disse:

— Doutor, arrumei a mesa na copa. A mesa da sala de jantar está cheia de louças.

— Está bem, Maria. Ponha mais um prato. Nico jantará comigo.

— Sim, senhor.

Olhando o menino sentado à mesa, Mário pensava que era de admirar que aquele moleque humilde soubesse se portar tão bem. À mesa, ele mantinha uma postura educada, servindo-se delicadamente, usando guardanapo e faca corretamente, com uma dignidade e finura invejáveis. Onde aprendera tudo aquilo?

Não se conteve e perguntou:

— A família de sua mãe era da cidade?

— Não. Meus avós são lavradores.

— Ela morou na cidade, frequentou alguma escola?

— Não. Meu avô a fez se casar quando tinha treze anos. Minha mãe nunca esteve na escola. Eu a ensinei a ler, e ela aprendeu depressa. Sempre penso que, se ela tivesse ido à escola, não precisaria lavar tanta roupa e ficar tão cansada.

— É verdade, Nico. A escola faz muita falta.

Depois do jantar, eles foram para o andar de cima da casa. Mário queria verificar alguns detalhes em um dos quartos.

— Este quarto é diferente dos outros — observou Nico.

— É o quarto de Eurico. Ele tem sua idade.

— É? Puxa, este quarto é dele? Deve ficar muito feliz por morar em um quarto tão bonito.

— Ele é muito doente, Nico. O doutor Norberto faz tudo que pode para alegrar esse filho, mas ele não se entusiasma com nada. É fraco e triste. Passa a maior parte do tempo na cama.

— Que pena! Não poder aproveitar tudo isso...

— É verdade.

Havia um problema na parte elétrica: um abajur que não acendia. Mário não conseguiu descobrir o que era. Tudo parecia estar direito, mas ele não acendia.

— Vamos deixar, por hoje. Amanhã, trarei o eletricista. Ele vai ter de dar jeito.

— O doutor Norberto tem muitos filhos?

— Apenas dois: Eurico e Amelinha.

— A casa tem seis quartos. Alguns vão sobrar.

— Gente rica ocupa todo o espaço da casa. Não usa todos os quartos para dormir.

— Eu vi que alguns não têm cama e fiquei pensando em como seria.

Mário riu gostosamente.

— O doutor Norberto e a esposa ocuparão dois, Amelinha um, Eurico um e dois serão para hóspedes.

28

— O doutor Norberto é médico?

— Não, ele é advogado.

— O povo não entende por que um homem estudado, rico, da cidade, vem morar aqui, mas eu penso que, se tivesse uma casa como esta, não ia querer morar em outro lugar.

— Na cidade há casas melhores e mais bonitas do que esta. Eles vêm para cá por causa do clima. O médico aconselhou-o por causa da saúde de Eurico. Só por isso.

— Puxa! Ele deve gostar mesmo desse menino!

— Adora. Tanto ele como dona Eulália fazem de tudo para Eurico sarar. Até na Europa eles o levaram.

— E a Amelinha? Ela também é doente?

— Não. Ela é como todo mundo.

— O quarto dela também ficou muito bonito, mas tem muito babado. Vai dar muito trabalho quando for a hora de lavar as cortinas e as colchas.

Mário riu de novo. Nico tinha cada ideia!

— Aí eles vão chamar sua mãe para lavar tudo, e ela vai ganhar mais dinheiro!

Nico franziu a testa pensativo.

— O que foi? Não quer que ela ganhe mais dinheiro?

— Eu queria que ela trabalhasse menos. Minha mãe carrega cada bacia de roupa tão pesada!

Mário ficou sério. Não havia pensado nas dificuldades de Ernestina para lavar roupas de maneira tão primitiva como fazia.

— Você gostaria de poder sustentar sua família só para que sua mãe pudesse trabalhar menos.

— Isso mesmo.

Mário deu uma última olhada ao redor e disse:

— Acabei por hoje. Vamos embora.

Uma vez no jardim, Mário tornou:

— Vou levá-lo para casa. Tenho mesmo de passar por lá.

A noite estava escura, e alguns relâmpagos pressagiavam chuva. Nico subiu no carro, e eles foram conversando animadamente. Ao chegarem perto de casa, Nico desceu quando os primeiros pingos da chuva começavam a cair.

— Corra para não se molhar — gritou Mário, acelerando o carro para chegar logo ao hotel.

Nico entrou em casa, e Ernestina disse:

— Não se molhou? Estava preocupada com você. Vem aí uma chuva danada.

29

— Não. O doutor Mário me trouxe, mãe. A chuva começou agora.

— Seu prato de comida está no fogão.

— Obrigado, mãe, mas já jantei. Guarde para amanhã, que eu como.

— Vocês ficaram na mansão até agora?

— Ficamos. Um abajur não acendia, e o doutor fez de tudo, mas não adiantou.

— Isso é coisa de eletricista.

— O doutor sabe, mas quem comanda tudo é ele. Não quer se descuidar de nada. Quando o doutor Norberto chegar, tudo tem de estar em ordem.

— Ficou bonito mesmo?

Nico suspirou.

— Uma lindeza! A senhora precisava ver o quarto do filho do doutor Norberto. O doutor disse que ele tem minha idade, mas ele é muito doente e vive triste. Os médicos não dão jeito na doença dele. Para ver se o menino melhora, eles estão vindo morar aqui. O doutor Norberto e a dona Eulália sofrem muito por causa da doença dele.

Foi a vez de Ernestina suspirar.

— Pra você ver, meu filho. Eles têm dinheiro, mas o filho é doente. É preferível ser pobre e com saúde.

— É preferível ser rico e com saúde. Mas, já que ele é doente, é preferível ser rico mesmo. Já pensou se ele fosse doente e pobre?

— Você tem mania de grandeza — tornou Jacinto, que aparecera na porta do quarto. — Não enxerga o seu lugar. Não deveria estar andando por aí no carro do engenheiro, amolando ele. Qualquer dia o doutor vai lhe dar um pontapé, e quero ver sua cara!

Nico não respondeu. Habituara-se a não ligar para as críticas constantes que o pai lhe fazia. Ernestina não gostou:

— Deixe o menino! Ele estava trabalhando até agora.

— Trabalhando! Imagine só! Uma criança! Não sei como esse doutor tem tanta paciência com ele.

Ernestina olhou para o marido com raiva. Queria gritar sua revolta, dizer que, se ele fosse trabalhador como Nico, ela estaria bem e não precisaria fazer tanto esforço para sustentar a família, contudo, preferiu não dizer nada. De que adiantaria? Ela iria se irritar mais, e ele implicaria mais ainda com Nico. Não iria resolver nada. Ela olhou para Nico e disse:

— Vá se lavar antes de dormir.

— Está bem.

Nico tomou banho, entrou no quarto e deitou-se. Com os olhos abertos no escuro, ouvia Nilce cantarolar tentando fazer Neusinha dormir e pensava que um dia ele teria seu próprio quarto, onde poderia acender a luz e ler revistas sem que ninguém reclamasse. Começou a imaginar como seria seu quarto, sua casa, e, dando vazão à sua fantasia, todos os cômodos que idealizava eram parecidos com os da mansão.

A casa estava silenciosa, todos já estavam dormindo, porém, Nico continuava pensando em seus sonhos, vendo-se rico, rodeado de todas as coisas de que ele gostava. Sua mãe, vestida como aquela mulher do retrato que ele vira na revista, bonita e alegre. Sua irmã Nilce, Jaiminho e Neusinha eram lindos e educados. Em seus sonhos, nem José nem Jacinto estavam. Às vezes, ele achava que estava sendo injusto não os incluindo e tentava visualizá-los na riqueza, mas logo desistia. Por mais que desejasse, não conseguia vê-los progredir.

Era muito tarde, quando finalmente conseguiu adormecer.

CAPÍTULO 3

Alguns dias depois, Norberto chegou com a família. Mário esperava-os na entrada da mansão. Nico, no jardim com Aurélio, não perdia nada da movimentação.

Os dois carros entraram no jardim e pararam na porta principal. Em um viajavam Norberto e a esposa, acompanhada de uma moça. No outro, os filhos em companhia de uma jovem e do motorista.

Nico olhou com curiosidade para as crianças. O menino era um pouco mais alto que ele, mas muito magro e pálido. A menina, um pouco menor, era bonita, corada e alegre.

Dona Eulália desceu do carro e imediatamente foi para o lado do filho, perguntando:

— Hilda, ele está bem?

— Sim, senhora.

— Está abatido e parece cansado. Sente-se bem, meu filho?

O menino fez que sim com a cabeça, e ela continuou:

— Leve-o para cima, Hilda. Lave suas mãos e troque essa roupa, que deve estar empoeirada. Ele é alérgico à poeira, você sabe.

— Não quero ir — reclamou ele. — Quero ver o jardim.

Eulália abanou a cabeça:

— Nada disso! Não agora. Vamos, Hilda, o que está esperando?

Hilda pegou a mão do menino e disse com voz firme:

— Vamos, Eurico! Sua mãe está mandando.

Enquanto os empregados cuidavam da bagagem, Eulália entrou com o marido para ver como a casa havia ficado. A menina correu para o jardim, aproveitando a distração dos pais.

Chegou perto de Nico e olhou-o com curiosidade:

— Você também mora aqui? — perguntou.

— Não. Tenho trabalhado no jardim.

— Meu nome é Amélia, e o seu?

— Nico.

— Que engraçado! Nico?

O menino levantou a cabeça um pouco irritado com o tom dela.

— Meu nome é Antônio. Nico é só para meus amigos.

Ela fitou-o com os olhos brilhando maliciosos e depois riu dizendo:

— Pois eu gosto mais de Nico. Antônio é um nome muito bobo.

Antes que Nico pudesse responder, uma das criadas chegou dizendo:

— Amelinha, sua mãe está perguntando por você. Quer que tome um banho e descanse um pouco da viagem.

— Agora não. Não estou cansada e quero conhecer o resto do jardim.

— Venha logo! Sua mãe não gosta de esperar. Quer servir o lanche logo mais, e você tem de estar pronta.

— Pois eu não vou. Não quero e não vou!

Quando a criada se aproximou irritada para pegá-la, ela saiu correndo, e Nico ficou olhando para as duas. Amelinha era rápida, e, embora a criada se esforçasse, não conseguia alcançá-la.

— Venha! Chega! Vamos, Amelinha! Sua mãe vai ficar zangada.

A menina ria e respondia:

— Venha me pegar, se quiser!

Nico divertia-se acompanhando as duas com o olhar até que Norberto apareceu na porta. Imediatamente, Amelinha obedeceu e acompanhou a criada.

Aurélio chamou Nico, dizendo:

— Vamos acabar de tirar o mato que falta. Até lá o sol terá diminuído, e poderemos aguar tudo antes de irmos embora.

Nico obedeceu prontamente. Enquanto arrancava os matinhos que teimavam em brotar no canteiro muito bem adubado, sua atenção estava ligada ao movimento do interior da casa, onde os criados iam e vinham, providenciando para que nada faltasse. De repente, Nico assustou-se. Alguma coisa bateu em suas costas. Ele olhou e viu que era um apontador de lápis. Imediatamente, olhou para cima. Amelinha estava na janela. Ele apanhou o apontador e, mostrando-o a ela, perguntou:

— É seu?

— É — respondeu ela. — Estava apontando meus lápis de cor e derrubei. Foi sem querer.

— Vou entregar na cozinha.

34

— Nada disso. Traga aqui em cima para mim.

Nico olhou para suas roupas de trabalho e para seus pés sujos de terra e respondeu:

— Estou com os pés cheios de terra. Não posso entrar assim.

— Então guarde para mim. Depois, quando eu descer, irei buscá-lo.

Nico concordou e, colocando o apontador no bolso, voltou ao trabalho. Contudo, sentia que Amelinha continuava na janela. De vez em quando, ele olhava para cima, e ela continuava lá. Até que Nico ouviu a voz de Hilda chamando-a. Iam servir o lanche.

Nico estava curioso para ver os arranjos da mesa e as deliciosas guloseimas que seriam servidas. Ele passara perto da porta da cozinha e sentira o cheiro gostoso dos bolos e do café. Como não foi possível chegar mais perto, teve de se conformar.

No fim da tarde, lavou-se e trocou de roupa, como sempre fazia ao terminar o serviço, embrulhando a roupa suja para lavar em casa. Aurélio dispensou-o, dizendo:

— Pode ir, Nico.

— Precisa de mim amanhã?

— Há algumas mudas que precisamos tirar e replantar. Vou fazer isso à tarde, quando o sol estiver mais suave.

— Posso vir assim que sair da escola.

— Pode ser depois das duas. Vai dar tempo pra tudo.

Quando ia saindo, Nico ainda pôde ver de relance o lanche sendo servido na copa e toda a família reunida ao redor da mesa. Mário estava com eles, conversando animadamente.

Como ele gostaria de poder ficar ali, ouvir tudo o que eles diziam, ver como eles comiam, saber como era a vida das pessoas da cidade. Mas não podia. Teve de se conformar e ir para a casa.

Na tarde do dia seguinte, Nico compareceu à hora combinada, e Aurélio, satisfeito, colocou várias plantas numa cesta para que o menino separasse as mudas. Nico aprendera a fazer isso tão bem que Aurélio se habituara a dar-lhe essa tarefa. Sentado sob uma árvore, Nico, com gestos precisos e calmos, ia separando as mudas e colocando-as com cuidado em outra cesta. Estava quase terminando quando viu Hilda acompanhada de Amelinha e Eurico se aproximando.

Amelinha parou junto dele, perguntando:

— O que é isso?

— Mudas para replantar.

— Mudas de quê?

— Margaridas.

Amelinha apanhou uma e revirou-a entre os dedos.

— Parece um matinho. Acha que isso vai dar flor mesmo?

Nico riu bem-humorado:

— Claro que vai. Nunca viu uma margarida?

— Já, mas não sabia que nascia disso. Quero ver você plantar. Vai fazer agora?

— Só depois que o sol ficar fraco, senão elas vão morrer.

Amelinha virou-se para Hilda, que parara e esperava por ela, e disse:

— Está vendo? Você diz que Eurico precisa tomar sol. Se faz mal para as plantas, faz mal para nós.

— Deixe de bobagem, menina — respondeu Hilda sacudindo a cabeça. — O sol da manhã faz bem. O sol muito forte é que faz mal.

— Como é que as pessoas ficam na praia o dia inteiro tomando sol?

— Deixe de besteira. Vamos continuar.

— Estou cansado — disse Eurico. — Vá buscar minha cadeira, pois quero me sentar um pouco aqui embaixo da árvore.

— Você precisa fazer exercício — alegou Hilda. — Caminhar faz muito bem.

— Estou cansado e não quero caminhar. Vá buscar minha cadeira.

Hilda suspirou contrariada, mas foi apanhar uma cadeira de preguiça e abriu-a onde Eurico havia pedido: embaixo da árvore onde Nico trabalhava. O menino sentou-se e fechou os olhos.

Nico olhou-o penalizado. Eurico parecia mesmo muito doente. A vitalidade que faltava a Eurico Amelinha tinha de sobra. A menina não parava um instante, perguntando sobre as plantas, o tempo que demoravam a dar flor, se margarida era cheirosa e se fora ele quem plantara tudo o que havia naquele jardim.

Nico respondia com naturalidade, pois gostava da natureza. Falar sobre isso era-lhe fácil e ele discorria prazerosamente.

— Hoje de manhã havia um passarinho em minha janela. Se eu tivesse uma gaiola, colocaria miolo de pão dentro e deixaria a porta aberta para ele entrar. Assim, poderia vê-lo e ouvi-lo cantando todos os dias.

— Para isso não precisa prender. Deve ser horrível ficar preso sem poder voar.

— Mas ele foi embora e nunca mais o verei.

— Se colocar água, alpiste ou farelo para eles comerem e se não assustá-los, eles estarão sempre por perto. Com o tempo, chegarão a comer na sua mão.

— Eu queria que um passarinho viesse comer na minha mão! — disse Amelinha, entusiasmada.

Eurico abrira os olhos e ouvia a conversa com interesse. Nico continuou:

— Na minha casa há uma mangueira. Eu coloquei um banco embaixo dela e todos os dias me levanto cedinho para tomar meu café ali e ver o dia clarear. As migalhas de pão caem no chão, e algumas rolinhas se acostumaram a comer comigo. Sempre quando chego, elas vêm cantando alegres, sobem nas minhas pernas e comem as migalhas. Eu estendo a mão, e elas vêm comer meu pão.

Amelinha ouvia maravilhada.

— Você acha que elas viriam comer comigo também? — indagou a menina.

— Se tiver paciência de esperar e não assustar os passarinhos, eles virão.

— Hilda, vá buscar um pedaço de pão! Quero ver se eles virão aqui agora — disse Amelinha.

— Não é hora. Não há nem passarinho aqui — respondeu ela.

— Porque não tem comida nem água — disse Nico. — Se eles descobrirem que tem, vão aparecer. Pode ter certeza.

— Vá, Hilda! — insistiu Amelinha.

Hilda, que havia se sentado em um tronco de árvore que lhe servia de banco, levantou-se e dirigiu-se lentamente à cozinha.

Estava acostumada a obedecer às ordens das crianças. Trabalhava para a família desde antes de Amelinha nascer, cuidando de Eurico, cuja saúde delicada exigia atenção constante. Quando o médico do menino lhe recomendou uma mudança de clima, ela não se importou em mudar-se para o interior, pois não tinha família.

Quando Hilda voltou com o pedaço de pão, Nico levantou-se e apanhou um pedaço, dizendo.

— Veja, vou mostrar como se faz.

Ele caminhou uns dez passos, e Amelinha acompanhou-o com interesse.

— Vamos começar daqui. No início, eles não sabem que você não vai prendê-los. É preciso ganhar a confiança dos passarinhos.

Enquanto falava, Nico ia esfarelando o pão e aproximando-se da árvore.

— Agora segure o pão e esfarele-o em volta de si.

Amelinha obedeceu e foi esfarelando o pão em volta deles e colocando-o sobre as pernas de Eurico. O menino, calado, observava.

Não demorou muito, alguns passarinhos se aproximaram, permanecendo a alguma distância do lugar onde começavam os farelos de pão. Aos poucos, alguns mais ousados foram se aproximando e começaram a comer, saltitantes, olhando em volta com seus olhinhos ágeis e curiosos.

Amelinha sustinha a respiração com medo de que eles se assustassem. Aos poucos, os passarinhos foram se aproximando e, não vendo nenhuma reação das pessoas, foram se tornando mais ousados. Alguns chegaram aos pés de Eurico e Amelinha, enquanto outros, mais cautelosos, olhavam-nos a certa distância.

As crianças, fascinadas, nem se mexiam, até que um dos pássaros pousou na perna de Eurico e comeu as migalhas que havia. O menino, emocionado, seguia todos os seus movimentos. Foi muito rápido, mas o bastante para que os olhos dele se enchessem de lágrimas.

Hilda, preocupada, levantou-se, aproximou-se de Eurico e perguntou:

— O que foi? Não se sente bem?

— Por que se intrometeu? Você os espantou! — disse Eurico, indignado. — Por que não me deixa em paz?

Hilda olhou assustada para Eurico, afinal, ele nunca a tratara daquele jeito. Ela colocou a mão na testa do menino para ver se ele estava com febre.

— Quero que vá embora — disse Eurico com raiva. — Você espantou os passarinhos.

— Fiquei assustada com você. Por que estava chorando?

— Não é da sua conta. Deixe-me em paz! — respondeu o menino.

Hilda, indignada, retrucou:

— Vamos entrar. Essa história de passarinhos lhe fez mal. Você não pode se emocionar.

— Deixe-me! — disse ele irritado. — Vá embora. Não quero entrar agora.

— Vou falar com sua mãe. Se piorar, não será por minha culpa. Você não quer me obedecer.

Ela afastou-se contrariada, e Amelinha aproximou-se do irmão dizendo alegre:

— Muito bem! Você tem de fazer o que gosta. Não pode aceitar tudo o que ela quer. Não é mais um bebê.

O menino fechou os olhos e disse:

— Sim, mas acho que vou entrar mesmo. Sinto-me muito cansado.

Nico aproximou-se dele e disse:

— Não fique triste por eles terem ido embora. Se você quiser, amanhã poderemos fazer de novo. Já viu um beija-flor?

— Não — disse Eurico.

— Ele fica parado no ar, enquanto tira o néctar da flor. É muito colorido, lindo! Aqui há muitos deles. Sei como atraí-los. Você quer?

Os olhos de Eurico brilharam ao responder:

— Quero!

— Então, descanse bastante para ficar bem forte amanhã e poder ver os beija-flores.

Antes que ele respondesse, Eulália e Hilda já haviam se aproximado.

— Você está bem, meu filho?

Eurico abriu os olhos devagar e respondeu:

— Só um pouco cansado.

— Não pode abusar para não se sentir mal. Tem de obedecer a Hilda. Ela sabe cuidar de você muito bem.

Eurico não respondeu. Levantou-se e dirigiu-se vagarosamente para dentro de casa acompanhado dos demais. Pensativo, Nico seguiu-os com os olhos. "Qual seria a doença de Eurico?"

***

Na manhã do dia seguinte, enquanto tomavam o café embaixo da mangueira, Nico disse para a mãe:

— Ontem, fiquei com pena do Eurico. Ele é tão fraco... Não pode andar um pouco que fica cansado. Dizem que é doente. O que será que ele tem?

— Não sei. Esse povo da cidade é muito enjoado. Tem medo de tudo. Criança precisa engatinhar no chão, brincar com terra, aprender a viver. Os filhos de pobre são fortes e aguentam tudo, até comer só feijão com farinha, mas na cidade eles são cheios de nove-horas, e é isso o que dá.

— Não sei, não, mãe. Não é isso, não. O Eurico tem doença mesmo. É pálido, quase não sai da cama. O doutor Norberto se mudou para a mansão por causa dele. Os médicos lhe disseram que o clima daqui pode fazê-lo melhorar.

— Se fosse meu filho, levava logo no seu Zé das Rosas e pronto. Ele daria jeito. É o melhor curador desse interior.

Nico calou-se pensativo. Seu Zé sempre dera jeito nas doenças e nos problemas da família, mas Nico perguntava-se se ele sabia mais que os médicos da cidade.

— Os médicos da cidade sabem das coisas — disse ele. — Estudam muito e conhecem todas as doenças. Seu Zé nunca saiu daqui e nunca estudou.

Ernestina olhou para ele escandalizada:

— Não diga isso, Nico. Ele nunca estudou o que os médicos estudaram, mas ele tem os guias, que sabem mais do que todos os médicos da Terra.

— Por que acha isso, mãe?

— Por que os guias são espíritos de luz, que Deus colocou pra ajudar a aliviar o sofrimento no mundo. Eles podem olhar dentro do corpo das pessoas e enxergar qual problema elas têm. Depois, mostram ao seu Zé e ensinam até o remédio. Que médico da Terra pode fazer isso?

Nico balançou a cabeça, admirado.

— Não tinha pensado nisso! Nesse caso, eles poderiam descobrir o que o Eurico tem e ensinar o remédio!

Ernestina sacudiu a cabeça:

— Foi o que eu disse, mas o difícil é fazer eles acreditarem no seu Zé.

— Vou falar com dona Eulália.

— Não faça isso, Nico! Gente da cidade não acredita nessas coisas da roça. Ela pode não gostar.

— Eu queria tanto ver o Eurico melhorar! Morar em uma casa tão bonita, ter um quarto tão grande só para ele, poder comer tudo o que quiser, sem poder aproveitar nada disso... é uma tristeza!

— Minha mãe dizia que Deus dá nozes a quem não tem dentes.

Nico começou a rir sem parar.

— O que foi, menino? Eu disse alguma coisa engraçada?

— Não, mãe. É que eu fiquei imaginando o seu João jornaleiro tentando mastigar as nozes sem um dente na boca. Ele iria se machucar.

Ernestina desatou a rir.

— Só você mesmo pra dizer uma coisa dessas!

***

Na tarde daquele mesmo dia, quando o sol já estava mais fraco e Nico regava as mudas de margaridas que Maninho plantara, Hilda aproximou-se dele:

— Eurico quer falar com você. Desde cedo, não me dá sossego.

— Já vou, dona Hilda. Estou acabando.

— Deixe isso, menino, e vá logo!

— Falta pouco. Não vou demorar.

— Ele está sentado perto da janela da sala.

— Eu irei até lá.

Nico acabou sua tarefa rapidamente, lavou-se e foi até a janela, onde Eurico, sentado do lado de dentro, o esperava.

— Você me chamou? — indagou curioso.

— Chamei. Quero ver os beija-flores. Pode ser hoje?

— Podemos tentar. Você descansou bem?

— Se eu for esperar estar descansado, nunca verei um beija-flor.

— Você está sempre cansado? — perguntou Nico, admirado.

— Sempre. Já me acostumei.

Amelinha aproximou-se e disse alegre:

— Eu também quero ver os beija-flores.

— Precisamos de um pouco de água com açúcar e um pedaço de pão.

Eurico levantou-se, enquanto Amelinha corria à cozinha em busca do que Nico pedira. Quando voltou carregando o pão em uma mão e a pequena vasilha com água e açúcar, Hilda aproximou-se dizendo:

— Vão a algum lugar?

— Vamos ver os beija-flores com Nico — esclareceu a menina.

— Está bem. Eu irei com vocês. Eurico pode se sentir mal.

Nico lembrou-se das palavras de sua mãe e intimamente concordou com ela que gente da cidade tinha medo de tudo. Eurico iria só até o jardim. Se não se sentisse bem, era só voltar para casa.

Ficou esperando do lado de fora. Quando eles saíram, Nico tornou:

— Vamos perto daquela trepadeira do caramanchão. Está florida.

Os três acompanharam-no. Lá chegando, Nico colocou a vasilha com água encaixada entre os galhos da trepadeira e depois espalhou os farelos de pão ao redor.

— Agora vamos entrar no caramanchão e esperá-los chegar.

— Você acha que eles vêm? — perguntou Amelinha, interessada.

— Vamos ver. Se eu tivesse alpiste, seria melhor, mas eles gostam muito de água com açúcar. Temos de esperar calados. Não podemos fazer barulho.

Entraram no caramanchão, e a espera começou. Lá dentro havia dois bancos e uma pequena mesa. Hilda fez sinal a Eurico para que se sentasse, mas ele nem ligou. Seus sentidos estavam todos na escuta. Alguns minutos se passaram sem que nada acontecesse, e os dois irmãos olhavam para Nico e para fora com expectativa. Hilda não tirava os olhos de Eurico, com receio de que ele se sentisse mal. "Por que ele não se senta?", pensou ela.

Finalmente, Nico colocou o dedo nos lábios recomendando silêncio. Os outros pássaros já haviam comido quase todo o farelo de pão, quando um beija-flor se aproximou. Por entre os galhos da trepadeira, os quatro seguiam todos os movimentos do irrequieto animal, que voejava em círculos aproximando-se aos poucos da vasilha com água. Nico a havia colocado encaixada entre os galhos e inclinada para que ele pudesse beber com facilidade.

Por fim, o pássaro encontrou a vasilha e, batendo as asas, permaneceu parado no ar enquanto bebia a água. Eurico e Amelinha estavam fascinados. Com os olhos brilhantes, não perdiam nenhum movimento do beija-flor, que foi embora quando se fartou.

— E então? — indagou Nico, contente. — Gostaram?

— Puxa, que beleza! — disse Amelinha.

— Como ele consegue parar no ar? — considerou Eurico, admirado.

— Ele foi feito para isso — respondeu Nico com naturalidade. — Na natureza tudo é perfeito. Cada coisa no seu lugar.

— Será que não virá outro? — indagou Eurico.

— Agora chega por hoje — disse Hilda. — Você nem sequer se sentou! Eles nem pareceram ouvir.

— Vamos esperar outro! — pediu Amelinha.

— O sol já se pôs — disse Nico. — Eles foram procurar os ninhos para dormir.

— Tão cedo? — perguntou Amelinha.

— As aves dormem quando o sol se põe — esclareceu Nico.

— Vai ver que têm medo da noite como Eurico.

— Eu durmo cedo porque fico cansado! — rebateu o menino.

— Não fale assim com seu irmão, Amelinha. Ele é doente e precisa se deitar cedo para descansar.

— Os passarinhos precisam descansar como Eurico?

— Eles dormem cedo porque a natureza os fez assim — respondeu Nico. — Para eles, dormir quando o sol se põe é o jeito deles de ser. Fazem isso por instinto.

— Vamos entrar. Estou sentindo uma corrente de ar. A poeira pode levantar e fazer mal a Eurico — determinou Hilda.

Caminhando de volta a casa, Nico disse:

— Seu Aurélio já foi embora, e eu preciso ir.

— Não vá, não. Fique mais um pouco — pediu Amelinha.

— Ele tem de ir para casa. A mãe dele está esperando — lembrou Hilda.

— Isso mesmo. Eu preciso ir — reforçou Nico. Bem que ele gostaria de ficar, mas não queria abusar. Além disso, era hora de jantar, e sua mãe sempre lhe dizia que ele não podia ficar na casa dos outros a essa hora para não incomodar.

Quando chegaram à porta da casa, Eurico disse:

— Amanhã poderemos ver os beija-flores de novo?

— Se você quiser, depois que eu acabar o serviço.

— Precisa ser antes que o sol vá embora — disse Amelinha.

Nico sorriu ao responder:

— Não se preocupe. Vai dar tempo para tudo.

Nico foi embora, e eles entraram na casa. Amelinha correu para a mãe, que se entretinha na sala lendo uma revista.

— Mamãe, você tinha de ver! Nico é mágico! Sabe tudo sobre passarinho. O beija-flor é o mais lindo de todos!

— E ele fica parado no ar! — comentou Eurico, que vinha mais atrás.

Eulália olhou-o admirada. Seu filho nunca abria a boca para dar opinião. Nada conseguia tirá-lo da indiferença. Ela levantou-se e olhou-o com atenção. Pareceu-lhe ligeiramente corado. Virou-se para Hilda e disse:

— Ele parece um pouco corado. Estará com febre?

Imediatamente, Hilda colocou a mão na testa do menino.

— Não parece, dona Eulália. Por causa desses passarinhos eles não escutam nada. A senhora precisava ver. No caramanchão, Eurico nem quis se sentar.

O rosto de Eulália abrandou-se, e, voltando-se para o filho, ela perguntou:

— Você gostou de ver o beija-flor?

— Gostei. Amanhã quero ver de novo.

— Nico disse que vai chamá-los amanhã — comentou Amelinha com entusiasmo. — Está vendo só, Hilda? Você disse que os meninos da roça são caipiras e não sabem de nada. Nico sabe fazer coisas que nunca vi na cidade. Ele conhece tudo sobre plantas, borboletas e passarinhos.

Eulália olhou para Hilda admirada, e ela enrubesceu, pensando que aquela diabinha não precisava repetir um comentário que ela fizera no dia da chegada, quando Amelinha quis brincar com Nico e ela não deixou.

— Eu só disse a eles que não deveriam esperar que um menino da roça soubesse brincar como os da cidade.

— Ele sabe muito mais — disse Amelinha com entusiasmo. — Ele sabe atrair os passarinhos! Eles vêm comer em nossa mão. Não é, Eurico?

— É.

— Bem, agora chega de conversa. É melhor irem tomar banho para se preparar para o jantar.

Enquanto Hilda se afastava com os dois, Eulália acompanhou-os com o olhar triste. Depois, sentou-se, mas não abriu a revista novamente. Seu pensamento perdia-se nas lembranças.

Filha mais velha de família abastada, ela recebera uma educação esmerada. Tocava piano, falava francês, diplomara-se como professora primária. Sua família tudo fez para que ela encontrasse um bom marido, e, quando Norberto, recém-formado em advocacia, começou a frequentar a casa de sua tia, eles logo viram nele um ótimo pretendente para Eulália.

Moço elegante, bem-parecido, inteligente, rico, seria o marido ideal para ela. E, para coroar os sonhos deles, Norberto interessou-se por ela assim que a viu. Do interesse ao namoro, tudo levou apenas um mês.

Quando soube, Eulália não quis aceitar. Achava Norberto um bom partido, mas não gostava dele o suficiente para chegar ao casamento. Quando disse isso à mãe, esta foi categórica:

— Como não gosta? Que bobagem é essa, menina? Você já completou vinte anos e até agora nunca namorou. Quer ficar para titia? Além disso, um partido como esse não aparece todos os dias. Você tirou a sorte grande e não percebeu ainda!

— Mas eu não o amo!

— Isso é besteira. Quando me casei, também não amava seu pai. Estamos indo muito bem. O amor vem depois.

— Mas eu não quero!

— Deixe de história! Você se casará com ele e pronto! Eu e seu pai já decidimos. Logo, logo combinaremos tudo com a família.

Eulália chorou, mas obedeceu. No dia do noivado, depois do jantar de família, Norberto tomou-lhe o braço e levou-a ao jardim. Sentando-se com ela em um banco, segurou sua mão, beijando-a. Depois, tomou-a nos braços e beijou-lhe os lábios. Eulália começou a chorar. Surpreendido, ele afastou-se um pouco e perguntou:

— O que foi? Eu a ofendi de alguma forma?

Ela meneou a cabeça negativamente, mas continuou chorando. Todo o pranto que havia represado naqueles dias explodiu.

— Eulália, você me assusta! Aconteceu alguma coisa? Por que está chorando desse jeito?

—Não quero me casar. Não estou preparada para o casamento.

Ele passou a mão pelos cabelos, tentando conter a decepção. Sentiu-se irritado. Pouco conversara com ela, mas os pais tinham lhe garantido que ela o amava e que estava feliz com seu pedido. Tentou contornar:

— Por que está pensando isso? Já é uma moça. Sua mãe me disse que você nunca teve um namorado.

— É. Nunca namorei.

Mais tarde, Norberto procurou os pais de Eulália para pedir uma explicação.

— Eulália pareceu-me contrariada com nosso casamento. Pensei que ela me amasse. Não posso me casar com uma mulher que não me ama.

Enquanto o pai de Eulália conversava com o futuro genro, tentando convencê-lo de que sua filha era tímida e que sentia vergonha de mostrar que estava apaixonada por ele, a mãe procurou pela jovem e repreendeu-a severamente.

— Mamãe, ele me beijou! — justificou-se ela.

44

— O que esperava? São noivos agora. E, depois do casamento, ele vai querer muito mais. Você terá de se esmerar para agradá-lo. É a mulher que tem de garantir a felicidade da família. Nunca mais faça o que fez hoje. Ele precisa pensar que você o adora e que fará qualquer coisa para deixá--lo feliz!

— Terei de mentir?

A mãe olhou-a com ar de comiseração. Um moço bonito como aquele, e ela com aquelas bobagens!

— Pois minta. A mulher precisa aprender a viver bem. Se tiver de mentir para sua felicidade, que seja. Será por uma boa causa. Daqui para frente, você não só terá de aceitar o carinho dele como demonstrar amor, ser atenciosa e agradável.

Eulália fez o que pôde para se acostumar. Norberto era um homem educado, de boa índole, atencioso e que gostava de viver bem. Assim, depois de algum tempo de casamento, Eulália acostumou-se, acabou respeitando o marido e sentindo-se feliz por desfrutar da vida a seu lado.

Quando engravidou, foi uma festa. Norberto redobrou as atenções. Ter um filho era seu maior sonho. Eulália, que sempre fora saudável, teve vários problemas de saúde na gravidez, que a obrigaram a fazer repouso para não perder o bebê.

Quando o menino nasceu, apresentou um problema de Rh negativo e sofreu uma icterícia perigosa, diferente das que ocorrem normalmente com os bebês. Seu sangue precisou ser todo trocado para que ele sobrevivesse. Sua saúde delicada exigiu muitos cuidados. Eurico era alérgico a muitas coisas. Para tomar qualquer medicamento, era preciso fazer testes cuidadosos.

Eulália suspirou. Por que seu filho nascera daquele jeito? A princípio, o marido a culpara dizendo que ela não se cuidara direito durante a gestação, uma vez que vivia doente. Esse assunto a revoltava. Ela sempre fora saudável. Que culpa poderia ter de haver dado à luz uma criança doente?

Quando ela engravidou novamente, Norberto não queria. Tinha receio de que a criança também nascesse doente, entretanto, surpreendentemente, Eulália passou muito bem daquela vez. Teve um ligeiro enjoo nos primeiros meses, mas depois ganhou disposição, apetite e alegria. Parecia até ter remoçado.

Amelinha nasceu saudável e forte. Seu choro encheu o quarto do hospital. Ela era o oposto do irmão. Corada, alegre, dormia bem, comia, sorria, era cheia de vida e energia.

Eulália não podia entender. Por que um era tão diferente do outro se os pais eram os mesmos? Às vezes, percebia que Norberto olhava para Amelinha com certa implicância. Ela sabia que ele desejava um filho homem e que não ligava para a menina. Talvez se perguntasse por que justamente Eurico nascera tão debilitado, enquanto Amelinha vendia saúde e disposição.

Desde o nascimento de Eurico, Norberto envidou todos os esforços para que ele se tornasse saudável. Tudo o que a medicina do Brasil e até do exterior podia oferecer ele procurou. Nenhum exame de Eurico indicava, contudo, qualquer lesão em seus órgãos internos. Tudo parecia normal, entretanto, ele continuava alérgico, debilitado, sem interesse pela vida. Por fim, um especialista de Viena que ele consultara dissera-lhe que era preciso estimular a saúde, procurando um clima quente, já que o menino piorava no inverno. Receitou fortificantes, ambiente alegre e tranquilo.

Norberto comentou desanimado:

— Como podemos fazer com que ele se alegre? Não se interessa por nada! Ele precisa sair de São Paulo. Aquele clima instável não serve para ele.

— Talvez possamos ir para o interior — sugerira Eulália. — Há cidades que têm bom clima.

Norberto pensou um pouco e respondeu:

— Acho que tem razão. Há aquela casa antiga em Sertãozinho que herdei de meu tio-avô.

— O coronel Firmino?

— Sim.

— Está fechada há muito tempo. Dizem que é assombrada.

Norberto soltou uma gargalhada.

— Que bobagem! Meu pai foi passar férias lá quando criança, e os criados inventaram essas histórias para assustá-los. Vamos ver como está. É uma bela casa. O coronel Firmino ganhou muito dinheiro com o café, mas, quando houve a crise, desistiu da fazenda. Loteou as terras, conservando apenas a casa. Ele não foi feliz lá, mas nunca se mudou.

— Houve uma tragédia. Sua mãe contou-me a história.

— O povo exagera. Gosta de fazer tragédia. Vamos ver a casa e o lugar. Se servir, nos mudaremos para lá.

— E seu escritório?

— Terá de continuar aqui. Você fica lá com as crianças e irei todos os fins de semana. Precisamos nos sacrificar em favor da saúde de Eurico.

Eulália concordou. Ela sentia-se muito só, mesmo estando ao lado do marido. Dedicava-se aos filhos para ver se conseguia preencher o vazio que sentia no coração. Levantou-se e foi até a cozinha para verificar como ia o jantar.

CAPÍTULO 4

Hilda entrou no quarto de Eurico e abriu as cortinas. Depois, aproximou-se do leito e disse:

— Levante-se, Eurico. Está uma linda manhã. Depois de tomar seu café, vamos dar uma volta pelo jardim.

O menino abriu os olhos sem muita disposição.

— Vamos — insistiu ela, tentando entusiasmá-lo. — O dia está tão bonito!

— Nico já chegou?

Hilda surpreendeu-se, pois Eurico nunca perguntava por ninguém.

— Ele só virá depois do almoço.

— Então vou ficar dormindo. Acorde-me quando ele chegar.

— Nada disso. Você não pode ficar só na cama. Precisa reagir, tomar ar, andar.

— Não quero.

— Vou buscar seu café. Você pode tomá-lo na cama, mas depois vai se levantar para passearmos um pouco.

— Só vou sair da cama para olhar os passarinhos com Nico.

— Vamos ver. Vou buscar seu café.

Ela desceu e procurou Eulália.

— O que foi, Hilda? Eurico não está bem?

— Não me pareceu mal, mas não quer se levantar. Disse que vai ficar na cama.

— Ele precisa sair um pouco. O doutor disse que ele tem de fazer exercícios, senão ficará cada vez mais fraco.

— Foi o que eu disse, porém, ele não quer ouvir. Disse que só se levantará quando Nico vier.

— Nico? Ele disse isso?

— Perguntou por ele assim que acordou.

— Hum... ele gosta desse menino. Nunca o vi se interessar por ninguém.

— É mesmo. Lá em São Paulo, quando os meninos de dona Albertina vinham nos visitar, ele se fechava no quarto. Não gostava deles.

— Eurico nunca quis conviver com outras crianças. Sempre foi assim. Só tolera a irmã, assim mesmo quando está bem.

— É essa história de passarinhos. Ele ficou muito interessado.

— Não diga! Isso é muito bom. Precisamos trazer esse menino para brincar com ele. Vamos mandar buscá-lo.

— De manhã ele está na escola.

— Quero falar com ele. Avise-me quando ele chegar.

Quando Nico chegou, Hilda foi logo dizendo que Eulália queria conversar com ele. Nico foi encontrá-la na copa.

— Licença, dona Eulália.

— Entre, Nico.

Ele entrou e esperou.

— Quero conversar com você.

— Sim, senhora. Estou ouvindo.

— Eurico gostou muito de brincar com você. Hoje cedo, perguntou se você já havia chegado.

— Depois que eu acabar o serviço, poderei brincar com ele.

— O serviço pode esperar. Eurico é um menino muito doente. Não tem vontade de viver. Não se interessa pelas coisas, como você ou Amelinha. Viemos para cá para ver se ele melhora.

— Ele é um menino triste. Sofre de tristeza.

Eulália surpreendeu-se:

— Não. Ele é doente. Está sempre indisposto. Por isso você pensa que ele está triste.

— Desculpe-me, dona Eulália, mas acho que é a tristeza que o deixa doente.

— Eurico é um menino muito querido, tem tudo de que precisa. Por que estaria triste? Não há motivo.

— É isso que eu tenho me perguntado. Com uma família tão boa, uma casa tão linda como esta, um quarto tão bom, por que será que ele é triste? Quando olho nos olhos do Eurico, sinto uma tristeza que vem do coração dele. Nunca reparou como os olhos dele são tristes?

— Talvez por ser doente e não poder viver como os outros meninos.

— Não fique triste, dona Eulália! Eurico vai ficar bom, se Deus quiser.

Eulália olhou comovida para Nico. Ele dissera aquilo com tanto carinho que ela se emocionou. Ficou silenciosa por alguns instantes e depois disse:

— Você é um bom menino, Nico. Eurico gosta de você. Pela primeira vez, ele perguntou por uma pessoa. Desejo pedir-lhe que venha fazer companhia a ele todos os dias.

— Eu também gosto dele, mas preciso trabalhar. Tenho que ajudar minha mãe e pagar os livros da escola, por isso, não posso ficar o tempo todo com ele. Depois do horário de trabalho, no entanto, eu posso ficar o quanto ele quiser.

Eulália olhou-o admirada. Ele levava o trabalho a sério.

— Nesse caso, vou falar com Aurélio para contratar outro ajudante e vou contratá-lo. Vai ficar com Eurico todo o tempo.

Nico sorriu:

— Isso não é trabalho; é prazer. Não gostaria de cobrar por isso.

— Mas eu quero pagar. Se o estou tirando de seu trabalho, é justo que lhe pague. Além disso, para mim, a felicidade de meu filho está acima de tudo. Pagaria muito mais que seu salário para dar alegria a ele. Aceite, e ficarei muito grata.

— Se é assim, eu aceito. Vou falar com seu Aurélio.

— Eu mesma falarei, pode deixar. Eurico não quis sair da cama hoje. Está lá em cima deitado, esperando-o. Vou mandar dizer que já chegou. Você já almoçou?

— Sim, senhora. Obrigado.

Eulália chamou Hilda e disse:

— Avise Eurico que Nico já chegou. Ele almoçou?

— Não, senhora. Não quis comer nada. Não sei mais o que fazer para ele ter mais apetite. Vou falar com ele — disse, saindo da copa.

Nico olhou para Eulália e, vendo-a triste, tornou:

— Vai ver que ele tomou café tarde. Quando não me levanto cedo, tomo café tarde e não almoço.

— Seria bom mesmo que ele se levantasse cedo e fosse andar um pouco no jardim. Por certo, teria mais apetite.

— Quando minha irmã Neusinha teve gripe, perdeu a vontade de comer, e minha mãe levou-a ao seu Zé das Rosas. Ele deu um remédio, e ela começou a comer o dia inteiro. Foi preciso minha mãe parar, senão ela iria ficar uma baleia.

— Quem é Zé das Rosas?

— É o médico da roça. Ele não tem diploma, mas sabe mais do que os médicos da cidade. Ele reza, faz o remédio com as ervas e cura.

— Ah! — fez Eulália.

Ficou pensativa. Ele deveria ser o curandeiro do lugar. Coisas do interior, de gente simples. Seu filho fora tratado pelos mais renomados especialistas, e nenhum conseguira curá-lo. Não seria um curador da roça que iria fazê-lo.

Vendo-a pensativa, Nico continuou:

— Minha mãe disse que gente da cidade não acredita nos remédios da roça, mas tenho visto seu Zé curar muita coisa. Ele é bom mesmo.

Eurico entrou na sala com Hilda.

— Eu estava dizendo que ele precisava comer pelo menos um pouco antes de sair. Ficar sem almoço, onde já se viu?

— Hilda tem razão, meu filho — reforçou Eulália.

— Não tenho vontade.

— Você quer brincar com Nico? — indagou Eulália.

— Quero ir ver os passarinhos.

— Ele agora vai ficar com você a tarde inteira. Vocês poderão brincar do que quiserem.

— Desde que não seja nada que tenha poeira — interveio Hilda.

— Pode deixar, dona Hilda. Vou tomar cuidado — prometeu Nico.

— Por que não deixam para mais tarde? O sol agora está muito forte; pode fazer mal — pediu Hilda.

— Não se preocupe, dona Hilda. Vamos ficar na sombra. Se o Eurico quiser, podemos levar a cadeira para o caramanchão.

Os dois saíram, e logo Amelinha, que brincava no jardim, os acompanhou alegremente. Nico carregava a cadeira e colocou-a na sombra, do lado de fora do caramanchão.

— Do que quer brincar? — perguntou Nico.

— Gostei de ver os passarinhos — respondeu ele. — Você acha que eles voltariam a comer em minha mão?

— Acho, mas nós podemos brincar de outras coisas também. Você já viu um ninho de passarinho?

— Só no livro.

— Eu também vi — comentou Amelinha.

— Eles vão buscar a comida, a levam no bico e depois, quando chegam ao ninho, a colocam na boca dos filhotes.

— Eu queria ver isso — disse Eurico.

— Só que para isso você precisava poder subir na árvore. Está vendo aquele galho ali naquela laranjeira?

— Onde?

— Ali em frente, bem na forquilha. Lá tem um ninho de passarinho.

— Eu estou vendo — disse Amelinha.

— É — concordou Eurico. — Há passarinhos lá?

— Sim. Como não podemos subir, vamos olhar todos os dias. Os filhotes ainda são muito pequenos; por enquanto, só comem. Mas logo os pais deles vão ensiná-los a voar, e nós poderemos ver daqui mesmo.

— Eles não nascem sabendo voar? — perguntou Amelinha.

— Eles nascem com o instinto de voar, mas precisam treinar e aprender. Nós também: nascemos com o instinto de andar, mas precisamos aprender.

— Você acha que daqui veremos quando eles começarem a voar? — indagou Eurico.

— Claro. Às vezes, eles caem, e, então, nós poderemos cuidar para que nenhum gato chegue primeiro.

— Como você faz isso? E se ele cair e um gato aparecer? — perguntou Eurico.

— Você o segura com delicadeza, mas tem de ser firme para ele não escapar. Depois, o coloca em um galho de árvore. Nessa hora, com certeza, os pais dele vão estar em volta tentando ajudar e logo vão tomar conta dele.

— Que engraçado! — disse Amelinha. — Igual a gente. Eles também pensam, como nós?

— Eles não pensam como nós, mas como passarinhos. Cada bicho tem seu mundo e vive de acordo com ele. Cachorro pensa como cachorro, porco pensa como porco, galinha pensa como galinha, passarinho pensa como passarinho.

— Como é devem ser os pensamentos de um cachorro? — perguntou Amelinha.

— Uma vez, eu li uma história escrita como se fosse pelo cachorro. Ele falava sobre como via as pessoas, o mundo, seus donos, tudo. Era uma beleza. Os cachorros devem pensar assim.

— Como você sabe, se nunca foi cachorro? — indagou Eurico.

— Quando eu li, imaginei que era. Pensei: se eu fosse um cachorro, como eu iria ver as coisas? E percebi que a história bem que podia ser verdade.

— Você sabe contar essa história? — perguntou Amelinha.

— Sei.

— Então nos conte — pediu Eurico.

— É! Conte, conte — reforçou Amelinha.

Nico sentou-se no chão ao lado da cadeira de Eurico e começou a contar a história. Os dois a ouviam com interesse e nem sequer percebiam que de vez em quando Hilda aparecia para ver o que estavam fazendo e entrava em seguida.

— E então? — indagou Eulália em uma dessas entradas.

— Eles estão lá, conversando. Nico está falando, e os dois, ouvindo. Amelinha, como sempre, entusiasmada; Eurico, atento.

— Vamos ver se ele se interessa por alguma coisa. Esse menino me parece muito bom.

— Um menino da roça, dona Eulália! Só espero que os dois não peguem o sotaque do interior.

— Nico fala muito bem. Nem parece que nasceu aqui. O doutor Mário gosta muito dele. Além disso, Eurico parece gostar de sua companhia. Só quero que ele se interesse pela vida.

— Desculpe, dona Eulália, mas ainda acho que um menino da roça não é companhia para Eurico. Ele não tem o mesmo nível. Pode dar problemas de educação.

— Bobagem, Hilda! Até agora, ele tem sido muito educado. Além disso, nada mais me importa que a saúde de Eurico. Farei tudo para que ele fique bom, igual aos outros meninos de sua idade.

Hilda baixou os olhos e disse:

— A senhora é quem sabe. Só quis alertá-la.

Meia hora depois, Nico entrou na cozinha com Amelinha, que disse para a cozinheira:

— Vamos fazer um piquenique. Precisamos de uma cesta com tudo.

— Vou falar com dona Hilda.

Logo Hilda apareceu na cozinha.

— O que vocês querem?

— Vamos fazer um piquenique. Você já fez algum? — perguntou Amelinha.

— Não sei se será bom comer fora de hora... Melhor não.

Eulália apareceu na cozinha, e Amelinha pediu:

— Mamãe, nós queríamos fazer um piquenique, mas Hilda não quer deixar.

Eulália aproximou-se.

— Se eles comerem agora, não terão fome no jantar — justificou-se Hilda.

Nico esclareceu:

— Eu tive a ideia do piquenique, porque Eurico não almoçou, e assim ele poderia comer um pouco pelo menos.

52

— Nunca fiz um piquenique. Queria fazer um — reclamou Amelinha.

— Está bem — concordou Eulália. — Nico tem razão. Quem sabe assim Eurico come um pouco mais. O que querem levar?

— Vamos precisar de uma cesta, toalha, coisas dentro — disse Amelinha, entusiasmada.

— Não temos uma cesta — disse a empregada. — Só aquela grandona das compras do mercado.

— Não faz mal — tornou Nico. — Hoje, faremos um tipo de piquenique sem cesta. Amanhã, eu trarei uma de casa com tudo e faremos um como se deve.

— Oba! — disse Amelinha. — Amanhã faremos outro! Que bom! E, agora, o que levaremos?

— O que Eurico gosta — disse Nico.

— Ele não gosta de nada — disse Hilda, mal-humorada.

— Então, levaremos algumas bananas, pão e queijo.

— Só? — perguntou Amelinha.

— É bom demais — respondeu Nico.— Pão, queijo e bananas deixarão Eurico forte depressa. Além disso, banana é uma fruta que você pode usar para inventar muitas formas de comer. Já experimentou cortar quadradinhos com a faca e ir comendo?

— Não — respondeu Amelinha.

— Pois tem muito mais. Você verá que esse piquenique será muito bom.

Quando eles saíram segurando a sacola com o lanche que pediram, Eulália sacudiu a cabeça admirada. Aquele menino tinha cada ideia! Ela nunca comera banana cortando-a em quadradinhos com a faca. Seria bom mesmo?

Curiosa, ia de vez em quando à janela observar os três brincando. Estavam lá havia mais de três horas, e Eurico não se sentira cansado. Várias vezes, viu-o em pé, conversando, coisa rara. Ele nunca participava da conversa; ficava alheio.

Passava das cinco e meia, quando Hilda foi chamá-los para tomar banho antes do jantar.

— É cedo — disse Amelinha. — Ainda está claro.

— Não é, não. O jantar será servido às sete, e vocês têm de estar prontos. Sua tia Liana chegará hoje com seu pai, e ele não gosta de atrasos. Vamos embora.

— Vou ficar mais um pouco — tornou Eurico, olhando-a desafiador.

— Eu também — concordou Amelinha.

— Nada disso. Olhem como vocês estão sujos. Meu Deus! Como se sujaram desse jeito?

— Nós sentamos na terra para o piquenique — esclareceu Amelinha.

— Eurico, que horror! Você não pode fazer essas coisas. Onde já se viu? Com certeza, ficará doente!

— Ele não ficará doente! — disse Amelinha. — Eurico está muito bem!

Hilda fulminou-a com os olhos, e seu rosto cobriu-se de um rubor de indignação.

— Você deveria tomar conta de seu irmão em vez de deixá-lo fazer o que não deve. Contarei tudo para sua mãe. Se ele adoecer, não será por minha culpa. Fui contra essa ideia de piquenique desde o começo. Vamos andando, senão, chamarei dona Eulália!

Nico levantou-se, juntou os objetos espalhados sobre a toalha e disse:

— Vamos obedecer à dona Hilda. Chega por hoje. Vamos entrar.

— Não quero que vá embora. Ainda não é noite! — reclamou Amelinha.

— Vocês têm de tomar banho e se preparar para esperar sua tia e o doutor Norberto. Quando eles chegarem, ficarão alegres vendo-os arrumados e contentes.

— Eu não me arrumarei. Ficarei no quarto e pronto! — disse Eurico com raiva.

— Se você ficar no quarto, não ouvirá a conversa deles e não saberá das novidades da cidade. Se fosse eu, não ficaria no quarto. Ficaria junto para saber de tudinho.

— Eu ficarei com eles! Tia Liana sempre traz presentes para nós. O que será que trará hoje?

— Ela é aquela moça bonita que chegou com vocês no dia da mudança e foi embora dois dias depois? — indagou Nico.

— É.

Eles foram andando de volta à casa, onde Eulália os esperava atenta.

— Eles não queriam entrar, dona Eulália. São quase seis horas, e o doutor Norberto pode chegar a qualquer momento.

— Estava tão bom lá fora! — comentou Amelinha. — Além disso, não quero que Nico vá embora. Peça para ele ficar, mamãe.

— Não seja egoísta, minha filha. Nico tem outras obrigações em casa. Ele se levanta muito cedo para ir à escola e também tem de estudar. Não podemos abusar dele.

— Eu quero que ele fique aqui — disse Eurico.

Eulália olhou surpreendida para o filho. Ele nunca emitia opinião e muito menos pedia alguma coisa. Ela ficou sem saber o que dizer.

Olhou para Nico e perguntou:

— Você pode ficar mais um pouco, Nico? Não tem de fazer lição ou estudar?

— Já fiz a lição de casa e posso ficar mais um pouco, até a hora do jantar.

Eurico olhou para ele e convidou-o:

— Venha até meu quarto. Achei uma revista que gostaria de lhe mostrar.

Nico olhou para Hilda e Eulália sem saber o que fazer.

— Não adianta agora, Eurico — respondeu Hilda. — Você tomará banho e se arrumará. Ele o esperará descer.

— Se ele não subir, eu também não subirei! Não tomarei banho nem me arrumarei!

Eulália olhou admirada para o filho. Ele sempre fora apático e nunca se rebelava. Ficava prostrado e acabava sempre fazendo o que queria. Vendo-o pálido e sem forças, ninguém se atrevia a contrariá-lo.

— Está vendo só, dona Eulália? Este menino só faz o que quer. Viu como está com a roupa suja? Sentaram-se na poeira. Já pensou se ele passar mal?

— Vá tomar banho, meu filho. Nico pode ir com você. Não há nada de mal em ele lhe fazer companhia lá em cima.

— Eu também quero ficar no quarto de Eurico — tornou Amelinha.

— Você é menina. Eurico vai tomar banho, e você não pode ficar com ele. Vá para seu quarto, tome seu banho, arrume-se e depois poderá ficar com eles — determinou Eulália.

Hilda lançou um olhar de reprovação e subiu com eles. Eulália ficou pensativa. Era natural que Eurico desejasse ter um amigo. Pela primeira vez, ele demonstrara interesse em alguém, e isso era bom. Quando tinha a idade dele, tivera uma amiga da qual nunca se separava. Estavam sempre juntas. Era promissor que ele finalmente desejasse se relacionar.

Eulália teve o fio de seus pensamentos cortados pelo ruído de um carro que chegava e saiu para recebê-los.

Norberto beijou-a delicadamente na face, e Liana abraçou-a com alegria.

— Que bom vê-la! — disse.

— Fizeram boa viagem?

— Estava um calor sufocante — reclamou Norberto. — Mas, afinal, chegamos. Estou morto de sede e louco por um banho.

— Vamos entrar — convidou Eulália.

Depois de servir água fresca a ambos e de Norberto subir para tomar seu banho, Eulália acompanhou Liana até o quarto de hóspedes.

— Então, conseguiu resolver seus negócios em São Paulo?

— Quase. Sabia que eles não queriam me dar a transferência? Se não fosse a recomendação do doutor Euclides, eu não teria conseguido.

— Quer dizer que saiu?

— Saiu. Vou lecionar em Ribeirão Preto.

Eulália abraçou-a contente.

— Que bom! Assim terei companhia! Sabe como é: Norberto passa a semana inteira longe, e tenho me sentido muito sozinha.

— Não via a hora de vir para cá. Depois que mamãe morreu, tenho me sentido muito só. Fiquei indignada quando papai levou aquela mulher para nossa casa. Mesmo que vocês não tivessem me convidado para morar aqui, eu teria saído de casa, ido para algum lugar.

— Agora ele pode até se casar com ela!

— Deus nos livre! Depois de tudo! Se ele fizer isso, mamãe se revirará no túmulo.

Eulália ficou pensativa por alguns segundos e depois disse:

— Ela nunca o perdoou por ter se apaixonado por outra.

— Sei disso.

Eulália olhou séria para a irmã e continuou:

— Não sei por que ela suportou.

— Talvez para não se tornar uma mulher desquitada!

— É uma boa razão. Em nossa sociedade, o adultério para o homem é visto até como sinal de virilidade, mas a mulher desquitada sempre é vista com maus olhos, mesmo sem ter culpa de nada.

Os olhos verdes de Liana brilharam, quando ela disse:

— Ela pode ter feito isso por amor, por não querer a separação.

— Não tenho certeza de que ela o amava tanto assim. Não creio muito no amor. O casamento é sempre um jogo de interesses. Eu era muito nova quando me casei. Você sabe que eu não amava Norberto. Foi para obedecer à mamãe. Mas agora, depois de treze anos de convivência, aprendi a gostar dele. Tenho sentido muito a falta de Norberto depois que nos mudamos para cá. É uma questão de costume.

— Se fosse você, não a teria obedecido. Só me casarei por amor.

Os olhos de Eulália brilharam quando respondeu:

— Esse é um sonho difícil de realizar. Tem visto Mário?

— Ele me ligou algumas vezes, me convidando para sair, mas eu estava sempre ocupada. Queria resolver tudo para voltar logo.

— Ele me parece interessado em você. Não se declarou?

Liana sorriu e deu de ombros.

— Não. Acho que quis ser amável comigo por eu estar sozinha em São Paulo. Quis ser atencioso, agradar Norberto.

— Hum... acho que não é nada disso. Ele olha para você de um jeito...

— Se estivesse interessado em mim, teria me procurado, insistido.

— Pode não ter querido forçar. Ele é muito educado.

— Por causa disso é que acho que ele está apenas cumprindo as regras da boa educação.

— Não creio. Se ele lhe pedir em namoro, você aceitará?

— Não sei. Nunca pensei nisso.

— É uma excelente pessoa, um bom partido, muito bem-parecido, elegante. Eu até diria que ele é um homem bonito.

— Não nego que é bonitão, mas, se quer saber, não estou apaixonada por ele.

Eulália riu bem-disposta e acrescentou:

— Quer apostar que ele virá nos visitar em breve?

— O que é natural. É muito amigo de Norberto e fez um belo trabalho na reforma desta casa.

— É verdade. Nenhum outro teria feito melhor. Restaurou tudo com perfeição. A casa não só ficou linda, como também muito confortável.

— Você gosta daqui?

— Gosto. Confesso que vim somente para ajudar Eurico, mas agora estou apreciando muito o lugar. É calmo, sossegado, cheio de pássaros e flores. Além disso, até Eurico está dando sinais de melhora, e isso para mim é o mais importante. A única pena é que Norberto não poderá ficar aqui o tempo todo. É muito cansativo para ele vir todos os fins de semana. Reparou em como ele estava cansado quando chegaram?

— É verdade. O calor estava muito forte, e ele transpirou e reclamou o tempo todo. Está fazendo esse sacrifício pelo bem-estar de Eurico. Se ele está melhor, está valendo a pena.

— Está. Já tem até um amigo: Nico.

— Sei quem é. Mário fala dele com admiração.

— É um menino muito prestativo e inteligente. Apesar de vir de uma família simples, é muito educado. Sabe portar-se.

— Ótimo.

As duas continuaram conversando até quase a hora do jantar. Eulália saiu para cuidar de seus afazeres, e Liana acompanhou-a até as escadas. Na volta, ao passar pelo quarto de Eurico, ouviu risadas. Bateu delicadamente na porta e entrou.

Nico estava com um pano colorido nas costas, à guisa de capa, e segurava uma vara na mão, enquanto Amelinha, com uma coroa de flores na cabeça e uma fita colorida na cintura, trazia nas mãos um pedaço de papel. Sentado em uma cadeira, Eurico assistia a tudo. Vendo-a entrar, eles ficaram parados.

— Não quero interromper — Liana foi logo dizendo. — Vim apenas lhes dar um abraço.

Amelinha correu para Liana e abraçou-a:

— Que bom, tia!

Depois de beijá-la, Liana aproximou-se de Eurico, abraçando-o e beijando-o na face.

— Como vai? Está melhor?

— Estou — respondeu ele sem entusiasmo.

— Como vai, Nico?

— Bem. E a senhora? Fez boa viagem?

— Muito boa, obrigada. Vocês brincavam, e eu os interrompi.

— Estávamos representando para Eurico. Eu era a princesa Miriam, e Nico, o rei. Ele não queria que eu me casasse com o príncipe, então, ele deu três coisas perigosas para o príncipe fazer. Ele só consentirá o casamento se ele vencer as provas.

— E o príncipe, quem é?

— Bom, ele disse que deveria ser Eurico, mas ele ainda não decidiu se quer. Se ele não quiser, vai ter de ser Nico mesmo. Ele terá de fazer os dois papéis.

— O Eurico fará, sim — disse Nico. — Ele será o herói, vencerá todas as provas e se casará com a princesa! Aí, o próprio rei terá de fazer o casamento.

— Terá bolo de noiva e tudo! — disse Amelinha, contente.

— O casamento não será hoje — disse Nico. — Está quase na hora de jantar, e tenho de ir embora. Só fizemos o primeiro ato. Continuaremos amanhã. Precisamos de tempo para preparar as roupas. Minha mãe sabe fazer roupas de papel crepom.

— O da princesa tem de ser azul, da cor do céu! — disse Amelinha.

— A coroa tem de ser dourada. Toda de ouro — completou Nico.

— E a roupa do príncipe? — indagou Eurico.

— Bom, ela pode ser da cor que você gostar. As joias, contudo, precisam ser brilhantes e a espada tem de ser de prata.

— Onde vão arranjar o material? — indagou Liana.

— Vou pedir a mamãe para comprar o papel — disse Amelinha.

— Tenho alguns colares e pulseiras que poderão ser transformados em joias. Vocês querem?

— Oba! — fez Amelinha com entusiasmo.

— Que bom! — disse Nico.— Já pensou, Eurico? Esse príncipe ficará mais bonito que o rei!

— Acho que vou querer ser ele! — concordou Eurico.

Depois de prometer arranjar material para eles fazerem as roupas da peça, Liana saiu e foi para o quarto. Estava bem impressionada com o que vira.

— Puxa, se sua tia ajudar, poderemos fazer uma peça de verdade.

— Como no teatro? — perguntou Amelinha, entusiasmada.

— Bom, teatro eu não sei como é, mas vi no cinema e no circo também. Podemos fazer tudo e depois representar de verdade.

— Não há ninguém para assistir — tornou Amelinha.

— Se a gente ensaiar bem e fizer tudo direitinho, poderemos fazer uma apresentação para outras crianças da cidade. Isto é, se sua mãe deixar.

— Puxa! Será que eles vão querer assistir?

— Claro que vão, mas ainda é cedo para dizer. Vou escrever a história toda no papel e depois faremos as roupas, ensaiaremos. Quando estiver tudo pronto, veremos.

— Você precisa mesmo ser o príncipe, Eurico — disse Amelinha. — Nico não vai poder ser os dois. Como é que fará o casamento?

— O Eurico fará o príncipe, não é mesmo?

— Veremos. Você acha que eu vencerei as provas?

— Claro que vai. Estamos representando, e tudo é no faz de conta — explicou Nico com entusiasmo. — Você saberá direitinho o que fazer, pois ensaiará bastante.

— Será que poderei?

— Tenho certeza de que sim — garantiu Nico com entusiasmo. — Só que nós guardaremos segredo. Pediremos para sua tia que não diga nada a ninguém. Faremos uma surpresa.

— Oba! Eu adoro segredos! — disse Amelinha batendo palmas de alegria.

— O que acha, Eurico?

— Está certo.

Nico aproximou-se, pegou a mão de Amelinha, colocou-a sobre a de Eurico e pôs a sua em cima, dizendo:

— Nesse caso, vamos jurar. Este segredo ficará guardado, e quem falar dele aos outros será um bobão. E, se isso acontecer, não faremos mais nada.

Os três juraram solenemente.

— Agora, sim — disse Nico —, estamos de fato juntos nessa peça.

Hilda entrou no quarto dizendo:

— Vamos descer. Está na hora do jantar.

— Preciso ir — disse Nico, despedindo-se dos amigos, que queriam que ele ficasse.

— Amanhã, eu volto — prometeu ele.

Desceram juntos, e ele esgueirou-se discretamente pela cozinha e saiu. A tarde estava findando, e o sol já desaparecera, deixando apenas os reflexos de seus raios no céu cor-de-rosa, em que o brilho pálido das primeiras estrelas começava a aparecer.

Nico olhou para o céu e sorriu. Aquele era um minuto mágico da natureza, e ele perguntou-se: "O que haverá lá em cima, no céu, além das estrelas?".

Deu asas à fantasia, mas, dentro de seu coração, Nico sabia que, apesar de não poder comprovar, havia a certeza da grandiosidade da vida, e sentia o poder de Deus em tudo.

CAPÍTULO 5

A partir daquele dia, Nico passou a fazer parte da família de Eulália. Mal chegava da escola, ele colocava os livros sobre a cama e ia para a mansão. Eurico apegou-se a ele de tal forma que não queria fazer nada enquanto Nico não aparecesse. Eulália procurava contentá-lo, uma vez que Nico exercia uma benéfica atuação sobre o comportamento do filho. Ao lado dele, concordava em comer, mostrava-se mais animado e mais interessado nas coisas. Havia engordado, estava mais corado e não se cansava como antes.

A princípio, Nico, em obediência à sua mãe, só ia para a mansão depois de almoçar, mas Eulália pediu-lhe que fosse almoçar com Eurico e, assim, passou a fazer suas refeições lá. Todas as semanas, ela pagava a modesta quantia que lhe prometera, mas, sentindo-se grata pela dedicação de Nico, mandava alimentos e roupas para sua família.

Com isso, eles deixaram de passar necessidade, e Ernestina não precisou mais trabalhar tanto para manter a família. Satisfeito com a proteção de Eulália, Jacinto interessou-se pelos serviços que Nico prestava na mansão, desejando explorar a situação.

Ernestina foi categórica:

— Nico não fará o que você está dizendo!

— Fará, sim. Dizem que o menino só come com o Nico e que dona Eulália está feliz com a melhora do filho. Vai dar pra Nico o que ele quiser! Não teremos outra oportunidade dessas!

Enraivecida, Ernestina olhou para o marido, e seus olhos faiscavam quando respondeu:

61

— Não se meta com o Nico! Dona Eulália é uma mulher muito boa. Não nos aproveitaremos da situação, não. Não quero meu filho fazendo uma coisa dessas!

— Se eu quiser, ele fará! Terá de me obedecer!

Ernestina aproximou-se do marido e disse com voz ameaçadora:

— Não tolerarei que faça isso! Deixe o menino em paz! Você nunca se importou com ele.

— Precisamos aproveitar a oportunidade. Ganhar dinheiro!

— Por que não procura um serviço pra fazer? É o jeito de ganhar dinheiro, não explorando os outros. O que deveria fazer é arranjar um trabalho. Nossa terra está cheia de mato, então, por que não planta um pouco pelo menos?

Jacinto reclamou e foi saindo, e Ernestina suspirou, tentando conter a raiva. Por que se casara com um homem tão preguiçoso? Não iria deixá-lo atrapalhar a vida de Nico. Queria que seu filho crescesse honesto, digno e respeitado pelas pessoas.

Jacinto, contudo, não desistia. Quando Nico chegava, ele logo aparecia, reclamando do dinheiro que o menino recebia na mansão e até dos donativos generosos de Eulália.

Nico escapava desgostoso. Por que o pai era daquele jeito? Dona Eulália não tinha nenhuma obrigação de sustentar sua família, entretanto, enviava-lhes donativos, porque tinha um bom coração. Como podia ser tão ingrato? Era tão bem tratado na mansão que até sentia vergonha de receber o dinheiro que ela lhe pagava. Várias vezes, teve vontade de não receber, mas sabia que o dinheiro era necessário para as despesas de sua casa, por isso, continha-se.

Além disso, Nico gostava de Eurico, de Amelinha e das demais pessoas da casa. Com Norberto era mais retraído, uma vez que ele só aparecia nos fins de semana e havia até alguns em que ele não ia.

De vez em quando, Mário aparecia para ver como estavam as coisas na mansão. Abraçava Nico com carinho, e o menino notara o interesse do engenheiro pela irmã de Eulália. Mário ficava emocionado quando ela chegava e fazia um jeito de quem desejava agradar. Nico sabia que o engenheiro gostaria de namorá-la.

Liana tratava-o com atenção, mas não parecia estar apaixonada. Ela era muito bonita, e Nico torcia para que eles namorassem. Gostava de Mário e queria que ele fosse feliz.

Uma tarde, Eulália chamou Nico e pediu:

— Gostaria muito de conversar com sua mãe. Ela poderia vir até aqui amanhã?

— Pode, sim, senhora. Só que tem um problema...

— Qual é?

— Minha mãe tem medo de entrar na mansão.

— Medo? De quê?

Nico hesitou um pouco e depois respondeu:

— A senhora não sabe, mas é que aqui... bom... as pessoas dizem...

— O quê?

— Que esta casa é assombrada.

Eulália desatou a rir e disse:

— Isso é crendice! Sua mãe me parece uma mulher inteligente. Ela acredita nessas coisas?

— Sabe como é... gente da roça acredita em almas do outro mundo. Além do mais, houve gente que viu a alma do coronel andando por aqui.

— Bobagem! Nós estamos aqui há quase um ano e nunca vimos nada. Mas, se ela tem medo, não precisa entrar. Peça-lhe para vir, e conversaremos no caramanchão.

**

No dia seguinte, Ernestina acompanhou Nico até o caramanchão, onde Eulália a recebeu.

— Entre, Ernestina. Como tem passado?

— Bem, sim, senhora.

— Sente-se aqui ao meu lado. Obrigada por ter vindo. Não fui à sua casa, porque queria conversar a sós com você. Pode ir, Nico. Eurico o está esperando.

Ernestina acomodou-se no banco e esperou. Depois que Nico se foi, Eulália começou:

— Gosto muito de seu filho. É um menino muito bom. E o mais importante é que Eurico está melhorando graças à dedicação dele. Chamei-a aqui para lhe pedir um grande favor.

— Pode falar, dona Eulália.

— Como sabe, meu filho é doente. Temos tentado de tudo para que ele fique bem. Só agora, com a presença de Nico, ele começou a melhorar um pouco. Espero que com o tempo ele venha a sarar. Por enquanto, embora esteja melhor, não tem condições de ser como os outros meninos, de ir à escola, por exemplo. Entretanto, meu marido e eu achamos que ele precisa estudar. Minha irmã, que é professora, ensinou-lhe as primeiras letras com grande dificuldade. Não que ele não possa aprender, isso não. É inteligente. Mas, como ele se sente mal, não podemos forçá-lo.

— Certamente.

— Eurico fica cansado e não demonstra interesse pelos estudos. Para dizer a verdade, ele não se interessa por nada nesta vida. Agora, com Nico, ele começou a se interessar por alguma coisa. Seu filho é muito inteligente e sabe como cativar.

— Ele sempre foi assim. Todo mundo gosta desse menino.

— Pois é. Desejo propor-lhe uma coisa. Gostaria de pagar os estudos de Nico até ele ficar moço. Ele poderá escolher a carreira que quiser.

O rosto de Ernestina iluminou-se, e ela sorriu satisfeita:

— É o sonho dele! Poderá ir pra uma faculdade?

— Claro. O que ele quiser!

Ernestina pegou a mão de Eulália e levou-a aos lábios, entusiasmada:

— Obrigada, dona Eulália! A senhora não sabe o bem que está me fazendo. Serei-lhe grata pelo resto da vida. Posso lavar toda a roupa da sua casa de graça.

Eulália sorriu:

— Não será preciso! Ainda não acabei de lhe apresentar minha proposta. Gostaria que ele viesse morar aqui!

Ernestina surpreendeu-se:

— Como? Morar aqui? Mas ele pode vir todos os dias. Não precisa morar.

— É que pretendo contratar professores que venham dar aulas aqui em casa. Quero que Nico saia da escola e venha estudar com Eurico. Para que tudo isso dê certo, é preciso que ele venha morar aqui.

Ernestina ficou um pouco inquieta, afinal, Nico era seu apoio em casa. Era com ele que conversava todas as manhãs sob a mangueira. A casa ficaria muito triste sem ele.

Eulália prosseguiu:

— Não se preocupe, Ernestina. Nico poderá ver a família sempre que quiser. Não pretendo tirar seu filho de você. É que ele representa para mim uma porta para a cura de meu filho. Até agora nada tinha dado resultado. Tenho esperança de que, se ele ficar com Eurico o tempo todo, estudando, brincando, vivendo, meu filho acabará melhorando. Por outro lado, gosto de seu filho e posso lhe dar uma carreira digna. Ele pode se formar, ganhar dinheiro, ajudar a família. Seria uma troca: ele me ajudaria, e eu os ajudaria. Penso que todos nós ficaremos satisfeitos.

Apesar da tristeza que a separação lhe causava, Ernestina sentia que não podia ser egoísta. Nico tinha o direito de aproveitar aquela oportunidade, por isso, respirou fundo e respondeu:

— De minha parte, concordo. A felicidade do Nico é tudo o que desejo neste mundo. Em todo caso, perguntemos a ele. Tenho medo de que ele venha morar aqui...

Ernestina teve vergonha de prosseguir. Eulália compreendeu e apressou-se a esclarecer:

— Faz quase um ano que nos mudamos, e nunca vimos nada. Essa história de assombração é bobagem. Você não acredita mesmo nisso, não é?

— Eu acredito, sim. Tenho visto muitas coisas.

— Pois nunca vimos nada aqui. Não vai querer estragar a carreira de seu filho por causa de uma bobagem dessas.

— É. Se a senhora me garante que nunca viu nada... O povo fala muito mesmo. Seu marido também quer que Nico venha morar aqui?

— Quer. Ele também notou o quanto Eurico melhorou e acha que ele precisa da companhia de um menino da mesma idade. E seu marido? Vai concordar?

— Deixe ele comigo. Sei como lidar com ele.

A criada apareceu trazendo uma bandeja com refrescos e alguns petiscos e deixou-a sobre a mesa. Eulália pediu:

— Peça a Nico que venha aqui.

Ela saiu, e Eulália serviu o refresco e os docinhos para ambas. Quando Nico apareceu, ela fez-lhe a proposta. Os olhos do menino brilharam de emoção, mas ele disse com delicadeza:

— Não posso aceitar o convite, dona Eulália. Não quero deixar minha família.

— Você não deixará a família. Ficará aqui mais perto de Eurico, mas poderá ir para casa ver sua mãe sempre que quiser.

— Minha mãe precisa de mim, e quero ficar com ela. Posso, no entanto, vir bem cedinho todos os dias, estudar com Eurico e fazer tudo o que a senhora quiser.

Com os olhos brilhantes de emoção, Ernestina disse:

— Quero muito ficar com você, mas pense um pouco, meu filho! Você poderá estudar, se formar, ter tudo o que sempre quis.

— Você quer que eu aceite, mãe?

— Quero que seja feliz. Sentirei sua falta, mas você poderá me ver sempre.

— Poderá ir todos os dias, se quiser — prometeu Eulália.

— Bom, se é assim... eu aceito!

— Muito bem. Assim é que se fala! Tenho certeza de que não se arrependerá. Vamos dar a boa notícia a Eurico e Amelinha.

Nico abraçou a mãe e disse comovido:

— Verei a senhora todos os dias. Pode esperar. E, quando eu for grande, lhe comprarei uma casa linda como esta para você morar com a família. Você verá.

Ernestina sorriu alegre. Seu filho se libertaria daquela vida triste de pobreza. Um dia, ele seria importante e ilustrado. Valia a pena o sacrifício.

No dia seguinte, Nico mudou-se para a mansão. Tinha pouca coisa: algumas peças de roupas, livros e alguns brinquedos que ele mesmo fizera. Seu irmão José olhou-o com inveja, mas não perdeu a chance de implicar:

— Servirá de criado pra aqueles grã-finos, será escravo deles. Eu é que não aceitava uma coisa dessas! Agora vou ficar com a cama só pra mim.

Nilce queria saber como seria seu quarto na mansão, e Nico prometeu voltar para contar.

***

Quando chegou à mansão sobraçando seus pacotes, Nico sentiu muita emoção. Ele ia morar naquela casa que tanto admirava! Nunca pensou que isso pudesse acontecer, mas era verdade. Dali para frente, aquela seria sua casa!

Eurico queria que Nico ficasse em seu quarto, mas Eulália não concordou:

— Nico precisa ficar bem instalado. Em seu quarto não há cama nem guarda-roupas para ele. Nico ficará no quarto ao lado do de Manuel.

Eurico não concordou:

— Fica muito longe. Fora da casa. Quero Nico aqui, perto de mim.

— Já disse que não há lugar.

Mas Eurico irritou-se e exigiu:

— Há lugar, sim. Mande pôr a cama dele aqui.

Eulália não queria outra pessoa dormindo no mesmo quarto que Eurico. O médico dissera que o menino precisava ficar em um quarto bem arejado, e outra pessoa ali, respirando, poderia deixar o quarto abafado. Depois de alguma discussão, ela resolveu:

— Vou desocupar o pequeno quarto ao lado e arrumá-lo para Nico. Ele ficará bem perto. É só abrir a porta.

Ela foi até a porta que ligava os dois quartos e abriu-a dizendo:

— Está vendo? É como se ele estivesse no mesmo quarto.

Finalmente, Eurico concordou. Ela guardara naquele pequeno quarto malas, objetos sem uso, e fizera dele um pequeno depósito. Precisava esvaziá-lo. Começaram a arrumação e, ao anoitecer, ele pôde instalar-se.

O aposento era pequeno. Coube nele apenas uma cama, um criado-mudo, uma cadeira e um pequeno guarda-roupa.

Nico estava maravilhado. Não se cansava de olhar o abajur e o tapete ao lado da cama. Alisava a roupa de cama fina, o travesseiro macio, as toalhas de banho que Hilda trouxera, o sabonete perfumado, a escova e a pasta de dentes. Achou tudo lindo. Era a primeira vez que tinha um quarto só para ele.

Eulália entrou dizendo:

— O outro quarto era maior, mais arejado, mas Eurico é impossível!

— Não se incomode, dona Eulália. Eu adorei este quarto!

— Amanhã, mandarei colocar cortinas nessa janela e pedirei a Liana que compre algumas roupas para você.

— Não precisa, não, senhora.

— Precisa, sim. Você agora mora em minha casa e é amigo de meus filhos. Deve se vestir como eles.

Nico achava que não precisava, mas não se atreveu a recusar. Ele levaria vida de rico e, assim, conheceria de perto como eles viviam.

— Eu ainda preciso ir para a escola — esclareceu ele. — Estamos no fim do ano e, se eu não for mais, serei reprovado. Isso eu não quero.

— Amanhã, irei com você até lá resolver tudo.

— A senhora irá à minha escola?

— Irei. Você não perderá nada. Não deixarei.

Depois de arrumar cuidadosamente seus poucos pertences no guarda-roupa, seguido de perto por Amelinha, que, curiosa, queria ver tudo o que ele trouxera, Nico foi ficar com Eurico.

Eulália olhava-os com satisfação. A presença constante de Nico haveria de levantar o ânimo de seu filho, e logo ele estaria curado. Contratara um professor para ensinar os três. Liana oferecera-se, mas Eulália não queria dar-lhe esse trabalho. Ela já se cansava bastante na escola. Além do mais, achava que alguém de fora seria levado mais a sério.

Um amigo de Norberto em São Paulo indicara esse professor, principalmente porque ele era muito interessado em educação e tinha curso superior. Ele combinara com Norberto que acompanharia o currículo escolar e que, quando as crianças estivessem preparadas, poderiam submeter-se a um exame e conseguir o diploma.

Norberto dissera-lhe que o professor Alberto era escritor, tinha alguns livros publicados, escrevia para um jornal de São Paulo, mas que desejava ir morar em um lugar sossegado no interior, onde continuaria a escrever. Sua renda era insuficiente para se manter, e ele aceitou o emprego que Norberto lhe oferecera.

Viria com Norberto no fim de semana para ficar. Dormiria no quarto de hóspedes até encontrar uma casa para alugar na vizinhança. Durante a viagem, Norberto colocou-o a par dos problemas de Eurico, e Alberto interessou-se bastante.

— Foi muito bom ele ter arranjado um amigo — disse.

— É, foi uma reação boa. Ele nunca havia se interessado por nada. Por isso, Eulália achou melhor que esse menino ficasse lá em casa. Ele é muito pobre, mas bem-educado. Tem boa aparência, e minha esposa gosta muito dele.

— Farei tudo para ajudar. Seu filho precisa tomar gosto pela vida. Tenho a impressão de que ele é muito triste.

— Por que diz isso? Ele tem tudo que um menino da idade dele poderia ter!

— Mas não tem alegria de viver!

— Por causa da doença, ele se sente muito mal.

Alberto não respondeu. Norberto continuou:

— É meu único filho homem! Gostaria muito que ele fosse diferente! Não sei por que isso aconteceu comigo!

Alberto olhou seriamente para ele e respondeu:

— Aceitar o que não pode modificar ajuda a conservar a paz.

— É, eu aceito. Que remédio? Esperava um menino vivo, inteligente, esperto, que praticasse esporte e fosse meu orgulho. Eurico é o oposto disso, mas é filho e não dá para não ligar.

— Ele venceu a morte e está lutando para sobreviver, recuperar a saúde.

— Há momentos em que não sei se isso foi bom. Sinto-me tão desanimado olhando para ele... Há horas em que penso que ele nunca vai sarar. Além disso, Eulália vive triste. Minha casa é um lugar sem alegria.

— Mas o senhor tem uma menina muito saudável.

— É. Amélia é saudável até demais. Fala pelos cotovelos, como toda mulher. Olhando para ela, fico pensando na injustiça da vida. Um tão apagado, e outro, tão vivo!

Pelos olhos de Alberto passou um brilho de emoção, mas ele nada disse. Pensava em sua vida e nos problemas que carregava dentro do coração.

Chegaram ao anoitecer, e Eulália recebeu-os com delicadeza, cercando-os de atenções. Simpatizou logo com os olhos escuros e profundos do professor. Sua figura elegante, seus cabelos castanhos ligeiramente ondulados, seu rosto moreno, seu queixo firme, em que havia uma pequena covinha. Seus lábios abertos em um sorriso largo, que mostrava dentes claros e bem distribuídos, tornavam-no um homem bonito. Além disso, vestia-se muito bem. Quantos anos teria? Quando, horas mais tarde, perguntou ao marido, soube que beirava os trinta e cinco.

O que teria um homem como ele ido fazer em uma cidade do interior? Norberto disse que ele era escritor, mas, à primeira vista, ele não lhe pareceu nem um pouco excêntrico. Fazia votos de que Alberto se acostumasse e tivesse paciência com as crianças.

Instalou-o no quarto de hóspedes já devidamente arrumado para esperá-lo e deixou-o à vontade para tomar um banho e descansar da viagem. Mandaria avisar quando o jantar fosse servido.

Alberto não conheceu as crianças naquela noite. Por causa do cansaço da viagem, o jantar foi servido um pouco mais tarde, e as crianças já haviam se recolhido.

Nico deitara-se quando a porta do quarto se abriu, e Eurico enfiou a cabeça perguntando:

— Já está deitado?

— Estou.

— Estou sem sono. Vamos conversar.

Nico levantou-se e foi até o quarto de Eurico dizendo:

— Dona Eulália nos pediu para irmos dormir cedo. Disse que você precisa descansar.

— Ela disse, mas não consigo dormir.

Nico suspirou:

— Ela pode brigar comigo. Dona Eulália é muito boa e só pensa no seu bem-estar. Melhor obedecê-la.

— Ela não precisa saber. Vamos deixar acesa só a luzinha da noite.

— Você dorme de luz acesa?

— Não gosto de escuro. Não consigo dormir agora. Você vai ficar comigo?

— Está bem. Vamos conversar até você sentir sono. Aí eu irei para meu quarto. Sobre o que quer falar?

— Me conte aquela história do caçador e da onça.

Mal ele começou a contar, a porta do quarto abriu-se, e um vulto entrou. Os dois se assustaram, mas Amelinha sussurrou:

— Eu sabia que vocês não estavam dormindo! Quero conversar também.

— Melhor você ir para seu quarto. Mamãe não pode saber — disse Eurico.

— Eu posso guardar segredo! Ninguém me viu.

— Fale baixo e fique quieta. Estou sem sono. Nico está me contando uma história.

— Você está com medo de novo!

— É nada! — negou ele nervoso.

— Está, sim. Pensa que não sei? Vi como você chora de medo.

Eurico ia revidar, mas Nico interveio:

— Ter medo não é nada de mais. Todo mundo tem: o rato do gato, o gato do cachorro, o cachorro da onça, a onça do caçador...

— Você também tem medo? — indagou Eurico com interesse.

— Claro que tenho.

— De quê?

— De ficar embaixo de árvore quando tem trovoada.

— Por quê? — perguntou Amelinha.

— Porque árvore atrai raio. Se um raio pega uma pessoa, ela fica torradinha.

— Que horror! Por que não põe para-raios? — continuou a menina.

— Porque isso é coisa da cidade. Aqui não se usa.

— Você tem medo porque é criança. Gente grande não tem — comentou Amelinha.

— Minha mãe tem medo de alma do outro mundo! — tornou Nico.

Ela riu:

— Hilda diz que isso é coisa de gente da roça.

— Não é, não. Eu também tenho medo deles — disse Eurico. Depois, dirigindo-se a Nico: — Você não tem?

— Eu não. Se me aparecesse uma alma penada agora, eu conversaria com ela. Dizem que as almas voltam quando querem alguma coisa. Quando a gente ouve e faz o que pedem, elas vão embora. Se aparecesse uma alma aqui...

— Você correria de medo! — disse Amelinha.

— Correria nada. Eu a encararia e perguntaria o que ela queria. O doutor Mário me disse que tem mais medo de gente viva do que de morto.

— Por quê? — fez Amelinha.

— Porque o morto só assusta e não pode fazer nada; já os vivos roubam, matam. Prefiro encontrar uma alma penada do que um ladrão — completou Nico.

— Chega de falar disso! — reclamou Eurico. — Não gosto desses assuntos. Estou todo arrepiado! Depois, acabo sonhando com eles.

— Você sonha com alma do outro mundo? — perguntou Nico, admirado.

— Ele acha que há gente no quarto. Hilda disse que o medo o faz ver coisas.

— Vamos falar de outra coisa. Não vai continuar a história?

Nico reiniciou a narrativa, e logo Eurico bocejou, dizendo:

— Estou com sono, quero dormir. Vá para seu quarto, Amelinha.

Cada um foi para seu quarto. Dali a alguns minutos, Eurico apareceu novamente no quarto de Nico.

— Você está com sono? — indagou.

— Um pouco.

— Eu disse aquilo para Amelinha ir embora. As mulheres não sabem guardar segredo. Quero contar-lhe uma coisa.

— Um segredo?

— Sim. Sabe por que durmo com uma luzinha acesa? — perguntou ele sentando-se na cama.

Nico balançou a cabeça negativamente, e Eurico prosseguiu:

— Porque, quando apago tudo, as almas do outro mundo vêm me atormentar.

Nico, que estava deitado, sentou-se na cama.

— Como sabe? Não é uma ilusão? O que a dona Hilda disse é verdade. O medo o faz ver coisas que não existem.

— Se você visse o que vi, não duvidaria.

— O que foi que você viu?

— Muitas coisas. Quando apago a luz, os vultos começam a aparecer. Uma mulher zangada e um homem que ameaça me bater com um chicote.

— Quando a luz fica acesa você não vê nada?

— Bem menos. Às vezes, mesmo com a luzinha, eles aparecem. Então, acendo tudo, e eles somem. São eles que não me deixam dormir.

— Você não contou isso para sua mãe?

— Contei muitas vezes, mas, cada vez que eu contava, ela me levava ao médico, e ele me receitava um monte de remédios. Eu tomava e me sentia muito mal. Então, achei melhor não contar mais, pois eles não acreditam mesmo. Não quero tomar aqueles remédios que me deixam tonto, porque aí as almas penadas me atormentam ainda mais.

Impressionado, Nico balançou a cabeça.

— Essa história é esquisita. Será mesmo? Você jura que viu?

— Juro.

— Sua mãe pode morrer seca se estiver mentindo?

Eurico não titubeou:

— Pode.

Nico passou a mão pelos cabelos:

— Então, é verdade mesmo! Eu acredito.

— Não contará para ninguém?

— Não. Só se você deixar. Nunca perguntou o que eles queriam?

— Deus me livre! Dá para saber só vendo a cara deles!

— Você não reza? Pode esconjurá-los com uma oração!

71

— As que eu sei nunca deram certo. Além disso, fico com tanto medo, suando, a cabeça roda, dá um enjoo. É horrível!

— Pois não tenho medo. Agora estou aqui. Quando eles aparecerem, você me chama. Eu vou conversar.

— Você é forte, por isso eu quis que ficasse comigo em meu quarto.

— A dona Eulália não quer. Não vamos abusar. Eu ficarei até você pegar no sono e depois voltarei para meu quarto. Se precisar, você me chama. Está bem assim?

— Está. Você é meu amigo mesmo!

Nico levantou-se e acompanhou Eurico até a cama com boa vontade. Depois, deitou-se ao seu lado e disse:

— Vou ficar acordado. Pode dormir sossegado.

Eurico sorriu contente e, após poucos instantes, estava dormindo. Nico esperou-o ressonar um pouco e depois, procurando não fazer ruído, foi para sua cama. Custou a dormir. A história de Eurico não lhe saía da cabeça. Começava a achar que sua mãe tinha razão dizendo que ele não tinha nenhuma doença, que precisava ir ao curador. Mas Eulália não iria deixar, pois não acreditava em almas do outro mundo.

CAPÍTULO 6

No dia seguinte pela manhã, após o café, as crianças foram apresentadas ao professor. Combinaram que, logo após o almoço, ele faria uma avaliação de seus conhecimentos. Pediu que cada um levasse os cadernos que possuíam. Até se mudarem para Sertãozinho, estudara em um bom colégio. Eurico, entretanto, nunca tivera essa possibilidade. Aprendera a ler com a ajuda da tia e de professores particulares entre uma crise e outra, o que dificultava a aprendizagem. Ele era inteligente, aprendia com facilidade, entretanto, não tinha entusiasmo, vivia indisposto e os médicos aconselhavam a não o forçar.

Alberto reuniu-se com eles numa pequena sala que Eulália preparara para esse fim, tendo colocado nela uma mesa, cadeiras, um quadro-negro e um armário com material escolar.

Depois de duas horas com eles, dispensou-os. Antes de sair, Nico quis saber se não corria o risco de perder o ano. Eulália procurara a escola e conversara com a diretora, que, percebendo o interesse de Eulália em ajudar Nico a fazer carreira, concordou que ele estudasse fora. Ela mesma prometera submeter os três aos exames no fim do ano. Era um caso especial, e ela queria ajudar tanto Nico quanto o menino doente.

— Se levar a sério os estudos, você vai passar.

— Vou estudar muito. O senhor vai ver.

Alberto sorriu.

— Vamos ver isso.

Quando as crianças saíram, Alberto procurou Eulália.

— Já conversei com as crianças e anotei alguns dados para a primeira avaliação. Pretendo ir falar com a diretora da escola para acertar o currículo. Como a senhora sabe, os três estão em diferentes estágios. Nico está no terceiro ano, Amélia no segundo. Quanto a Eurico, penso que ele poderá encaixar-se no segundo ano com Amélia. Vamos ver.

— Acha que ele tem possibilidade de acompanhar um currículo escolar? São várias matérias, e não sei se ele conseguirá.

— É um menino inteligente.

— Muito, mas doente. Meu marido já deve ter-lhe contado. Nasceu assim. Até hoje, não conseguimos saber o porquê. Eurico cansa-se à toa, não se entusiasma com as coisas, não sente motivação. Era até pior: nem conversava, vivia calado, triste, não se alimentava direito. Quando percebemos que ele gostava da companhia de Nico, tratamos de aproximá-los para ver se assim ele se interessaria mais pela vida.

— Nico pareceu-me um menino muito vivo, educado, inteligente e interessado em aprender.

— É um menino bom e muito dedicado. Nem parece filho de pais tão humildes.

— Há pais que, embora tenham origem humilde, sabem educar bem os filhos. Não têm instrução, mas possuem sensibilidade, sabem conversar com eles e têm um bom senso prático. Isso é o mais importante em se tratando de boa educação.

— É verdade. A mãe dele é uma mulher admirável. Tem um marido preguiçoso, que não trabalha. Ela sustenta a casa lavando roupas para fora. Nico a ajuda prestando pequenos serviços. Ele é muito trabalhador. Quando conversei com ela, fiquei impressionada. Ela sabe portar-se e tem muito bom coração.

— Sabe orientar o filho. Ele fala nela com muito carinho.

— Eu notei isso. Só aceitou mudar-se para cá depois que ela garantiu que não ficaria triste sem ele e que ele poderia vê-la quando quisesse.

— Esse menino tem alguma coisa especial. Percebi logo no primeiro instante.

— Especial? Como assim?

Alberto não quis dizer o que estava pensando. Retrucou apenas:

— Tem olhos expressivos, atitudes seguras.

— De fato. Quando pensa em começar as aulas?

— O mais rápido possível. Vou pegar o currículo, conhecer os livros. Então, montarei a disciplina das aulas. Além dos livros, precisaremos de material específico.

— Não se preocupe. Faça a lista, e Liana trará tudo de Ribeirão Preto.

Quando ele saiu, Eulália ficou pensativa. Os médicos haviam-lhe dito que seria bom criar Eurico igual a qualquer outra criança, sem mimos ou concessões. Como fazer isso se não podiam forçá-lo? Suspirou triste.

A atitude discreta e segura do professor granjeara-lhe a simpatia. Era educado e tranquilo.

Nos dias que se seguiram, Eulália verificou com satisfação que não se enganara. Ele sabia lidar com as crianças, e era com prazer que elas se reuniam para estudar. Sua forma de lecionar era muito diferente da dos professores que ela conhecera. Alberto contava-lhes histórias engraçadas, e as crianças faziam pesquisas da natureza ao ar livre, cantavam canções conhecidas, cujas letras ele reescrevera de acordo com a matéria que pretendia ensinar.

A princípio, Eulália temeu que ele estivesse sendo condescendente demais, uma vez que se misturava com as crianças, falando como elas, brincando e parecendo também um menino, mas logo começou a perceber que eles, além de gostar das aulas, estavam aprendendo com facilidade. Eurico tornara-se mais comunicativo e nunca se queixou de mal-estar durante a aula.

Uma noite, conversou com Liana a respeito.

— Ele parece um menino. Não impõe nada. Será que está certo? Um professor deveria ser mais circunspecto. Quando dá aulas, você não age assim.

— Não. Aprendi que é preciso impor respeito aos alunos, conservando a seriedade para que eles não tomem liberdade demais.

— Então! O professor Alberto não é assim. As crianças o adoram, mas não será uma maneira errada de ensinar?

Liana balançou a cabeça pensativa e depois disse:

— Para lhe dizer a verdade, apesar de todo o respeito que tento impor à classe, eles sempre abusam de mim. Falo com seriedade, dou castigo, mas eles nem ligam. Continuam indisciplinados. Às vezes, tenho até de apelar para o diretor. Eles estão abusando muito dele? Amelinha é muito safada.

— Por incrível que possa parecer, eles estão muito comportados. Estou admirada. Adoram as aulas. Até Eurico estava cantando a tabuada do sete de cor.

— Cantando?

— É. Ele colocou a tabuada numa marchinha de carnaval, as crianças ficaram batucando em um pandeiro, cantando, e logo todos aprenderam tudo.

Liana sorriu alegre:

— Que engenhoso! Vou pedir a ele que me ensine a fazer isso. Por mais que eu tente fazer os alunos decorarem as tabuadas, eles sempre engasgam.

— Acha então que ele está certo?

— Ensinar é uma arte. Se as crianças estão aprendendo, está tudo bem.

Naquela noite mesmo, após o jantar, Liana foi conversar com Alberto sobre seus métodos de ensino:

— Eulália me contou que suas aulas são sempre muito movimentadas e que as crianças estão indo muito bem. Gostaria que me falasse a respeito. Apesar de fazer tudo que aprendi, meus alunos não têm aproveitado como eu gostaria.

Alberto sorriu um pouco sem jeito:

— Não cursei o magistério como você. Sou autodidata. Tenho minhas próprias ideias sobre o assunto.

— Gostaria de ouvir.

— Procuro ensinar da forma como eu gostaria de ter aprendido.

— Como assim?

— Quando eu era menino, a escola era para mim um lugar sem graça, que eu frequentava por imposição de minha mãe e por obrigação. Ela me dizia: "Se não estudar, você não será ninguém na vida. Vai morrer de fome". Eu detestava aquelas horas que passava lá. Fazia as lições como quem se desembaraça de algo ruim, contando os pontos para poder passar de ano. Meus pais haviam se conformado e diziam que eu não era muito inteligente, mas que, se conseguisse me formar, já estaria bom.

— Muitos de meus alunos são assim mesmo.

— Sempre gostei de ler. Com o passar dos anos, acabei percebendo que gostava de estudar e descobrir como as coisas são feitas ou acontecem. Percebi que tinha inteligência para aprender qualquer coisa que me interessasse. Notei também que minha falta de interesse pela escola era falta de motivação devido à forma impositiva dos professores, impingindo regras rígidas e tratando os assuntos de maneira fria e distante. Quando resolvi lecionar, repensei o assunto. As pessoas não são iguais. Para passar o conhecimento para elas e despertar-lhes o interesse pela matéria a ser ensinada, é preciso usar a linguagem delas, aproximar-se o máximo possível de sua idade mental, e, o mais importante, transformar as matérias em vivência.

Liana estava admirada. Nunca ouvira teoria semelhante. Apesar de tudo, reconhecia que tinha certa lógica. Se isso funcionasse mesmo, revolucionaria toda a didática e os métodos de ensino.

— As matérias são subjetivas. Como transformá-las em vivência?

— Engana-se. Todas as coisas que existem — e nós estudamos o mundo que nos rodeia, suas leis físicas e até os valores morais — são matérias vivas que podem e devem ser experienciadas.

— É preciso ser muito criativo. Eu não saberia fazer isso!

— É fácil. Tenho certeza de que, se experimentar, ficará fascinada.

— Em todo caso, a ideia de musicar as tabuadas foi brilhante.

Alberto sorriu, e seus olhos brilharam alegres.

— Eles aprenderam logo. Cantar é um enorme prazer. Por que não aprender com prazer? A curiosidade, a ansiedade de saber vive dentro de cada um de nós. O que nos desagrada e dificulta a aprendizagem é a forma sem graça de fazer isso. Mudando esse conceito, a dificuldade desaparece.

Liana admirou-se das ideias do professor e mais tarde, ao recolher-se, comentou com Eulália, que ouvira toda a conversa com interesse:

— Esse homem é um sábio. De onde ele veio? Como Norberto o descobriu?

— É escritor. Tem livros publicados.

— Gostaria de lê-los. Escreve a respeito de quê?

— Não sei. Norberto não disse.

Liana foi deitar-se pensativa e decidiu que, no dia seguinte, iria conversar um pouco com as crianças e avaliar como elas estavam nos estudos.

***

Naquele fim de semana, quando Norberto chegou, encontrou a família muito bem. Eulália foi logo contando os progressos de Eurico, que assistia às aulas regularmente e estava aprendendo sem maiores dificuldades.

— Ainda bem — considerou Norberto. — Passei a semana toda pensando se havia sido uma boa ideia deixar um desconhecido aqui em casa, enquanto eu estivesse ausente.

— Não precisava ter se preocupado. O professor é discreto e um cavalheiro. Tem se portado educadamente. Além disso, já encontrou casa. Só ficará mais alguns dias, enquanto o proprietário a está pintando.

— Ótimo! Ele me foi muito bem recomendado. É um homem respeitado e tem posição social definida.

— É solteiro?

— Acho que sim. Por que pergunta?

— Curiosidade.

— Se fosse casado, teria se mudado com a família, não lhe parece?

— É. Certamente.

No jantar, a conversa fluiu animada com Norberto contando as notícias da capital e trocando ideias com o professor. Como de hábito, as crianças comiam em silêncio enquanto as duas mulheres ouviam com interesse.

Após a sobremesa, as crianças tiveram permissão para se recolherem, enquanto os demais se sentaram na sala para o café e mais um pouquinho de prosa antes de dormir. Passava das dez quando o professor se recolheu. Liana foi para o quarto, e o casal também.

Liana acordou no meio da noite com sede. Tentou ignorar e dormir novamente, porém, a sensação de sede não a deixava dormir. Levantou-se e resolveu ir até a copa, onde havia um filtro. Não acendeu a luz e procurou não fazer ruído para não incomodar. A noite era clara, e ela podia enxergar muito bem o caminho.

Na copa, apanhou um copo, levou-o ao filtro e abriu a torneira. Foi quando ouviu ruído de passos. Alguém teria se levantado? Fechou a torneira, tomou a água com prazer e deixou o copo em cima da pia. Como não viu ninguém se aproximar, foi até a porta da copa, olhou e abriu os olhos assustada. Parado em frente à escada que levava ao pavimento superior estava um homem de idade, forte, cabelos brancos, botas e largo chapéu na cabeça.

Liana perguntou-se: "Será um ladrão? Não parece. Por onde entrou? Alguém teria deixado alguma porta aberta?". Ela precisava chamar alguém, avisar Norberto, mas todos eles estavam no andar de cima, e Liana teria de passar por ele.

Foi nessa hora que o homem olhou para Liana, que não se conteve:

— O que está fazendo aqui? Como entrou?

Como ele não respondeu, ela repetiu:

— O que está fazendo aqui no meio da noite?

Ele deu alguns passos em direção a Liana, que recuou assustada. Havia algo nele que a intimidava. Quando o homem chegou bem perto, disse com voz rouca:

— Estou em minha casa. Finalmente, você voltou! Também veio me cobrar? Só que desta vez você não vai me deixar mais!

O homem aproximou seu rosto do rosto de Liana, com os olhos brilhantes de rancor, e ela, assustada, começou a gritar e gritou mais ainda depois que o viu desvanecer-se diante de seus olhos. Cobriu o rosto com as mãos e continuou gritando, sem poder sair do lugar.

Em poucos segundos, todas as luzes da casa se acenderam, e o professor, Eulália e Norberto estavam diante dela. Eulália abraçou-a aflita:

— Calma, Liana! Estamos aqui. Calma! O que foi?

Liana abriu os olhos e, vendo-os, foi se acalmando. Seu corpo tremia, e ela mal conseguia suster o copo com água que Eulália lhe colocara entre as mãos.

— Vamos, beba um pouco. Calma. Está tudo bem.

Quando ela conseguiu falar, contou em poucas palavras o que havia acontecido.

— Você sonhou — disse Norberto. — Levantou-se ainda adormecida e sonhou.

— Eu não estava dormindo! Estava até bem acordada. Senti sede e vim tomar um copo de água. Ele estava bem ali, em frente à escada.

— Como era ele? — indagou o professor.

— Um homem de idade, forte, cabelos brancos, usava botas de cano alto, como essas de montaria, e um chapéu de abas largas na cabeça. O pior foi que, quando lhe perguntei por que estava aqui, ele me disse que esta casa era dele.

— Vamos perguntar aos criados se eles conheceram alguém assim — sugeriu o professor.

Norberto interveio:

— É absurdo! Mesmo que houvessem conhecido, aqui não havia ninguém quando chegamos. Além disso, as portas estavam bem fechadas. Eu mesmo verifiquei antes de dormir.

— Quando gritei de medo, ele sumiu diante de meus olhos. Desapareceu.

— O que prova que, se você não estava dormindo, teve uma alucinação — disse Norberto.

— Eu tenho certeza do que vi. Era uma pessoa. Ele estava aqui — repetiu Liana.

— Agora ele já se foi. Não precisa ter medo — disse o professor.

— E se ele voltar? — perguntou Liana.

— As portas estão todas fechadas. Não há ninguém aqui. Pode ir dormir sossegada. Ninguém entrou nem vai entrar. As crianças podem assustar-se. Eurico já é medroso sem acontecer nada — tornou Norberto.

— Mandei Hilda ficar com eles. Acho que nem ouviram. Estão dormindo.

A custo, Liana concordou em ir para o quarto, e Eulália ficou com ela algum tempo até que estivesse melhor. Sentindo-se mais calma, ela disse:

— Vá dormir, Eulália. Agora já estou bem. Deixarei a luz acesa. Vá descansar.

— Se sentir alguma coisa, pode me chamar.

— Está bem.

Apesar de fazer-se de forte, Liana não conseguiu dormir direito. Sentia sono, mas, quando estava quase adormecida, estremecia de susto e acordava. Já amanhecia, quando ela finalmente conseguiu dormir.

Na manhã seguinte, o assunto já era do conhecimento dos criados, que comentavam abertamente. Entrando na cozinha, Eulália ouviu Maria dizer:

— Foi a alma do coronel Firmino que voltou. Bem que tinham me avisado.

— O Maninho me contou que essa casa era assombrada. Eu não acreditei, mas agora... — respondeu Joana, a criada que viera de São Paulo com a família.

Eulália não se conteve:

— Vocês estão inventando histórias. Liana teve um pesadelo. Foi só isso. Não quero que assustem as crianças com ideias disparatadas.

— Ela descreveu direitinho o coronel Firmino. Minha avó o conheceu e me contou como era — respondeu Maria. — Foi a alma dele que apareceu aqui. Tenho certeza.

— Quem morre não volta mais. Deixe de ser boba. Se continuar repetindo isso, serei forçada a despedi-la. Eurico é medroso, e se ele se impressionar pode piorar. Liana teve um pesadelo, e eu não quero ouvir mais ninguém falando em alma do outro mundo.

— Sim, senhora. Não vou falar mais nada — garantiu Maria.

Quando Eulália saiu da cozinha, ela disse baixinho para Joana:

— Mas que era ele, isso era.

— Melhor não comentar.

— Ele pode aparecer de novo.

— Cruz-credo! Nem me fale!

Calaram-se, porque Hilda acabara de entrar.

Os meninos haviam tomado o café e se reunido na sala de aula à espera do professor.

— Vocês ouviram os gritos ontem à noite? — perguntou Eurico.

— Eu ouvi — respondeu Nico. — Me levantei e ia ver o que tinha acontecido, quando dona Hilda apareceu e disse que não era nada de mais. Me mandou dormir.

— Foi tia Liana. Acho que ela estava com medo — tornou Eurico.

— Ela viu alma do outro mundo — contou Amelinha.

Os dois se interessaram:

— Viu?

— Onde?

Observando o interesse deles, Amelinha fez uma pausa para valorizar mais o que ia dizer e depois considerou:

— A alma do coronel. Eu ouvi Maria contando para Joana que ela gritara porque vira a alma dele.

— Como ela sabe? Já o viu? — indagou Nico.

— A avó dela, que o conheceu, contou como ele era — respondeu Amelinha, satisfeita por dar a novidade.

— Então, foi por isso. A Liana se assustou.

— Eu ia descer, mas Hilda entrou logo e não deixou. Ela nunca me permite fazer o que quero — tornou Eurico.

— Ela quis proteger a gente. E se a alma penada ainda estivesse lá? Você ia ficar com medo — respondeu Nico.

— Sim, mas agora que ela também viu, eles iriam acreditar em mim.

O professor, que entrara na sala e ouvira parte da conversa deles, aproximou-se dizendo:

— Estão comentando sobre o que aconteceu esta noite?

— Sim — respondeu Nico.

— Ouvi Maria dizer que tia Liana viu alma do outro mundo — explicou Amelinha.

— E por isso ela iria acreditar em Eurico. Você também tem tido esses pesadelos? — indagou o professor dirigindo-se ao menino.

— Melhor não falar disso. Sempre que falo, eles me levam ao médico, e tenho de tomar remédios que me deixam tonto.

— Ele é medroso — interveio Amelinha. — Dorme de luz acesa, chora de medo.

Alberto aproximou-se de Eurico e sentou-se ao seu lado, dizendo:

— Não precisa ter medo de mim. Não vou mandá-lo ao médico. O que Amelinha está dizendo é verdade? Você sente medo do quê?

— Essa linguaruda não sabe guardar segredo. Não vou contar nada perto dela.

— Se você pedir para ela não contar, tenho certeza de que ela atenderá. Amelinha é uma menina muito inteligente e respeitará sua vontade, afinal, o segredo é seu. Se dividir com ela, é porque confia — e, voltando-se para a menina, perguntou: — Ele pode confiar em você? Sabe guardar um segredo?

— Sei.

— Foi o que pensei. Dividir um segredo é uma grande prova de amizade e de confiança. Ele pode não ser muito importante para quem escuta, mas sempre é muito importante para quem conta. Por causa disso, sempre que alguém confia a nós um segredo, devemos guardá-lo e nunca falar dele a ninguém — explicou Alberto.

— Eu entendi. Se alguém me contar alguma coisa e me pedir segredo, não contarei a ninguém — respondeu Amelinha.

— Nesse caso, Eurico, você pode nos contar sobre o que tem medo — disse o professor.

— Nico sabe guardar segredo. Ele já sabe de tudo. Mas vocês têm de jurar que não contarão para Hilda, para mamãe ou papai.

Depois que os dois juraram, ele continuou:

— Tenho medo de algumas pessoas que aparecem em meu quarto durante a noite.

— Aparecem como? — perguntou Alberto.

— Aparecem. Um homem velho, de botas e chapéu, uma mulher com um chicote. Eles brigam. Às vezes, querem que eu vá embora. Dizem que a casa é deles. Aí eu acendo a luz, e eles desaparecem.

Alberto estava sério. Eurico descrevera o mesmo homem que Liana vira. Seria mesmo o espírito do coronel Firmino, como ouvira os criados comentarem? Em todo caso, tudo levava a crer que o espírito dele estava mesmo andando por ali.

Ele acreditava na sobrevivência da alma após a morte. Estudara o assunto e sabia que os espíritos em determinadas circunstâncias podiam voltar e ser vistos por pessoas que possuíam essa sensibilidade. Eurico seria médium?

— Isso vem acontecendo desde que se mudaram para esta casa? — indagou Alberto.

— Eles me perseguem há muito tempo. Mesmo na outra casa. Eu sentia muito medo.

— Você sabe rezar?

— Hilda me ensinou o pai-nosso para rezar antes de dormir.

— Você reza?

— Não adianta, por isso parei.

— Repetir as palavras sem fé não vai mesmo adiantar. Precisa pensar em Deus e deixar seu coração falar. Uma oração sincera sempre dá resultado.

— Minha mãe fala isso — comentou Nico. — Eu sempre converso com Deus antes de dormir, pedindo proteção para as pessoas de que eu gosto e para mim. Quando acordo, peço para Ele abençoar e proteger meu dia. Foi ela quem me ensinou.

— Isso mesmo, Nico. Sua mãe sabe das coisas.

— Não sei conversar com Deus. Gostaria de aprender — disse Amelinha.

— Podemos treinar — concordou Alberto. — Hoje, faremos um exercício para pedir proteção divina.

Alberto pediu que todos dessem as mãos e depois fez uma prece pedindo proteção e ajuda. Quando acabou, perguntou:

— Então? Aprenderam? Cada um deve fazer do seu jeito, com suas próprias palavras.

— Acha que Deus vai me ouvir? — perguntou Eurico. — Talvez ele esteja tão longe que nem escute.

— Ele está em toda parte e está dentro de sua alma, por isso ouve com facilidade tudo o que seu coração fala. A alma sempre fala por meio do coração.

— Meu coração não fala — disse Amelinha colocando a mão no peito.

— Fala, sim, mas não com palavras; fala com sentimentos. Sempre que você sente alegria ou tristeza é o coração que está falando.

— E quando a gente tem raiva? Também é o coração? — indagou a menina.

— É, sim. Só que ele está dizendo para você olhar melhor as coisas e perceber que não está olhando do jeito certo.

— Hilda diz que é errado ter raiva — considerou Amelinha.

— Você não está errada, porque sente raiva. Ela só indica que está na hora de compreender que as coisas são do jeito que são e que não adianta querer que sejam diferentes. Que você precisa aceitar os próprios limites, ser paciente consigo e se dar tempo para aprender como chegar aonde você quer.

— Eu fico com raiva de Hilda, porque tudo que eu quero fazer ela diz que eu não posso. Fica o tempo todo me vigiando — disse Eurico. — Essa raiva também é do coração?

— Claro. O que sua alma quer que você perceba quando mostra sua raiva e você a sente? Você quer ser livre para fazer o que quiser sem que ninguém lhe diga o que e como fazer. Mas, como ainda é criança, precisa ser paciente e esperar crescer. Não adianta querer isso já. Só se sentirá impotente, incapaz.

— Dona Hilda só quer seu bem — tornou Nico. — Ela cuida da sua saúde. É muito dedicada.

— Ela exagera. Bem que poderia me deixar em paz — respondeu Eurico.

— Sua alma quer que você entenda também que, quando exagera os sintomas de sua doença para que todos façam o que quer, você provoca mais a preocupação com sua saúde, aumentando, assim, a vigilância. Se

83

mudar de atitude e não fizer mais desse jeito, dona Hilda não o vigiará mais, não se preocupará mais com você, e sua alma não criará mais o sentimento de raiva para que entenda isso.

— Eu faço isso para que eles me deixem em paz.

— Não é bem assim. Você exagera os sintomas da doença para conseguir dominar, conseguir que todos façam as coisas como você quer. Seus pais ficam preocupados com sua saúde, e Hilda aumenta a vigilância. Mas é você, com sua atitude, quem está provocando isso. Sua alma deixa que sinta raiva, perceba que é ruim, para que descubra e encontre um jeito melhor de obter o que deseja, sem tentar dominar os outros. A energia da raiva é a mesma força da coragem, da ousadia. Essa força, usada de forma inteligente, o tornará corajoso, forte, ousado. E esse sentimento é muito prazeroso.

— Todo mundo diz que ele é fraco! — disse Amelinha.

— Ele não é fraco. Só não encontrou ainda o melhor jeito de usar toda a sua força. Eurico é muito forte. Todos nesta casa só fazem o que ele quer. Mudaram-se para cá por causa dele. Eurico apenas não está usando sua força do jeito mais inteligente.

— Por quê? Você não disse que sou forte? — indagou Eurico assumindo uma postura mais firme.

— Você é forte, mas, se estivesse usando sua força do jeito mais inteligente, estaria mais sadio e feliz. Você colocou sua força na fraqueza, mas sua alma quer que descubra que pode ser forte e viver melhor. É isso que ela está tentando lhe dizer, quando você se sente incomodado e com raiva dos excessos de Hilda.

— Nunca pensei que a alma falasse com a gente! — tornou Nico.

— Fala, mas é preciso saber ouvir o que ela deseja dizer.

— Como aprender isso?

— É fácil. A alma sempre olha o lado bom. Só vê o bem.

— Mesmo quando nos faz sentir raiva? — indagou Amelinha.

— Sim. O bem é a linguagem da alma. É a linguagem de Deus. Qualquer sentimento que ela expresse e você sinta tem um recado para ensiná-lo a agir melhor e ser mais feliz.

— Mesmo quando você acha que é um sentimento ruim?

— Mesmo. Até o ódio quer que você perceba a grandeza do bem.

— Puxa! Eu não sabia disso — ajuntou Nico. — Não é errado odiar?

— Não. Não é errado, mas não é bom. Faz mal. Deixa a pessoa infeliz. Já o amor é uma coisa boa. Dá alegria, bem-estar. Quando você sente ódio, a alma quer que perceba o quanto está longe da felicidade. Por isso, sempre que sentir ódio é bom se perguntar: o que quero agora? Me sentir mal ou ser feliz?

84

— Claro que ser feliz — tornou Amelinha. — Não quero me sentir mal. Quero ser sempre feliz.

— Sua alma o está ensinando que para isso precisa escolher a felicidade e jogar fora tudo o que é ruim. Ficar com o bem.

— Eu não gosto de sentir ódio — disse Nico, pensativo.

— Você também sente ódio? — indagou Eurico.

— Faço força para não sentir, porque não gosto. Mas às vezes, quando percebo, já estou com tanta raiva... Aí, acho que estou errado, que sou um menino mau e que Deus vai me castigar por isso. Fico triste. Por isso, procuro esquecer, pensar em uma coisa boa.

— O ódio é um sentimento muito desagradável. Quem o sente perde a paz, e isso acaba deixando o corpo doente. Mas você não é errado só porque sente ódio de vez em quando — esclareceu o professor.

— Não? Hilda diz que ter ódio é maldade e que Deus castiga — interveio Amelinha com convicção. — Tenho medo de ser castigada!

— Mas, apesar disso, você fica com ódio! Eu já vi! — disse Eurico.

— Vamos conversar sobre nossos sentimentos. Quando as coisas ou as pessoas não fazem o que queremos, do jeito que pensamos que deveria ser, muitas vezes sentimos raiva. Isso nos faz mal, nos deixa tristes, contrariados, angustiados. Mas ficar com raiva só vai tirar nossa paz e não vai mudar nada. Apesar de nossa raiva, as pessoas e as coisas continuam do mesmo jeito.

— Isso é verdade — concordou Eurico. — Fico com raiva da Hilda, mas ela continua igual, e eu é que me sinto nervoso.

— Percebeu? — disse Alberto. — Você se maltrata, acaba com sua paz, fica indisposto, cria problemas com as pessoas, e os outros continuam do mesmo jeito. Quem é o maior prejudicado?

— Ele! — disseram os outros dois.

— Não só eu, vocês também — revidou Eurico.

— Todos nós fazemos isso quando não usamos bem a inteligência.

— Eu quero ser inteligente! — disse Amelinha. — Mamãe diz que aprendo tudo com facilidade.

— Todos nós aprendemos com facilidade. A inteligência é um dom que todas as pessoas têm — explicou Alberto.

— Minha mãe diz que, se eu não estudar, ficarei burra e que nascerão rabo e orelhas de burro iguais as do Pinóquio.

— Você não ficará igual a um burro. Você é mulher. Ficará igual a uma égua — interveio Eurico.

85

— Ninguém ficará burro. Todas as pessoas têm inteligência, mas precisam aprender a como usá-la. Alguns já aprenderam e são mais felizes que os outros que ainda não sabem.

— A gente pode aprender a ser inteligente? — indagou Nico interessado. — Eu quero ser inteligente, fazer muitas coisas boas e ajudar minha família. É por isso que às vezes sinto raiva de ser criança e de não saber fazer as coisas direito.

— É por isso que sente raiva? — indagou o professor.

— É... mas às vezes fico com raiva do meu pai... — parou, envergonhado.

— Pode falar — disse o professor. — Essa nossa conversa será nosso segredo. Todos nós juramos e não falaremos dela com ninguém.

— É... bem... ele bem que podia trabalhar, pelo menos um pouco!

— Ficar com raiva dele por causa disso não o fará mudar e resolver trabalhar. Sabe, Nico, a vida é como um jogo. Seu pai escolheu viver assim e pensa que está sendo inteligente vivendo sem trabalhar. Acredita que o trabalho é ruim e cansativo. Ainda não percebeu o quanto está perdendo nesse jogo.

— Mas eu penso diferente — considerou Nico. — Acho que trabalhar é gostoso e gosto de ser independente, ter meu próprio dinheiro, não ser um peso para minha família. Por que meu pai não pensa como eu?

— Porque as pessoas não são iguais. Cada um é diferente do outro. Seu pai é outra pessoa e vê a vida de outra forma.

— Por causa dele toda a nossa família sofre. Às vezes, penso que ele não gosta de nós.

— Não deve pensar assim. Ele gosta da família do jeito dele. É o melhor que ele sabe fazer por agora. Não adianta esperar que ele faça o que você acha que é certo, porque ele não vê assim. Está acomodado, não percebe ainda as vantagens do trabalho.

— Gostaria que ele mudasse...

— Um dia, ele aprenderá. Todos nós aprendemos. A vida ensina. Você precisa ter paciência, compreender o jeito dele de ser, não ficar esperando o que ele ainda não sabe fazer. Se não esperar que ele mude, não sentirá mais raiva por ele ser do jeito que é. Se você pegasse um livro e desse para alguém que nunca aprendeu a ler, ficaria com raiva se ele não conseguisse lê-lo?

— Claro que não — respondeu Nico.

— Pois é a mesma coisa. Seu pai ainda não sabe como é bom ganhar dinheiro, trabalhar, ser independente. Não adianta ficar com raiva dele só porque ainda não sabe disso.

— É verdade, professor. Como não pensei nisso antes?

— Por outro lado, ser criança, não poder ainda fazer as coisas do jeito que você gostaria, é só uma questão de tempo e de paciência. Você está crescendo e um dia será adulto e livre para fazer tudo o que quiser. Em vez de ficar com raiva, é melhor aproveitar o tempo para aprender o máximo que puder, preparando-se para quando for usar. Isso é ser inteligente!

— Eu também quero ser inteligente! — tornou Eurico. — Mas não sei para quê devo estudar se meu pai tem dinheiro, se sou doente e nunca precisarei trabalhar.

— De onde tirou essas ideias? Os médicos não encontram doença em você!

— Sei que quer me animar, mas não tenho jeito mesmo. Nunca serei como os outros meninos. Todos em casa dizem que sou muito fraco, que não aguento nada.

— Pois não acredito nisso. Você é um menino forte, inteligente. Se quiser, poderá fazer tudo o que os outros fazem — afirmou o professor.

Eurico abanou a cabeça negativamente:

— Não precisa tentar me encorajar. Já me conformei.

— Não quero que se conforme. O mundo tem muitas coisas boas a oferecer para quem tem a ousadia de buscar. Tenho certeza de que você reagirá, sairá dessa situação em que se colocou e desejará tudo a que tem direito. Seu pai é rico, e, mesmo não precisando ganhar dinheiro para se sustentar, você não aguentará viver toda a vida sem fazer nada. É horrível. Interessar-se pelas coisas, criar, aprender, tudo isso faz parte de nossa natureza. É um prazer do qual você não desejará se privar. Tenho notado que gosta de aprender.

— Ele ouve minhas histórias com muito interesse! — disse Nico.

— Suas histórias são diferentes! Você fala dos passarinhos, das plantas, do jeito que eles são. Aí, eu olho e vejo que é tudo verdade — respondeu Eurico.

— Você aprecia a natureza! — disse Alberto, interessado. — Pode tornar-se um fazendeiro, criar gado ou ser um agricultor, plantar e colher.

— Ele pode ser fazendeiro, igual ao coronel Firmino, que construiu esta casa! — tornou Nico.

— Não quero ser igual a ele. Era um homem mau — respondeu Eurico.

— Como sabe? Você não o conheceu! — retrucou Amelinha.

— Sei, porque ele está sempre zangado. Não gosto da cara dele.

— Você pode ser fazendeiro como ele foi, sem ser igual a ele. Pode fazer do seu jeito — interveio Alberto.

87

— Ser fazendeiro é viver sempre com os passarinhos, as plantas, os animais. Você ia gostar, tenho certeza — garantiu Nico. — Seu pai é rico mesmo, pode comprar uma fazenda e pronto.

— Mas para cuidar dos animais, da plantação, precisa estudar bastante — esclareceu o professor.

— Vou ter empregados para fazer tudo — resolveu Eurico.

— Os outros farão do jeito deles. Você vai querer tudo do seu jeito. Por isso tem de aprender o modo de fazer as coisas para que fiquem como você quer.

Hilda apareceu na porta avisando que era hora do almoço. O professor levantou-se e disse:

— Eu ia recapitular as aulas da semana, mas fica para segunda-feira. Vamos parar agora.

Amelinha pôs o dedo nos lábios e disse baixinho:

— Temos nosso segredo agora. Quem falar morrerá seco.

— Eu não falo — disse Eurico.

— Nem eu — disse Nico.

O professor aprovou com a cabeça e foram se preparar para almoçar.

CAPÍTULO 7

Nico acordou sobressaltado. Eurico estava na frente dele, tremendo.

— O que foi, Eurico? Está passando mal?

— É ele! Ele voltou e está querendo me pegar!

Nico sentou-se na cama de um salto.

— Alma do outro mundo não pega ninguém. Não pode!

Eurico agarrou-se a ele:

— Eu estava dormindo, e ele puxou minhas cobertas. Então, acordei e vi. Ele estava na minha frente. Estou com medo!

Nico abraçou o amigo e disse:

— Você estava sonhando! Não há nada aqui.

— Não estava. Eu o vi. Você também não acredita? É verdade.

— Eu acredito, mas não precisa tremer desse jeito. Pode se sentir mal. Acho melhor tomar um copo de água e se acalmar.

— Eu não irei de jeito nenhum à cozinha. Foi lá que tia Liana o viu naquele dia.

— Pois não tenho medo. Vou buscar a água.

— Não quero ficar sozinho aqui. Você não irá.

— Não precisa me segurar. Eu não irei. Mas você está muito nervoso. Um copo de água com açúcar lhe faria bem. Quando a Nilce tem pesadelo, minha mãe sempre dá água com açúcar e ela se acalma.

— Não quero ficar sozinho.

— Vamos juntos.

— Isso não. Ele pode estar lá.

— Se ele aparecer, eu falarei com ele. Não tenho medo.

— Deus nos livre! Você não fará isso!

— Farei. Ele que me apareça! Onde já se viu ficar assustando todo mundo? Minha mãe diz que as almas do outro mundo só aparecem quando querem alguma coisa.

— Que coisa?

— Não sei. Alguma coisa que elas não fizeram quando estavam no mundo e querem que a gente faça para elas.

— Por que elas não fazem de uma vez?

— Porque não podem. Elas não têm mais corpo. Como é fariam as coisas?

— Isso é mentira. Eu as vejo com corpo.

— Bem, isso eu não sei. O corpo de quem morre apodrece debaixo da terra.

— Eu tenho medo! — lamentou-se Eurico.

— Puxa, você está gelado! Vamos para seu quarto. Quero ver se ele ainda está lá.

Os dois foram ao quarto de Eurico. Nico foi na frente, e o outro seguiu agarrado a ele.

— Veja: não há nada aqui. Ele já foi embora. Pode se deitar e ficar sossegado.

— Você ficará aqui comigo.

— Eu ficarei.

Eurico acomodou-se, e Nico sentou-se na cama.

— Você irá embora, quando eu pegar no sono! Aí ele voltará.

— Vamos deixar a luzinha do abajur acesa. Qualquer coisa, você me chama.

— Não quero. Você vai dormir aqui comigo.

— Sua mãe não vai gostar.

— Que me importa? Você é ou não é meu amigo?

— Está bem, mas irei para minha cama assim que amanhecer.

— Está certo. De dia eles nunca aparecem.

Nico acomodou-se ao lado de Eurico.

— Não vá dormir antes de mim.

— Fique tranquilo. Estou acordado.

Eurico suspirou aliviado. Sentia-se seguro com Nico ao seu lado. Aos poucos, ele foi se acalmando até adormecer. Nico, por sua vez, fechou os olhos e logo pegou no sono.

O menino sonhou que estava andando pelo quarto, quando um homem de idade, calçando botas de montaria e usando chapéu, entrou.

"É o coronel Firmino", pensou ele admirado.

Ele parou diante de Nico e disse irritado:

— Por que se mete em meu caminho? Quer que eu acabe com você de novo?

Nico olhou-o como se já o conhecesse havia muito tempo:

— Você não pode. Aquele tempo passou. Não tenho medo de você.

O coronel fulminou-o com o olhar:

— Está me desafiando? Não aprendeu ainda que tenho poder e que todos devem me obedecer?

Nico olhou-o nos olhos e disse com voz firme:

— Você já morreu. Tudo acabou. Agora não pode mais nada.

— Continua me desafiando?

— Não, mas você está assustando um menino doente, e isso é covardia.

— Ele agora é um menino, assim como você, mas não conseguem me enganar com esse corpo diferente. Eu não me esqueci. Vocês desgraçaram minha vida e ainda voltam para rir de meus sofrimentos. Não posso permitir isso!

— Não estamos rindo de nada. Só queremos ficar em paz. Você já morreu. Por que não vai viver no seu mundo?

— Eu estou vivo! Não está vendo?

Nesse instante, chegou uma mulher de rosto calmo e belo, que se aproximou dele e disse com voz firme:

— Deixe-os em paz, Firmino. Vá embora.

Ele olhou para ela e estremeceu. Depois, saiu, e ela acompanhou-o. Nico acordou e sentou-se na cama admirado. Fora um sonho! Mas ele ainda sentia a presença deles e recordava-se de todas as palavras.

Estaria tão impressionado com o que Eurico dissera que sonhara? Parecia-lhe que tudo realmente acontecera, que ele conversara com a alma do coronel Firmino. Não compreendia por que ele lhe dissera aquelas palavras. Não sentira medo. Por que ele lhe parecera conhecido? Talvez por ouvir falar muito dele.

Já amanhecia, e Nico continuava pensando no sonho. E, quanto mais ele pensava, mais lhe parecia que tudo realmente acontecera.

Nico foi para seu quarto e continuou pensando no assunto, sem poder conciliar o sono.

***

Na tarde do dia seguinte, Liana procurou o professor Alberto para conversar. Queria algumas informações sobre um tema que estava estudando. Admirava seu modo claro e direto de olhar as situações e a maneira simples e prática que ele usava para ministrar suas aulas.

— Quero aproveitar esses dias de folga para estudar um pouco mais.

— Até quando estará de licença?

— Tenho um mês para me recuperar.

Alberto olhou para Liana com curiosidade.

— Não está doente.

— Não. O médico não encontrou nenhuma doença. Entretanto, ando nervosa, não consigo dormir. Acordo sobressaltada, com medo. Perdi o apetite, o prazer de trabalhar. Não sei o que está havendo comigo.

— Desde que você levou aquele susto na cozinha?

— Foi. Às vezes, penso que aquela aparição horrível está atrás de mim ou que ele aparecerá na frente da escada de uma hora para outra como naquela noite.

Alberto ficou calado por alguns segundos e depois disse:

— Você está muito impressionada com o que aconteceu.

— Estou. Com o passar dos dias, em vez de esquecer, estou mais nervosa.

— Ele não pode lhe fazer nenhum mal.

— Como sabe? Você não o viu! Ele estava ameaçador.

— Não passa de um pobre infeliz, sofrido e amargurado.

— Como assim?

— Dizem que era o espírito do coronel Firmino. Ele morreu e continua preso aos problemas que tinha quando vivia no mundo. É um espírito sofredor; não tem poder de fazer mal.

— Como pode dizer isso com essa calma? Você está falando da alma de quem já morreu!

— E o que tem de mais? Todos nós morreremos um dia, e isso não nos fará melhores nem piores do que somos agora. Creia, Liana, que o fato de ele estar morto não significa que tenha poderes especiais.

— Queria só ver se ele aparecesse para você!

— Não nego que deve ser assustador, principalmente pelo inesperado, mas tentaria conversar com ele, rezar. Não teria medo.

— Você parece entender do assunto!

— Tenho estudado certos fenômenos de mediunidade. Tenho certeza de que a vida continua após a morte do corpo de carne e que somos todos espíritos eternos.

— Eu também acredito que, de certa forma, a algum lugar devem ir as almas dos que morreram neste mundo. Mas o que apavora é vê-las aqui, à nossa volta.

— Isso ocorre porque você faz da morte uma ideia muito dramática. Pelo que tenho aprendido, a passagem desta para a outra dimensão da vida não é dolorosa.

— Como pode saber?

— Há pessoas que têm sensibilidade e podem se comunicar com os espíritos desencarnados.

— Ouvi falar disso, mas não acredito. Tudo não passa de alucinação.

— Assim como você?

— Eu vi aquele homem. Quem era, por que desapareceu, eu não sei. Mas eu o vi e tenho certeza disso.

— Pois é. Você viu. Só que por sua descrição as pessoas o reconheceram como sendo o coronel Firmino. Você viu o espírito de um morto!

— Não fale assim, que fico arrepiada.

— Deve aceitar essa realidade. Você o viu e esse fato pode se repetir. Não só com ele, mas também com outros espíritos.

— Não quero ver nada. Não gosto dessas coisas.

— A sensibilidade é um atributo natural do ser humano. Quando ela se abre, é inútil querer evitar. Por isso a aconselho a estudar melhor esses assuntos para saber lidar com a situação quando voltar a acontecer.

— Tenho vinte e dois anos e nunca tinha visto nada assim. Não quero e não verei mais nenhuma alma do outro mundo.

— Há pessoas que gostariam muito de ter essa possibilidade.

— Por quê?

— Obter provas de que a vida continua depois da morte modifica toda a nossa maneira de compreender o mundo. A certeza de que as pessoas que nós amamos e que já morreram continuam vivas em algum lugar e que um dia tornaremos a vê-las alivia nosso sofrimento, nos conforta e mostra que a vida é muito mais do que podemos supor.

— Pode ser, mas esses assuntos me fazem mal. Fico inquieta, arrepiada, sinto frio. Agora quero esquecer o que aconteceu naquela noite. Infelizmente, está sendo difícil.

— Você está com medo, Liana. E o medo só desaparece quando é confrontado.

— Como assim?

— Fazendo exatamente aquilo de que tem medo.

— Isso é loucura! Não quero nunca mais encontrar aquele homem!

— Pois, se estivesse em seu lugar, se estivesse com medo dele, eu tentaria evocá-lo, falar com ele frente a frente, e descobrir o que deseja e por que ainda está circulando nesta casa tantos anos depois de sua morte.

— Você fala como se ele fosse uma pessoa como nós e pudesse compreender.

— Ele é uma pessoa e pode compreender, mas é preciso conversar com ele, tentar saber.

93

— Ele estava reclamando de nossa presença. Disse que a casa é dele.

— É o que ele pensa, uma vez que continua aqui. A casa foi dele, contudo, é preciso que ele saiba que agora tudo é diferente. As coisas mudaram.

— Não tenho coragem. Não quero vê-lo nunca mais.

— Vamos esperar que seja assim.

***

No dia seguinte, durante a aula, Nico de repente perguntou:

— Professor, o senhor acha que a alma de gente morta pode aparecer dentro do sonho e conversar com a gente?

— Depende, Nico. Por que pergunta?

Ele olhou indeciso para Eurico, que lhe acenou para que se calasse.

— Não é nada, não. Só curiosidade.

Alberto não se deu por achado:

— O que Eurico não quer que você fale?

Nico olhou para o amigo e não respondeu.

— Olhem aqui vocês dois. Nós fizemos um trato, temos nossos segredos e somos amigos. Se vocês não confiam em mim, como posso me sentir? Nunca traí nenhum de nossos segredos.

— É que o Eurico não gosta de falar desse assunto. Ele fica nervoso — esclareceu Nico.

— Ele fica nervoso, e nesse estado fica difícil encontrar solução para o que o está incomodando. Se nós conversarmos sobre isso, poderemos encontrar juntos uma boa ideia que o ajude a ficar melhor.

— O que está acontecendo que não sei? — perguntou Amelinha. — Também tenho guardado os segredos. Não falei nada a ninguém.

— Está bem, Nico. Pode contar — autorizou Eurico.

— É que anteontem ele me acordou nervoso, tremendo. Disse que a alma do coronel Firmino puxou suas cobertas e apareceu do lado da sua cama.

— Você também o viu? — perguntou Amelinha.

— Veja se não fala disso a ninguém, senão você morrerá seca! — ameaçou Eurico.

— Ela não dirá nada — interveio Alberto. — Continue, Nico.

— Pois é. Eurico estava com muito medo, e eu fui me deitar na cama dele e prometi não dormir antes dele. Ele dormiu, eu peguei no sono e acabei sonhando que o coronel estava ali falando comigo.

— O que foi que ele disse? — indagou Alberto com interesse.

Nico contou o que conversara com o coronel Firmino e finalizou:

— O engraçado é que eu tinha certeza de que o conhecia há muito tempo. Será que foi porque tenho pensado nele por causa do que tem acontecido? Minha mãe sempre falava dele e agora aqui também se fala. Será que fiquei impressionado?

— Pode ser, Nico, mas gostaria que você prestasse atenção. Se sonhar de novo com ele, escreva em um papel tudo o que conversaram quando acordar.

— Para quê? — perguntou Eurico.

— Para nós estudarmos e descobrirmos a verdade, porque o espírito do coronel tem aparecido por aqui.

— O senhor acredita em mim? — perguntou Eurico.

— Claro que acredito. Você é um menino inteligente e saudável. Não inventaria essa história.

— Ele é doente — disse Amelinha.

— Ele foi doente — corrigiu o professor. — Ele agora não tem doença nenhuma. Quando ele acreditar nisso, ficará forte e muito bem.

— O senhor acha que vou poderei ser igual a Nico?

— Você não será igual a Nico, porque cada pessoa é diferente, mas você é tão saudável quanto ele.

— Poderei subir em árvore como ele? Correr e pular?

— Se acreditar que pode, acontecerá.

— Puxa! Farei tudo para acreditar.

— Agora vamos à nossa aula de hoje. Vocês trouxeram as sementes, os galhos e as folhas que pedi?

Eles assentiram com prazer e interessaram-se pela aula.

Antes que o professor se despedisse, Eulália procurou-o e convidou-o para jantar naquela noite.

— Norberto chega hoje à tarde com o doutor Mário, e nós teríamos muito prazer em que o senhor comparecesse.

— Virei, dona Eulália. Obrigado pelo convite.

Alberto mudara-se para uma casa que decorara de maneira simples, mas com bom gosto. No quarto mais espaçoso fez seu dormitório; no outro, um pouco menor, o quarto de vestir; no terceiro, o escritório com seus livros e a inseparável máquina de escrever. Na sala, colocou alguns objetos de arte, poltronas confortáveis e um sofá. Quando se mudou de São Paulo, guardou seus móveis em um depósito. Quando encontrou a casa para alugar, mandou buscá-los. Gostava de conforto e ordem. Não deixava faltar flores nos vasos e no pequeno jardim em frente à varanda.

Alberto era caseiro. Quando não estava na mansão, permanecia um largo tempo escrevendo no escritório, lendo e estudando. Às vezes, à noite, sentava-se na varanda ouvindo música, ora lendo, ora deixando-se ficar pensativo, com os olhos perdidos em um ponto distante.

A princípio, despertara curiosidade nos habitantes da pequena cidade, mas depois, como ele era naturalmente reservado, acabaram acostumando-se com sua maneira de ser.

Apesar de ser discreto, Alberto estranhou que Norberto chegasse naquela tarde. É que ele costumava voltar só nos fins de semana. Por que teria vindo em plena quarta-feira? O engenheiro viria com ele, o que o fez pensar que o assunto se relacionasse com a manutenção da casa.

Apresentou-se pontualmente às sete, conforme Eulália pedira, e já os encontrou reunidos conversando na sala. As crianças estavam no quarto e só apareceriam na hora do jantar. Logo na chegada, Alberto sentiu que havia alguma coisa diferente no ar. Norberto estava com certo ar solene, Eulália um tanto inquieta e Mário muito introspectivo. Liana, por sua vez, estava mais falante que seu natural.

Depois do jantar, as crianças recolheram-se, e, uma vez sentados na sala, enquanto Norberto conversava com o professor, muito interessado no progresso das crianças, Eulália chamou Liana e Mário para ver uma escultura de bronze que ela ganhara de uma amiga e que mandara instalar no jardim.

Somente quando Eulália voltou sozinha alguns minutos depois, Alberto começou a desconfiar do que estava acontecendo. Quando Norberto saiu para apanhar um livro, Eulália aproveitou o momento e confidenciou:

— Estou tão nervosa! Mário pediu a Norberto a mão de Liana em casamento. Como nossa mãe morreu e nosso pai está fora do Brasil, ele achou por bem falar com Norberto.

— E ela aceitou?

— Não sei. Norberto disse sim no que se refere a nós dois, mas é ela quem dirá se quer ou não, por isso os levei para o jardim para que pudessem conversar. Tomara que dê certo. Mário é uma excelente pessoa.

Norberto voltou com um livro nas mãos, e Eulália calou-se. Sabia que ele não gostava que comentasse os assuntos de família com os amigos.

Alberto estava curioso. Liana era muito jovem e bonita, além de tudo inteligente. Bem que ele notara o interesse do engenheiro nas vezes em que estivera na mansão, mas pensava que ela não se interessava por ele. Estaria enganado?

Era um cético com relação ao casamento. Saíra de uma experiência muito desagradável e jurara nunca mais se apaixonar. Seria uma pena que uma moça como Liana, tão cheia de vida, de beleza, se enterrasse em um casamento. Dentro de pouco tempo, teria se transformado em uma matrona sem graça, às voltas com problemas domésticos.

Seus pais, de família abastada, haviam se separado quando Alberto era criança, mas ele se sentira melhor depois disso, porque eles viviam brigando. Após a separação, ele e a mãe conseguiram manter uma vida mais agradável até que ela se apaixonou de novo, mostrando-se disposta a refazer sua vida, e foi morar com o marido. Alberto, que já estava na faculdade e escrevia para um jornal, não quis morar com ela. Arranjou um emprego e foi morar sozinho. Sua mãe assumiu a nova vida, mas, dentro de pouco tempo, começou a queixar-se de novo.

Ele apaixonara-se por uma colega e fora correspondido. Ficaram noivos e marcaram a data do casamento. Ele já escrevera dois livros, que tinham sido muito elogiados pela crítica. Pensando em casar-se, tratou de ajuntar dinheiro. Sua noiva era de família abastada, e ele esforçou-se para montar uma casa confortável e bonita. Casaram-se, e ele sentia-se muito feliz. Entretanto, logo descobriu que Eugênia não era como ele gostaria. Mimada e exigente, queria que ele ficasse todo o tempo ao seu lado, cobrando atenção, cheia de ciúme, reclamando pelas mínimas coisas.

Dentro de pouco tempo, ele já não suportava mais ouvir sua voz chorosa, sempre reclamando de alguma coisa. Por mais que ele se esforçasse para que ela ficasse feliz, nunca conseguia. A insatisfação de Eugênia era constante. Ela responsabilizava-o por sua infelicidade e exigia cada vez mais dele. Resolveu separar-se. Estava arrasado, sem energia, de mal com a vida, completamente perdido, mas não foi fácil livrar-se dela. Dizendo-se infeliz, ameaçava suicidar-se, o que fazia a família da esposa procurá-lo para exigir, suplicar que ele voltasse. Na primeira vez, ele voltou, e ela jurou que iria mudar, porém, dentro de pouco tempo, tudo estava como antes.

Por fim, ele resolveu separar-se de vez. De nada adiantaram as ameaças dela, da família, nem os pedidos. Ele sentia que não tinha mais forças para suportar a presença da esposa. Até o som de sua voz irritava-o. Foi muito difícil para ele recuperar o equilíbrio. Durante mais de três anos, eles perseguiram-no para que retomasse o casamento, mas Alberto resistiu. Até que, aos poucos, eles começaram a espaçar os contatos. Decidido a acabar de vez com esse problema, Alberto resolveu mudar-se sem dizer a ninguém o endereço. Só sua mãe sabia onde ele estava, e Alberto a fizera jurar que nunca diria nada a ninguém.

Ali, em meio àquelas pessoas simples, a seus livros, a seus estudos e às crianças, conseguira restaurar completamente sua paz interior. Sentia-se de novo de bem com a vida.

97

Por isso, torcia para que Liana dissesse não ao doutor Mário. Não tinha nada contra ele, mas pensava que seria uma pena eles se amarrarem no casamento.

Quando Liana e Mário entraram novamente na sala, Alberto olhou-os tentando descobrir se ela dera o sim. Como eles continuassem conversando normalmente, como se nada houvesse acontecido, Alberto se perguntou se Mário teria realmente feito o pedido. Uma hora mais tarde, ao se despedir, Eulália acompanhou-o até a porta, e Alberto arriscou baixinho:

— E então? Ela disse sim?

— Ela pediu alguns dias para pensar — sussurrou Eulália. — Vamos torcer.

— Está bem. Boa noite, dona Eulália, e obrigado pelo jantar.

— Boa noite, professor.

Alberto voltou pensativo para casa. Liana não estava apaixonada por Mário. Se estivesse, teria dado o sim imediatamente. Isso lhe deu esperança de que ela não o aceitasse. Sentia que Eulália faria tudo para convencê-la a casar-se, contudo, Liana parecia-lhe ser independente e não se deixaria influenciar muito pela irmã.

Na manhã do dia seguinte, quando chegou à aula na mansão, Alberto encontrou Liana sentada em um banco no jardim e parou para cumprimentá-la.

— Estou lendo um livro muito interessante sobre comportamento — disse ela, depois de responder seus cumprimentos. — Você nunca me falou a respeito de seus livros.

— Você nunca perguntou.

— Norberto disse que você é um filósofo.

Ele riu com gosto.

— Eu não ousaria dizer isso. Sou um estudioso da vida, das pessoas. Acredito no potencial do ser humano.

— Olhando as limitações de muitas pessoas, os problemas da miséria e das desigualdades sociais, é difícil acreditar nisso.

— Você olha os reflexos daqueles que ainda não descobriram a própria força, mas, mesmo que eles ainda não saibam, ela está lá. Quem descobre o próprio poder, a própria capacidade, acaba derrotando a pobreza e se tornando um vencedor. A dificuldade está em acreditar que tem capacidade.

— Você é um otimista. Eu acredito que o meio seja elemento fundamental para o desempenho de alguém. Observando a pobreza de ideais, de perspectiva das famílias de meus alunos, acho difícil que eles conquistem uma vida melhor um dia. Eles serão exatamente como seus pais: lavradores pobres, incultos, limitados.

— Vejo os fatos de forma diferente. O meio pode pressionar, mas só dominará aquele que ainda não descobriu a própria capacidade. Veja o caso de Nico, por exemplo. Ele é muito diferente do resto de sua família. Tenho certeza de que um dia ele conseguirá tudo o que deseja e se tornará uma pessoa bem-sucedida.

— Ele é uma exceção.

— A exceção demonstra que as regras não são confiáveis. Nunca ouviu dizer que quem é bom já nasce feito?

— Já. Esse é um ditado popular antigo.

— Uma grande verdade. Quem tem evolução confia em si mesmo, acredita que é capaz e vai atrás de seus objetivos.

— Você acredita em evolução?

— Claro. Como explicar as desigualdades, os níveis de conhecimento das pessoas sem a evolução?

— Você está falando de Darwin?

— Estou falando de reencarnação. De vidas passadas.

Liana admirou-se:

— Vidas passadas? De onde tirou essa ideia?

— Observando e estudando os fenômenos espirituais. Hoje, tenho absoluta certeza de que nós já vivemos outras vidas antes desta.

— Você me deixa arrepiada com esse assunto.

— Desculpe. Falemos de outra coisa.

— Não. Estou curiosa. Você é um homem inteligente, um escritor. Como pode acreditar em uma coisa dessas?

— Já lhe disse: pela experiência, estudando certos fatos e observando a vida, que sempre procura nos dar o melhor, ensinando a cada um como encontrar o jeito certo de ser feliz.

— Não é esse o conceito que tenho da vida. Pelo que tenho visto, há dor, sofrimento, violência e falsidade. É difícil acreditar no potencial do ser humano, quando vemos tantos desencontros e tantos problemas no mundo.

— Você não está olhando com bons olhos. Quando valoriza o mal, está aumentando a desgraça do mundo.

— Eu não valorizo o mal! De forma alguma. Estou justamente lamentando o estado caótico de nossa sociedade.

— Quando se lamenta, vê apenas o lado ruim. Valoriza o mal e diz para a vida que o mundo é mau.

— E essa não é a realidade?

— Não. Essa é a forma como você vê as coisas. Há muitas pessoas vivendo bem, estudando, aprendendo, desenvolvendo conhecimentos e aptidões, crescendo. E as que estão enfrentando desafios duros certamente estão desenvolvendo com eles o próprio poder, aprendendo a lidar com situações, emoções. Creia, Liana, a vida é a melhor professora, porque ensina praticando, criando situações para que possamos experienciar e aprender qual é o melhor caminho para cada um de nós.

— Há situações que criam desespero e dor.

— Mas há também nosso desejo de ser feliz, de encontrar uma vida melhor. E essa vontade dentro de nós nos impulsiona a buscar sempre um meio de vencer a dor, a infelicidade. Quando uma atitude nossa não dá o resultado que esperávamos, o jeito é repensar, entender que ela não foi adequada e procurar mudá-la, experimentando até encontrarmos outra melhor. É pelos resultados que descobrimos se estamos agindo a favor da vida ou não.

— Você tem ideias extravagantes. Como seria agir a favor da vida?

— Respeitando a natureza, sendo verdadeiro, natural. Não se sujeitando a papéis sociais. Quando você age de acordo com sua natureza, com o que é, as coisas deslizam com facilidade, e tudo na vida dá certo.

— Às vezes, é preciso agir pelo raciocínio. O coração é traiçoeiro. Costuma nos pregar peças.

— Ao contrário. O coração fala sobre nossa verdade. A cabeça, o raciocínio, quando voltada aos costumes da sociedade e distanciada do coração, cria ilusões, teorias, que acabam nos envolvendo em fracassos e frustrações.

— Aí é que está. Às vezes, a gente se apaixona pela pessoa errada. Nesse caso, o coração não pode ser ouvido.

— Gostar de uma pessoa nunca é errado. O que fazemos em nome desse sentimento é que pode ser inadequado e nos trazer dor.

— O coração por vezes quer coisas impossíveis, por isso, não concordo que é preciso seguir o que ele quer.

— Você tem medo dos próprios sentimentos.

— Falo em tese. Não estou expondo o que sinto.

— Vai se casar com o doutor Mário?

— Ainda não decidi. Estou pensando.

— Você não o ama.

— Como sabe?

— Pela sua atitude.

— Ele é uma excelente pessoa. Qualquer mulher seria muito feliz ao lado dele.

— Se o amasse.

— Por que acha que não virei a amá-lo?

— Porque em amor não entra o raciocínio. No casamento será necessária a intimidade. Como se entregará a ela sem amor?

— Você já foi casado?

— Já, e foi uma experiência infeliz.

— Estão separados.

— Sim.

— Você a amava?

— Eu acreditava que a amava, mas meu sentimento não foi suficiente para aguentar as cobranças e as queixas dela. Nós éramos muito diferentes um do outro. Nunca daria certo. O relacionamento e a convivência acabaram me mostrando que nunca seríamos felizes juntos.

— Sinto muito. Deve ter sido uma desilusão. Tem filhos?

— Não, mas me separar dela foi a melhor coisa que eu fiz. Retomei a posse de mim mesmo.

— Não se sente só?

— Não. Gosto do que faço e cuido de mim muito bem. Não me falta nada.

— É disso que tenho medo. De acabar sozinha. Esse pensamento me faz pensar em aceitar o pedido de Mário.

— Você já deve estar se sentindo sozinha.

— É verdade.

— Se você se casar com ele, esse sentimento não vai acabar.

— Por quê?

— Porque ninguém pode acabar com sua solidão a não ser você mesma.

— Como assim?

— Você pode estar em meio a muitas pessoas e mesmo assim se sentir só. O sentimento de solidão aparece sempre que você se abandona e não faz o que sua alma quer. Creia, Liana, a solidão é olhar mais para fora de si, para as necessidades dos outros do que para as suas. É não ouvir seu coração.

— Por que está me dizendo tudo isso?

— Porque está prestes a tomar uma decisão importante para o resto de sua vida. Gostaria muito que optasse pelo melhor.

— O que acha que eu deveria fazer?

— Eu não acho nada. É você quem precisa perguntar ao seu coração qual seria a melhor resposta.

Liana olhou séria para ele e disse:

— Gostaria muito de ler um de seus livros. Poderia me emprestar?

— Claro. Com prazer.

101

— Suas teorias são diferentes. Um pouco assustadoras.

— Nunca teorizo. Gosto mais de experimentar. Só escrevo sobre algum assunto quando tenho certeza. Não sou um intelectual. Interessa-me muito conhecer como as coisas funcionam.

— Por isso leciona de maneira tão diferente.

— O que me importa é que as crianças se interessam pelo conhecimento. Se eu teorizar, elas vão se entediar. No meu modo de ver, não são as crianças que precisam compreender o professor, mas o professor que deve mostrar os fatos ao nível delas.

— Por isso você brinca com elas.

— Claro. Essa é a forma que lhes é familiar e lhes dá prazer. Descobrir a natureza, conhecer a história, aprender matemática, ciência, comportamento, é sempre interessante.

— Nem todos os alunos entendem isso.

— Por causa da forma como esses assuntos são tratados. Sempre com arrogância, imposição, teorias e até falta de interesse do próprio professor.

— Eu tenho muito interesse em ensinar.

— Não me refiro ao interesse em ensinar, mas ao interesse pelos assuntos. Nós todos aprendemos de forma tão tediosa que perdemos o prazer de investigar, de pensar, de questionar as coisas e até de experimentar se elas são assim na prática. Repassamos conceitos, ideias que nos foram ditadas e, de tanto repeti-las, acabamos por fazer isso sem nenhum prazer, apenas por obrigação.

— Você está sendo muito severo com os professores.

— Não tenho essa intenção. Estou apenas tentando entender por que eles por vezes se tornam tão ineficientes e desmotivam as crianças ao estudo. Falta-lhes o prazer de lidar com as matérias, a criatividade, o questionamento. Diplomam-se e pensam já terem feito o bastante para ganhar a vida. Só que tudo muda a todo minuto, e quem fica parado atravanca o progresso, perde o brilho e acaba no tédio.

— Isso é verdade. A maioria dos estudantes espera o diploma com ansiedade, na crença de que dali para frente sua vida estará resolvida. A descoberta de que isso não basta para conduzi-los ao sucesso profissional não será a causa do tédio que você mencionou?

— Pode contribuir, mas o fator principal é a falta de interesse pelas coisas. Foi assim que eles aprenderam na escola e certamente desconhecem que a vida pode ser muito mais interessante quando vista de outro modo.

— Como assim?

— Veja o caso de Eurico. Ele vivia entediado, manipulando todo mundo com seus achaques. Como ele está melhorando?

— Eurico sempre foi doente. Você não está sendo cruel dizendo que ele manipulava? Ele não fingia. Passava muito mal mesmo. Eu vi muitas vezes.

— Ele não fingia sentir-se mal. Ele passava mal mesmo. Mas o caso dele é todo um processo que estou estudando ainda e não estou em condições de falar inteiramente. O que é notório é que ele está melhorando.

— É verdade. Está muito melhor, corado. O mal-estar espaçou muito, e acho que até engordou um pouquinho.

— E como aconteceu isso? Você já viu como Nico é interessado pelas coisas?

— É observador, inteligente, habilidoso.

— É mais que isso. Em alguns momentos, tem uma sabedoria que só espíritos muito evoluídos possuem.

— Ele é diferente mesmo.

— Eurico melhorou quando Nico começou a convidá-lo a observar fatos interessantes da natureza. A vida dos pássaros, das plantas, seus ciclos e fenômenos. Ele usou a fórmula certa para motivar o interesse de Eurico. É isso que estou tentando fazer. Interessá-los nos mecanismos da vida, nas maravilhas da natureza, nas ciências que estudam esses fenômenos.

— Reconheço que é um trabalho maravilhoso. Estou pensando seriamente em começar a aplicar isso com meus alunos.

— Se está, deve começar descobrindo como se motivar mais à observação e à experimentação. A vivência desperta a criatividade e a certeza de nossos conceitos.

— Vou tentar.

— Preciso entrar. Está na hora. As crianças já devem estar me esperando.

Depois que ele entrou, Liana permaneceu pensativa. Alberto era um homem bonito, interessante, culto, capaz de despertar interesse. Por que preferia viver só? Guardaria no coração um amor impossível como ela?

Era por causa disso que ainda não recusara o pedido do engenheiro. Casar-se com ele poderia ser a melhor solução para afastá-la daquela casa sem provocar uma tragédia.

Tudo aconteceu depois que Eulália se mudou para Sertãozinho. Liana ficou aguardando a transferência para Ribeirão Preto e, durante aqueles meses, morou em São Paulo na companhia de Norberto. Todas as noites, ele a procurava para conversar e uma noite não se conteve e declarou sua paixão por ela.

— Há muitos anos, guardo em meu coração este amor impossível — declarou Norberto emocionado. — Pretendia levá-lo para o túmulo, mas estou sofrendo muito.

Norberto abraçou-a e beijou-a com paixão. Liana sentiu uma profunda emoção. Conseguiu afastá-lo a custo, fechou-se no quarto e, soluçando desconsolada, chegou à conclusão de que também se sentia atraída por ele, sem nunca ter querido confessar.

Liana desejou ir embora para sempre, mas para onde? Eulália era sua única família. No dia seguinte, reuniu todas as suas forças e teve uma conversa séria com Norberto. Disse-lhe que ele deveria esquecê-la e que nunca mais falariam sobre o assunto.

Triste e cabisbaixo, ele disse emocionado:

— Nunca senti tanto amor por uma mulher. Perdoe-me. Não pensava em perturbá-la. Concordo que nunca mais falemos deste assunto, mas, antes, há uma coisa que me está queimando e que eu gostaria de saber. Ontem, senti que você estremeceu de amor ao meu contato. Diga-me: é verdade? Você também me ama?

— Melhor não falarmos disso.

— Eu preciso saber. Não exigirei nada. Acatarei sua decisão. Sei que é preciso. Mas saber que me ama será o conforto de que preciso para aceitar a separação definitiva. Será a última vez que falaremos do assunto.

— Sim. Sempre gostei de ficar ao seu lado, conversar, admirá-lo, mas ontem descobri que também o amo. Confesso, porém, não diga nada. Essa constatação já basta para nos separar para sempre.

— Ah, se eu pudesse! — disse Norberto abraçando-a com paixão, procurando os lábios de Liana, apertando-a de encontro ao peito.

Liana não conseguiu resistir e entregou-se ao beijo, sentindo o coração descompassado, mergulhada em uma emoção nunca antes experimentada. Norberto não parou nem mesmo quando ela lhe pediu para que a deixasse ir. Beijou-a repetidas vezes e arrastou-a para o quarto, onde se entregaram completamente ao amor.

Quando tudo passou, deitados um ao lado do outro, Liana disse num soluço:

— Isso não poderia ter acontecido. Estou envergonhada, arrependida. Como vou encarar minha irmã agora? Vou-me embora para sempre.

— Perdoe-me, Liana. Eu deveria ter me controlado, mas a amo. Se quiser, posso me separar de Eulália e ficar com você para sempre.

Liana sentou-se na cama tentando compor as roupas.

— Nem me diga uma coisa dessas! Que horror! Eu separar a família de minha única irmã, que sempre foi como uma mãe para mim? Como isso pode passar por sua cabeça?

— Nós nos amamos. Não é justo que passemos o resto de nossas vidas separados, agora que descobrimos nosso amor.

— Estou me sentindo a pior pessoa do mundo. Não quero me sentir assim. Amo Eulália, as crianças, e isso não poderia ter acontecido, mas aconteceu. Agora vamos esquecer. Nunca mais quero falar sobre esse assunto. É como se nunca houvesse acontecido. Proíbo-o de falar alguma coisa a Eulália. Nunca mais quero que se aproxime de mim. Acabou.

— Pense bem. Falaremos com Eulália e explicaremos que foi uma coisa que aconteceu. Quem pode conter os sentimentos?

— Absolutamente. Está acabado. Nunca mais toque nesse assunto. Eu o proíbo. Amanhã mesmo pedirei uma licença na escola e irei ter com Eulália a pretexto de não estar me sentindo muito bem. Lá esperarei a transferência.

— Perdoe-me, Liana. Não queria prejudicá-la.

— Não se preocupe comigo. Estou bem.

Norberto pegou a mão dela, apertou-a com força e, olhando-a nos olhos, disse:

— Nunca esquecerei este momento enquanto viver. Pode ter certeza de que a amarei sempre.

Ela desvencilhou-se e saiu sem responder. A partir daquele dia, nunca mais voltaram a falar no assunto, mas a ferida ainda sangrava no peito dela. Além do amor impossível, havia a vergonha pela traição, culpa, infelicidade por haver permitido que as coisas chegassem àquele ponto. Quanto mais Eulália a tratava com carinho, atenção e amor, mais ela se sentia culpada e infeliz.

Casar-se com Mário seria deixar aquela casa e refugiar-se para sempre ao lado de uma pessoa que a respeitava e a amava e na qual poderia confiar. Decidiu aceitar o noivado. Era a melhor solução. Não havia outra coisa a fazer.

CAPÍTULO 8

Na manhã do domingo, Liana confidenciou à irmã:

— Resolvi me casar com Mário.

Eulália abraçou-a com carinho e exclamou com alegria:

— Que bom! Parabéns! Tenho certeza de que será muito feliz com ele.

— Obrigada.

— Quando vai lhe dar o sim?

— Hoje à tarde, após o almoço.

— Ele virá logo mais para passar o dia conosco. Por que não fala antes do almoço com ele? Assim poderemos comemorar abrindo um vinho especial. A ocasião merece!

— Eu prefiro deixar as comemorações para o casamento.

— Nada disso! Imagine... Norberto não concordará. Seu noivado é importante e merece uma comemoração.

Liana não respondeu. Como Norberto reagiria ao seu sim? Ela não queria pensar nisso. O que estava fazendo era o certo. Iria embora para sempre, e tudo estaria resolvido. Mário tinha uma bela carreira, e ela levaria uma vida boa e sem preocupações.

Quando Norberto entrou na sala, Eulália foi logo dizendo com um sorriso:

— Liana vai aceitar o pedido de Mário! Eles vão se casar! Não acha que precisamos comemorar?

Norberto olhou para as duas mulheres, ficou calado alguns segundos e depois respondeu:

— Claro. Por que não?

— Parece que você não se entusiasmou com a ideia. Não gosta de Mário?

Norberto sorriu levemente:

— Mário é um homem inteligente e agradável. Resta saber se Liana o ama o suficiente para casar-se com ele.

Eulália olhou-o admirada. Nunca o ouvira falando de amor. Liana interveio:

— Claro que gosto dele. Se não gostasse, não teria aceitado seu pedido.

— É estranho você dizer isso, Norberto — tornou Eulália. — Liana é livre e só se casará se quiser.

— Certamente — concordou ele.

— Eu disse a Liana que desse a resposta logo, para que pudéssemos festejar no almoço. O professor também virá almoçar, e, assim, aproveitamos para celebrar.

— Está bem — resolveu Liana. — Falarei com ele assim que chegar.

Liana sentia o olhar de Norberto pesando sobre ela e queria resolver o assunto logo, sair dali. Sentiu-se aliviada quando Eulália a chamou para resolver alguns detalhes do almoço. Ela queria caprichar, pois aquele seria um dia inesquecível para a família.

Depois, Liana subiu para o quarto a pretexto de se preparar. Na verdade, ela queria evitar a presença do cunhado. Pensativa, sentou-se em uma poltrona.

Percebera que Norberto estava nervoso e temia que alguém notasse. Por que fora acontecer isso com ela? Por quê?

Precisava casar-se o quanto antes. Norberto iria embora no dia seguinte e só voltaria no fim da semana, mas ela só se sentiria segura quando estivesse fora daquela casa e casada com outro homem.

Eulália bateu na porta chamando-a para ver um arranjo que fizera, e Liana acompanhou-a, procurando demonstrar alegria e disposição. Depois de tudo pronto, como os convidados ainda não haviam chegado, Liana apanhou um livro e foi sentar-se no caramanchão. Não queria ficar na sala onde Norberto lia os jornais.

Abriu o livro e tentou ler, porém, não conseguia concentrar-se na leitura. De repente, deu um pequeno grito quando viu Norberto em pé a seu lado dizendo baixinho:

— Liana! Por favor! Diga que não vai se casar com ele! Eu não vou suportar!

— O que está fazendo aqui? Pelo amor de Deus! Vá embora. Já pensou se Eulália desconfia?

— Quero ouvir de seus lábios que não ama aquele sujeito.

— Isso não interessa a você. Vou me casar com ele. Decidi e pronto. Será melhor para todos nós.

— Você não o ama! Diga.

— Eu não amo. Agora vá embora.

— Você não aceitará o pedido dele. Se fizer isso, juro que cometerei uma loucura. Prometa que não se casará com ele.

— Por que está fazendo isso comigo? Você tem sua família. Deixe-me em paz. Quero cuidar de minha vida!

— Enquanto você está sozinha, eu posso suportar essa separação, mas imaginá-la nos braços de outro homem me enlouquece — disse ele tentando abraçá-la. — Aquela noite não sai de meu pensamento. Não consigo pensar em outra coisa.

— Largue-me! Por favor! Saia daqui já, se não quer que eu o odeie pelo resto da vida.

— Você não se casará com ele! Eu não deixarei! Me prometa isso, e irei embora.

— Está bem. Não me casarei com ele. Agora vá!

Respirando fundo, Norberto saiu do caramanchão, e Liana cobriu o rosto com as mãos, soluçando.

Nico abraçou Eurico e colocou o dedo entre os lábios, recomendando silêncio. Escondidos atrás do caramanchão à espera de beija-flores, eles não haviam sido vistos pelos dois e sem querer escutaram a conversa deles.

Eurico estava pálido e teria caído se Nico não o houvesse amparado, abraçando-o com força e fazendo-lhe sinal para que ficasse calado. Permaneceram assim, abraçados em silêncio, até Liana parar de chorar, enxugar os olhos e sair do caramanchão. Ela pretendia ir até o quarto refazer o rosto, sem que alguém a visse.

Quando ela estava longe, Nico disse baixinho:

— Não devemos falar a ninguém o que aconteceu aqui.

— O que meu pai tem com tia Liana? Ele a está namorando?

— Claro que não.

— Ele falou aquelas coisas, queria abraçá-la.

— Ele pode estar apaixonado por ela, mas sua tia não quer nada com ele. É uma moça boa.

— Por que ele está fazendo isso? E se mamãe souber?

— Ela não saberá. Nós não contaremos nada.

— Isso não é direito! Mamãe tem de saber.

— De jeito nenhum. Já pensou na confusão que pode dar? O melhor é a gente não se meter nisso.

109

— Não posso ficar calado. Meu pai está traindo minha mãe com a própria cunhada. Acha isso justo?

— Ele não está traindo ninguém. A Liana não quer nada com ele.

— Por que ele pediu a ela para dizer que o amava?

— Ela não disse, logo, sua tia não o ama. Sabe de uma coisa? Um homem pode se apaixonar e ficar louco por uma mulher, e, quando isso acontece, é um horror. O filho do seu Joaquim começou a beber por causa disso e hoje vive jogado na rua. Ele amava uma moça que o trocou por outro. Antes, ele era trabalhador, andava direito. Depois, ficou do jeito que está, perdeu a alegria, o emprego, tudo. Se acabou.

— Isso pode acontecer com meu pai?

— Seu pai é um homem estudado e tem mais conhecimento que o filho do seu Joaquim, que era um ignorante. O que quero lhe dizer é que a paixão acontece e é duro se livrar dela.

— E se meu pai der para beber?

— Isso não acontecerá. Por que fui contar essa história para você? Liana se casará com o doutor Mário e pronto. Tudo se resolverá.

— Ele a fez prometer que não casará.

— Ela prometeu só para ele ir embora. Minha mãe faz isso com meu pai. Promete, mas depois dá um jeito de fazer tudo como ela quer.

— Será que tia Liana se casará com o doutor Mário?

— Veremos ... Hum... Você está com uma cara! Pálido, nervoso. Fazia tempo que não ficava assim. É melhor esquecer essa história. Nós não podemos fazer nada mesmo. Quando não dá para fazer nada, é melhor deixar de lado.

— Estou assustado. Se ela disser sim, o que ele fará? Será que matará o doutor Mário?

— Que horror, Eurico! Vai nada. Ele falou, mas na hora terá de aceitar. O que ele pode fazer? Acha que terá coragem de falar alguma coisa na frente da sua mãe?

— É. Acho que ele não tem.

— Então! Vamos nos acalmar. Esse é um segredo nosso. Não devemos nos meter na vida dos outros. Minha mãe sempre diz isso.

— Não sei se aguentarei.

— Terá de fazer força, senão, nos meteremos numa encrenca danada. Já pensou?

— Estou começando a pensar que tem razão.

— Tenho, sim. Nunca me arrependi de ficar calado. Tenho visto muita coisa por aí. É melhor deixarmos para lá. Não vale a pena.

— Será que meu pai não gosta mais de minha mãe?

— E isso, agora? Sei lá. Já vi homem com três mulheres dizer que gosta delas todas.

— Isso é sem-vergonhice.

— Pode ser, mas ele estava feliz da vida.

— Meu pai não pode ser assim.

— Vai ver que foi só uma tentação. Passa. Não tem nada de mais.

— Você acha?

— Acho. Sabe como é, a tentação vem, mas depois passa.

Amelinha chegou correndo:

— Vocês estão aí! Faz tempo que estou procurando. Mamãe está chamando. Está na hora de se lavarem para o almoço. Os convidados já chegaram.

— Que convidados? — perguntou Eurico.

— O doutor Mário e o professor. Maria disse que é um almoço de comemoração.

Os dois meninos olharam-se sem dizer nada. Amelinha prosseguiu:

— O que foi? Vocês não sabem da novidade? Tia Liana se casará com o doutor Mário. Teremos uma festa.

— Vamos nos lavar — disse Nico.

— Vamos — concordou Eurico.

Eles estavam ansiosos para verificar se Liana estava ficando noiva ou não.

Na sala, as pessoas conversavam com naturalidade, e, se eles não houvessem ouvido aquela conversa, não desconfiariam de nada.

A certa altura, Mário levantou-se e disse em tom solene:

— Hoje é um dia especial para mim. Liana aceitou meu pedido. Vamos nos casar. Sinto-me honrado e feliz.

Eulália levantou-se e abraçou a irmã com alegria:

— Tenho certeza de que serão muito felizes! Faço muito gosto nesse casamento.

Abraçou Mário com carinho. Norberto levantou-se e cumprimentou os noivos. O professor fez o mesmo.

Os dois meninos olhavam o rosto de Norberto e, apesar de ele dissimular, notaram o rubor na face e o brilho de contrariedade nos olhos. Amelinha bateu palmas e abraçou a tia dizendo:

— Oba! Tia Liana vai se casar!

Eulália mandou abrir uma garrafa de vinho do Porto, e Norberto, a um olhar da esposa, levantou o brinde e desejou felicidades aos noivos.

O almoço foi servido em seguida, mas o professor percebeu que Liana não estava feliz. Por que ela resolvera aceitar aquele casamento? Mário era uma excelente pessoa, mas ele sentia que não tinha elementos para fazer Liana se apaixonar. Ele sabia que aquele casamento não iria dar certo.

Foi antes de iniciar a aula do dia seguinte que Alberto começou a encontrar a resposta. Naquela noite, Eurico não passara bem e não se levantara ainda. Amelinha havia ido acordá-lo. Nico já estava na sala, e Alberto perguntou:

— O que Eurico teve?

— Ele se sentiu mal, como antigamente.

O professor ficou pensativo por alguns instantes e depois disse:

— Ele estava muito bem. Não pensei que fosse ter uma recaída. Deve ter acontecido alguma coisa que o desequilibrou. O que foi?

— Nada.

— Pela sua cara, estou percebendo que aconteceu algo mesmo.

— É melhor não falarmos disso.

— Eu sou amigo de vocês. Tenho feito tudo para que Eurico se recupere. Se eu souber o que foi, poderei ajudá-lo a ficar bem. Além disso, não temos segredos entre nós.

— É que o assunto é muito sério! Tenho medo de contar. Se alguém descobrir, seremos castigados. Juro que não foi de propósito. Estávamos lá brincando.

— Sou seu amigo e quero ajudar. Seja o que for, não tenha medo de me contar.

Nico resolveu contar tudo o que eles tinham ouvido. Quando ele terminou, Alberto disse:

— Nico, você agiu muito bem! Parabéns! Eu teria feito a mesma coisa. Então foi isso! Ele ficou assustado, com medo. É um menino muito mimado, e isso o deixa muito fraco, incapaz de enfrentar a verdade com calma. Nós dois faremos com que ele aprenda a olhar a vida com mais naturalidade. Ele é muito dramático. Pessoas assim exageram tudo e sofrem muito.

— Sofrer por isso é besteira. Quando as pessoas querem alguma coisa, mesmo sabendo que é errado, nós não podemos fazer nada para impedi-las. Elas não ouvem o que falamos. Minha mãe sempre me ensina isso.

— Sua mãe é muito sábia. Qualquer dia, conversarei um pouco com ela. Garanto que ela tem muito a me ensinar.

— Isso ela tem! Toda vez que minha mãe fala, e eu não a escuto, dá errado. Ela é sabida mesmo.

Amelinha entrou dizendo:

— Eurico disse que não vem. Ele não quer levantar. Mamãe foi lá saber o que ele está sentindo, mas ele nem quer falar com ela.

— Eu vou conversar com ele. Esperem aqui.

Alberto entrou no quarto de Eurico, onde Eulália e Hilda tentavam convencê-lo a se levantar. Deitado, pálido e de olhos fechados, não respondia ao que elas diziam.

— Deixem-me a sós com ele — pediu Alberto.

Depois que elas saíram, ele fechou a porta, sentou-se ao lado da cama e disse com voz calma:

— Isso que você está fazendo não adiantará nada.

Eurico não respondeu, e o professor continuou:

— Sua tia Liana ficará muito triste e zangada com você, se souber que descobriu o segredo dela.

Eurico abriu os olhos assustado e sentou-se na cama:

— Como você sabe? Foi Nico! Ele não tinha nada que contar.

— Ele só contou, porque eu o pressionei a falar. Eu estava querendo saber por que você teve essa recaída. Aliás, ficar doente não mudará os fatos. Pode até piorá-los. Você vai se sentir mal, ficar pior, sua mãe vai querer saber por que, e no fim acabará descobrindo o motivo. E aí pode acontecer o pior. Ela se separar de seu pai, brigar com sua tia, e você ficar com remorso e adoecer de verdade.

— Não quero que isso aconteça — lamentou-se Eurico, chorando.

— Se não quer, não deve intrometer-se nos assuntos das outras pessoas, Eurico.

— Nico falou isso.

— Ele está certo. Cada um é responsável pela própria vida. Você não pode mudar os sentimentos dos outros. O que pode é aprender a controlar os seus e apenas cuidar dos assuntos de sua vida.

— Eu queria que meu pai amasse minha mãe! Ela é tão boa! Faz tudo por ele e por nós.

— Você está achando que seu pai não gosta de sua mãe. Como pode dizer isso? Você não sabe o que vai no coração dele. Além disso, ele vai gostar do jeito dele e não do jeito que você gostaria que ele gostasse. Por isso, o que você tem a fazer é reconhecer que não pode intervir no relacionamento de seus pais. Esse é um assunto só deles. Se você ama sua mãe, sabe o quanto ela tem sido dedicada à família, o que pode fazer é reconhecer isso, sendo amoroso com ela, mostrando-lhe o quanto é grato pela dedicação com que ela tem cuidado de você. Do jeito que está agindo, em vez de lhe dar amor, você a está deixando preocupada e aflita. É isso que você quer?

— Não.

113

— Então, levante-se, vista-se e vamos estudar. Hoje, tenho assuntos muito interessantes para discutirmos.

— Amelinha não pode saber! Ela é muito linguaruda.

— Ela não sabe. O segredo ficará só entre nós.

— Assim é melhor. Estou um pouco tonto. Você acha que meu pai ama mesmo tia Liana? Tenho medo de que ele brigue com o doutor Mário.

— Sua tia Liana é uma moça muito atraente. Além disso, é também muito inteligente. Ele pode ter se sentido atraído, o que é até natural nos homens. Isso, no entanto, não quer dizer que ele pense em abandonar a família por causa de sua tia. Agora, ela é noiva e se casará. Sua mãe nunca saberá dessa pequena fraqueza de seu pai. Esqueça isso. Pense em você, em sua saúde. Seu pai já voltou para São Paulo. Nada acontecerá. Vamos. Você é um menino forte. Levante-se, estude, cuide de seu futuro. Aprenda as coisas boas da vida.

Eurico concordou. Levantou-se, vestiu-se e, quando o professor abriu a porta, ele já estava pronto.

— Você tomará seu café, enquanto nós esperamos. Tem de se alimentar bem para ficar cada dia mais forte.

Eulália suspirou aliviada, enquanto Hilda corria para colocar o café com leite para Eurico. Naquela manhã, o professor levou as crianças ao jardim para falar dos ciclos da natureza, do acasalamento dos animais, de sua procriação, ilustrando a aula com os elementos que ia encontrando à sua volta e com as gravuras do livro que levara.

As crianças se interessaram tanto pelo assunto que, na hora do almoço, Eurico já estava novamente corado e bem-disposto, como sempre. Ao se despedir do professor, Eulália perguntou:

— Como conseguiu fazer Eurico reagir? Gostaria de aprender seu método.

— Não fiz nada de mais. Apenas provei a ele que se entregar ao desânimo causa doença.

— Um menino dessa idade! Por que será que fica desanimado?

— Coisas da cabeça dele! Agora que ele já está mais forte, melhor, seria bom que todos nós começássemos a torná-lo mais independente.

— Como assim?

— O excesso de cuidados torna-o mais fraco e delicado. Ele precisa aprender a enfrentar a vida como ela é. A senhora sabe que um dia ele terá de viver em sociedade, trabalhar, vencer os próprios desafios. Se ficar muito protegido, nunca aprenderá.

— Às vezes, Liana me fala isso! Mas ele é tão frágil, tão delicado. Tenho medo de perdê-lo!

— Compreendo, dona Eulália, mas ele está melhor. Aos poucos, conforme ele for melhorando, podemos fazê-lo confiar mais nas próprias forças. Desde que nasceu, ele tem ouvido dizer que é um doente. Está na hora de começarmos a dizer que ele é forte e tem saúde. Isso vai ajudá-lo a se fortalecer.

— O senhor acha? Farei tudo para que meu filho seja saudável!

— Tenho certeza de que a senhora, como mãe, encontrará o melhor jeito de fazer isso!

***

Dois dias depois, Alberto encontrou-se com Liana e logo percebeu que ela estava longe de ser uma noiva feliz. Embora tentasse aparentar alegria, ele percebia um brilho triste em seu olhar. Vendo-a sozinha, tentou conversar.

— Você vai mesmo se casar com Mário?

Ela sobressaltou-se ligeiramente e respondeu:

— Vou. Por que duvida?

— Porque você não o ama. Um casamento sem amor é uma cruz difícil de carregar.

— Por que diz isso?

— Porque já passei por essa experiência e não foi nada bom. Nunca mais quero passar por isso de novo.

— Você é desanimador.

— Só quero que reflita. Não precisa se casar com ele se não o ama. Há outras formas de resolver os problemas que a preocupam.

— Por que acha que tenho problemas?

— Eu sei que vai se casar para fugir de uma situação desagradável.

— Parece que você sabe mais que eu. Onde conseguiu essa informação?

— De seus olhos. Não sabe que leio seus pensamentos?

— Estarei dando a perceber tanto assim?

— Não. Você até que dissimula muito bem para os outros. Para mim, não.

— Por que se interessa tanto pelo que penso? Sinto que você vive me observando.

— Sou um estudioso do comportamento. O que me interessa são os sentimentos, as reações e como trabalhamos nossas emoções.

— Está me olhando como uma cobaia.

— Eu não diria isso. Eu a admiro. Você é uma mulher forte, inteligente, criativa. Eu gostaria muito que encontrasse o caminho da felicidade. Você tem tudo para isso.

— Não penso assim. O que eu queria mesmo é ficar em paz, tocar minha vida, ser independente para poder ir embora.

— Mas você já é independente e está tentando se escravizar.

— Eu quero fugir, deixar este lugar, desaparecer.

— Sair de uma situação ruim para uma pior só agravará sua infelicidade.

— Você diz isso porque não sabe. Ah, se você soubesse!

— Eu sei de tudo.

Ela assustou-se:

— Sabe? O quê?

— Tudo. Sei quem é seu amor impossível.

— Como soube? Alguém contou? Quem mais sabe?

— Calma. Ninguém contou. Eu deduzi. Fique tranquila, sei guardar segredo. Só quero que pense melhor e não faça uma bobagem por causa disso.

— Estou envergonhada!

— Isso acontece. Não tem do que se envergonhar.

Os olhos de Liana encheram-se de lágrimas. Sua dor, represada por tanto tempo, transbordou, e ela não conseguiu dominar o pranto. Ele abraçou-a respeitoso.

De repente, ela tentou enxugar os olhos e disse:

— Meu Deus! Se alguém vir!

Ele tirou o lenço do bolso e deu-o a ela, dizendo:

— Não se preocupe. Estamos sozinhos no caramanchão. As crianças estão lá dentro e não sabem que cheguei.

— Desculpe, não consegui me controlar.

— Desabafar faz bem. Alivia a alma.

— Sinto-me confortada com seu apoio. Eu o admiro muito. Gostei muito de seu livro. Fez-me pensar sobre a vida e mudou um pouco algumas de minhas ideias.

— Quero ser seu amigo. Prometa que pensará melhor e não consumará um casamento sem amor.

— Que outra coisa posso fazer? Eulália é muito dedicada. Eu a amo muito. Tem sido como uma mãe para mim. Prefiro morrer a pensar que ela saberá um dia da verdade. Entendeu?

— Sim.

116

— Já pensei em ir embora para outra cidade, mas Eulália nunca concordaria. Iria desconfiar. Sempre acatei suas sugestões.

— Vamos pensar e procurar outra solução para você.

— Você tem horror a casamento!

— Tenho mesmo.

— Não pensa mais em se casar?

— Não. Estou muito bem. Para quê me escravizaria novamente?

Liana olhou curiosa para ele. Alberto era um homem bonito, culto, jovem ainda e bastante atraente. Conseguiria escapar?

— Viver sozinha me atemoriza — disse ela. — Mário pode ser um bom companheiro.

— Pode. É um homem culto, de bons princípios e a ama.

— Isso me basta.

— Não creio. Você não o ama, e sentir o amor é fundamental. Não é o amor do outro que nos alimenta, mas o nosso.

— O amor só me trouxe sofrimento. Não preciso dele.

— O amor nunca provoca dor, mas prazer, alegria e bem-estar. O que aconteceu com você pode ter sido tudo, menos amor.

— Se eu não amasse, nada disso teria acontecido. Tenho sido assediada muitas vezes por homens interessantes e atraentes. Sempre resisti. Por que teria cedido se não fosse por amor?

Alberto olhou-a hesitante por alguns instantes e depois decidiu:

— Você é uma mulher inteligente. Posso falar claramente? Não vai se ofender?

— Não. Fale.

— Não creio que esteja amando nem que se entregou por amor. Você é uma mulher ardente, cheia de vitalidade, pronta para amar de verdade. Ele, homem experiente, apaixonado, soube abordá-la de tal forma que despertou seu desejo, sua fome de amor.

Liana ruborizou-se:

— Você acha que sou tão venal?

— Não. Acho que é uma mulher saudável, livre, cheia de vida e normal. A mulher tem tanto desejo quanto o homem, mas a educação e a sociedade criaram barreiras de tal forma que vocês sentem vergonha de admitir isso. A sedução, a tentação, contudo, acontecem com todas as pessoas, independentemente do sexo.

— Você acha que fiquei com ele sem amor?

— Isso só você pode avaliar, contudo, percebendo sua reação depois do fato, acredito que o que sentiu foi realmente atração sexual.

117

Liana levantou-se corada. Alberto aproximou-se, segurou a mão dela e continuou:

— Não se envergonhe. É melhor perceber a verdade do que estragar sua vida acreditando em um amor impossível, fechando a porta para a felicidade. Algum dia, alguém despertará seus sentimentos para um amor verdadeiro, e você sentirá no corpo o ardor do desejo, nos lábios a vontade de beijar, nas mãos o desejo de acariciar, mas estará presa a uma pessoa que não ama e terá de se controlar e perder a suprema ventura de expressar seus sentimentos.

Alberto falou com o rosto bem próximo ao de Liana, e ela pôde sentir seu hálito. A moça estremeceu, olhou-o nos olhos e perguntou:

— Você já amou assim alguma vez?

— Não. Eu pensei que estivesse amando, contudo, compreendi mais tarde que estava enganado. Por isso me separei. Um dia, sei que acontecerá comigo. Não sei quando, mas, quando ocorrer, quero estar livre para viver plenamente minha vida.

— Tem certeza de que será correspondido?

— Não. Se for correspondido, será a felicidade máxima, entretanto, se não for, continuarei amando e expressando meu amor. Sei que só o amor incondicional pode alimentar nossa alma. Não quero entrar na angústia da paixão, da esperança, da dúvida. Quero sentir essa energia maravilhosa que tudo transforma e dá alegria de viver, entusiasmo e prazer.

Os olhos de Alberto brilhavam, e Liana sentiu seu coração bater mais forte:

— O que diz é um sonho impossível. Esse amor não existe. Você mesmo falou que todos nos deixamos levar pelo desejo, pelo sexo.

— A incapacidade de amar das pessoas não impede que o amor exista. Tenho visto coisas horríveis sendo feitas em nome do amor. E por causa delas as pessoas sofrem. Repito: o amor verdadeiro não é dor; é prazer, bem-estar. O resto são ilusões, sonhos que a vida destruirá. Você está enganada. O amor incondicional é a única verdade da vida e a chave da felicidade.

— Você acredita mesmo nisso?

— Sim, e por isso conservo minha liberdade. Pense nisso, Liana. Não feche seu coração ao amor. Não se contente com menos. Você merece ser feliz.

— Vou pensar — disse ela retirando a mão e saindo do caramanchão.

Alberto ficou pensativo, parado, e vendo seu vulto caminhar lentamente rumo à casa.

"Que mulher!", pensou. Vendo-a tão perto e ouvindo sua respiração, sentiu vontade de abraçá-la e beijar seus lábios carnudos. Controlou-se a custo. Não podia se deixar levar pela atração que Liana exercia sobre ele. Não queria complicações em sua vida. Gostava das crianças. O dinheiro que ganhava dando aulas, somado ao que recebia pelos artigos que mandava para um jornal, permitia que ele continuasse usufruindo da vida calma daquela cidade e se dedicasse a escrever seus livros. Não queria pôr tudo a perder, criando uma situação constrangedora.

Preferia continuar como amigo de Liana, ajudando-a a compreender seus problemas e procurar melhor solução. Ele sentia-se nervoso só em pensar que ela poderia casar-se com Mário. Liana era uma mulher ardente e precisava de um homem à altura. O engenheiro não lhe parecia adequado. Faria o possível para desfazer aquele noivado.

CAPÍTULO 9

A chuva caía fina, e Liana, desanimada, olhava pela janela da sala, sem ver a beleza das flores do jardim nem o verde viçoso das folhagens. Fazia seis meses que ela ficara noiva, e Mário insistia em marcar a data do casamento.

Ele comparecia religiosamente todos os fins de semana para vê-la, sempre lhe trazendo uma lembrança delicada: um perfume, algumas flores, um adereço. Cada dia que passava, ele ficava mais impetuoso e estava sendo difícil controlar seus arroubos apaixonados.

Liana não queria ficar a sós com Mário, a fim de evitar que a beijasse. Alberto observava suas atitudes e não perdia ocasião para sugerir que acabasse com o namoro. A princípio, ela esforçara-se para gostar do noivo, mas seu beijo era-lhe desagradável e sua proximidade incomodava-a. Sentia vontade de empurrá-lo, mandá-lo embora, e algumas vezes chegara a irritar-se, pretextando indisposição a fim de que ele não se aproximasse.

Nas últimas semanas, a situação ficara pior. Liana, que passava bem durante a semana, quando ia chegando o sábado, dia de Mário visitá-la, sentia-se mal, com falta de ar, dores no estômago.

Eulália estava assustada.

— Precisamos ver o que você tem. Esse mal-estar não é natural. Está emagrecendo, tem a fisionomia cansada, perdeu o apetite.

Apesar dos protestos de Liana, chamou o médico, que, não tendo encontrado nenhuma doença, lhe receitou apenas alguns calmantes e fortificantes. Eulália não se conformava e inventava pratos apetitosos para ver se ela se alimentava melhor, cuidando para que não esquecesse o fortificante.

O carinho e a dedicação da irmã faziam-na sentir-se mais culpada pelo deslize que cometera e lhe davam forças para continuar a manter o noivado como a única forma de deixar aquela casa sem que Eulália desconfiasse.

"Se ao menos ele não viesse hoje por causa da chuva...", pensou ela.

— Um doce por seu pensamento!

Liana voltou-se e sorriu:

— Alberto! Não vi seu carro no pátio. Pensei que não tivesse vindo hoje.

— Eu precisava. As crianças vão prestar um exame na segunda-feira. Precisam estar afiadas.

— Eles vão muito bem.

— São muito inteligentes. Trabalhar com eles é um prazer. Tenho aprendido também.

Liana sorriu.

— Gosto de ver o interesse deles. Estão sempre querendo descobrir como as coisas funcionam, fazendo experiências. Quando estão brincando, conversam sobre ciências, história, geografia, até física. Contam tantas histórias que eu me delicio ouvindo-os.

— As crianças são naturalmente interessadas em aprender, em cooperar. Quando você sabe motivá-las, o conhecimento torna-se um prazer, uma necessidade. Acredito que irão passar. Mesmo assim, voltarei amanhã cedo para repassar algumas coisas.

— Eulália está muito contente com a melhora de Eurico. Ele está mais corado, engordou e já não se queixa como antigamente.

— Em compensação, ela anda preocupada com você, que está cada dia mais abatida. Quando vai criar coragem e resolver de vez esse noivado infeliz?

Liana passou a mão pela testa, como se quisesse afastar os pensamentos desagradáveis.

— Ao contrário. Acho que vou marcar a data do casamento. Mário quer se casar dentro de dois meses.

— Se está disposta a se suicidar, faça isso.

— Não tenho outro caminho.

Liana olhou preocupada para o corredor que levava à cozinha. Temia que alguém ouvisse.

— Não se preocupe. Dona Eulália está lá em cima com os meninos. Quando acabei a aula, ela os levou para cima dizendo que ia fiscalizar o banho deles e a arrumação dos quartos. Se você não se libertar dessa opressão, adoecerá de verdade.

— O médico disse que não tenho nada. Só estou um pouco anêmica e sem apetite. É que parece que meu estômago está sempre cheio, como se eu tivesse acabado de comer, por isso não tenho me alimentado direito.

— Seu problema é apenas emocional. O estômago é o órgão da aceitação. Quando você se obriga a fazer alguma coisa da qual não gosta, ele registra. Todo problema de estômago vem da contrariedade, da não aceitação.

— É difícil acreditar que um órgão do corpo reaja às emoções.

— Por quê? Nós somos espíritos, mas somos corpo também. No momento, estamos integrados. O corpo possui a sabedoria da natureza, e a natureza é a essência divina. Sempre que fazemos alguma coisa contrária à nossa natureza, ele tenta nos chamar a atenção.

— Não estou entendendo.

— Seu estômago está avisando que esse noivado é contra sua natureza. Você não gosta de Mário e está forçando uma situação que sua alma não aceita.

— De onde tirou essa teoria?

— Da vida. Observando. Faça uma experiência: acabe o noivado, e seu estômago não lhe dará mais problemas.

— Custo a crer. Você é contra meu noivado. Não está dizendo isso só para me convencer?

— Estou dizendo isso porque gosto de você e desejo vê-la bem. Se insistir, acabará com uma úlcera ou coisa pior.

— Por que o estômago?

— Cada parte do corpo tem uma função definida no equilíbrio da saúde. O estômago é a aceitação dos alimentos; os intestinos, a seleção; os braços, o dar e receber; as pernas, o apoio. Seu estado emocional se reflete diretamente no local correspondente do corpo que começa a se ressentir.

— Em seu livro você fala que o mundo é energia e que nós somos seres energéticos e temos corpo físico e corpo astral. Que captamos e exalamos energias. É por isso?

— De certa forma é. A energia vital é só potência. Somos nós que, conforme nossas atitudes, a formatamos desta ou daquela forma. Elas refletem nossas crenças e permanecem fazendo parte de nosso corpo astral, influenciando nossa vida, automatizando nossos atos, criando situações que se repetem enquanto não modificarmos as atitudes que lhes deram origem.

— Por isso você diz que, se eu não acabar o noivado, não vou sarar?

— É.

— Você quer dizer que a vida é inteligente?

— Claro. A vida é Deus em ação.

— Isso acontece com todas as pessoas?

— Só com as que já têm conhecimento para agir melhor e não o fazem. Em meus estudos tenho observado que a natureza age de forma relativa ao grau de desenvolvimento de cada um. Um espírito mais primitivo não somatiza as emoções com a mesma rapidez e facilidade do que outro que é mais evoluído.

— Isso não seria ser parcial, protegendo uns mais que outros?

— Ao contrário. Ela age como os pais com os filhos. Só protege, enquanto são incapazes de agir por si. Depois, deixa que cada um assuma a responsabilidade pela própria vida.

— A vida é cruel.

— Não é verdade. Ela sempre faz o melhor. Se estamos neste mundo para amadurecer, aprender a viver melhor, temos de usar nossos recursos, buscar o jeito certo de formatar as energias vitais, desenvolver nosso mundo interior, criar o lugar e a maneira como desejamos viver. Esse é um direito nosso. Todos nós somos livres e vivemos no mundo que criamos. Se ele não está bom, temos o recurso de mudá-lo, revendo nossas atitudes, observando os fatos da vida, experimentando até conseguirmos um resultado melhor. A felicidade é conquistada assim.

— O que fazer com as emoções que não podemos controlar?

— Não se faça de fraca. O que invalida sua força é a maneira como você interpreta os fatos. Está iludida pela vontade de amar, pelo sonho impossível. Tenho observado e sei que não ama Norberto. O que a está empurrando para esse casamento é a culpa, a necessidade de se punir pelo ato impensado que cometeu.

— Isso não. Reconheço minha culpa, mas quero evitar uma recaída com ele e um atrito com Eulália. Se ela souber o que aconteceu, como terei coragem de encará-la?

— E por isso se atormenta, quer inutilizar sua vida, cometer um ato que não só a infelicitará, como a Mário também. Pense. Não é justo com ele.

— É, eu sei. Às vezes, me sinto duplamente culpada.

— Pretende levar sua vida carregando esse peso? Não percebe que está se destruindo?

— Agora é tarde. A decisão está tomada. Vou marcar a data e resolver logo isso.

— Lamento que pense assim. Garanto que se arrependerá.

— Farei qualquer coisa para deixar esta casa sem que Eulália desconfie de nada.

— Nós poderíamos arranjar outro jeito.

— Como?

Alberto animou-se. Uma ideia louca passara-lhe pela cabeça.

— Você disse que faria qualquer coisa. Nesse caso, tenho uma solução melhor. Acabe esse noivado e vá morar comigo, em minha casa.

Liana olhou-o assustada, e seu rosto enrubesceu:

— Não estou entendendo.

— Você pode dizer a Eulália e a Norberto que estamos apaixonados e vai para minha casa. Será apenas para que você possa se livrar do noivo indesejado e dos problemas de família.

— Está brincando comigo?

— Absolutamente. Estou falando sério.

— Você não é casado?

— Sou separado.

— Isso criaria muitos problemas com Eulália. Ela é conservadora. Brigaria comigo. Além do mais, você não tem nada a ver com meus problemas. Eu iria invadir sua privacidade, atrapalhar sua vida amorosa. Moramos em uma cidade pequena, já pensou no escândalo?

— Pensei que fosse mais corajosa e não tivesse preconceitos. Sua liberdade não vale esse pequeno sacrifício?

— Se isso acontecesse, você não poderia mais morar aqui. Eulália não o deixaria mais dar aulas para as crianças. Seria o caos. Tenho de resolver meus problemas do meu jeito. Não posso envolvê-lo nisso.

Alberto aproximou-se de Liana e olhou-a nos olhos:

— Gosto muito de você, Liana. Não desejo vê-la infeliz.

— Obrigada pelo apoio. Na verdade, você é meu único amigo. Nem imagina o bem que me tem feito.

Um carro passou lá fora, e Liana olhou imediatamente. Apesar da chuva, Mário chegara. O rosto da moça empalideceu, mas ela procurou sorrir tentando dissimular. Alberto olhou-a penalizado, mas não disse nada.

Naquela mesma tarde, marcaram a data do casamento para dali a três meses. Mário estava radiante. Comprara uma bela casa em São Paulo e queria que Liana a decorasse a seu gosto. Eulália estava feliz, mas Alberto percebeu a angústia de Norberto, que, inquieto, a custo se esforçava para esconder o desgosto.

Ele mesmo sentiu-se triste. Falara sério quando a convidou para morar em sua casa. Quando pensava naquele casamento, sentia-se angustiado e misturava sua experiência pessoal com os problemas que imaginava que Liana iria ter. Se fosse solteiro, não teria hesitado em casar-se com ela para libertá-la daquele compromisso odioso. Gostava de conversar com ela, sua presença era um prazer. Além disso, admirava sua inteligência e beleza. Poderia usufruir de sua companhia sem compromissos nem cobranças. Ele não pensava mais em amar. Uma vez fora o bastante.

De todos, só Eulália estava feliz. Casar bem a irmã sempre fora sua preocupação. Gostava de Mário e acreditava sinceramente que eles seriam felizes. Não duvidava que Liana o estivesse amando, pois ela sempre lhe disse que só se casaria por amor. Eulália, contudo, sentia que alguma coisa não estava bem com ela, pois Liana lhe parecia um tanto apática quando se tratava dos assuntos do casamento.

Eulália estava entusiasmada; queria que o casamento se realizasse em São Paulo, com uma grande festa. Três meses era pouco para terminar o enxoval, providenciar os convites, ultimar os arranjos e a cerimônia. Além disso, Mário queria que Liana fosse a São Paulo ver a casa e determinar a decoração a seu gosto.

— Você irá para São Paulo com Norberto na próxima semana para ver a casa, o enxoval, tudo — disse Eulália.

— Não quero ir a São Paulo agora. Mário tem muito bom gosto. O que ele fizer ficará bem-feito.

— E o casamento?

— Quero me casar aqui mesmo. Com simplicidade, sem pompa nem nada.

— Isso não pode ser. Mário é um engenheiro de família importante. Tem muitos amigos. Aqui não há um bom hotel, e em nossa casa não teríamos acomodações para todos. Além disso, há o vestido de noiva. Em São Paulo você comprará tudo do melhor.

— Para quê tudo isso? Chamamos o juiz de paz aqui em casa e pronto. Casamo-nos, e tudo estará terminado. Para que tanta confusão?

Eulália abriu a boca, admirada. Liana sempre fora moderna, gostava do luxo, de vestir-se na moda, de estar em evidência. Ela não lhe parecia bem. Emagrecera, estava pálida, sem apetite. O que estaria acontecendo?

— O que há com você? Está doente?

— Não. Estou bem.

Eulália colocou a mão na testa de Liana.

— Febre você não tem, mas tem emagrecido, não come, está pálida. Está assim desde que teve aquela alucinação.

— Aquilo me fez mal.

— Precisa ficar bem para o casamento. Talvez seja melhor ir para São Paulo e consultar o doutor Caldas.

— Não estou doente. Só estou um pouco cansada.

— Vou falar com Norberto para marcar uma consulta com o doutor Caldas. Quero que esteja muito bem no dia de seu casamento. Será o dia mais feliz de sua vida! Você se casará com o homem que ama!

— Não quero que faça isso! Não irei a São Paulo antes do casamento. Está decidido e pronto.

Eulália olhou-a assustada. Liana sempre fora cordata e aceitava suas determinações. Decididamente, ela não estava bem. Naquela noite mesmo, telefonou para Norberto e desabafou:

— Estou preocupada com Liana.

— Por quê?

— Emagreceu, está pálida, sem apetite. Gostaria que fosse consultar o doutor Caldas na próxima semana. Ela não quer, mas marque a consulta para a semana que vem. Quero que ela volte com você neste fim de semana e vá ao médico.

— Está bem. Farei o que me pede.

— Peça a Mário que nos ajude a convencê-la.

— Não o tenho visto. Estou trabalhando muito e não me sobra tempo.

— Telefone para ele e peça que nos ajude. Ela está tão indisposta que nem quer festa de casamento. Isso não é natural.

— Se ela não está bem, deveríamos mudar a data e esperar que ela se sinta melhor. Casar-se sem estar com saúde não é bom.

— Ela quer se casar o quanto antes. Parece que tem pressa. Não sei se aceitará mudar a data, contudo, se o médico achar que ela precisa de um tratamento, faremos isso.

— Está certo. Falarei com Caldas.

Eulália desligou, mas não disse nada a Liana. Achou melhor esperar uma ocasião favorável.

No dia seguinte, Eulália procurou conversar com Alberto. Durante aqueles meses, aprendera a admirar o professor não só pelos resultados obtidos com as crianças, mas também por sua postura delicada, discreta e educada. Sabia que Liana o apreciava e o tinha em alta conta. Estavam sempre conversando, e algumas vezes ela até tomara parte nas conversas, aprendendo como educar os filhos ou lidar com os problemas do dia a dia.

Quando ele acabou a aula, e as crianças foram brincar no jardim, Eulália levou-lhe uma xícara de café.

— Gostaria de conversar um pouco com você.

— Estou à disposição. Sente-se, por favor.

Ela acomodou-se e começou:

— Estou preocupada com Liana. Está doente e recusa-se a ir ao médico. Queria pedir-lhe que me ajude a convencê-la.

— É um assunto muito pessoal.

— Eu sei. Aliás, ela sempre me ouviu, mas agora está diferente. Não quer festa no casamento nem vestido de noiva. Está abatida, indisposta. Como se casará desse jeito? Precisa se tratar. Já telefonei a Norberto para

127

marcar uma consulta com nosso médico para a semana que vem. Só temos de convencê-la a ir. Pela primeira vez, ela não quer me obedecer.

— Talvez seja o casamento que a esteja preocupando.

— Isso seria natural. Toda noiva fica nervosa à medida que a data do casamento se aproxima. Com ela acontece o oposto. Ela anda apática, diferente.

— Posso ser sincero?

— Faça o favor.

— Ela não ama Mário.

Eulália admirou-se:

— Isso não é possível! Ela sempre me dizia que só se casaria por amor. Além disso, ninguém a está obrigando. Ela está se casando porque quer. Você está enganado.

— Se ela amasse o noivo, estaria feliz. Não é isso que está acontecendo. Anda triste, abatida. Quando ele aparece, Liana fica nervosa e não gosta de ficar sozinha com ele. Nunca reparou nisso?

— Não. Ela é recatada; não gosta de demonstrar seu afeto na frente das pessoas. Você diz isso com tanta segurança... Ela lhe falou sobre o assunto?

— Estou comentando o que observei. Só isso. Se deseja que sua irmã seja feliz, aconselhe-a a desistir desse compromisso.

— Por que faria isso? Mário é um excelente rapaz. Estou certa de que a fará muito feliz.

— Ele é ótima pessoa, mas ela não o ama. Está cometendo um engano que a infelicitará pelo resto da vida.

Eulália olhou desconfiada para ele. Por que Alberto estava tão contra o casamento? Estaria apaixonado por Liana? Algumas vezes, percebera admiração nos olhos dele quando a fitava. Remexeu-se na cadeira sem saber o que dizer.

— Vou pensar no assunto. Obrigada por me ouvir.

— Não acreditou no que eu disse, mas o futuro dirá que estou sendo sincero, que admiro Liana e penso que ela merece uma vida melhor.

Eulália deixou a sala intrigada. Como não percebera antes o interesse do professor por sua irmã? Liana estava sendo ingênua, tratando-o como amigo. Ele era um homem separado. Ainda bem que apareceu Mário, senão, ela poderia ter se deixado envolver por Alberto. Reconhecia que ele, além de ser um homem bonito, inteligente, simpático, tinha um charme especial.

Logo sua irmã estaria casada, e tudo ficaria resolvido. Se dependesse dela, o casamento se realizaria na data marcada. Precisava convencer a irmã quanto aos preparativos. O que Liana desejava não tinha cabimento.

128

Quando Norberto chegou no fim de semana, Eulália ficou sabendo que ele marcara a consulta conforme pedira. Assim que Mário chegou, conversou com ele reservadamente e pediu-lhe para convencer Liana a ir ao médico fazer o exame pré-nupcial. Ela não podia se negar. Todas as noivas faziam esse exame.

Mário não queria, mas Eulália insistiu, e ele tocou no assunto a contragosto.

— Ontem fiz meu exame pré-nupcial. Está tudo em ordem comigo. Quando fará o seu?

— Comigo está tudo bem. Fiz vários exames há pouco tempo.

— Gostaria que fosse a São Paulo com Norberto amanhã. Quero levá-la para ver a casa. Temos de ultimar os preparativos para o casamento, escolher convites, programar a recepção. Há também alguns prospectos de viagem. Onde deseja passar a lua de mel?

Liana ficou pensativa por alguns instantes e depois disse:

— Não desejo viajar antes do casamento. Você entende muito mais que eu de decoração. Tenho certeza de que fará tudo muito bem. Quanto à lua de mel, você pode trazer os prospectos na próxima semana, e decidiremos juntos. Gostaria também que nosso casamento fosse realizado aqui mesmo, com simplicidade, apenas para nossas famílias.

Mário olhou-a admirado. Seus pais eram pessoas de sociedade e sonhavam fazer de seu casamento um acontecimento.

— Meus pais ficariam decepcionados. Sou o único filho homem, e o primeiro que se casa. Não estou entendendo. Sempre pensei que gostasse de festas.

— Acho perda de tempo convidar pessoas que não têm nada a ver com nossa felicidade.

— Não concordo, Liana. Até agora tenho cedido a tudo o que você pediu, mas desta vez não será possível. Tenho parentes, amigos, gostaria de tê-los reunidos no dia mais feliz de minha vida. Você precisa compreender.

— Vou pensar.

— Não temos muito tempo. Temos de resolver depressa.

Eulália, que se aproximara e ouvira parte da conversa, interveio:

— Ela irá amanhã, sim.

— Só se você for comigo.

— Pois irei. Hilda tomará conta das crianças. Ficaremos lá e resolveremos tudo de uma vez — respondeu Eulália, decidida.

Liana não teve mais argumentos. Ela esperava que Eulália recusasse. Por outro lado, se ela fosse junto, Norberto não teria como pressioná-la a desistir do casamento, como fazia sempre que estavam sozinhos.

129

Era melhor mesmo que fosse para evitar desconfianças. Teria de se sacrificar até o fim. Domingo à noite, preparou a mala. Eles iriam viajar bem cedo na manhã seguinte. Deitou-se pensando desanimada nessa viagem, que não sentia vontade de fazer.

Custou-lhe dormir. No meio da noite, acordou assustada. Alguém andava pelo quarto. Lembrava-se de ter fechado a porta à chave. Quem poderia ser? Acendeu o abajur e não viu ninguém.

— Acho que sonhei.

Deitou-se novamente, apagou a luz e, então, viu uma claridade nos pés da cama, e o mesmo homem daquela noite apareceu. Olhava-a admirado. Liana ficou paralisada de medo. Arrepios corriam-lhe pelo corpo. Tentou gritar, mas a voz não saiu.

— Você não sairá daqui — disse ele. — Eu não deixarei. Desta vez, você não escapará.

Liana sentiu a cabeça rodar e perdeu os sentidos. Quando acordou, já havia amanhecido, e alguém batia na porta do quarto. Tentou levantar-se, sentiu tontura, mas fez um esforço para abrir a porta.

Vendo-a, Eulália disse assustada:

— Liana, você está pálida. O que aconteceu?

— Ele voltou — disse. — Ameaçou-me. Estou tonta, com medo.

Eulália amparou-a, fazendo-a deitar-se.

— Você sonhou.

— Não foi sonho. Ele veio e me ameaçou. Eu desmaiei. Foi antes de amanhecer. Só acordei agora. Estou tonta, enjoada.

— Nesse caso, não vai dar para viajar. Vamos chamar o médico. Iremos outro dia.

Eulália obrigou Liana a deitar-se, tentando dissimular a preocupação. Chamou Hilda, pedindo-lhe que ficasse com Liana enquanto tomava as providências.

Procurou Norberto para dizer-lhe que iriam outro dia.

— Liana não me parece bem — disse ele. — Eu já disse: seria melhor adiar a data do casamento até que ela melhore. Liana não pode se casar com a saúde desse jeito — afirmou, tentando ocultar sua satisfação.

— Vamos ver. Pode ser coisa sem importância.

— Você mesma pediu uma consulta com Caldas.

— Tem razão, ela não tem estado bem. Essas alucinações me preocupam. Julga ter visto aquele homem de novo. Acho que deveria insistir na viagem. Seria melhor que ela ficasse em São Paulo até o casamento.

— Ela não vai querer ir — disse ele pensativo.

— E eu não posso ficar lá o tempo todo.

130

— Nesse caso, não vejo outro remédio senão adiar o casamento para quando ela estiver melhor.

— Não sei o que pensar. Vamos aguardar alguns dias e ver como ela passa.

— Está certo. Se eu não tivesse uma audiência importante em São Paulo, ficaria aqui mais alguns dias.

— Eu sei. Agradeço seu interesse. Falarei com o doutor Marcílio. Não confio muito nele, pois é médico da roça. Se ela pudesse levantar-se, eu a levaria até Ribeirão Preto.

— O doutor Marcílio é médico formado. Poderá socorrê-la até que possa ir ao doutor Caldas, que é de nossa confiança.

Eulália mandou uma empregada chamar o médico e subiu para o quarto de Liana. Mário estava ao lado dela, segurando sua mão com carinho.

— Mandei chamar o doutor Marcílio. Como você se sente? — perguntou Eulália.

— Mal. Não consigo respirar direito. A cabeça está tonta, e o enjoo continua.

— Tentou se levantar? — indagou Eulália.

— Tentei, mas fico pior. O quarto roda, e parece que vou cair.

— Nesse caso, é melhor continuar deitada. Logo o médico estará aqui. Infelizmente, não poderemos viajar conforme combinamos. Iremos assim que ela melhorar.

— Ficarei também até que ela melhore — disse Mário.

— De forma alguma — disse Liana. — Você tem seus negócios e não pode ficar aqui.

Mário olhou-a nos olhos. Às vezes, tinha a impressão de que ela o empurrava. Estaria enganado? Ela não vibrava de amor em seus braços e estava sempre procurando pretextos para não ficarem sozinhos. Seria recato ou falta de amor? Ele, no entanto, a amava cada dia mais e não via a hora de tê-la como esposa.

— Você não quer que eu fique? — perguntou.

Eulália olhou-os surpreendida e lembrou-se das palavras de Alberto.

— Não se trata disso — respondeu ela. — Sinto-me culpada por não poder cumprir com o que planejamos. Sei que é um homem muito ocupado. Não gostaria de atrapalhar seus afazeres.

— Vou esperar pelo médico e ver o que ele diz. Depois, resolveremos isso.

***

131

Alberto estava dando aula para os meninos e no intervalo ficaram esperando Maria trazer a bandeja com refrescos e uma pequena merenda.

— Ela está demorando. Vou ver se ela esqueceu — disse Amelinha, que saiu e foi até a copa, onde a bandeja estava arrumada. Ouviu que as duas criadas conversavam na cozinha:

— Ela está mal. Dona Eulália mandou chamar o doutor Marcílio. Ela não bota fé nele, mas se tem alguém que pode curar a Liana é ele, que entende de alma do outro mundo.

— Cruz-credo! O que será que a alma do coronel quer com ela? Se eu o visse, acho que teria uma coisa...

— Pudera! A coitada está que faz pena. Não pode nem se levantar da cama.

Amelinha esqueceu a bandeja e voltou à sala de aula para contar a novidade.

— Tia Liana viu a alma do coronel e ficou doente. Mamãe mandou chamar o médico.

— Tem certeza? — indagou Alberto.

— Ouvi as empregadas conversando na cozinha. Elas disseram que tia Liana viu a alma do coronel e está doente.

— Não seja linguaruda — disse Eurico. — Se mamãe ouvir, não gostará. Ela não acredita em alma do outro mundo.

— Ela não acredita, mas tia Liana viu. E a tia não mente. Eu acredito que ela viu mesmo.

— Claro que ela viu. Eu também o tenho visto. Não é, Nico? Lembra-se do outro dia?

— O que foi que vocês viram? — indagou Alberto com interesse.

— Ele viu o coronel, e depois sonhei com ele — esclareceu Nico. — Lembra, professor? Eu contei para o senhor.

A empregada entrou com a bandeja, e Alberto perguntou:

— Aconteceu alguma coisa com Liana?

— Ela não está bem. Dona Eulália mandou chamar o médico, e ele já chegou. Está lá em cima, no quarto.

Alberto deixou as crianças merendando e foi até a sala. Norberto e Mário estavam lá, calados, esperando.

— Soube que Liana não está passando bem. O que aconteceu?

— Ela está assustada. Julga ter visto aquele homem outra vez. Acho que ela sonhou — disse Mário.

— Ela não tem andado bem ultimamente. Emagreceu, anda nervosa, pálida — aduziu Norberto. Hesitou ligeiramente e concluiu: — Acho que vocês devem adiar a data do casamento. Pelo menos até ela melhorar.

132

— Se for preciso, faremos isso — respondeu Mário com voz triste.

Norberto saiu para dar algumas ordens, e Alberto considerou:

— Não é isso que você deseja, não é?

— Não. Estou contando os dias que faltam para nosso casamento. Sabe, acho que ela pode estar sendo influenciada pelas crendices das pessoas daqui. Eles acreditam que quem morre pode voltar e aparecer aos vivos. Esta casa é tida por eles como assombrada. A mãe de Nico nem queria que ele entrasse aqui.

— Você não acredita em vida após a morte?

— Sei lá. De certa forma, quem morre deve ir para algum lugar. Não tenho certeza. Nunca pensei nisso. O que sei é que há muita ilusão, crendices, e as pessoas ficam assustadas. Liana está com muito medo.

Mário descreveu o que se passou com ela e concluiu:

— É o medo que a faz sentir-se mal. Ela acha que, se sair daqui, ele a perseguirá.

— Esse assunto é sério. Acredito que quem morre pode comunicar-se com os vivos. Há gente séria estudando esses fenômenos. O povo fantasia muito, mas, se Liana disse que viu o homem, eu acredito. Ela viu mesmo.

Mário passou a mão pelos cabelos, nervoso.

— Isso não pode ser verdade. Nesse caso, em vez de um médico, deveríamos ter chamado um padre.

— Eles não aprenderam a lidar com isso. Seria melhor chamar um bom curandeiro.

Mário olhou-o assustado:

— Como pode dizer uma coisa dessas? Você é um professor, um homem de cultura.

— Minha experiência ensinou que quem resolve esses casos é um bom médium.

— Norberto e Eulália sabem que você pensa assim?

— Se ela não melhorar, serei o primeiro a informá-los.

Mário não respondeu. O que ele queria mesmo é que Liana ficasse bem e que eles pudessem se casar na data marcada.

***

No quarto, o médico, segurando o pulso de Liana, examinava-a. Era um homem alto, forte, de meia-idade, cabelos grisalhos, olhos pequenos e ágeis, rosto corado que contrastava com o bigode escuro.

Ouviu atentamente tudo o que Liana lhe contou sobre a aparição. Por fim, disse calmo:

133

— Ele não pode lhe fazer mal algum. É seu medo que está abalando sua saúde.

— Não pude evitar. Ele é horroroso. Quando ele aparece, o pavor toma conta de mim — disse Liana.

— Ela sonhou, doutor — interveio Eulália. — Está se deixando levar por uma ilusão.

— Ela o viu, e ele falou com ela. Eu acredito.

— Não foi sonho, eu sei que não foi. Cheguei a sentir o hálito dele em meu rosto.

— Só queria que soubesse que ele está se aproveitando de seu medo. Ele apareceu, mas não pode tocá-la nem lhe fazer mal. Entendeu? Vamos rezar juntos, e você se acalmará.

— E se ele voltar?

— Você reza, chama seu anjo da guarda, e ele irá embora.

— É que fico apavorada, não consigo rezar.

— Vamos rezar juntos, e logo você estará melhor. Pode me arranjar um copo com água?

Eulália, embora não concordasse, saiu para apanhar a água. Voltou em seguida, colocando o copo sobre a mesa de cabeceira. O médico segurou a mão de Liana e disse:

— Feche os olhos. Pense em Deus.

Ela obedeceu, e ele permaneceu em silêncio por alguns minutos. Liana estremeceu e começou a tossir. Ele continuou imperturbável. Aos poucos, ela foi se acalmando. Ele largou suas mãos. Liana abriu os olhos, e ele perguntou:

— Então? Sente-se melhor?

Liana suspirou fundo e disse:

— Sim. Estou aliviada.

— Agora tome esta água.

Ela obedeceu.

— Mande preparar um chá de cidreira, dona Eulália. Ela vai tomar o mais que puder.

— Não vai receitar? — perguntou Eulália.

— Já receitei. A cidreira é um excelente remédio para quem está nervosa como ela. O chá lhe fará bem. Ela precisa descansar.

Eulália não se sentia satisfeita, mas não disse nada. Aproximou-se de Liana:

— Como se sente?

— Bem melhor. O enjoo passou, e a tontura também. Só estou sentindo fraqueza e vontade de dormir.

134

— Descanse, minha filha — disse o médico. — Está tudo bem.

Uma vez fora do quarto, Eulália não se conteve:

— O que acha que ela tem, doutor?

— Só medo. Ela viu um espírito e não estava preparada para isso. Está chocada.

— Não é possível que o senhor acredite nessas coisas. Um médico!

— Seria muito bom que a senhora começasse a aprender a lidar com isso. Quando esses fenômenos começam a aparecer, quanto mais depressa aprender como eles funcionam, melhor.

Eulália não respondeu. Aquele homem era um simplório, da roça. Não podia levá-lo a sério. Acompanhou-o até a porta.

— Nós pretendíamos ir a São Paulo hoje. Acha que Liana poderá viajar?

— Ela deve repousar. Deixe-a dormir. Amanhã, voltarei, e veremos.

— Obrigada, doutor.

Depois que ele saiu, Eulália foi ter com Norberto na sala.

— Não poderemos ir com você. Liana precisa repousar. Se ela melhorar, iremos na próxima semana.

— O que o médico disse?

— Que ela viu mesmo a alma do coronel e ficou doente de medo. Pode uma coisa dessas? Um médico?

— Talvez tenha dito isso para acalmá-la. Como ela está?

— Parece melhor. O mal-estar passou, mas ela se sente fraca. O doutor Marcílio disse que ela precisa repousar, assim, não iremos com você.

Norberto baixou os olhos para evitar que Eulália percebesse sua satisfação.

— Nesse caso, vou embora agora. Ele receitou?

Eulália meneou a cabeça inconformada e sorriu ligeiramente irônica ao responder:

— Só um chá de cidreira. Ele mais parece um curandeiro do que um médico.

— O pessoal do interior tem seus próprios métodos. Acho melhor fazer o que ele diz, afinal, a cidreira é uma erva calmante, que, se não trouxer a cura, também não lhe fará mal ao fígado.

— Vou mandar preparar.

— Mário também vai?

— Não sei. Ele queria ficar, mas Liana não quer que ele se incomode. Tão perto do casamento, com tantas coisas a fazer, acha melhor que ele vá.

Mário, que entrava na sala, ouviu o que ela disse e aproximou-se dizendo:

— Acho que vou mesmo. Liana está com sono e quer descansar. Amanhã, telefono para saber como ela está.

Norberto olhou para o engenheiro e disse sério:

— Ela ficará bem. Embora Eulália não acredite no doutor Marcílio, ele é muito conceituado aqui na cidade.

Mário abanou a cabeça preocupado:

— Não posso compreender. Liana era uma moça tão saudável. Tenho notado que, de um tempo para cá, ela tem estado nervosa, indisposta, e emagreceu.

— Está emocionada com o casamento. É natural — respondeu Eulália.

— Pode ser, dona Eulália. Mas Liana sempre me pareceu uma moça moderna, que sabe o que quer.

Norberto olhou para os dois e não disse nada. O que ele desejava mesmo era que aquele casamento não se realizasse. Liana estava querendo se casar sem amor, apenas para sair daquela casa e impedir que Eulália percebesse o que estava acontecendo entre eles.

Várias vezes, pensou em separar-se de Eulália para viver com Liana, porém, sabia que ela jamais concordaria. Se ele deixasse a família, a perderia para sempre. E isso ele não queria que acontecesse. Liana tornara-se uma obsessão para ele. Pensava nela o tempo todo, recordava-se dos breves momentos de intimidade que tiveram, e a paixão fazia-o estremecer de emoção. Só em pensar que ela poderia casar-se com Mário e que ele privaria de sua intimidade, ficava louco de ciúme.

Chegara até a pensar em acabar com a vida de Mário, entretanto, apesar de tudo, não tinha coragem para cometer um crime. Haveria de encontrar uma forma de impedir aquele casamento, sem que ninguém soubesse.

Enquanto colocava a mala no carro, Mário aproximou-se:

— Estou preocupado, Norberto. Não quis falar diante de Eulália.

— Preocupado com o quê?

— Com Liana. Ela concordou com nosso casamento, mas às vezes desconfio de que ela não me ama. Retrai-se quando me aproximo e às vezes parece que me evita. Estamos perto do casamento, e ela não me parece feliz nem entusiasmada. Isso está me incomodando muito. Não consigo pensar em outra coisa. Você é meu amigo. Poderia me ajudar.

— De que forma?

— Conversando com sua esposa e tentando descobrir o que está acontecendo com ela. As duas são muito amigas.

— Se houvesse acontecido alguma coisa com ela, Eulália teria me contado.

— Às vezes, desconfio que o mal-estar de Liana tem a ver comigo. Disseram-me que ela passa bem a semana inteira e que só fica ruim nos fins de semana.

136

— Liana está passando por um período ruim. Tem tido aquelas alucinações, está nervosa.

— O que me aconselha?

— Ela está doente; você, cheio de dúvidas... Recomendo adiar o casamento até que ela melhore e as coisas fiquem claras para você. Não adianta começar uma vida a dois com tantos problemas. Se fosse comigo, eu faria isso.

— Eu a amo tanto! Sonho com o dia em que seremos marido e mulher!

— Quem ama espera. Além disso, para casar-se você precisa estar seguro de que ela o ama. Um casamento sem amor nunca daria certo.

Mário baixou a cabeça, triste. Ficou alguns segundos em silêncio e depois disse:

— Você tem razão. Se ela não melhorar, adiaremos.

Norberto sorriu e bateu ligeiramente nas costas de Mário, dizendo:

— Assim é que se fala! Tenho certeza de que está tomando a melhor decisão.

Despediram-se, e cada um entrou em seu carro para começar a viagem.

CAPÍTULO 10

A partir daquele dia, Liana foi melhorando. Levantou-se, mas sentia-se fraca, sem vontade de fazer nada. Todos na casa faziam o possível para alegrá-la, sem resultado.

Uma tarde, Liana estava no caramanchão, sentada no banco, tendo no colo um livro que não lia e olhando os galhos da trepadeira que o vento balançava de quando em vez, perdida em seus pensamentos íntimos.

Nico e Eurico aproximaram-se dela.

— Está um lindo dia — comentou Nico, olhando com satisfação os passarinhos que voejavam perto.

— É — concordou Liana.

Eurico chegou bem perto e tomou a mão de Liana com carinho, dizendo:

— Tia, quer ver como os beija-flores fazem para tomar água?

Surpreendida, Liana olhou para o menino e sorriu. Notou que Eurico aos poucos estava se transformando. Perdera aquela palidez que tanto os preocupava, e seu rosto ganhara expressão, colorido e até um pouco de gordura. Estava mais ágil, disposto, e não se queixava como antes.

— Você gosta dos passarinhos, não é? — perguntou ela.

— Gosto, tia. Quando eu estava triste como você, eles me ajudaram a gostar da vida.

Liana comoveu-se e abraçou-o.

— Você é um menino adorável.

— Nico me ensinou a ver a vida — respondeu ele.

— Nico é um menino muito inteligente. Vocês estão muito bem. Gosto de vê-los por perto.

139

— Nico me ajudou também a perder o medo do coronel. Quando ele aparece, ele conversa e pronto.

Liana assustou-se:

— Você já o viu?

— Já. Ele é meu conhecido. Sabe, mesmo antes de vir morar aqui, ele aparecia para mim. Estava junto com outras pessoas, e eu sentia muito medo.

— Não está inventando? Como você nunca nos disse nada?

— Eu dizia para mamãe, e ela me levava ao médico e me dava remédios que me faziam ficar mal, por isso nunca mais disse nada.

— Então era isso que acontecia com você?

— Era. Mamãe não acredita em alma do outro mundo, mas eu sim. Tenho visto muitas.

— Por isso estava sempre com medo?

— É. Foi Nico quem me ajudou a não sentir tanto medo. Quando eles aparecem, e eu não consigo dormir, chamo Nico. Ele vem, conversa e pronto: eles vão embora.

Liana voltou-se para Nico com interesse:

— Você também vê as almas?

— Não. Eu sinto um ar diferente, mas não vejo. De vez em quando, sonho com elas.

— De que jeito você conversa com as aparições? Não tem medo?

— Não. Eles só querem assustar. Sempre ouvi dizer que as almas dos mortos voltam para este mundo quando querem alguma coisa e só vão embora quando são atendidas. Minha mãe tem medo, mas eu não. Quando aparecem, eu pergunto o que eles querem. Já com o coronel eu senti que ele quer perturbar Eurico, porque ele tem medo. Disse, então, para ele ir embora e não assustar mais.

— Aí apareceu uma mulher que falou com ele, pegou no braço e o levou embora — contou Eurico sério.

Liana balançou a cabeça pensativa e depois disse:

— Custa-me crer. Vocês falam disso com uma naturalidade!

— O professor entende disso e tem nos ajudado muito — esclareceu Nico.

— Ele conversa com vocês sobre isso?

— Conversa, sim, tia. Ele diz que a alma do coronel não pode nos fazer mal e que ele abusa porque temos medo.

— Foi isso que disse o doutor Marcílio, mas, na hora, não posso evitar. Aquele homem me olha de tal jeito que fico apavorada.

140

— Sei como é isso — concordou Eurico, alisando a mão da tia com carinho.

***

Na manhã seguinte, quando Alberto chegou, encontrou Liana à sua espera. Depois dos cumprimentos, ela disse:

— Eurico me contou que vê as aparições e que Nico conversa com elas.

— Eurico tem mediunidade.

— Tem certeza? Criança gosta de chamar atenção, fantasiar. Eurico sempre usou sua fraqueza para dominar os pais. Eles fazem tudo o que ele quer.

— Ele vê mesmo.

— Isso não é perigoso?

— Pode ser se você não souber controlar, por isso tenho conversado com eles procurando esclarecê-los. Quando vim para cá, Eurico vivia apavorado. Agora melhorou muito, como você já deve ter notado. Nico é uma excelente companhia, ponderado, sincero, lúcido. Possui um raro bom senso e uma compreensão muito acima dos garotos de sua idade. Como Eurico é muito inseguro e medroso, Nico o tem ajudado muito com sua segurança.

— Tem razão, mas essa história de conversar com a alma dos mortos é muito mórbida. Não acho aconselhável para ninguém, quanto mais para crianças. Ficaria mais tranquila se você pusesse um fim nisso.

— Não depende de mim. Não há como impedir a abertura da sensibilidade de uma pessoa. Quando acontece, o máximo que podemos fazer é aprender como conviver com ela de forma positiva.

— Isso não pode ser positivo. Só de pensar fico toda arrepiada!

— Porque você tem uma visão muito dramática, sobrenatural, da morte e dos espíritos. Assim como a borboleta deixa o casulo e voa, o espírito deixa o corpo de carne e vai para outros mundos. Tudo isso é da natureza. Quem morre continua sendo igual ao que era em vida. Nem melhor nem pior. Por isso, há no astral espíritos maldosos, atrasados, mas há os iluminados, os bons. A Igreja Católica santificou vários deles. Antônio de Pádua, Teresinha, Francisco de Assis. O que são eles senão almas de pessoas que viveram neste mundo e desencarnaram? Você tem medo deles?

— Claro que não. Eles são bons, só fazem o bem. Já o que eu vi...

— Ele tem menos poder, se quer saber. Os espíritos de luz têm energia superior e por isso muito mais força, enquanto os atrasados não podem fazer nada.

— Isso não! O olhar daquele homem tinha uma força estranha que me dominou. Fiquei paralisada!

— Você ficou paralisada devido ao seu medo. Ele só pôde atingi-la por causa de sua fraqueza. Foi você quem lhe deu força. Se não tivesse lhe dado importância, ele não teria conseguido nada. Foi isso que ensinei aos meninos. E, como pode ver, eles estão encarando o processo com naturalidade.

— Preferia que eles não se envolvessem com isso.

— Não temos o poder de fazer essa escolha. Esses fatos ocorrem independentemente de nossa vontade, Liana. O melhor que podemos fazer é estudá-los e, como lhe disse, aprender com eles.

— E se não der certo? E se lhes acontecer alguma coisa ruim?

— Não vai acontecer nada. Não seja tão pessimista. Aliás, o pessimismo atrai o mal. Se deseja afastar a alma do coronel de seu caminho, o melhor que tem a fazer é procurar a alegria, o otimismo.

Liana sacudiu a cabeça pensativa e disse:

— Alegria é um sentimento que não conheço faz tempo.

— Praticar atos contrários a nossos sentimentos atrai dificuldades. Eu já lhe disse: está na hora de mudar isso, se quer ficar bem.

— O que quero mesmo é ir embora daqui, livrar-me do problema emocional e do espírito do coronel. Quanto antes me casar, melhor.

Alberto olhou sério para Liana e não respondeu logo. Depois de alguns segundos, como ela continuava calada, ele tornou:

— Não direi mais nada sobre o assunto; apenas renovo meu convite. Se quiser dar um basta em tudo isso, é só apanhar suas coisas e se mudar para minha casa. Estou falando sério.

Liana olhou admirada para Alberto.

— Não tem receio das consequências que esse ato lhe traria?

— Não. Sou um homem livre e gosto de agir conforme meus sentimentos. Estou percebendo que você está vivendo sob pressão. Até quando aguentará? Mário, Eulália, Norberto, eu e até você. Todos a estamos pressionando. Torno a lhe dizer: se chegar um momento em que você queira se libertar, nem precisará me consultar. Estarei de portas abertas.

— Por que faria isso por mim, até em prejuízo de seus interesses?

— Tenho o maior interesse em aprender sobre a vida e as pessoas. Sou um escritor. Essa é minha vocação. Além disso, gosto de você e teria muito prazer em vê-la deixar essa postura falsa que a está deprimindo e assumir sua verdade, sem medo, e ter a coragem de colocar sua felicidade acima das aparências e das regras de uma sociedade hipócrita, cujos valores invertidos conduzem ao sofrimento e ao fracasso os que se orientam por seus preceitos.

— Você é um intelectual sonhador.

— Não. Sou um homem que deseja ver as pessoas bem. Agora, devo ir ter com as crianças. Pense no que lhe disse.

Ele afastou-se, e Liana suspirou triste. Bem que ela gostaria de jogar tudo para o alto, de libertar-se de todas as pressões, mas não tinha coragem.

Alberto estava no meio da aula, quando foi chamado ao telefone.

— É sua mãe — esclareceu Hilda. — Disse que é urgente.

Alberto apressou-se a atender. Ela nunca lhe telefonava. Era ele quem de vez em quando ligava para saber de sua saúde e dar notícias.

— Alô. Aconteceu alguma coisa?

— O pai de Eugênia me ligou. Ela sofreu um acidente e está muito mal no hospital. Quer vê-lo. Só faz chamar seu nome. Ele quer seu endereço. Eu disse que não me lembrava e que precisava procurar. Fiquei de ligar novamente.

— Ela não está fingindo?

— Acho que não. José estava apavorado. Ele disse que ia pedir para você vir o quanto antes, porque Eugênia pode morrer de uma hora para outra e ele deseja satisfazer a última vontade dela. Acho que é sério mesmo. Se você quiser, posso ir até o hospital verificar.

— Faça isso. Ou melhor, eu irei. Se é assim, não posso deixar de ir. Diga-lhe que hoje mesmo estarei lá.

Alberto desligou o telefone e procurou Eulália, contando-lhe o sucedido.

— Faço votos de que ela melhore — disse ela.

— Obrigado.

— Pretende se demorar?

— Dois ou três dias apenas. Vou aproveitar para visitar minha mãe e rever alguns amigos.

— Faça boa viagem! — desejou ela.

Alberto despediu-se das crianças, de Liana, e foi para casa. Uma hora depois, estava na estrada para São Paulo.

No fim da tarde, Hilda procurou Eulália nervosa:

— As crianças não querem entrar. A senhora precisa ver como Eurico está sujo. Não quer me obedecer. Tirou os sapatos, meteu os pés na lagoa. Eu não queria, mas ele nem ligou. Ele vai ficar com febre, ter uma recaída.

— Nico não o impediu?

143

— A bola que eles estavam jogando caiu na lagoa, e Nico tirou os sapatos e entrou para buscar. Aí, ele foi atrás. Eu gritei, Nico falou para Eurico sair, mas ele riu, jogou água nele e disse que estava com calor. Onde já se viu? Aquele lago sujo onde os patos nadam! Deve estar contaminado.

Eulália saiu rapidamente e, quando chegou à pequena lagoa, os meninos já haviam saído com a bola. Amelinha ria deles com as pernas e parte das calças cheias de lama.

— Eurico, você está todo molhado! Você é doente; precisa ter cuidado. Vá tomar um banho imediatamente! Onde já se viu?

— Eu não sou mais doente, mamãe — disse ele. — Sou forte e igual a todo mundo. Não preciso que Hilda fique tomando conta de mim.

— Eu não disse? — tornou Hilda.

Eulália olhou admirada para ele.

— Se não quer que tomem conta de você, tenha juízo e não fique fazendo o que não deve. Ande, vá tomar um banho!

Quando eles subiram, Hilda comentou:

— Desculpe, dona Eulália, mas esse professor anda acostumando mal os meninos. Senta-se com eles no chão, sobe nas árvores, faz cada coisa... Nem parece que estão estudando. Vivem rindo, cantando! Só quero ver quando eles forem prestar os exames.

— As crianças estão muito bem. Liana disse que eles estão aprendendo muito. O professor tem métodos próprios de ensinar. Além disso, Eurico está bem melhor. Já não passa mal como antes.

— Vamos ver depois de hoje — desafiou Hilda, subindo as escadas para ver o que eles estavam fazendo lá em cima.

Eulália sorriu e confidenciou para Liana:

— Acho que Hilda está com ciúme do professor. As crianças preferem ficar com ele a ficar com ela.

— É que ela é tão prestativa que chega a incomodar. Está sempre querendo que eles façam isto ou aquilo. Acho que ela exagera.

— Fiquei admirada. Eurico me desafiou! Disse que não é mais doente, que é forte como todo mundo.

— Talvez seja mesmo. Ele está mais corado, disposto, comunicativo, engordou um pouco. Além disso, os médicos nunca acharam doença nele.

— Queira Deus que você esteja certa. A saúde dele tem sido minha maior preocupação.

No dia seguinte, chegou um telegrama de Alberto:

Eugênia faleceu hoje. Preciso ficar aqui mais alguns dias. Saudações a todos.

144

Imediatamente, Eulália telefonou a Norberto, contou-lhe tudo e pediu-lhe para representar a família e dar apoio a Alberto.

Quando Norberto chegou no fim de semana, contou que Eugênia fora atropelada e não resistira aos ferimentos. Alberto chegara a tempo de despedir-se dela, que se agarrara a ele desesperadamente pedindo que não a abandonasse. Ele ficara ao seu lado até o fim e estava muito sensibilizado.

— Apesar disso, o pai dela não o vê com bons olhos, porque, desde a separação, Eugênia nunca mais foi a mesma. Vivia em depressão, e ele desconfiava de que ela se atirara em frente ao carro disposta a morrer. Tratou Alberto com desprezo e fez questão de dizer que só o chamou porque a filha pediu.

— Alberto conversou com você sobre isso? — perguntou Eulália com interesse.

— Ele estava muito triste. Disse que não se arrependia de ter se separado dela. Não a amava mais e não podia fingir um sentimento que não possuía. Ela tinha uma personalidade doentia, nunca se sentia satisfeita com nada, nem mesmo quando eles viviam juntos. Se ela cometeu o suicídio, ele não se sente culpado por isso. Lamenta, mas disse que não poderia fazer nada.

— Ele é um homem muito sincero — disse Liana pensativa.

— E de bons sentimentos. As crianças o adoram. Hilda anda até com ciúme.

Eles riram, e, quando Norberto se viu a sós com Eulália no quarto, comentou:

— Mário conversou comigo. Está inseguro com o casamento.

— Por quê?

— Desconfia de que Liana não o ama.

— Ele disse isso?

— Disse. Alega que ela não se entusiasma com nada relacionado ao casamento e se esquiva dos carinhos dele. Que faz tudo para não ficar a sós com ele.

— É curioso. Ele também?

— Como ele também? Alguém já falou sobre isso?

— O professor. Ele me garantiu que Liana se casará sem amor.

— Como é ele sabe disso?

— Bom, ele me falou exatamente as mesmas coisas que Mário lhe disse. E fez mais: garantiu que Liana está doente porque está se obrigando a fazer uma coisa contrária aos seus sentimentos. Que ela deveria desmanchar o noivado se deseja ficar bem.

— Mário teria se queixado a ele como fez a mim?

— Pode ser. Cheguei até a pensar que ele estivesse dizendo isso porque estava interessado em Liana. Os dois conversam muito, são muito amigos.

— Você acha que ele está gostando dela?

— Não. Depois do que você me disse, tudo está explicado. Mário por certo desabafou com ele. Sabe, o professor é um filósofo, tem muito conhecimento sobre a vida e diz coisas interessantes. Liana leu seus livros e ficou encantada.

— Eu acho que ele está certo. Diante do que Mário disse, eu o aconselhei a adiar o casamento, pelo menos até Liana melhorar. Durante esse tempo, ele poderá se certificar melhor dos sentimentos dela. Um casamento sem amor é horrível!

— Não concordo. Quando nos casamos, eu mal o conhecia. Não sabia o que era o amor. Se nosso casamento deu certo, por que Liana não pode fazer o mesmo? Mário é um bom moço, a ama muito, será ótimo marido.

— Não duvido, mas Liana é muito diferente de você. Tem outro temperamento.

Eulália olhou-o admirada, e ele apressou-se a completar:

— Bom, por enquanto são apenas suposições. Vamos ver como Liana reage. Pode ser que ela fique bem, e tudo se arranje. Só não acho aconselhável ela se casar doente, ou sem saber se é isso mesmo que ela quer. Afinal, Liana é livre para fazer o que quiser. Nós queremos sua felicidade, não é isso?

Eulália concordou, embora pensasse que, para a mulher, o amor não era fundamental antes do casamento. O importante era conhecer o caráter, as qualidades do homem e a posição financeira. A falta de dinheiro dava muitos problemas entre os casais, assim como a infidelidade. Apesar de tudo, ela insistia em querer aquele casamento o quanto antes. Liana precisava definir sua vida, e um bom casamento era o melhor jeito. Além disso, se sentiria muito mais tranquila sabendo-a bem casada e amparada pelo resto da vida.

No quarto, antes de dormir, Eurico comentou com Nico:

— Agora que a mulher do professor morreu, será que ele vai querer ficar aqui?

— Acho que sim. Ele não morava com ela mesmo. Para ele não nada vai mudar.

— Será? Eu quero que ele volte.

— Eu também. Sinto saudade dele. É nosso melhor amigo.

— É mesmo. Se ele não voltar, ficarei doente de novo.

146

— Nem fale uma coisa dessas! Ele voltará, você verá. Além do mais, eu estou aqui e ficarei enquanto você quiser. E você não é mais doente.

— Se eu ficar doente, minha mãe fará tudo para trazê-lo de volta.

Nico meneou a cabeça em desaprovação:

— Saúde é coisa séria, e você não deve abusar, Eurico. Se começar a se fingir de doente sempre que quiser alguma coisa, a doença voltará e não irá mais embora. Você sofrerá. É isso que quer?

— Eu não quero, mas, quando fico contrariado, triste, logo fico doente.

— O professor disse que, quando você fica pensando no mal, dando força à tristeza, à revolta, atrai tudo de ruim. Prefiro ficar alegre para apenas atrair o bem.

— Você tem saúde.

— Por causa disso. Eu acho que a alegria é o melhor remédio.

— Como posso ficar alegre se estou sentindo tristeza?

— Você sente tristeza quando pensa em coisas tristes. Se resolver pensar só em coisas alegres, a tristeza desaparecerá. É fácil. Quando um pensamento ruim e que me deixa triste vem, eu digo logo: não gosto de me sentir assim. É ruim. Procuro alguma coisa que me deixe ficar alegre.

— O que você faz para ficar alegre?

— Vou olhar os passarinhos, jogar bola, pescar na lagoa. Às vezes, me sento embaixo da mangueira e imagino como será minha vida quando eu for muito rico: a casa bonita que vou comprar para minha mãe, o carro, as roupas, tudo. Vou viajar de trem, de barco e até de avião.

— Você é pobre. O que pensa em fazer para ficar rico?

— Bem, eu sou trabalhador, estudioso, e estou sempre procurando aprender. Eu sei que, quanto mais eu souber fazer coisas, mais dinheiro ganharei.

— As pessoas lhe pagarão para fazer coisas para elas?

— Sim.

— Você ficará muito cansado.

— Não. Sou curioso e gosto de fazer coisas e de aprender. Eu me esqueço de tudo quando estou olhando alguma coisa que me interessa.

— Você sabe como é a vida dos passarinhos, pois ficou olhando para eles.

— Fiquei. Todo mundo acha que os bichinhos não são inteligentes, mas isso não é verdade. Eles fazem cada coisa! É só ficar olhando que você vê.

— Será que o professor voltará logo?

— Está vendo? Você também gosta de aprender. Eu acho que ele voltará logo.

147

— Que bom! Ele é tão animado.

— Vamos dormir, que já é tarde.

Nico foi para o quarto, deitou-se e logo adormeceu. No meio da noite, acordou com Eurico em pé do lado de sua cama:

— Nico, acorde. Ele está no quarto, e eu estou com medo.

— Ele quem?

— A alma do coronel Firmino. Ele puxou meus lençóis, e eu acordei sentindo um ventinho frio. Logo o vi nos pés da cama me olhando com aqueles olhos de fogo. Não volto mais lá; vou dormir aqui com você.

Nico sentou-se na cama.

— Bobagem, Eurico. Ele pode vir aqui também. Sabe o que eu acho? Que está na hora de você perder esse medo. Afinal, ele aparece, incomoda a Liana, o incomoda, não me deixa dormir e não diz o que quer. Vamos lá acabar com isso.

Nico levantou-se, e Eurico agarrou-o pelo braço:

— Está louco? Eu que não vou lá ver a cara dele.

— É uma alma penada. Está vagando e não tem poder de nos fazer nenhum mal. O professor disse isso, e eu acredito nele. Ela só aparece e assusta quem tem medo.

— Eu fico todo arrepiado só de falar nele.

— Vamos lá, Eurico. Se ele ainda estiver no quarto, vamos conversar. Perguntarei o que ele quer e por que tem aparecido aqui. Depois, é só fazer o que ele pedir para que nunca mais volte a assustar ninguém.

— Você teria coragem? E se ele nos atacar?

— O professor nos disse que ele não pode. Que, se ele quisesse atacar e pudesse, já o teria feito. Vamos lá, Eurico! Precisamos acabar de vez com essa história!

— Puxa, Nico, você é corajoso!

— Sou mesmo. Vamos indo.

Nico segurou a mão de Eurico e foi andando em direção ao outro quarto. Eurico resistia.

— E se ele ainda estiver lá?

— Vamos ver. Está vendo? Ele já foi embora. Só de falar que não tenho medo dele, já o espantei. Deite-se e trate de dormir.

— É, ele não está aqui mesmo, mas pode voltar. Vou me deitar, mas você ficará comigo na minha cama.

— Eu ficarei até você dormir.

Eles se acomodaram, e Eurico foi se acalmando. Logo depois, os dois pegaram no sono. De repente, Eurico sacudiu Nico e disse:

— Acorde, Nico. Olhe ele aí de novo!

148

Nico abriu os olhos e não viu nada.

— Não estou vendo nada. Você sonhou.

— Não sonhei, não. Olhe ele aí, rindo e me apontando o dedo. Estou com medo.

Eurico deitou-se e cobriu a cabeça com o lençol. Nico tentou descobri-lo, mas ele segurava com força.

— Vamos, tire esse lençol. Vamos conversar com ele.

— Eu estou de olhos fechados, mas ainda o estou vendo! Como pode?

— Nesse caso, de nada vale o lençol. Vamos, Eurico!

Nico, enfim, conseguiu descobrir a cabeça de Eurico, que, de olhos fechados, agarrado, tremia de medo.

— Onde ele está?

— Nos pés da cama.

Nico olhou para os pés da cama e disse em um tom firme:

— Você é uma alma penada. Eu esconjuro. Está incomodando todo mundo. Por que está aqui? O que quer? Fale comigo. Não o estou vendo. Fale para o Eurico.

O menino agarrou-se mais a Nico.

— Então? Preste atenção, Eurico. Ele está dizendo alguma coisa?

— Ele está me ameaçando. Diz para você não se meter na vida dele.

— Eu quero ajudar. Ele já morreu e não pode mais fazer coisas neste mundo, mas posso fazer por ele. É só falar.

— Ele está rindo e diz que nós não faremos o que ele quer.

— Repita tudo o que ele está falando.

— Está bom. Ele diz: "Eu quero Mariquita aqui comigo. Fiquei esperando durante muito tempo e, agora que ela está de volta, nunca mais a perderei. Ela virá para cá, morar comigo aqui".

— Aqui não há nenhuma Mariquita — respondeu Nico. — Só tem a Maria, que é empregada.

— "Não sei quem é essa. Eu quero Mariquita. Ela é minha e não fugirá de novo".

— Não estou entendendo o que você diz. Desse jeito, não poderei ajudá-lo. Precisa explicar melhor. Quem é a Mariquita?

— "Minha mulher. Quando ela morreu e se foi, fiquei sem saber onde ela estava. Quando morri, fui procurá-la, mas não a encontrei. Fiquei aqui. Eu sabia que um dia ela voltaria para casa".

— Ela voltou? — perguntou Nico.

— "Voltou. Ela me viu perto da escada, mas ficou com medo de mim. Foi porque eu a prendi no quarto. Agora, no entanto, não farei mais isso".

— Ela também é alma penada como você?

149

— "Não. Ela está escondida em outro corpo, mas não adianta nada. Eu sei que é ela e a vejo como ela era. Tenho de ir agora, mas voltarei. Não se metam mais em minha vida, senão, se arrependerão".

— Espere, vamos continuar conversando.

— Não adianta — esclareceu Eurico. — Aquela mulher apareceu e o levou. Foi embora.

— Puxa! Eu precisava saber mais. Não entendi bem o que ele disse.

— Eu falei que não adiantaria. Ele não está dizendo coisa com coisa. Está querendo nos enganar.

— Não sei. Ele disse que a tal da Mariquita voltou. Será a mulher que você viu?

— Acho que não, porque ele fica contrariado quando ela aparece.

— Ele disse que a Mariquita se escondeu num corpo. O que será que ele quis dizer com isso?

— Sei lá. É muito complicado. Você quase me matou de medo.

— Mas viu? Ele não fez nada de mais. Respondeu tudo.

— Sim, mas disse que voltará. Isso de falar não adiantou.

— Porque ele não explicou direito. Quando ele fizer isso, não voltará mais.

— Se fosse verdade, seria muito bom.

— Claro que é. Agora, rezemos para o nosso anjo da guarda. Sempre é bom.

Os dois ajoelharam-se e rezaram pedindo proteção. Depois, Eurico pediu:

— Mas você ficará aqui comigo!

— Está bem! — concordou Nico deitando-se. — Estou com tanto sono!

Eurico deitou-se, e, dentro de alguns minutos, eles estavam dormindo, e desta vez nada os acordou.

CAPÍTULO 11

O professor voltou uma semana depois e foi recebido com gentileza por Eulália. Depois da conversa que tivera com o marido sobre o casamento de Liana, ela pensou que estivesse enganada e que o professor não estava apaixonado por sua irmã, não oferecendo, assim, perigo para a realização de seus planos.

Na sala, cercado pelas crianças que o abraçavam com alegria, ele considerou:

— Estava com saudade. Não via a hora de voltar.

— As crianças viviam perguntando quando você voltaria — disse Liana sorrindo.

— Não falavam em outra coisa. Tinham receio de que decidisse ficar na cidade — tornou Eulália.

— Isso não. Gosto daqui. Já me habituei a esta vida calma.

Hilda apareceu na porta, e Eulália tornou:

— Está na hora do lanche.

Excitadas com a chegada de Alberto, as crianças não queriam ir, mas Eulália insistiu:

— Vão, sim. Enquanto isso, queremos conversar um pouco com ele. Hilda vai mandar servir café com bolo para nós.

— Você não vai embora, vai? — indagou Eurico, ansioso.

— Vai esperar? — ajuntou Amelinha.

— Vou. Acham que eu perderia esse café com bolo?

Eles riram e foram para a copa. Sentados na sala, Eulália tornou:

— Você deve estar cansado. Se desejar ir embora, nós entenderemos.

151

— Não. Quero conversar com eles, programar nossos estudos. Dentro em breve, eles prestarão mais alguns exames.

— A notícia da morte de sua esposa nos apanhou de surpresa. Desejamos expressar nossos sentimentos.

— Obrigado, dona Eulália. Norberto foi muito atencioso e me ajudou a suportar esse momento desagradável.

— Estavam separados havia muito tempo? — indagou Eulália.

— Uns quatro anos, mais ou menos.

— Mudemos de assunto — propôs Liana. — Estamos sendo indiscretas.

— Absolutamente — respondeu ele. — A curiosidade é natural. Falar disso não me incomoda. Eugênia era uma mulher ciumenta, dominadora, inquieta, nervosa e possuía um temperamento muito diferente do meu. Quando me certifiquei disso, optei pela separação. Nossa vida em comum era um inferno. Ela era infeliz a meu lado e também infelicitava minha vida. Preferi ficar só. Nunca ocultei esses fatos.

— Parece que ela o amava muito e nunca se conformou. Não é fácil para uma mulher ser abandonada — considerou Eulália, pensativa.

— Não era amor o que ela sentia por mim. Era paixão.

— Paixão é mais que amor!

— Não, dona Eulália. O amor de verdade não aprisiona o ser amado nem o atormenta. A paixão, sim, é como um vício: quanto mais você dá, mais a pessoa quer e nunca está saciada. Eu não desejo me apaixonar nunca e não quero que ninguém se apaixone por mim. Nunca mais.

— Pretende passar o resto da vida sozinho? — indagou Eulália, admirada.

— Não sei. Estou bem como estou.

As crianças voltaram e rodearam o professor, conversando entusiasmadas. Ele levantou-se e foi com elas para a sala de aula.

Eulália não se conteve:

— Esquisito esse professor. Pensa diferentemente de todo mundo.

— É um homem inteligente.

— Norberto disse que o sogro não gosta dele e o culpa pela morte de Eugênia. Acha que ela se atirou debaixo do carro de propósito. Será?

— Uma mulher desequilibrada, como ele disse que ela era, pode bem ter feito isso mesmo. Ele, contudo, não tem culpa.

— Se estivesse ao lado dela, talvez ela não houvesse morrido.

Liana abraçou a irmã e disse:

— Pois acho que ela faria do mesmo jeito. As pessoas que se deprimem estão sempre procurando desculpas para se fazerem de vítimas. Se Alberto estivesse com ela, iria dizer que ele não a amava e que não lhe dava o

152

carinho que ela queria. Não, Eulália, o problema dessa mulher não era o fato de ele a ter deixado, mas sua tendência a querer tudo do seu jeito e o fato de não se conformar quando as coisas não aconteciam como ela planejava. Se ela se suicidou para punir o marido, só conseguiu punir a si mesma.

— Parece que ele realmente não se sente culpado.

— Por que se sentiria?

— Ele se casou com ela. Jurou amá-la e protegê-la pelo resto da vida.

— Isso é uma ilusão, Eulália. Quem é pode garantir que amará uma pessoa pelo resto da vida? E se o amor acabar?

— Restarão o dever e a palavra empenhada.

— Eu não gostaria de viver com um homem que ficasse ao meu lado apenas por ter empenhado sua palavra. Eu me sentiria humilhada.

— Pois eu não. Se Norberto me dissesse que iria me abandonar, eu faria tudo para que isso não acontecesse. Ele tem a obrigação de manter a união da família.

— Mudemos de assunto.

— Por quê? Vamos ser práticas. Quando me casei com Norberto, não o amava. Mas agora, se ele quisesse pular fora, eu não permitiria. Onde já se viu? Tirou-me da casa de meus pais e me arranjou dois filhos para depois largar tudo com essa desculpa de amor?

— Ele nunca faria isso. Vive para a família.

— É. Tem razão.

Liana respirou fundo. A situação que estava vivendo a oprimia. Precisava ganhar forças para poder sair de casa e acabar de vez com aquela angústia.

***

Na sala de estudos, o professor despediu-se depois de programar as matérias para a aula do dia seguinte.

— Professor, o senhor vai passar perto da casa da minha mãe? — indagou Nico.

— Vou, Nico. Quer alguma coisa?

— É que eu vou até lá ver como andam as coisas.

— Pode ir comigo.

— Você voltará logo? — indagou Eurico.

— Antes de escurecer.

Eles saíram, e, uma vez no carro, o professor considerou:

— Eurico não fica sem você.

— Ele tem medo da alma do coronel.

153

— Ele tem aparecido?

Nico relatou a última experiência, quando tentou conversar com o coronel Firmino.

Alberto interessou-se muito:

— Tem certeza de que ele disse mesmo tudo isso?

— Tenho. Nós tentamos entender o que ele queria dizer, mas acho que ou o Eurico não ouviu bem ou ele está muito confuso e não explicou direito.

— Vou lhe pedir uma coisa: leve um caderno e um lápis para o quarto. Se isso acontecer novamente, escreva tudo o que Eurico lhe disser. Entendeu?

— Entendi. Mas, mesmo sem escrever, tenho boa memória. Sei cada palavra que ele disse naquela noite.

— Não estou duvidando de você, mas seria melhor que escrevesse. Você está certo. Se descobrirmos o que ele deseja, se conseguirmos conversar com ele, talvez consigamos fazê-lo ir embora e deixar de assustar os outros. Liana vive apavorada.

— Eurico também. Eu queria vê-lo, mas só Eurico o vê.

— Porque ele tem essa capacidade. Algumas pessoas conseguem ver outras dimensões da vida além da faixa de nossos cinco sentidos.

— Ele não gosta. Sente medo.

— Porque não entende como isso se dá. As pessoas criam muitas fantasias com relação aos mortos.

— Também acho. Não sinto medo.

— Isso mesmo. Chegamos. Até amanhã, Nico.

— Até amanhã, professor, e muito obrigado.

Nico desceu, e Alberto continuou seu caminho, pensativo. O espírito do coronel Firmino dissera claramente que sua mulher estava de volta à mansão em outro corpo. Estaria falando de reencarnação? Fora Liana quem o vira perto da escada. Seria Liana a reencarnação da mulher do coronel?

O coronel a queria com ele. Estaria pretendendo que ela morresse? Não acreditava que ele pudesse literalmente lhe tirar a vida, mas poderia roubar-lhe energias para dominá-la e arruinar-lhe a saúde, aproveitando-se das fraquezas dela.

Desde que viu o coronel, Liana andava muito debilitada. Teria uma coisa a ver com a outra? Nico estaria descobrindo a verdadeira causa dos problemas de Liana?

Precisava ter certeza, mas como? Só Eurico via o coronel, e isso acontecia durante a noite, quando ele não se encontrava na casa. Quanto mais pensava no assunto, mais suspeitava de que isso fosse mesmo verdade.

154

A pressa de Liana em abandonar aquela casa não estaria também relacionada com isso? Embora ela tivesse problemas com Norberto, ele ficava fora a semana toda e, quando estava em casa, era discreto. Bastava ela cortar definitivamente o laço com ele e pronto: tudo estaria resolvido. Ele não se atreveria a insistir. Ficaria até mais calmo sabendo-a livre. Com o tempo, a situação poderia se resolver sem que ela precisasse partir para um casamento sem amor.

À medida que pensava no assunto, mais se convencia de que Nico descobrira o fio da meada. Se Liana fora mesmo a esposa do coronel, e ele estivesse tentando levá-la ao desencarne acreditando que assim a teria ao seu lado, tudo ficava claro: a fraqueza dela, a angústia, a vontade de fugir, o mal-estar que a acometia de vez em quando e cuja origem os médicos não conseguiam encontrar.

Ele estudara os processos de obsessão por espíritos desencarnados e sabia que, em determinadas circunstâncias, eles podiam obter êxito. O fato de Liana ter se envolvido com o cunhado e sentir-se culpada, acreditando que precisava ser punida por isso, baixou o teor de suas energias e permitiu o envolvimento do espírito do coronel. Se ela houvesse compreendido que esse caso não fora proposital, se tivesse rompido com Norberto sem se sentir culpada, o coronel nada teria conseguido.

Alberto sabia que cada ato era medido pela atitude que o determinou, não pelo fato em si. E o pior é que ela ainda não superara o caso e, por isso, o coronel a dominava a cada dia mais. Uma coisa era certa: ela precisava mesmo sair daquela casa. Não tinha certeza se isso seria o bastante. O espírito do coronel estava ligado a Liana e poderia acompanhá-la quando ela saísse.

Além disso, Liana precisava receber ajuda espiritual de pessoas que entendessem e pudessem esclarecer o espírito do coronel e afastá-lo. Como fazer isso? Eulália era católica e nunca permitiria que ele falasse do assunto. Seria difícil convencer a própria Liana.

Ele não podia contar que fora Eurico quem se comunicara com a alma do coronel. Conhecia Eulália. Ela seria até capaz de afastar o filho de Nico, suspender as aulas, e tudo estaria pior. Quanto a Norberto, talvez fosse mais receptivo, mas como tocar no assunto sem revelar o que sabia?

Alberto foi para casa e não conseguia pensar em outra coisa. Afinal, ele não tinha nada com isso, então, por que se preocupava tanto? Talvez fosse melhor deixar tudo como estava e não se envolver. Gostava da vida que estava levando, o dinheiro das aulas permitia-lhe escrever com calma seus livros, sem se preocupar com as despesas do dia a dia. Além disso, gostava dos meninos e queria ensiná-los a viver melhor, ajudando-os a descobrir e desenvolver seus talentos.

Entretanto, apesar de pensar nisso, Alberto não conseguiu esquecer nos dias que se seguiram. Liana estava abatida, desanimada, cansada, sem vontade, o que preocupava Eulália, que procurava entusiasmá-la para marcar uma nova data para o casamento. Contudo, vendo-lhe o semblante pálido, não insistiu.

Mário mostrava-se triste, e Alberto percebeu que ele ficava mais calado a cada dia, notando a indiferença de Liana, que, apesar de esforçar-se para recebê-lo com alegria, não conseguia disfarçar o que lhe ia no coração.

Foi Norberto quem conversou com Eulália:

— Acho que está na hora de resolver esse noivado. Liana não está apaixonada por Mário, e ele está cada dia mais triste. Qualquer um pode ver isso. Ela não gosta dele, e esse noivado pode ser a causa de seu abatimento.

— Que ideia, Norberto! Ninguém a obrigou a nada. Se ela quiser, pode acabar com isso. Claro que ela gosta dele! O fato é que Liana está doente, e os médicos não conseguem descobrir o que ela tem.

— Ela poderia ir passar algum tempo em São Paulo. Precisa de distrações. Vive metida em casa.

— Já sugeri, mas ela não quer. Só vai se eu for. E eu não posso ir, levar Eurico para lá. Ele está melhorando tanto! Tenho medo de que lá nosso filho volte a sentir-se mal. O clima não é bom como o daqui.

— Ela está mais abatida a cada dia. Temos de fazer alguma coisa.

— Também acho. Mas o quê?

Ele não soube responder, pois sentia-se culpado. Deveria ter se controlado. Liana não conseguia suportar o remorso. Ele acreditava que era isso que a estava perturbando. Estava arrependido, mas o que fazer? Não podia voltar atrás.

***

Dias depois, Alberto estava no jardim com as crianças estudando ciências, quando foram surpreendidos por um grito vindo de dentro da casa. Correram assustados, e Maria, que passava pela copa, explicou assustada:

— Dona Liana desmaiou. Está lá na sala e parece morta!

Eles correram para a sala, onde Liana estava estendida no sofá, enquanto Hilda e Eulália tentavam reanimá-la, esfregando seus pulsos e tomando-lhe a temperatura.

Vendo-os chegar, Eulália tornou:

— Já mandei chamar o doutor Marcílio.

156

Nico aproximou-se do professor e disse baixinho:

— Eurico está vendo o coronel ao lado dela! Está morrendo de medo! Vou levá-lo embora.

Eurico puxava Nico pela mão e estava pálido. Eulália notou e pediu:

— Hilda, leve os meninos embora.

— Pode deixar — disse Alberto. — Eu saio com eles.

Uma vez na copa, pegou um copo com água, deu a Eurico e disse:

— Não tenha medo. Ele não pode lhe fazer mal.

O menino bebeu a água, e seus olhos encheram-se de lágrimas quando disse:

— Ele a estava segurando. Eu vi. Liana não queria ir com o coronel, estava com medo, mas ele a estava obrigando. Ele quer levá-la embora! Por favor, professor, não deixe que o coronel leve tia Liana! Ajude!

— Ele não vai levá-la. Acalme-se, Eurico. Vamos dar as mãos e rezar. Juntos, o afastaremos de Liana.

Sentaram-se ao redor da mesa e deram-se as mãos, enquanto o professor murmurava uma prece, pedindo ajuda para Liana. Quando terminou, ele disse:

— Lembre-se, Eurico, que Deus tem todo o poder. Quando sentir medo, peça ajuda. Sente-se mais calmo agora?

— Sim. Eu vi que aquela mulher apareceu e o levou embora.

— Como você viu se a tia está na sala e nós estamos aqui? — estranhou Amelinha.

Foi Alberto quem respondeu:

— Isso é possível, porque Eurico enxerga com os olhos da alma e, nesse caso, pode ver através das paredes.

— Puxa! — disse Nico. — Eurico tem esse poder?

— Tem. Sempre que ele estiver enxergando com os olhos da alma, ele terá.

— Eu também quero enxergar com os olhos da alma! — reclamou Amelinha.

— Pois não queria ver nada disso — respondeu Eurico.

— Porque você é medroso! — retorquiu ela.

— Só porque ele não sabe bem como isso acontece — disse Nico.

— É verdade. Quando ele compreender melhor essa capacidade, perderá o medo. Principalmente, quando perceber o quanto está ajudando Liana a sarar. Ela não está doente do corpo, e por isso os médicos não sabem curá-la. Ela está sendo subjugada por uma alma do outro mundo. Para isso, temos de usar outros métodos.

157

— Minha mãe não acredita nisso. Se eu contar, ela me levará ao médico de novo.

— Por isso temos de pensar em outro jeito. Fiquem aqui, enquanto vejo como ela está.

Ele voltou à sala, e Liana, pálida, estava sentada no sofá. Eulália tentava fazê-la engolir um chá que ela recusava.

— Meu estômago está enjoado. Não quero tomar nada agora. Depois eu tomo.

— Está bem. Vamos esperar um pouco. E o médico que não chega?

— Estou melhor. Não precisava incomodar o doutor Marcílio.

— O certo mesmo era você ir a São Paulo ver o doutor Caldas. Esses médicos do interior não sabem nada. Até agora, ele não conseguiu curá-la. Vem com uma conversa maluca de má influência etc. Não confio nele.

— O doutor Marcílio é muito considerado. Tem curado muita gente, dona Eulália — disse Alberto.

— Um médico da roça. Se ele fosse bom, estaria na capital, teria subido na vida. Mas não temos outro remédio senão chamá-lo.

Enquanto Eulália ia até a copa ver as crianças, Alberto sentou-se na poltrona ao lado do sofá e perguntou:

— Conte-me, Liana... o que você sentiu?

— Eu estava bem. Um pouco desanimada, mas a isso já me acostumei. Minha vida é assim mesmo. De repente, senti uma tontura e perdi os sentidos.

— Não se recorda do que aconteceu enquanto esteve desmaiada?

— Não. Só sei que acordei oprimida, apavorada. Tive a sensação de que alguém me agarrava e que eu queria fugir.

— E agora, sente-se melhor?

— Sim. Estou bem. Só um pouco assustada. E se acontecer de novo?

— O que você precisa é decidir sua vida. Acabar com esse noivado, assumir sua profissão e esquecer o passado.

— Está difícil.

— Engano seu. Você pode assumir o controle de sua vida. Esqueça o que passou e já não tem remédio. O que importa é o que você está fazendo de sua vida agora. Acredite: só você pode mudar sua vida. Enquanto ficar na culpa, na depressão, no desgosto, julgando-se errada, atrairá o mal. Precisa reagir, tentar sair dessa tristeza, confiar no futuro, lutar para conseguir felicidade. Não se entregue assim, como se fosse incapaz. Você é uma mulher forte, cheia de qualidades, tem de reaver sua alegria.

— Não consigo.

Eulália voltou em companhia do médico. Alberto levantou-se e, depois de cumprimentá-lo, afastou-se para que ele examinasse Liana. Ficou no jardim com as crianças e, quando o doutor Marcílio saiu meia hora depois, ele perguntou:

— E, então, doutor?

O médico fez um gesto evasivo.

— O caso dela torna-se difícil, porquanto eles não acreditam na verdadeira causa do problema.

Alberto interessou-se:

— Sabe qual é?

— Sei, mas é um assunto delicado. Se me permite, preciso ir. Estou sem carro e tenho hora em casa.

— Posso levá-lo com o maior prazer. Precisamos conversar. Espere só eu me despedir.

Alberto entrou, despediu-se e, uma vez no carro com o médico, foi direto ao assunto:

— Liana está sob a influência de um espírito desencarnado.

— Você notou?

— Sim. O espírito do coronel Firmino. Ele a está molestando e, segundo sei, quer levá-la. Diz que ela é sua esposa.

— Então é isso! Bem que desconfiei, mas não tinha certeza de que era ele. Como é que sabe disso?

Alberto contou-lhe como descobrira, e Marcílio não se conteve:

— Que mediunidade esse menino tem!

— É verdade, mas os pais não aceitam e por isso ele não recebe esclarecimentos. Fica apavorado. Sua saúde é delicada e, se não fosse por Nico, poderia ficar pior.

O médico balançou a cabeça pensativo:

— Não sei como poderemos ajudá-la. Tenho alguns amigos médiuns, e nos reunimos em minha casa duas vezes por semana para contatos espirituais. Vou colocar o nome dela no livro de orações.

— Isso é ótimo, mas penso que, no ponto em que está, o caso dela precisa de um atendimento mais direto. Liana está com problemas emocionais, tem um desgosto e se deprime. Por isso, ele consegue dominá-la.

— Se as pessoas soubessem que, quando entram na queixa, na culpa, na depressão, baixam o teor de suas energias e se tornam presa fácil dos espíritos infelizes, nunca se deixariam levar pela tristeza. Estariam sempre lutando para manter a alegria, mesmo quando as coisas não acontecem como elas gostariam.

159

— Fico feliz em encontrar alguém que pensa como eu. Gostaria muito de ir às suas sessões.

— Quinta-feira à noite, nos reuniremos às sete horas. Apareça em casa. Será bem-vindo.

— Obrigado. Irei.

Depois que deixou o médico, Alberto não conseguiu parar de pensar no assunto. O caso de Liana era grave. Se ele não conseguisse ajudá-la, o coronel poderia conseguir o que pretendia. No dia seguinte, tentaria falar com Eulália. Ela precisava compreender.

Eulália, contudo, não entendeu. Assim que ele começou a falar em influências espirituais, ela foi logo dizendo:

— Com certeza, foi o doutor quem colocou essas ideias em sua cabeça. Não quero ouvir nada desse assunto em minha casa. Meu filho tem saúde delicada e alucinações, e isso lhe tem minado as forças. Se quiser continuar vindo a esta casa, nunca mais fale nisso.

Alberto calou-se e, nesse instante, teve a sensação de que um vulto passou rindo ao seu lado. Voltou-se rápido, mas não viu nada. Sentiu vários arrepios e teve a certeza de que o espírito do coronel estivera ali, ouvindo-os conversar.

Voltou para casa e não pôde dormir. Por mais que desejasse esquecer Liana e repetir que nada poderia fazer para ajudá-la, ela não lhe saía do pensamento. Levantou-se de madrugada, abriu a janela e respirou o ar fresco que vinha de fora. Depois, olhou o céu cheio de estrelas. Dirigiu a Deus ardente prece e pediu que o inspirasse a como proceder. Quando terminou, deitou-se e finalmente conseguiu dormir.

Na manhã seguinte, depois da aula, foi ter com Liana na sala.

— Sente-se melhor? — indagou.

Ela sorriu levemente.

— Sim.

— Podemos conversar um pouco?

— Claro.

— O que o médico lhe disse?

— Bom, ele veio com aquela conversa de sempre. Que estou sob a influência de um espírito e que os remédios não vão me ajudar.

— Você não acha que ele pode ter razão?

— Não sei. Parece um tanto fantasioso. Um médico não pode falar essas coisas.

— Você sabe que Eurico viu o espírito que a fez desmaiar?

— Viu? O que foi que ele viu? Ele falou para Eulália?

— Ele tem medo de que ela lhe dê remédios, por isso, ficou calado. Só falou para Nico.

— Nico também viu?

— Não. Estou lhe contando, mas lhe peço que não fale nada à sua irmã. Ela me proibiu de tocar nesse assunto. Se souber o que estou lhe contando, me despedirá.

— Ela realmente não gosta de falar disso.

— Mas eu tenho de lhe falar. Não posso deixá-la nessa situação e me omitir.

— Mas Eurico tem alucinações. Não pode acreditar no que ele diz.

— Você também viu um espírito. Já se esqueceu disso?

— Nunca me esquecerei. Foi horrível.

— Para Eulália foi uma alucinação. Você acha que foi?

— Não. Eu o vi. Ele estava lá, perto da escada. Fico arrepiada só em lembrar.

— Eurico vê sempre, mas ninguém acredita nele. Já pensou em como ele sofre com isso?

— Se tudo que ele dizia for verdade... puxa... pode ser mesmo.

— Eu tenho certeza. Ele viu o mesmo homem que você e diz que esse espírito quer levá-la para o outro mundo.

— Quer me matar?

— Sim. Ele quer que você vá viver ao lado dele.

— Que horror! Tenho pavor dele.

— Nesse caso, tem de reagir, lutar para reconquistar sua alegria e afastar a influência desse espírito.

— É isso que não consigo. Eu tento, mas, quando Mário aparece, sinto vontade de fugir.

— Escute. Tenho um plano. Se concordar, ficará livre de tudo isso.

— De que forma?

— Case-se comigo. Sou viúvo agora. Nosso casamento será apenas de aparência. Só para que você deixe esta casa. Depois de algum tempo, quando estiver bem e houver resolvido o que fazer de sua vida, nós nos separaremos. Você irá para onde quiser. Estará livre.

— Faria isso por mim?

— Gosto de você e desejo ajudá-la. Se ficar aqui, nunca sairá dessa situação angustiante.

— Não posso aceitar. Isso arruinaria sua vida.

— Por quê? Sou livre e não pretendo mais me casar. Além disso, é só por algum tempo. Creia, Liana, que essa é a única forma de você resolver todos os seus problemas. Uma vez em minha casa, estaremos livres para procurar a ajuda espiritual de que você precisa.

— Só em pensar em me libertar do compromisso com Mário, já me sinto mais leve.

— Então! Pense em minha proposta. Acabe com esse noivado e poderemos nos casar e resolver tudo sem que você precise ir viver com alguém que não ama.

— Vou pensar.

— Ficarei feliz se aceitar.

***

Naquela noite, Nico acordou com Eurico sacudindo-o:

— Nico! Nico! Ele está lá de novo.

Nico levantou-se, e foram para a cama de Eurico.

— Ele está aí mesmo?

— Está.

— Vou pegar o caderno e o lápis.

— Não me deixe sozinho com ele.

— Está na gaveta da sua mesa.

Eurico deitou-se, cobriu a cabeça, e Nico tornou:

— Por que cobre a cabeça? Não adianta mesmo.

— Sei lá. Assim acho que fico mais protegido. Ele está rindo e dizendo que vai me perseguir a vida inteira.

— Vai nada. Deus não deixará. Olhe aqui, seu coronel, você morreu e não tem o direito de vir assustar os vivos. Se não parar com isso, chamarei aquela mulher, que o levará embora já. Você assusta o Eurico, mas não tenho medo de você. Por que não aparece para mim?

— Ele disse que você é bobo e que precisa sair do caminho dele. Já chega o que você fez com ele.

— É mentira dele. Eu nunca o conheci.

— Ele disse que você esqueceu, mas ele não. Que você ainda pagará por isso.

— Ele quer me assustar, mas não tenho medo. Não acredito em nada do que ele diz sobre mim.

— Ele disse que um dia provará e que é melhor que saia do caminho dele.

— Enquanto ele não deixar de perseguir as pessoas desta casa, eu não sairei.

— Ele disse: "Dê um recado àquele professorzinho de meia-pataca que não tente se meter, senão, vai sobrar para ele. Que ele não permitirá o casamento".

— Será o casamento com o doutor Mário?

— Não. É o casamento com o professor.

— Com o professor? Tem certeza? Mas quem se casará com a Liana é o doutor Mário.

— Ele disse: "Dê o recado e não se meta. Ele nunca se casará com Liana. Eu impedirei. Você verá".

— Já escrevi. O que mais ele disse?

— Mais nada. Ele sumiu.

— Puxa! Acho que ele não está dizendo coisa com coisa. Tem certeza de que ele falou tudo isso mesmo?

— Tenho. Eu escutei tudinho.

— Bom, neste caso, não estou entendendo nada. Ele foi embora mesmo?

— Foi.

— Então, vamos dormir. Estou com muito sono.

— Deite-se aí do meu lado. Não quero ficar sozinho.

— Está bem. Ficarei até você pegar no sono. Depois, irei para minha cama. Sua mãe não gosta que eu durma no seu quarto.

Nico esperou e, quando percebeu que Eurico estava dormindo, foi para sua cama.

Na manhã seguinte, quando mostrou ao professor o que escrevera, Alberto emocionou-se. Aquela era uma prova conclusiva de que Eurico realmente via o espírito do coronel. Ninguém sabia nada a respeito da proposta de casamento que ele fizera a Liana, e as crianças nunca poderiam ter inventado aquele recado. Estava no caminho certo. O coronel realmente estava ao lado de Liana, ouvindo tudo e tentando manter seu domínio sobre ela.

É claro que ele iria tentar atrapalhar o casamento. Sabia também que Eulália não iria gostar da ideia, uma vez que preferia Mário e sempre demonstrara seu interesse em ver Liana casada com o engenheiro. Parecia-lhe também que ela, apesar de tratá-lo com afabilidade, não o desejava como cunhado. Iria opor-se, com certeza. Havia ainda Norberto, que, fosse qual fosse o pretendente de Liana, se posicionaria contra.

Apesar de tudo isso, Alberto pensava que podia contar com o mais importante: com ajuda espiritual. Era um homem de fé, interessado em ajudar uma pessoa. Além do mais, pediria o apoio do doutor Marcílio, já que contava com ele para tratar espiritualmente de Liana, quando ela estivesse em sua casa.

Por essa razão, o recado do coronel não o preocupou. Ele confiava e sabia que o bem é sempre mais poderoso que o mal. Se ele estava no bem, quem poderia vencê-lo?

CAPÍTULO 12

Alberto chegou em casa disposto a encontrar um jeito de levar adiante seu plano. Tinha certeza de que, se conseguisse tirar Liana daquela casa, poderia, com a ajuda espiritual, libertá-la daquela obsessão. Entretanto, diante das dificuldades que certamente encontraria, precisava de apoio.

Lembrou-se de que era quinta-feira e consultou o relógio: seis horas. Tinha tempo para tomar um banho e ir para a casa do doutor Marcílio.

Faltavam quinze para as sete, quando ele tocou a campainha da casa do médico e foi recebido pela esposa dele, que imediatamente conduziu Alberto à sala, onde algumas pessoas conversavam alegres. O médico abraçou-o e apresentou-o aos presentes:

— O professor veio participar de nossa reunião. É um estudioso do assunto.

Depois dos cumprimentos, sentaram-se ao redor da mesa, sobre a qual havia uma toalha bordada, alguns livros de Allan Kardec, papel, lápis, uma bandeja com uma jarra de água e alguns copos.

Alberto sentiu-se bem naquele ambiente. A sala simples, porém mobiliada com gosto, era muito aconchegante. Havia flores nos vasos, e as pessoas mostravam-se muito agradáveis.

Quando todos já estavam sentados ao redor da mesa, Marcílio abriu um livro e leu um trecho. Depois, cada pessoa comentou o tema. Por fim, as luzes apagaram-se, ficando acesa apenas uma pequena lâmpada azul. Adélia, esposa do médico, proferiu uma ligeira prece, solicitando a ajuda dos espíritos superiores para todos os presentes, trazendo esclarecimentos e orientação.

Imediatamente, uma das senhoras suspirou e, em seguida, começou a falar:

— Finalmente, conseguimos reuni-los todos aqui. Sinto-me grata por isso. Saber que posso contar com a ajuda de vocês me emociona e enternece. É a primeira vez que venho, trazida pelo carinho do doutor Neves, mentor deste trabalho. Ele se prontificou a me ajudar a vencer nesta luta em que venho me empenhando há muitos anos. Para que possam me entender, preciso contar o drama que envolveu nossas vidas no passado e que até agora continua nos infelicitando, apesar das oportunidades que a misericórdia divina vem nos oferecendo e que alguns dos envolvidos, presos ainda às suas antigas ilusões, se recusam a aproveitar.

"Muitos anos atrás, minha filha muito amada reencarnou em uma importante cidade da Europa, com o espírito cheio de esperança e uma vontade louca de vencer. Nós vivemos em um lugar no astral onde a beleza e a arte são fundamentais. Lá, os espíritos têm o senso do belo desenvolvido, pois aprenderam a enxergar nas belezas do universo a grandeza de Deus.

"Apesar disso, ela precisava desenvolver outros lados de sua personalidade. Reencarnada, procurou a carreira artística e conseguiu obter fama como cantora e atriz. Teve sucesso, dinheiro, popularidade e foi famosa.

"Conheceu um pintor muito talentoso, mas que não foi compreendido em sua época. Ele não vendeu seus quadros em vida e só foi reconhecido como um gênio muitos anos mais tarde.

"Considerando-se fracassado, ele sofria muito, principalmente porque Helena, famosa e rica, custeava suas despesas. Ela valorizava o imenso talento dele e não se importava com dinheiro. Tinha certeza de que um dia ele conseguiria o reconhecimento público.

"Ele, contudo, se sentia infeliz e incompreendido. Mergulhou nas drogas, o que prematuramente o matou. Helena sofreu muito por isso, pois o amava com loucura. A vida sem ele parecia-lhe sem nenhum sentido. Estava grávida, mas nem isso conseguia confortá-la.

"Helena afundou-se na bebida, tentando esquecê-lo. Bebia a princípio para poder dormir, depois para poder suportar seu desespero. Até que uma noite, no auge de sua loucura, atirou-se pela janela do terceiro andar do prédio em que residia.

"Inútil falar de seu sofrimento quando acordou e descobriu que a morte não conseguira destruir seu espírito nem, o que é pior, seu inferno interior. Só que agora havia o espírito de um jovem agarrado a ela. Era o filho que ela não deixara nascer. Chorando, ele dizia que a odiava, a chamava de assassina e lhe cobrava a necessidade de reencarnar, que ela cortara com seu gesto tresloucado.

166

"Apavorada, ela percebeu que, em seu egoísmo, havia assassinado o próprio filho e que ele lhe cobrava o direito à vida. Debalde, Helena tentou explicar-lhe e fazê-lo entender sua loucura. Quanto mais ela tentava desculpar-se, mais ele se enraivecia e não lhe dava paz em nenhum momento.

"Fiz o que pude para ajudá-los, mas eles haviam escolhido o próprio caminho, e nada pude fazer senão os acompanhar e esperar que estivessem prontos para receber ajuda.

"Durante anos, Amadeo e Helena vagaram pelo astral tal qual duendes enlouquecidos, sem se encontrar, cheios de amargura e desilusão. Por fim, chegou um momento em que, cansada e arrependida de seu gesto de revolta, Helena resolveu optar pela paz. Aceitou seus erros e dispôs-se a esperar que a vida lhe ensinasse o que ela precisava aprender.

"Finalmente, Helena sentiu-se aliviada. Pensou em Deus, suplicou-Lhe ajuda, orou por seu filho, implorando que a perdoasse. Abriu seu coração e colocou-se na posição de aceitar tudo o que Deus lhe mandasse, sem revolta. Descobriu o quanto fora arrogante, pretendendo comandar os desígnios da vida e da morte e colocando seu julgamento frágil e deficiente nos fatos imponderáveis da sabedoria divina.

"Seu filho acalmou-se, adormeceu, pôde ser desligado dela e conduzido a um local de refazimento. Helena foi recolhida a uma colônia de recuperação, onde se esforçou para melhorar e aprender.

"Entretanto, quanto mais ela melhorava e aprendia, mais a consciência de seu gesto a incomodava. Descobriu que Amadeo, o homem amado, apesar de ser visto como suicida, estava bem melhor que ela e havia reencarnado. Teve uma encarnação curta, apenas para eliminar resíduos e restabelecer o equilíbrio de seu corpo astral.

"Com a ajuda de amigos espirituais, Helena tomou conhecimento do passado e descobriu que Amadeo e Salvatore eram inimigos havia longa data e sempre se digladiavam, alimentando, assim, um ódio que não vem ao caso mencionar agora. Ele havia prejudicado muito Amadeo e fazia tudo para seu fracasso, por isso, a vida havia programado que ele deveria reencarnar como seu filho, e, uma vez juntos, acabar com aquela inimizade. Helena soube que, se Amadeo não houvesse se afundado nas drogas, e Salvatore tivesse tido a oportunidade de nascer, tudo teria sido diferente. Amadeo teria tido mais chances de obter sucesso e a alegria de ver suas obras valorizadas em vida. Claro que os dois, como pai e filho, teriam problemas de relacionamento, mas o amor filial teria aliviado essas diferenças, transformando-as em amizade.

"Eles, contudo, não tiveram paciência para esperar e, com sua rebeldia, truncaram o bem programado e encontraram a infelicidade."

A médium fez ligeira pausa, respirou fundo e continuou:

— Depois de algum tempo, tanto Helena quanto Amadeo compreenderam que cada pessoa tem uma missão no mundo. Quem reencarna na Terra, enquanto experiencia desafios que visam a desenvolver sua consciência e amadurecer, deve retribuir os benefícios que essa oportunidade oferece, contribuindo para a melhoria da qualidade de vida do planeta e utilizando os dons que já conquistou para isso.

"Há os que nascem com o dom de curar, seja por meio da medicina ou da mediunidade; os que possuem sabedoria para facilitar as conquistas sociais; e os que têm talento para desvendar os mistérios da natureza, descobrindo meios de aliviar o sofrimento humano. Há muitas e diversificadas tarefas para as quais o ser é criado. Desempenhá-las bem traz alegria e prazer.

"A nós, artistas, que já desenvolvemos o senso da beleza e da arte, cabe a tarefa de levar as pessoas a perceber a espiritualidade por meio do belo, seja na música, na pintura, na literatura, na arquitetura, na ecologia, enfim, em tudo o que glorifica a grandeza de Deus e concorre para sensibilizar, embelezar e tornar agradável este mundo.

"Certos de que não haviam realizado esse trabalho, Helena e Amadeo desejaram voltar a nascer, para, desta vez, cumprirem sua missão. Contudo, Salvatore não compartilhava da mesma opinião. Continuava cultivando o ódio passado, não desejando esquecer e recusando qualquer sugestão deles. Para o sucesso de seus projetos, era imprescindível conseguir pelo menos o perdão de Salvatore. Sem isso, ele, mesmo distante, continuaria enviando energias destrutivas, o que, além de dificultar a nova vida programada para o casal, ainda lhes oferecia o risco de um novo fracasso.

"Quando estamos aqui no astral, é fácil imaginarmos uma vida boa na Terra, mas, quando reencarnados, esquecidos do passado, presos às energias viciosas que alimentamos sem pensar, tudo se torna muito mais complicado e difícil.

"Por causa disso, eles foram aconselhados a esperar mais um pouco. Salvatore nasceria primeiro, o que os libertaria temporariamente de sua influência, e eles iriam mais tarde. Amadeo reencarnaria dois anos antes de Helena, que nasceria como filha de Salvatore para que ele, pressionado pelo amor de pai, pudesse transformar o sentimento que nutria por Helena em amizade.

"Entretanto, com receio de se deixar envolver novamente pelas tentações da fama e da bebida, Helena pediu para nascer em um lugar tranquilo, longe das grandes cidades, no que foi atendida.

"Salvatore nasceu na capital de São Paulo e em uma família abastada. Desde cedo, revelou-se autoritário e irascível. Quando se casou aos vinte anos, comprou uma fazenda no interior e mandou construir a mansão que vocês todos conhecem nesta cidade.

"Foi nela que colocou a mulher e a mantinha fechada. Mariquita, jovem de rara beleza, não amava o marido. Casara-se obrigada pelo pai, e sua vida era um tormento constante, porquanto o coronel Firmino, como Salvatore ficou conhecido nessa vida, era ciumento, exigente e mal-humorado. Suas atitudes feriam a sensibilidade de Mariquita, moça delicada e fina. Entretanto, educada de maneira dura pelo pai, nem sequer pensou em rebelar-se. Passou de um senhor a outro e procurou acomodar-se, acreditando que a vida era aquilo mesmo e que nada havia para fazer.

"Quando Helena nasceu, deram-lhe o nome de Maria e logo o apelido de Mariinha. Ela se tornou o enlevo de Mariquita, que fez de seu amor pela filha sua razão de viver.

"Tudo seguia relativamente calmo, quando Mariinha se apaixonou por um jovem filho de lavradores da fazenda, rapaz bonito e cheio de sonhos, que tocava e cantava com maestria, fazendo serenatas e sonhando com a carreira artística.

"Foi correspondida. Entretanto, quando o coronel Firmino descobriu o relacionamento, foi acometido de ódio. Ele não suportava a presença de Ângelo, chamava-o de vagabundo, sem profissão, e proibia a filha de vê-lo. Mas o casal continuou encontrando-se às escondidas.

"Quando Mariinha descobriu que seria mãe, eles combinaram a fuga. Uma noite, enquanto a mansão dormia, a jovem, levando apenas pequena trouxa com algumas roupas, fugiu em companhia de Ângelo, deixando um bilhete amoroso para a mãe.

"Enfurecido, Firmino procurou os dois por toda a parte. Mariquita, pela primeira vez na vida, insurgiu-se contra o domínio do marido e tentou fugir para ir ao encontro da filha. Ele a prendeu no quarto e a ameaçou de morte caso tentasse fugir novamente, jurando encontrar os dois para vingar-se.

"Tanto fez que finalmente descobriu o casal e contratou dois capangas para matar Ângelo e trazer sua filha de volta. Quando os dois homens, empunhando uma arma, entraram na pequena casa onde o casal vivia, Mariinha colocou-se entre Ângelo e as espingardas, e eles tentaram tirá-la do caminho. Não podiam ferir a filha do coronel. Enquanto um deles tentava arrastá-la, o outro se preparava para atirar. Ângelo agarrou uma escultura que estava trabalhando na pedra e arremessou-a sobre ele, que caiu ao chão disparando a arma, cuja bala se perdeu.

169

"Os dois rolaram no chão, enquanto Mariinha lutava como podia, mordendo o outro, resistindo, até que ele, cheio de raiva, a atirou no chão, e ela perdeu os sentidos.

"Depois, vendo que seu colega estava estirado no chão, tirou a faca e pulou sobre Ângelo em uma luta de vida e morte.

"Ângelo foi ferido, e, quando Mariinha recuperou os sentidos, apanhou a arma, fez pontaria e atirou. O homem rolou por terra, e ela correu para Ângelo, que sangrava na altura do ombro esquerdo e no braço.

"Assustada, ela apanhou um lençol e tentou estancar o sangue.

"— Vamos sair daqui antes que eles acordem. Você precisa de um médico.

"— Estou atordoado.

"— Está perdendo muito sangue. Vamos, antes que seja tarde.

"Ela abraçou-o decidida, e os dois saíram em busca de ajuda. Socorrido, Ângelo quase perdeu a vida, mas conseguiu superar. Entretanto, Mariinha, por causa do choque, perdeu o filho e ficou muito mal. Finalmente recuperados, mudaram-se para São Paulo, onde conseguiram continuar juntos.

"O coronel Firmino, contudo, não se conformou. Jurou vingança e, sempre que podia, tentava encontrar os dois fugitivos, sem conseguir.

"Mariquita nunca mais saiu do quarto. Quando ela morreu, ele não queria que tirassem o corpo dela de lá para ser enterrado. Foi preciso que as autoridades de outra cidade o prendessem para que o enterro pudesse ser realizado.

"Sem disposição para cuidar da fazenda, ele loteou as terras e conservou apenas a casa, onde continuou vivendo de suas lembranças.

"Quando a morte o vitimou, recusou-se a sair de lá. Agora que Mariquita está de volta, ele tem a chance de compreender. Para isso, contamos com a ajuda de vocês todos, a quem agradeço do fundo do coração."

A médium calou-se, e o doutor Marcílio perguntou:

— Como podemos ajudar?

— Tirando Liana, que é Mariquita reencarnada, daquela casa. Ela foi atraída para lá por uma necessidade natural de acabar suas ligações com o coronel. Bem como Amadeo, que é Nico; Amelinha, que é Helena; e Eurico, que é o filho que ela perdeu quando reencarnou como filha do coronel Firmino.

"Juntos no astral, combinamos de dissolver velhos ressentimentos e ilusões dolorosas que estão impedindo que todos possam viver melhor. É por isso que todos estão reunidos naquela casa agora".

Alberto não se conteve:

— Quer dizer que Nico é aquele famoso pintor?

— Isso mesmo. Seu carisma e seu conhecimento são inegáveis. Claro que vem de outras vidas — respondeu a médium.

— Quer dizer que estou certo em desejar tirar Liana daquela casa, ainda que precise me casar com ela?

— Não lhe pedimos tanto, mas, se você se dispuser a fazer isso, ficarei muito agradecida. Agora, preciso ir. Preciso, contudo, dizer que Firmino fará tudo que puder para impedir que Mariquita deixe a casa. Você precisa ficar atento, manter a ligação conosco e não se deixar envolver pelas dificuldades que surgirem. Estaremos ao seu lado. Não deixe de comparecer às nossas reuniões aqui. Juntos haveremos de vencer.

Comovido, Alberto calou-se. Marcílio agradeceu, proferiu ligeira prece e encerrou a reunião.

Todos os presentes, comovidos em desvendar o passado da mansão narrado de diversas formas pelos colonos da região, prontificaram-se a cooperar para que o desfecho pudesse ser cumprido desta vez e o entendimento entre os envolvidos viesse a prevalecer.

Quanto a Alberto, ele sentia-se mais do que nunca disposto a envolver-se no caso e faria tudo para que Liana aceitasse sua proposta.

Alberto foi para casa disposto a tratar do assunto no dia seguinte. Liana parecia mais fraca e deprimida a cada dia. Tinha de agir o quanto antes.

No dia seguinte, Alberto, contudo, não conseguiu falar com Liana. Eulália não a deixara um só momento, preocupada com sua palidez, desejosa de alegrá-la, tentando conversar.

No sábado, ele combinou uma aula extra com as crianças só para tentar se aproximar dela. Estava com as crianças no jardim, quando Mário chegou e, logo em seguida, Norberto. Depois de cumprimentá-lo, conversou com Nico e inteirou-se de seus progressos.

Liana estava lendo na sala, e Mário dirigiu-se a ela. Sentia-se triste, desanimado.

— Então, Liana, sente-se melhor?

— Sim — respondeu ela tentando dissimular o mal-estar.

Mário olhou o rosto pálido, o ar abatido da noiva, e disfarçou a tristeza.

— Você parece melhor — mentiu.

Norberto aproximou-se com Eulália:

— Você continua na mesma, Liana — disse ele.

— Norberto acha que os ares de Sertãozinho não lhe fizeram bem. Quer que vá ficar algum tempo em São Paulo.

— Eu estou bem. Não quero viajar agora.

— Você está definhando aqui — respondeu Norberto com tristeza. — Uma jovem cheia de vida como você não pode ficar aí, nessa apatia, nessa depressão. Vou levá-la para São Paulo, e lá o doutor Caldas dará jeito em sua saúde. O que não pode é ficar como está. A cada dia que passa está mais magra e triste.

— Impressão sua. Estou bem. Quero ficar aqui com Eulália e as crianças.

Eulália fez ligeiro aceno ao marido para que se calasse. Sabia que com Liana era contraproducente insistir. O melhor seria esperar um momento mais oportuno e voltar ao assunto.

Depois do almoço, os dois casais, em companhia do professor, foram sentar-se no caramanchão para o café.

Alberto notava que Liana fazia tudo para esquivar-se de Mário, que ia ficando cada vez mais desanimado.

Houve um momento em que ele não suportou mais a pressão e saiu. Alberto acompanhou-o, andando ao seu lado.

— Calma — recomendou ele.

— Não consigo entender o que há de errado com ela. Primeiro, aceitou meu pedido, mas parece que se arrependeu. Vive se esquivando, não permite nenhuma intimidade. Afinal, somos noivos, pretendemos nos casar logo. Há momentos em que chego a duvidar de seu amor. Acho que ela se arrependeu de aceitar meu pedido. Não pode haver outra explicação.

— Pode ser.

— Ela não age como uma noiva. É fria, desinteressada. Quando fala de nosso casamento, parece falar de um enterro.

— Se sente assim, por que não fala francamente com ela? Em um relacionamento deve haver sinceridade. Não dá para começar uma vida a dois sem que haja entendimento.

— Tem razão. Eulália me garantiu que está tudo bem, que Liana me ama e que ela está doente. Mas, nesse caso, por que se recusa a ir tratar-se em São Paulo?

— São perguntas que só ela poderá responder. Se eu estivesse em seu lugar, não iria embora sem ter uma conversa franca com ela.

— É. Acho que tem razão. Tentarei fazer isso. Obrigado pelo conselho.

Quando os dois voltaram ao caramanchão, Eulália tentou alegrar o ambiente falando sobre as crianças, principalmente sobre como Eurico estava melhorando e aprendendo.

— Eurico é um menino muito inteligente — esclareceu Alberto.

— Até que enfim escuto alguma coisa boa em relação a ele — comentou Norberto. — É um alívio ver que, aos poucos, ele está acompanhando os outros dois e interessando-se pelas coisas. Para mim, é um verdadeiro milagre. Graças a você, Alberto.

— E a Nico. Esse menino, além de muito bom e prestativo, tem um carisma especial. Todos gostam dele na vila.

— Ele é muito bem-educado; nem parece filho de gente tão humilde. O pai é um ignorante — disse Eulália.

— Mas a mãe dele é muito educada — respondeu Alberto.

— Isso é. Esteve aqui, sabe como se portar.

— Do jeito que eles estão, dentro de um ano ou pouco mais, poderão tirar o diploma do primário.

— Já? — indagou Eulália com satisfação. — Amelinha também?

— Sim. Ela os acompanha com facilidade. É uma menina muito viva e inteligente.

— Acho que a melhor coisa que fizemos foi contratá-lo para ensiná-los. Na escola, eles teriam de esperar mais tempo para terminar os estudos — tornou Norberto.

— É o método que o professor usa — interveio Liana. — Ele tem um método de ensino revolucionário e muito eficiente. Eu mesma, se voltasse a lecionar, tentaria aplicá-lo.

Mário olhou surpreendido para o professor. Fora para falar dele que Liana se interessara no assunto. Sentiu uma ponta de ciúme. Enquanto Mário ficava o tempo todo ausente, o professor estava lá todos os dias, e esse pensamento incomodou-o. Certamente, eles conversariam bastante. Liana parecia bem informada sobre as atividades de Alberto.

Nervoso, Mário mordeu os lábios. E se fosse isso? E se ela estivesse se interessando pelo professor?

Olhou-o com atenção e teve de reconhecer que Alberto era um homem bonito, bem-posto e elegante. Passava serenidade, segurança, como se soubesse o que fazer em qualquer circunstância. Era culto, inteligente, um escritor. Não seria perigoso deixá-lo ali, em convivência diária com Liana? Falaria com Norberto a respeito.

No fim da tarde, quando o professor se despediu, ele esperou que as mulheres se recolhessem antes do jantar para conversar com Norberto.

— Você não se preocupa, estando sempre ausente, em deixar o professor aqui, frequentando sua casa diariamente?

— Por que pergunta isso?

— Por que ele é muito moço, inteligente e prestativo. Qualquer mulher pode interessar-se por ele.

— Não estou entendendo aonde quer chegar, Mário.

— Liana interessou-se por nossa conversa só para elogiá-lo.

173

— Você está com ciúme. O professor foi muito bem recomendado e trata-se de pessoa séria e de confiança. Além disso, Eulália nunca notou nada nele que a desagradasse. Alberto tem se mostrado discreto, educado e tem cumprido bem sua tarefa de educador.

Mário inquietou-se, e a expressão de seu rosto modificou-se um pouco quando ele disse:

— Sinto que precisamos tomar cuidado com ele. Acho que está interessado em Liana. Gostaria que o afastasse desta casa.

Norberto olhou-o surpreendido. Mário modificara-se. Nem parecia a mesma pessoa. Sua voz estava mais dura, seus olhos mais abertos, e falara em um tom agressivo que nunca usara.

Tentou contemporizar. Se o professor estivesse interessado em Liana, Eulália teria percebido. Além disso, não tinha por que afastar Alberto, justamente quando as crianças estavam aproveitando tanto. Ele nunca dera motivos para isso.

— Não posso fazer isso — Norberto respondeu com voz firme. — Você está enganado. Alberto tem sido impecável. Não temos nenhum motivo para despedi-lo. Ao contrário, precisamos muito dele. As crianças estão aprendendo e, o que é melhor, sentindo prazer em estudar. O ciúme é mau conselheiro, Mário. Não se deixe envolver por ele. Não há nada entre Liana e o professor.

— Espero que você não venha a se arrepender mais tarde.

— Você está assim porque Liana está desmotivada com o casamento.

— Às vezes, apesar de Eulália afirmar o contrário, penso que ela não me ama.

— Para ser bem franco com você, que é meu amigo, eu também penso assim.

— Pensa o quê?

— Que ela não o ama o suficiente para consumar o casamento. Não parece interessada nem na cerimônia, que sempre motiva uma moça.

Mário empalideceu, e Norberto continuou:

— Se eu fosse você, daria a ela chance de romper o compromisso.

— Acha isso? Por quê? Ela falou alguma coisa?

— Não. Ela nunca diria nada, principalmente para mim. Estou falando baseado nas atitudes que ela vem mantendo quanto ao casamento. Além disso, ela não me parece uma noiva amorosa e ansiosa para a chegada do noivo. Noto nela até certa frieza quando você chega. Desculpe-me dizer isso, mas você é meu amigo e não desejo que continue iludido.

— Várias vezes, tenho repetido a mim mesmo o que está me dizendo. Só não tenho coragem de colocar.

— Por quê? Prefere viver nessa angústia? Eu teria acabado logo com a situação. Apesar de tudo, a verdade é sempre melhor que a ilusão.

Mário respirou fundo:

— É, tem razão. Amanhã mesmo falarei com ela. Ou marcamos o casamento para o mês que vem ou acabamos tudo.

Norberto tentou contemporizar:

— Não precisa ser tão radical.

— Tenho de fazer as coisas do meu jeito. Ou ela marca a data, ou rompemos definitivamente. Não vou mais aceitar desculpas para protelar.

Norberto mordeu os lábios e não respondeu. E se Liana marcasse o casamento? Ele sabia que ela desejava sair daquela casa para fugir do remorso.

— Talvez convenha não pressioná-la desse jeito. Ela está doente. É preciso ter paciência.

— Não o entendo. Há pouco me aconselhou a buscar a verdade.

— Descobrir se ela o ama. Depois, conforme o resultado, você toma sua decisão.

— Vou pensar.

— Pense. Se chegar a uma conclusão, avise-me. Farei tudo para ajudá-lo.

— Obrigado.

Depois dessa conversa, Mário sentiu-se mais inquieto. Sentia que Liana não o amava, mas teimava em não aceitar a ideia. Norberto, com suas palavras, expressara o que ele não desejava admitir.

Apesar disso, Mário temia conversar com Liana sobre o assunto. E se ela, aproveitando a ocasião, rompesse definitivamente com ele?

No início do namoro, Mário sentia que a amava, e esse sentimento era prazeroso, mas, nos últimos tempos, quanto mais ela se esquivava, mais ele se inquietava, e esse amor transformara-se em paixão, deixando-o infeliz, mas ao mesmo tempo sem coragem para um rompimento. Só em pensar nisso, sentia aumentar sua agonia.

Ele nunca se sentira assim por nenhuma mulher. O que estava acontecendo com ele? Por que não se sentia com forças para terminar tudo de uma vez?

À noite, Mário não conseguiu dormir. O dia já estava clareando, quando do ele resolveu que não iria embora sem ter uma conversa franca com ela.

***

O domingo amanheceu nublado, embora ainda um pouco quente, e já passava das dez quando Mário acordou. Ele levantou-se apressado, arrumou-se e desceu. Hilda estava na copa e, vendo-o, aproximou-se:

175

— Bom dia, Mário. Venha. Vou mandar servir-lhe o café.

— Desculpe, dona Hilda, perdi a hora.

— Domingo é dia de descanso. Sente-se, por favor.

Depois do café, Mário foi até a sala onde Liana estava lendo e aproximou-se:

— Bom dia, Liana. Sente-se melhor?

— Bom dia. Estou bem, obrigada.

— O que está lendo?

— *Pelos Caminhos da Metafísica*, do professor Alberto.

Mário sobressaltou-se. A situação era pior do que ele imaginava. Fingiu indiferença e considerou:

— É um assunto árido. Não pensei que se interessasse por essas coisas.

— Engana-se. Trata-se de um tema muito interessante, que nos ensina a enxergar a vida de uma forma diferente de tudo que aprendemos. É esclarecedor.

Mário mordeu os lábios. Ela defendia Alberto com calor.

— Os intelectuais inventam teorias para justificar sua postura e ganhar dinheiro com elas.

— Alberto não é um intelectual. É um homem simples, lúcido, de grande conhecimento.

— Você o admira!

— É um bom amigo. Tem me ajudado muito em meus momentos de depressão.

Mário aproximou-se, tomou as mãos de Liana e perguntou emocionado:

— Você está apaixonada por ele?

Ela soltou as mãos e olhou-o admirada.

— Você está misturando as coisas. Ele é só um bom amigo. Nada mais.

Ele não se conteve:

— Esta situação não pode mais continuar. Precisamos esclarecer tudo. Tenho tido muita paciência, mas estou chegando ao limite de minha resistência. Eu amo você. Vivo sonhando com nosso casamento, Liana, entretanto, não noto em você o mesmo entusiasmo. Vive se esquivando e há momentos em que me evita abertamente. O que está acontecendo? Você não me ama?

Liana empalideceu. Não queria perder a chance de deixar a casa da irmã, mas, ao mesmo tempo, havia algo dentro dela que sentia repulsa por Mário. Era impossível evitar isso. Tentou contemporizar:

— Mário, tente entender. Tenho estado doente, deprimida. De repente, a vida perdeu todo o significado para mim. Nada mais me entusiasma. Parece que estou morta. Aliás, talvez essa seja a melhor solução para mim.

— Por que diz isso? Você é jovem, bela, e há pouco tempo era cheia de vida, de entusiasmo. O que está acontecendo com você? Por que, de repente, perdeu toda a alegria e vontade de viver? Sou seu noivo, eu a amo, e estou disposto a fazer tudo para ajudá-la. Seja sincera, conte-me: o que foi que a deixou tão triste?

— Não aconteceu nada.

— Ainda não respondeu à minha pergunta. Você me ama?

Liana olhou-o indecisa. A pergunta era direta, e ela sentia que não podia mentir. Respirou fundo e respondeu:

— No momento, estou incapaz de amar.

— Então, é verdade mesmo. Você não me ama.

— Não me sinto capaz de ter qualquer sentimento.

— Pelo jeito, nosso noivado tornou-se um fardo pesado para você.

— Eu não disse isso.

— Não, mas suas atitudes falam por você. Não precisa me dizer mais nada, Liana. Eu a liberto do compromisso. Vou-me embora agora mesmo.

Liana colocou a mão sobre o braço de Mário e disse:

— Sinto muito, Mário. Não queria magoá-lo. Gosto de você, pois é um homem bom, generoso e sincero. No momento, contudo, não estou em condições de retribuir seus sentimentos nem de consumar um casamento que faria sua infelicidade. Por favor, perdoe-me.

— Você gosta de outro?

— Não. Como lhe disse, estou incapaz de amar quem quer que seja. Estou morta, Mário. E um morto não sente nada. Entendeu?

— Não posso entender por que você age assim.

— Eu também não entendo o que está acontecendo comigo.

— Se pelo menos você concordasse em se tratar, em ir a São Paulo. Lá temos excelentes médicos. Falarei com Eulália. Você não pode continuar aqui desse jeito. Ela precisa fazer alguma coisa com urgência.

— Não se preocupe. No momento, só desejo paz.

Eulália entrou na sala e, vendo-os, parou indecisa. Percebeu logo que algo havia acontecido entre eles. Ia retirar-se, quando Mário tornou:

— Venha, Eulália. Chegou em boa hora. Acabamos de ter uma conversa definitiva. Liana confessou que não me ama, e por isso resolvemos romper nosso compromisso. Vou arrumar minhas coisas e voltar para São Paulo agora mesmo.

Eulália aproximou-se e olhou-os com preocupação. Tentou contornar a situação:

— Não se precipite, Mário. Liana está deprimida, nervosa. Tenho certeza de que ela não quis dizer isso.

177

— Ela foi delicada o bastante para dizer que no momento se sente incapaz de qualquer sentimento de amor.

— É por causa do estado dela.

— Eu sei, Eulália, contudo, também não me sinto capaz de suportar a indiferença dela. Eu a amo e respeito. Não quero ser um peso a mais em sua vida. Por isso, peço-lhe que desculpe minha fraqueza, mas nosso noivado está desfeito.

Eulália tentou dissimular o desapontamento. Liana estava sendo muito precipitada aceitando o rompimento. Perder um partido daquele! Por certo, iria arrepender-se.

— Não fale como se esse fosse o único caminho. Por que não dá um tempo até que Liana se restabeleça? Quando ela ficar boa, poderão voltar ao assunto.

— Ela sabe que eu a amo e que, se um dia sentir que me ama, retomaremos nosso compromisso. Por enquanto, ela está livre. Vou arrumar minhas coisas. Com licença.

Depois que Mário saiu, Eulália voltou-se para a irmã, mas, antes que dissesse alguma coisa, Liana pediu:

— Não diga nada, por favor. Estou cansada demais para suportar mais uma cena. Deixe as coisas como estão. Foi melhor assim.

— Como pode dizer uma coisa dessas? Perder um partido desses? Um engenheiro, bonito, rico, apaixonado. Um dia, você se arrependerá do que está fazendo.

— Eu nunca poderia fazê-lo feliz. Não posso estender minha infelicidade e prejudicar sua vida. Foi melhor assim.

Eulália impressionou-se com o tom com que Liana disse aquelas palavras.

— Não posso vê-la se acabando desse jeito. Dizendo que é infeliz! Sempre fiz tudo por sua felicidade. Não posso entender sua atitude.

— Você sempre foi tudo para mim, Eulália. Sinto muito estar dando tanto trabalho. Infelizmente, não posso evitar. Venho me sentindo tão mal... tão deprimida...

Eulália abraçou-a com carinho.

— Você ficará boa. Tenho certeza disso.

Liana não respondeu. Sentia-se imersa em grande apatia e só pensava em ficar quieta, descansar e esquecer.

CAPÍTULO 13

A partir desse dia, Liana passou a sentir-se mais fraca. Norberto, que a princípio ficara aliviado com o rompimento do noivado, preocupou--se mais.

Tentou conversar com ela, aproveitando um momento em que Eulália se ocupou com o banho dos filhos.

— Liana, você precisa reagir. Não pode ficar desse jeito. Mário já se foi, e você agora é livre. Pode viver sua vida em paz.

— Eu preciso sair desta casa. Agora, sem o casamento, ficou mais difícil.

— Não tem de fazer isso. Escute, eu a amo muito e quero que me perdoe pelo mal que lhe fiz. Eu estava louco. Não pude me controlar. Por favor, não me castigue dessa forma.

— Você não é culpado. Eu é que deveria ter me contido.

— Trate de esquecer. Juro que nunca mais a incomodarei com meu amor. Só lhe peço que continue aqui. Eulália a ama muito, e as crianças a adoram. Por favor, reaja. Estou disposto a cuidar melhor de minha família, pois esse é meu dever. Sossegue seu coração e esqueça o passado. Não se atormente com o que já aconteceu. Não podemos voltar atrás e mudar os fatos.

— Ah, se eu pudesse fazer isso!

— Mas não pode. De que adianta se atormentar? Não suporto vê-la se acabando desse jeito. Prometa que vai reagir e voltar a ser a mesma de antes, para a alegria de toda a nossa família.

Ele tinha lágrimas nos olhos, e Liana tentou sorrir:

— Farei o possível. Você vai ver. Vou melhorar.

179

Entretanto, isso não aconteceu. Apesar de se esforçar, Liana sentia imensa fraqueza e muitas vezes um sono incontrolável. Tinha enjoos com frequência e mal-estar.

***

Duas semanas depois do rompimento do noivado de Liana, Alberto foi à reunião na casa do doutor Marcílio, e eles receberam a visita do espírito interessado em ajudar Liana.

Depois de identificar-se com o nome de Anita, ela chamou por Alberto:

— Precisamos tomar algumas providências com urgência. A cada dia que passa, Firmino consegue mais ascendência sobre Liana. Temos de impedi-lo. Alberto, você tem de tirar Liana daquela casa imediatamente. Não podemos mais esperar. Se demorar, poderá ser tarde demais.

— Como fazer isso? Eulália não aceita sequer falar sobre espiritualidade naquela casa.

— Dê um jeito. Faça qualquer coisa, mas a tire de lá.

— Vou pensar em uma solução. Espero que me ajudem.

— Estamos ajudando. Só precisamos que a tire daquela casa.

— Vou ver o que posso fazer.

— Que seja o quanto antes.

— Amanhã mesmo tentarei uma solução.

Após o término da reunião, eles ficaram conversando e tentando encontrar uma saída. Depois de muito pensar, Alberto propôs:

— Amanhã à noite, quando a casa estiver silenciosa, eu entrarei e retirarei Liana de lá. Eu a levarei para minha casa.

— Será um escândalo — disse Adélia. — No dia seguinte, toda a cidade comentará. Eulália irá buscá-la e levá-la para casa. Não adiantará.

— Vai, sim. Você, Marcílio, me ajudará, pois é amigo do juiz. Basta convencê-lo a realizar nosso casamento e pronto. Quando Eulália aparecer, estaremos casados. Não haverá nenhum escândalo, e tudo estará resolvido. Poderemos fazer todo o tratamento de Liana livremente.

— Você está disposto a casar-se com ela? Não está indo longe demais?

— Não. Será a única forma de fazê-la sair de lá e da família de Liana deixar de intervir diretamente na vida dela. Só precisamos do juiz.

— Só há um problema. Casamento não se faz assim, de um dia para o outro. Há que ter certo tempo para os papéis.

— Não se você convencer o juiz e garantir que ambos somos livres. Tenho documentos em ordem e sou viúvo. Liana é muito conhecida e é solteira. Acho que será a única forma de a retirarmos daquela casa.

— O professor tem razão — concordou Adélia. — Otaviano é seu amigo de longa data. Se você pedir e contar o motivo, ele fará.

— Posso tentar, contudo, é possível que demore. Anita disse que é urgente.

— Precisamos fazer isso. A meu ver, é o único caminho — tornou Alberto.

— Amanhã cedo, vou procurá-lo. Assim que tiver alguma notícia, eu aviso.

Eles despediram-se. Naquela noite, Alberto custou a dormir, imaginando como faria para tirar Liana daquela casa sem que os outros soubessem.

No dia seguinte, Alberto esperou ansiosamente notícias do médico.

Ele passou em sua casa ao meio-dia. Depois de fazê-lo entrar, Alberto perguntou:

— E então?

— Bem, ele a princípio recusou. Tem amizade com Norberto e receia que ele não aprove o casamento. Contei-lhe uma história que me ocorreu na hora. Deus me perdoará a mentira.

Alberto sorriu:

— O que foi que disse?

— Que vocês estão apaixonados. Como Liana rompeu o noivado para se casar com você, a família dela é contra porque Mário os ameaçou de morte. Esse é o motivo pelo qual vocês desejam se casar à noite, às escondidas, para evitar a ira do engenheiro. Vendo o caso consumado, ele terá de se conformar.

— Puxa, você é bom nisso! Eu sou o escritor, e você é quem tem a melhor história.

— Bom, aí ele concordou. Conheço Otaviano. É um romântico. Até há pouco tempo fazia serenatas no meio da noite. Além disso, eu não poderia dizer que estávamos fazendo tudo isso por causa dos espíritos. Ele é descrente. Pensaria que estamos loucos e se recusaria.

— Fez muito bem.

— Só que não dá para ser hoje à noite. Temos de apanhar os documentos e levar para ele preparar tudo. Terei de assinar os papéis como testemunha de que vocês são livres e podem se casar.

— Posso lhe entregar meus documentos já. Só preciso conseguir os de Liana.

— Como pensa em convencê-la a participar? Acha que ela concordará com isso?

— Creio que sim.

Alberto apanhou todos os seus documentos e entregou-os ao médico.

181

— Vou para a mansão daqui a pouco. Hoje à tarde, levarei os documentos dela em sua casa.

— Estarei esperando.

Enquanto Alberto se dirigia à mansão, pensava numa forma de conseguir o que pretendia. Não sabia onde Eulália guardava os documentos de que precisava. Talvez as crianças pudessem ajudar a descobrir.

Uma vez reunido com eles na sala de aula, Alberto começou:

— Nós somos amigos, e sei que posso contar com vocês. Eu e o doutor Marcílio estamos empenhados em ajudar Liana. Ela está pior a cada dia.

— É a alma do coronel que a está perturbando — disse Nico.

— Ele garantiu que vai levá-la com ele — interveio Eurico. — Você acha que ele tem esse poder?

— Não quero que ele leve tia Liana embora! — lamentou-se Amelinha com voz chorosa.

— O doutor Marcílio sabe lidar com esses casos. Faz sessões em sua casa e tem a ajuda de alguns espíritos bons. Nós fizemos uma consulta para Liana, e eles nos disseram que precisamos tirá-la desta casa o quanto antes.

— Ela não quer ir — disse Amelinha.

— O coronel não deixa — ajuntou Eurico.

— Foi isso mesmo que disseram na sessão. Mas eles nos ajudarão a conseguir isso.

Alberto contou seu plano e finalizou:

— O juiz concordou em fazer os papéis, mas preciso levar os documentos de Liana.

— Mamãe guarda todos os documentos na gaveta da escrivaninha — disse Amelinha.

— Tia Liana já sabe que você quer se casar com ela?— perguntou Eurico.

— Ainda não. Pretendo conversar com ela ainda hoje.

— E se ela disser não? — ponderou Amelinha

— Ela deseja melhorar. Dirá sim — contrapôs Alberto.

— Mamãe ficará furiosa! — disse Amelinha.

— Ela não poderá fazer nada, quando descobrir que já estão casados. O difícil será tirar tia Liana daqui. Se vocês vissem a cara do coronel quando diz que não a deixará...

— Eu sei, Eurico, mas nós temos fé em Deus. Além disso, os bons espíritos prometeram nos ajudar. Só preciso que peguem esses documentos ainda hoje.

— Eu farei isso — propôs Amelinha.

— Quando você falará com tia Liana? — perguntou Eurico.

— Hoje, depois de nossa aula.

— Não conseguirei prestar atenção em nada com tudo isso acontecendo aqui! — tornou Amelinha. — Será que a alma do coronel aparecerá de novo para ela?

— Ele que não apareça para mim! Não quero mais ver a cara dele — reclamou Eurico.

— Pois eu queria muito vê-lo — disse Nico. — Não tenho medo. Se ele aparecer, lhe direi poucas e boas. Onde já se viu fazer Liana sofrer? Ela sempre foi tão boa?

— Não é hora de brigar, Nico. Agora, todos nós precisamos rezar para que dê tudo certo. A alma do coronel é atormentada e precisa muito de oração. Vamos ajudá-lo a sentir o quanto está se prejudicando.

— Agora mesmo vou ver se consigo pegar esses documentos — disse Amelinha.

— Cuidado! Sua mãe não pode perceber nada. Vamos agir como sempre. Esse é mais um segredo nosso.

— Você se casará com minha tia e será meu tio. Que bom! — tornou Amelinha, alegre.

— Você a ama? — indagou Eurico.

— Eu gosto muito de Liana, mas nosso casamento não é de amor. Não estamos namorando, se é isso que quer saber. Só nos casaremos no papel por causa da maldade das pessoas. Se ela for morar em minha casa sem se casar, todos, a começar por sua mãe e seu pai, pensarão que estamos agindo mal. Teremos de nos casar para que nos deixem em paz e para que ela possa fazer esse tratamento.

— Se dona Eulália aceitasse o tratamento com os espíritos, vocês não precisariam se casar — disse Nico.

— Isso mesmo. Eu gosto muito de Liana e desejo que ela fique bem. Quero levá-la para minha casa para poder ajudá-la do jeito certo.

— Mamãe se zangará. E se ela não deixar mais você vir aqui para nos dar aula? — perguntou Amelinha.

— Se ela fizer isso, se arrependerá — disse Eurico. — Ficarei doente novamente.

— Você não precisa adoecer para conseguir o que quer. Pode fazer isso de outra forma.

— Como? Ela nunca me escuta! Nunca acreditou que eu vejo alma do outro mundo!

— É difícil para ela. Com o tempo ela saberá que tudo quanto você dizia era verdade. Agora vamos estudar.

183

— Será difícil prestar atenção. Minha cabeça está fervendo! — retrucou Amelinha.

— A minha também — disse Eurico.

— Temos de fazer tudo como sempre. Ninguém pode desconfiar de nossos planos.

— O professor tem razão — concordou Nico. — Temos de enganar até a alma do coronel.

— Será que ele não está ouvindo nossa conversa? — perguntou Amelinha.

— Não o estou vendo aqui agora — garantiu Eurico.

— Vamos pedir a Deus que ele não perceba — disse Alberto.

Quando terminou a hora da aula, Alberto disse que iria conversar com Liana, e, enquanto isso, Amelinha cuidaria de pegar os documentos da tia. Alberto encontrou-a na sala estendida no sofá, tendo nas mãos um livro que nem sequer abrira. Vendo Alberto aproximar-se, Liana tentou sorrir.

— Como vai? — indagou ele com interesse.

— Bem. E você?

— Vim para conversar. Onde está Eulália?

— Na copa com Hilda.

— Temos de falar a sós. É importante. Gostaria de andar um pouco pelo jardim?

Ela suspirou desanimada:

— Estou tão cansada! Não pode ser aqui?

— A tarde está muito bonita. Um pouco de ar lhe fará bem. Você tem ficado muito dentro de casa.

— Não tenho ânimo para sair.

— Poderíamos nos sentar no caramanchão. Venha. Vou ajudá-la a levantar-se.

Ele apanhou sua mão e ajudou-a a levantar-se.

— Estou tonta — reclamou ela, apoiando-se nele.

— Segure-se em meu braço. Vamos andar um pouco.

Ela obedeceu-o, e saíram. Alberto acomodou-a no banco do caramanchão e sentou-se ao lado de Liana, fitando-a penalizado. A moça emagrecera bastante, e seu rosto estava pálido, olhos encovados, lábios sem cor. Estava muito diferente da moça cheia de vida que ele conhecera ao chegar ali.

Sentiu que não havia tempo a perder. Depois de uma ligeira olhada para ver se não havia ninguém por perto, foi direto ao assunto:

— Fiz uma consulta para você na sessão na casa do doutor Marcílio. Eles confirmaram tudo o que Eurico disse sobre a alma do coronel.

— Então é mesmo verdade?

— Claro. Ninguém lá sabia que Eurico o havia visto.

— Que horror! Não quero ver aquele homem horrível outra vez. Só em pensar nisso fico gelada.

— Calma, Liana! Os bons espíritos prometeram nos ajudar a libertá-la dele. Vão ajudá-lo também a esclarecer-se. Ele está iludido, preso no passado. Agora é hora de resolver problemas que vocês não conseguiram solucionar em outras vidas.

— Custa-me crer! Nunca vi esse homem antes!

— Isso não importa agora. O importante é que ele se agarrou a você, está sugando suas forças e que você não está conseguindo se libertar.

— Não quero que ele fique perto de mim.

— Para isso, é preciso que você saia desta casa o quanto antes. Uma vez fora daqui, será tratada pelo doutor Marcílio, que conhece esse assunto, e pelos bons espíritos que o ajudam.

— Não posso sair daqui!

Alberto apanhou a mão gelada de Liana e apertou-a com carinho:

— Pode e sairá amanhã à noite. O doutor Marcílio e eu temos um plano para libertá-la. Amanhã à noite, virei buscá-la sem que ninguém saiba e você irá para minha casa. Lá, um juiz estará com os papéis prontos e fará nosso casamento. Você ficará morando comigo até estar em condições de cuidar de sua própria vida. Será um casamento de aparência. Para todos, estamos apaixonados, mas, na intimidade, seremos como irmãos. Dessa forma, você estará livre de todos os problemas que a afligem e com sua situação regularizada perante sua família.

— Eulália ficará furiosa.

— Norberto ainda mais. Apenas no princípio. Depois, com o tempo, tudo se normalizará. Afinal, eles desejam sua felicidade.

— Não sei... é arriscado. Não posso envolvê-lo em meus problemas.

— Já me envolvi o suficiente. Não tolero vê-la definhar dessa forma. Gosto muito de você. Deixe-me lhe devolver a alegria e o bem-estar que você merece.

— Só em pensar em sair daqui, me dá um medo...

— Eu sei, mas, ao meu lado, nada de mau acontecerá. Não a deixarei um minuto sequer.

Liana apertou a mão dele com força:

— Meu Deus! Estou me sentindo tão fraca!

— Você não é fraca. Ao contrário. Você é forte e conseguirá sair dessa com a ajuda de Deus.

— Não sei, não...

185

— Diga que sim, e eu tomarei conta de tudo.

— Está bem. Irei. Quero acabar com essa situação, ainda que seja à custa da própria vida.

— Você viverá saudável e feliz. Amanhã depois da aula, conversaremos para acertar o horário em que virei apanhá-la. É absolutamente necessário que guarde segredo. As crianças sabem e estão nos ajudando, mas não convém conversar sobre isso, pois alguém pode ouvir. Todo cuidado é pouco.

— O que eles dizem?

— Eles a amam muito e querem vê-la boa.

— Nunca pensei que chegaria a este ponto...

— Não se lamente. Você é muito querida e tem muitos amigos. Agora vamos voltar para a sala antes que alguém desconfie.

Liana apoiou-se no braço dele, e os dois se dirigiram para a casa exatamente no momento em que Eulália saía olhando atenta para todos os lados. Vendo-os, suspirou:

— Não a vi na sala e fiquei preocupada. Está bem?

— Estou melhor, obrigada.

— Liana precisa sair um pouco, respirar ar puro.

— Ele tem razão, Liana. Eu insisto, mas ela não quer.

Alberto conduziu-a até o sofá da sala, e, quando estava se despedindo, Nico apareceu perguntando:

— O senhor vai passar perto da casa da minha mãe?

— Vou, Nico. Quer carona até lá?

— Quero. Posso ir, dona Eulália?

— Pode. Só não volte muito tarde. Eurico fica impossível enquanto você não chega. Nunca vi. Parecem irmãos siameses. Vivem um grudado no outro.

— Não vou demorar. Verei minha mãe e voltarei logo.

Quando estava no carro, Nico tirou um envelope do bolso e entregou-o ao professor.

— Veja se são esses os documentos de que precisa.

Ele verificou e sorriu satisfeito:

— Está tudo certo. Quem pegou?

— A Amelinha. Ela é danada de esperta. Enquanto o Eurico dava trabalho para a dona Eulália na cozinha, ela subiu e pegou tudo. Ninguém percebeu.

— Ela é muito esperta.

— E a Liana? Ela concordou?

186

— Relutou um pouco, mas concordou. Amanhã, quando todos estiverem deitados, voltarei para buscá-la sem que ninguém saiba. Precisarei da ajuda de vocês. Na aula de amanhã combinaremos tudo. Tenho de ver com o doutor Marcílio o que é melhor fazer.

— Puxa vida! Eurico e Amelinha gostarão de saber. Eles pediram que eu perguntasse tudo.

— Diga-lhes que está tudo combinado. Amanhã trataremos dos detalhes.

Depois de deixar Nico em casa, Alberto dirigiu-se à casa de Marcílio e entregou-lhe os documentos com satisfação.

— Está tudo combinado. Liana aceitou. As crianças estão nos ajudando.

— Como pensa em tirá-la de lá?

— Amanhã à noite, depois que todos dormirem, irei buscá-la. Ficarei esperando do lado de fora. Pedirei para Nico me fazer um sinal quando todos estiverem dormindo.

— Precisa ir prevenido. Fazer prece antes. O coronel Firmino pode tentar impedir que Liana saia da casa.

— De que forma?

— Acordando alguém, aparecendo novamente para ela, ou mesmo fazendo-a perder os sentidos.

— Nesse caso, seria melhor que você fosse comigo.

— Posso ir. O juiz ficou de ir para minha casa lá pelas nove horas.

— É cedo. Eulália pode estar acordada ainda.

— Ele sabe que vocês fugirão e ficará esperando o quanto for preciso. Aliás, Adélia já preparou alguns quitutes e uma cervejinha gelada do jeito que ele gosta.

— Está bem. Combinado. Passarei em sua casa às nove, e iremos juntos até a mansão esperar o sinal.

Quando Alberto chegou em casa, foi ao quarto verificar se tudo estava em ordem. Desde que tivera a ideia de levar Liana para sua casa, transformara o quarto de vestir em um quarto de hóspedes. Mandara limpar tudo com carinho. No dia seguinte, compraria flores para colocar sobre a cômoda. Queria que Liana se sentisse confortável em sua casa.

Deitou-se, mas não conseguiu dormir. Sentia-se emocionado e inquieto. Mais uma vez, sua vida se modificaria na noite seguinte. Não tinha dúvida de que conseguiriam libertar Liana do assédio do coronel, mas, quanto aos problemas íntimos que a moça carregava dentro do coração, só ela poderia resolver. E para isso precisava deixar o passado ir embora e retomar a alegria de viver.

187

CAPÍTULO 14

Na tarde seguinte, quando o professor chegou à mansão, encontrou as crianças ansiosas para saber os detalhes do plano daquela noite.

— Vamos precisar da ajuda de vocês — disse ele.

— Chi...! Ninguém pode saber. Se mamãe descobrir... — lembrou Amelinha.

— Não seja boba, ela não vai saber. Nós não vamos contar — garantiu Eurico. — E, depois, quando ela descobrir, já será tarde. Eles estarão casados e pronto!

— A ajuda que vou precisar será pouca. Ninguém vai descobrir, a não ser que vocês contem.

— Como vai ser? — perguntou Nico.

— Hoje, mais ou menos às nove da noite, eu e o doutor Marcílio viremos buscar Liana. Ficaremos na rua dos fundos esperando todos irem dormir. Aí precisaremos de ajuda. Vocês irão para a cama como sempre, mas deverão ficar acordados nos esperando. Quando perceberem que todos já se recolheram e todas as luzes se apagaram, acendam e apaguem a luz do quarto de Eurico três vezes. Esse será o sinal, e assim saberemos que é hora. Vocês avisarão Liana e a ajudarão a sair.

— E se o coronel aparecer e ela não puder ir? — perguntou Eurico.

— Nesse caso, vocês terão de dar o mesmo sinal, e nós entraremos para buscá-la.

— E a porta? Hilda costuma fechá-la bem — lembrou Amelinha.

— Posso descer e abrir para vocês — propôs Nico.

— Não, eu vou. Se mamãe descobrir que foi você quem abriu a porta, pode não deixar mais você ficar aqui. Sabe como ela é. Comigo não poderá fazer nada — interveio Eurico.

189

— Aprecio sua coragem, Eurico. Acho que tem razão — concordou Alberto.

— Não tenho medo — disse Nico. — Para ajudar a Liana, faria tudo. Depois, sei como andar sem fazer barulho. Ninguém saberá que fui eu.

— Bem, isso só acontecerá no caso de Liana ter dificuldade de sair. Por isso, o doutor Marcílio virá junto. Deus nos ajudará. Tudo dará certo.

— Ela terá de arrumar uma mala. Terei de ajudá-la a carregar, pois ela está tão fraca... — lembrou Nico.

— Não se preocupe com isso. Ela não precisará levar nada. O principal é sair daqui e nos casarmos esta noite. Amanhã, quando todos souberem, viremos buscar os pertences dela.

— Puxa! Queria estar lá na hora do casamento! — lamentou-se Amelinha. — Terá bolo de noiva?

— Deixe de ser boba — tornou Eurico. — Eles se casarão sem nada disso.

— Terá um bolo, sim. A esposa do doutor Marcílio preparou uma comemoração ligeira. É mais para comemorar a libertação de Liana.

— Está vendo só? — rebateu Amelinha. — O bobo é você. Todo casamento tem bolo, e eu queria comer um pedaço do bolo de casamento de tia Liana.

— Não sei como as coisas estarão amanhã, mas, se der jeito, trarei ou mandarei um pedaço do bolo para vocês, afinal, sem a ajuda que nos deram, seria muito difícil conseguirmos realizar nossos planos.

Após a aula, o professor despediu-se e lembrou:

— Agora, falarei com Liana para confirmar os detalhes. Estamos combinados. Quando todos estiverem dormindo e todas as luzes apagadas...

— Nós acenderemos e apagaremos a luz de meu quarto três vezes.

— Aí iremos ao quarto da tia ajudá-la a sair ao encontro de vocês... — completou Amelinha.

— Se houver alguma dificuldade, repetiremos o sinal e abriremos a porta para que vocês entrem para buscar Liana — finalizou Nico.

— É melhor abrirem a porta dos fundos. Ficará mais perto do local onde estaremos esperando — lembrou Alberto.

Ele saiu e dirigiu-se até a sala onde Liana costumava ficar, porém, Eulália estava com ela. Após os cumprimentos, ele perguntou com naturalidade:

— Sente-se melhor, Liana?

— Sim — respondeu ela com voz fraca.

— Estou aqui tentando convencê-la a consultar o doutor Caldas em São Paulo. Poderemos ir neste fim de semana com Norberto.

190

— Não quero ir, Eulália. Não tenho nada. Só estou um pouco cansada. Em breve estarei bem. Você verá.

— Ajude-me a convencê-la, professor. Ela quase sempre ouve o que você diz.

— Você precisa se cuidar — disse ele. — Fazer aquele tratamento de que lhe falei. Garanto que ficará boa.

— Que tratamento? — quis saber Eulália.

— Um método novo que associa psicologia e medicina.

— Ainda acho que seria melhor o doutor Caldas, que é médico de nossa família, examiná-la — assegurou Eulália. — Você não pode continuar desse jeito. Estou resolvida. Se não quiser ir a São Paulo, pedirei a Norberto que traga o doutor Caldas aqui neste fim de semana.

Hilda apareceu na porta dizendo nervosa:

— Dona Eulália, Eurico está impossível! Não quer tomar banho nem trocar de roupa! Só está brigando com Amelinha.

Eulália levantou-se imediatamente:

— Esse menino! A cada dia fica mais desobediente! Com licença, professor.

Alberto acenou com a cabeça concordando, mas sorriu ligeiramente. Obviamente Eurico estava fazendo manha para atrair a atenção da mãe e ele poder combinar tudo com Liana.

Assim que a viu distante discutindo na cozinha com Eurico, Alberto foi direto ao assunto:

— Liana, tudo está pronto para esta noite. Depois que todos estiverem dormindo, eu e o doutor Marcílio viremos buscá-la. Ficaremos esperando junto ao portão dos fundos. As crianças irão a seu quarto avisá-la quando chegar a hora. É só vir ao nosso encontro, e cuidaremos de tudo.

Ela suspirou e não escondeu a preocupação:

— Não sei... será preciso tudo isso mesmo? É melhor esperar um pouco mais...

— É preciso e urgente. Não tenha medo. Cuidaremos de você com muito carinho. O doutor Marcílio, dona Adélia, eu. Você ficará bem e dentro em breve estará livre do mal que a vitimiza. Só precisamos que confie em nós e coopere, aceitando a ajuda que lhe oferecemos de coração. Temos pouco tempo. Eulália pode voltar a qualquer momento. Esteja pronta, pois esta noite mesmo você sairá desta casa. Diga que concorda.

— Está bem. Sinto-me atordoada. Não estou em condições de pensar. Minha cabeça está pesada. Farei o que pede.

— Isso mesmo. Estou certo de que não se arrependerá.

Maria apareceu na sala trazendo uma bandeja:

— Aceita um café, professor?

— Aceito, obrigado.

Eulália voltou à sala, e Alberto despediu-se após o café. Eulália acompanhou-o até a porta.

— Estou muito preocupada — disse. — A cada dia que passa, Liana fica mais abatida. Não sei mais o que fazer.

— Já experimentou rezar?

— Rezar? Não sabia que você era uma pessoa religiosa.

— Não sou, Eulália, mas a ligação com Deus e a prece sincera acalmam, ajudam e muitas vezes resolvem nossos problemas. Eu tenho fé.

— Essas palavras, vindas de um professor, me surpreendem.

— Por quê? Não sou só professor, mas uma pessoa que sente e pensa. Deus ajudará Liana a recuperar a saúde. Tenho certeza. Tenha fé.

— Seguirei seu conselho. Até amanhã, professor.

No caminho de casa, Alberto repassou o plano de logo mais. Se alguma coisa desse errado, tudo estaria perdido. Eulália não o deixaria mais frequentar a casa, tinha certeza. Por isso, eles precisavam tomar o máximo cuidado. O espírito do coronel poderia estar trabalhando no sentido oposto.

O tempo custava a passar, e ele esperava ansioso a hora marcada. Em sua casa tudo estava em ordem. Dona Adélia estivera lá durante o dia arrumando tudo para a cerimônia daquela noite. Apesar das circunstâncias, ela achava que uma noiva é uma noiva e precisava ter um mínimo de atenção: as flores na mesa em que o juiz faria o casamento, o buquê para Liana segurar, o brinde com champanhe e o bolo. Se tivessem permitido, ela teria até arranjado um vestido de noiva com véu e grinalda, o que Alberto a fez desistir de fazer.

Quando faltavam cinco minutos para as nove da noite, Alberto chegou à casa do médico. Confirmados os detalhes, os dois saíram. Dentro em pouco, o juiz chegaria, e Adélia se encarregaria de acompanhá-lo até a casa do professor, onde esperariam a chegada dos noivos.

Ela sabia que eles poderiam demorar, por isso deixara tudo pronto para que o juiz esperasse sem reclamar. A cervejinha gelada, os salgadinhos de que ele gostava e até o doce de leite especial de Minas servido com queijo meia-cura.

Quando chegaram ao portão dos fundos da mansão, havia luz em algumas dependências da casa, e eles, dentro do carro, dispuseram-se pacientemente a esperar. Pouco a pouco, as luzes foram se apagando até que, por fim, viram o sinal combinado.

As crianças haviam esperado no quarto de Eurico. Amelinha não se conformara em ficar sozinha em seu quarto e, assim que pôde, juntou-se a eles. Não queria perder nada. Quando acharam que era hora, deram o sinal combinado e foram pé ante pé até o quarto de Liana. Abriram a porta com cuidado e entraram.

Ela estava deitada e parecia dormir. Eurico aproximou-se e tocou-a levemente.

— Tia Liana, acorde. Está na hora.

De repente, ele deu um pulo para trás e agarrou Nico:

— Ele está aí, a segurando!

— O coronel? — perguntou Nico, assustado.

— Sim. Ele está me ameaçando e disse que não vai deixá-la sair. Está nos mandando ir embora.

— Ele não pode fazer isso — garantiu Nico.

— Mas ele está — reclamou Eurico com voz trêmula. — Eu vou embora. Não vai adiantar nada. Ele não a deixará sair daqui.

— Pois não tenho medo dele. Ela sairá e pronto. Voltaremos para seu quarto, e avisarei ao professor.

— Eu também irei — disse Amelinha. — Não quero ficar aqui com ele.

— Cuidado com o barulho. Venham.

Os três voltaram ao quarto e deram o sinal.

— Agora temos que abrir a porta dos fundos para eles entrarem — disse Nico. — Eu irei.

— Eu prometi, mas não quero ir sozinho.

— Eu também — tornou Amelinha.

— Todos nós iremos, mas, pelo amor de Deus, sem fazermos barulho. Cuidado quando descer a escada. Tem aquele degrau que range. Vamos devagar.

Nico foi na frente, andando com cuidado, enquanto Eurico o seguia agarrado às suas costas e Amelinha segurava o braço do irmão. Chegaram à porta dos fundos, saíram pelo jardim e foram ao portão combinado, onde Alberto e o médico os esperavam.

— Onde está Liana? — perguntou o professor. — O que aconteceu?

— Ela está dormindo e não quer acordar — respondeu Nico.

— Eu vi a alma do coronel segurando-a. Ele me ameaçou e nos mandou embora. Disse que não a deixará sair.

— Vamos entrar — disse Marcílio. — Cuidado com o barulho. Ninguém pode acordar agora.

Subiram cuidadosamente até o quarto onde Liana continuava dormindo.

— Feche a porta com cuidado — recomendou o médico.

— Ele a está segurando — disse Eurico. — Disse que derrubará o primeiro que tocar nela.

193

— Vamos rezar e pedir a ajuda de nossos amigos espirituais.

O médico começou a proferir uma prece em voz baixa e, em certo momento, Nico não se conteve. Ele aproximou-se de Liana e disse:

— Não tenho medo dele. Vou acordá-la, sim.

— Não faça isso. Ele disse que o pegará — advertiu Eurico, assustado.

— Pois a mim ele não engana. Estou com Deus e nada é mais forte do que eu agora.

Enquanto Eurico torcia as mãos nervoso, Nico aproximou-se de Liana e sacudiu-a.

— Acorde, Liana. Está na hora. Não deixe que ele a domine.

Ela abriu os olhos sem perceber o que estava acontecendo, e Nico continuou:

— Venha. Ele não tem nenhum poder sobre nós. Eu a ajudarei.

Ao mesmo tempo que Nico sacudia Liana, ela se esforçava para acordar e perceber o que estava acontecendo.

— Ele está ameaçando você — disse Eurico.

— Repita o que ele está dizendo — pediu o médico.

— "Eu vou pegar você. Você já me fez sofrer muito, mas, desta vez, me pagará. Eu me vingarei de tudo. De você e de Mariinha. Não é justo. Deixe minha mulher em paz. Ela é minha!".

— Vamos continuar rezando — pediu o médico.

— Aquela mulher que sempre vem chegou e o está pegando pelo braço. Ela sorriu para mim e disse que o levará embora. Está agradecendo minha ajuda.

— Graças a Deus! — disse o professor.

— Tudo ficará bem — concordou Marcílio.

— Ela o levou embora — disse Eurico.

Marcílio abraçou Eurico com carinho:

— Meu filho, Deus o abençoe. Sua ajuda foi preciosa. Esse dom que você tem é uma bênção de Deus. Nunca se esqueça disso.

Eurico sentiu as lágrimas virem aos olhos. Nunca ninguém falara nada assim para ele. Tentou disfarçar:

— Nico é muito corajoso.

— De fato. Todos vocês estão nos ajudando muito.

Alberto conversava com Liana, que, embora ainda estivesse tonta e meio fora de si, obedeceu ao que eles disseram.

Conforme o combinado, ela dormira vestida e por isso foi fácil prepará-la para sair. Amelinha calçou os sapatos na tia, enquanto os dois meninos saíram no corredor para verificar se não havia ninguém. Tudo estava calmo e às escuras. Ninguém acordara.

Eles saíram amparando Liana com cuidado. O caminho até o portão dos fundos pareceu muito mais comprido do que de costume. Uma vez lá, as crianças beijaram-na com carinho e emoção.

— Tia Liana, quero vê-la curada! — disse Eurico.

— Eu queria tanto ver seu casamento! — comentou Amelinha.

— Você ficará bem e será feliz! — garantiu Nico.

— Amanhã vocês fingem que não sabem de nada. Não quero que sofram nenhum castigo — recomendou o professor.

— Ninguém desconfiará de nada — garantiu Eurico.

— Quero só ver a cara de mamãe quando souber! Será uma bomba!

— Não podemos despertar suspeitas. Eles terão que descobrir sozinhos onde ela está. Ninguém falará nada, está bem? — disse Nico.

— Isso mesmo. Não quero envolvê-los nisso. Eu assumirei tudo sozinho — declarou Alberto. — Agora, vão deitar antes que alguém acorde. Cuidado com o barulho.

— Você nos dará notícias? — pediu Eurico.

— Contar como foi o casamento? — tornou Amelinha.

— Se for difícil para ele, eu virei e contarei tudo quando sua mãe não estiver por perto — garantiu Marcílio. — É o mínimo que podemos fazer depois do que vocês fizeram.

— E o bolo? — lembrou Amelinha.

— Darei um jeito de mandar — disse o professor. — Agora, vão.

Eles entraram, fecharam a porta, e os dois homens, amparando Liana, entraram no carro e dirigiram-se à casa de Alberto.

Durante o trajeto, o médico foi segurando a mão de Liana e rezando em pensamento. Aos poucos, ela foi recuperando a lucidez e, ao chegar à casa de Alberto, já se sentia mais animada.

Depois de abraçá-la, Adélia conduziu Liana ao quarto de hóspedes, onde ela deveria ficar. Lá havia um lindo vestido que Adélia providenciara para a ocasião.

— Vamos, Liana. Hoje é um grande dia. Precisa vestir-se de acordo com a ocasião.

— Estou nervosa. Eulália terá um grande desgosto quando descobrir. O que estamos fazendo não é direito. Ela é como se fosse minha mãe. Eulália nunca me perdoará.

— Bobagem. O que ela quer mesmo é que você fique bem. Depois do primeiro susto, ela compreenderá.

— Eu não tinha o direito de envolver Alberto em meus problemas. Ele pode ser prejudicado por esse casamento.

195

— Não vejo em quê. Ele gosta muito de você. Nunca pensou que ele possa estar apaixonado?

Liana não respondeu. Ela sabia que o professor estava apenas desejando ajudá-la. Nunca notara nele qualquer indício de amor. Se isso fosse verdade, não teria concordado em casar-se com ele. O que a animava era justamente a ideia de que aquele casamento era apenas aparente.

Depois de sua trágica aventura com o cunhado, Liana pensava que nunca mais seria capaz de amar alguém. O arrependimento de seu ato impensado era maior do que qualquer sentimento que pudesse ter por Norberto.

O que ela desejava mesmo era viver em paz. Apesar do nervosismo, reconhecia que a proposta de Alberto a salvara de um casamento sem amor e da desagradável situação familiar.

— Vamos. Vou ajudá-la a se preparar. Trouxe minha maleta de maquiagem. Você ficará linda!

— Não será preciso.

— Será preciso, sim. Eu comprei esse vestido especialmente para você. É meu presente de casamento. O buquê foi Alberto quem mandou fazer.

Liana corou levemente e deixou-se conduzir por Adélia, que a arrumou com carinho. Vendo-a pronta, deu um passo para trás para admirá-la.

— Está linda, minha querida!

Adélia abraçou-a emocionada e continuou:

— Algo me diz que você ainda terá muita felicidade.

Liana sentia o coração apertado e tentou sorrir.

— Agora vamos. Eles estão esperando.

Liana entrou na sala com Adélia, e Alberto olhou-a surpreendido. Ela parecia outra pessoa. A maquiagem reavivara as cores de seu rosto, tornando-o menos abatido.

— Liana já reviveu — comentou Marcílio com satisfação.

A cerimônia foi realizada com simplicidade, e, ao final, depois de os noivos assinarem o livro, o juiz foi o primeiro a desejar-lhes felicidades.

Depois dos cumprimentos e dos abraços de Marcílio, Adélia e Gislene, a empregada de Alberto, abriram um champanhe, e os noivos cortaram o bolo.

Apesar do nervosismo, do receio e da insegurança que Liana sentia, o carinho daquelas pessoas fazendo tudo para que ela recuperasse a saúde e fosse feliz comovia-a muito. Liana sentia que eles estavam sendo sinceros e se mostravam tão confiantes no futuro que ela se esforçou para mostrar coragem e não os desapontar.

— Não podemos nos esquecer de mandar bolo para as crianças — lembrou Alberto. — Eu prometi para Amelinha.

196

— Uma pena eles não terem podido vir. Estavam tão animados! Verão as fotos que tirei — respondeu Marcílio.

Passava da uma da manhã quando todos se despediram.

— Pode ir, Gislene. Obrigado por tudo — disse Alberto.

— A senhora precisa de mais alguma coisa? — indagou ela a Liana.

— Não. Obrigada, Gislene.

Depois que ela se foi, Liana aproximou-se de Alberto:

— Obrigada por tudo. Você foi além do que eu esperava. Nunca pensei que a cerimônia pudesse ser tão bonita. Além disso, o carinho das pessoas, tudo... não sei como agradecer o que está fazendo por mim.

— Para mim não custou nada. Você está livre agora. Receberá tratamento adequado, ficará bem e depois decidirá o que quer fazer de sua vida. Estou feliz em tê-la em minha casa. Tenho certeza de que nos daremos muito bem.

— E Eulália? O que fará quando descobrir?

— Tentaremos resolver o assunto com ela. Amanhã, quando acordarmos, iremos até lá contar-lhe a novidade.

— Ela ficará furiosa.

— Levaremos os documentos comprovando nosso casamento. Eulália desabafará e depois perceberá que o melhor será aceitar, pois ela a quer muito.

— Eulália não pode saber o verdadeiro motivo pelo qual eu quis sair de casa.

— Não precisa saber. Diremos que nosso amor é tão grande que não pudemos mais esperar para nos casar.

— Ela pensará que mantivemos um relacionamento íntimo.

— Será melhor do que descobrir a verdade, afinal, estamos casados, o que eliminará da cabeça dela qualquer julgamento ruim.

Liana colocou a mão no peito e suspirou nervosa:

— Não conseguirei dormir. Estou tão inquieta...

— É natural. O doutor Marcílio deixou um vidro de calmantes na mesa de cabeceira, em seu quarto, com a receita indicando quantas gotas tomar. É suave, mas bom o bastante para você relaxar e dormir. Quer que eu o prepare?

— Eu mesma o farei. Obrigada. Você já fez demais por hoje.

— Adélia foi tão gentil que, além do vestido, comprou traje de dormir, chinelos e escova de dentes.

— São pessoas maravilhosas.

— Amigos que desejam nos ver felizes.

Acompanhando-a ao quarto, Alberto perguntou:

— Acha que ficará bem?

— Sim. Pode ir descansar.

— Não passarei a chave na porta de meu quarto. Se precisar de alguma coisa, não se sentir bem ou se até mesmo não conseguir dormir, pode me chamar.

— Obrigada, Alberto.

Ele pegou a mão dela, apertou-a e disse:

— Quero que se sinta bem aqui. Pode ter certeza de que farei tudo para vê-la feliz, saudável e em paz.

Liana sorriu e respondeu:

— Deus o abençoe pelo bem que me fez.

Depois que Alberto saiu, Liana fechou a porta e preparou-se para dormir. Ela sorriu ao vestir a fina camisola de seda cor de pérola, digna de uma noite de núpcias. Adélia sabia que aquele casamento não era de amor e que ela não teria nenhuma intimidade com o marido, mas por que, então, fizera questão de dar-lhe aquele presente? Estaria pensando que eles estavam fingindo?

Liana sorriu levemente, mas gostou do toque delicado da seda em seu corpo e da beleza de seu talhe, que vestiu como uma luva. Ela leu a receita do remédio, preparou o medicamento e tomou-o. Depois, deitou-se. O calor das cobertas na cama macia, cheirando delicadamente à lavanda, foi-lhe muito agradável.

Liana suspirou e apagou a luz do abajur. Um calor gostoso acometeu-a e, quase sem perceber, ela deixou-se ficar sem pensar em nada e adormeceu em seguida.

Acordou na manhã seguinte e percebeu pelas frestas da veneziana que o sol já ia alto. Olhando o quarto, recordou-se do que acontecera na noite anterior e sentiu um aperto no coração.

Eulália já teria dado por sua falta? Saltou da cama, vestiu o penhoar e foi ao banheiro. Ao passar pelo quarto de Alberto, viu que a porta estava aberta e ele que já se levantara.

O relógio da sala marcava dez horas, e ela admirou-se. Dormira demais. Vendo-a, Gislene perguntou:

— Dona Liana, quer tomar o café na sala ou no quarto?

— Não se incomode. Estou sem fome.

— O professor disse que a senhora precisa se alimentar bem. O que gosta de comer pela manhã?

— Vou até a cozinha ver. Estou sentindo um cheiro tão bom de café...

— Eu posso pôr a mesa na sala.

— Não. Eu comerei na mesa da cozinha mesmo.

Liana foi até a cozinha e sentou-se à mesa, enquanto Gislene colocava em sua frente, além do café com leite, várias guloseimas.

— O pão está fresquinho. Fui pegar logo cedo.

Apesar de não estar com fome, Liana tomou café com leite e comeu um pãozinho com queijo e manteiga.

— A senhora não vai provar essa geleia de goiaba? Foi minha tia quem fez. Está uma delícia.

Liana experimentou um pouquinho, e estava mesmo deliciosa. Alberto aproximou-se e olhou-a satisfeito:

— Você está com boa aparência. Dormiu bem?

— Por incrível que possa parecer, desmaiei. Fazia tempo que não dormia tão bem.

— Você vivia dormindo ultimamente.

— Mas não do jeito que dormi essa noite. Eu dormia, mas um sono pesado, cheio de pesadelos. O remédio do doutor Marcílio é milagroso. Tomei aquelas gotinhas e pronto. Só acordei agora.

Liana acabou de comer, e ele levou-a até a sala e disse:

— Nós havíamos planejado de ir até a mansão, mas teremos de esperar. O doutor Marcílio foi até lá falar com Eulália.

— Aconteceu alguma coisa?

— Ela deu por sua falta logo cedo e ficou desesperada.

— Eu sabia!

— Aí, Nico, que não queria contar nada, telefonou discretamente ao doutor Marcílio, e ele foi até lá para explicar tudo. A esta hora, eles devem estar conversando.

— Meu Deus! O que será que está acontecendo lá?

— Marcílio passou por aqui a caminho da mansão e prometeu passar de novo quando saísse de lá para nos contar tudo. De certa forma, será melhor ele conversar com Eulália primeiro. Quando formos lá, ela já estará mais conformada.

— Não sei, não. Às vezes, ela é tão radical...

— Nada poderá ser feito agora. Tudo está consumado. Norberto pode ficar mais revoltado do que ela. Ele tem ciúme de você.

— É bom que ele pense que nos amamos e trate de esquecer aquele nosso deslize. Eulália nunca poderá saber de nada.

— O passado está morto. Você está casada, e eles pensam que você me ama. Tudo voltará ao normal, você verá.

— O que faremos agora?

199

— Teremos de esperar. Enquanto isso, venha até o escritório. Desejo mostrar-lhe as anotações de uma pesquisa que estou fazendo para meu próximo livro.

Liana vestira a roupa com a qual saíra da casa da irmã na noite anterior, o que fez Alberto observar.

— Quando as coisas se esclarecerem, apanharemos suas roupas e seus pertences na mansão. Se precisar, poderemos comprar alguma coisa enquanto isso.

— Vamos esperar. Estou ansiosa para pedir a Eulália que me perdoe e não fique magoada comigo.

Alberto concordou e levou-a ao escritório, fazendo-a sentar-se em uma poltrona. Em seguida, apanhou algumas folhas de papel e entregou-as a Liana, dizendo:

— Leia e diga o que pensa.

Enquanto ela mergulhava na leitura, Alberto sentou-se em frente à máquina de escrever, colocou papel e começou a datilografar.

***

Marcílio chegou à mansão, pediu para falar com Eulália e foi logo recebido por ela.

— Ainda bem que veio, doutor Marcílio. Estou desesperada. Liana desapareceu. Não consigo encontrá-la. Ela não estava bem ultimamente. Ai, meu Deus! Aonde terá ido? Ela está fraca e não aguenta andar muito. Já a procurei por toda parte. Ela não está em casa, e ninguém a viu sair!

— Acalme-se, dona Eulália. Liana está muito bem. Estou aqui justamente para conversar sobre isso.

— O senhor? Por quê? Ela piorou?

— Ao contrário. Ela está muito bem e em boas mãos.

— Não compreendo.

— Posso explicar. Ela saiu de casa durante a noite para se casar.

— O quê? Se casar?! Tem certeza do que está afirmando?

— Tenho. Fui padrinho do casamento dela ontem à noite. Ela está muito bem casada e feliz.

Eulália olhou para Marcílio sem entender. Ouviu, mas não quis acreditar.

— Não pode ser. Ela rompeu o noivado com o doutor Mário e não tinha nenhum namorado. Como pode ter se casado?

— Casou-se com o professor Alberto.

— Com o professor? Não acredito! Assim, de repente, fugindo de casa no meio da noite como uma adolescente? Não pode ser verdade. Liana sempre foi muito cordata e obediente. Nunca me faria uma desfeita dessas! Logo com o professor!

— O coração tem suas razões, dona Eulália. Nunca lhe ocorreu que Liana estava sofrendo por amor?

— Como assim?

— Estava noiva de Mário, mas amava Alberto. Esse conflito a estava infelicitando muito.

— O que me diz? Por isso andava tão triste... por que ela não me contou?

— Ela achava que você preferia o doutor Mário e não aprovaria a troca.

— Nunca a obriguei a fazer nada que não quisesse. Fica parecendo que fui muito autoritária com ela. Isso não é verdade!

— Nós sabemos. Liana tem pela senhora muito amor e respeito e só fala bem. Não foi por sua causa que ela resolveu se casar de repente.

— Não?

— Não. Ela teve medo da reação de Mário. Ele ficou muito abalado com a desistência dela, suspeitou da verdade e ficou com raiva de Alberto. Acho até que ele o ameaçou. Para evitar uma briga entre eles, resolveu casar- -se de surpresa. Com o casamento consumado, Mário teria de se conformar.

— Ela poderia ter feito isso com ele, mas comigo não. Estou desa- pontada e muito magoada com essa atitude.

— Ela nunca pretendeu magoá-la. Está apaixonada e quer ser feliz, dona Eulália. Além disso, disse que não queria um casamento pomposo, cheio de rituais. Sempre preferiu uma cerimônia simples.

Eulália cobriu o rosto com as mãos e respirou fundo.

— Isso me parece um pesadelo. Vou acordar de repente e encontrar Liana em seu quarto, como sempre.

— Ela está muito feliz, pois finalmente conseguiu o que desejava. Sua única preocupação é com a senhora. Queria vir vê-la o quanto antes, mas não permiti. Afinal, foi sua primeira noite de núpcias. Não achei justo. Pedi a ela que me desse permissão para vir lhe dar a notícia.

— Eles me enganaram direitinho. O que dirá Norberto quando sou- ber? Será uma vergonha.

— Eles estão casados, dona Eulália. Não há nenhuma vergonha. Eu e Adélia fomos testemunhas do enlace, assinamos todos os documentos, e o juiz Otaviano oficializou a cerimônia.

Eulália não conteve as lágrimas:

— Um juiz! Junto com estranhos! Como ela pôde fazer isso comigo, com sua irmã?

— Ela virá aqui mais tarde para lhe explicar.

— Não será preciso. Se ela foi capaz de cuidar de tudo e se casar às escondidas, pode continuar sem mim pelo resto da vida. De hoje em diante não quero vê-la nunca mais! E esse professor traidor nunca mais porá os pés nesta casa!

— Não leve as coisas dessa forma! Liana cuidou da própria felicidade. Ela tinha esse direito. Não deseja que ela fique curada?

— A saúde de Liana não tem nada a ver com esse casamento equivocado.

— Verá que tenho razão. Com a realização desse casamento, ela já melhorou de aparência. Não fique contra ela! Saiba compreender...

— Nunca aceitarei isso. Esse traidor que foi recebido em minha casa como um amigo me apunhalou pelas costas.

— Alberto é um homem correto. Seu filho melhorou muito com a convivência dele. Seja mais cordata. Saiba compreender a situação dela. Deixe-a vir explicar tudo e procure entender.

— Não. Diga-lhe que fique onde está. De hoje em diante quero que ela esqueça que é minha irmã. Eles que não apareçam aqui. Não vou recebê-los.

— Ela precisa vir apanhar seus pertences e quer conversar com você.

— Ela que fique por lá. Hoje mesmo arrumarei todas as suas coisas e as mandarei entregar na casa do professor.

— Está cometendo uma injustiça, dona Eulália. Com certeza, a senhora se arrependerá.

— Assumo a responsabilidade por meus atos. Não quero vê-la mais.

Marcílio ainda tentou convencê-la a mudar de ideia, mas Eulália estava irredutível. Depois que ele saiu, reuniu os criados e disse com voz irritada:

— Liana fugiu essa noite para se casar com o professor sem meu consentimento. De hoje em diante, tanto ela como ele estão proibidos de entrar nesta casa. Você, Hilda, arrume o que é dela e mande Nequinho levar tudo à casa de Alberto.

— As crianças sentirão falta deles! — comentou Maria.

— Eu mesma falarei com eles. Vocês estão proibidos de falar o nome deles aqui. Para mim, os dois morreram.

Quando Eulália saiu da sala, antes que Maria comentasse alguma coisa com a copeira, Hilda foi logo dizendo:

— Vamos subir e arrumar tudo conforme dona Eulália mandou. Não quero nenhum comentário com ninguém. Nós não temos nada com isso.

Enquanto elas subiam para o quarto de Liana, Eulália ligou para Norberto. Apesar da força que fazia para suportar a situação, sentia-se agoniada e traída. Tantos anos de dedicação, e Liana a abandonara sem consideração.

— Norberto, aconteceu uma coisa horrível! Gostaria que você viesse imediatamente. Estou desnorteada!

— O que foi? Eurico piorou?

— Não é nada disso. Liana fugiu de casa ontem à noite para se casar.

Norberto guardou silêncio por alguns instantes, e ela repetiu:

— Liana fugiu de casa e se casou.

— Não pode ser! Casou-se como? Com quem? Mário não saiu de São Paulo.

— Ela se casou com o professor. Os dois planejaram tudo tendo como cúmplice aquele médico metido que teve a desfaçatez de vir hoje me dar a notícia. Arranjaram um juiz e fizeram tudo às escondidas. Não posso me conformar. Tenho vontade de cometer uma loucura! Onde já se viu tanta ingratidão?

— Tem certeza do que está dizendo? Você falou com ela, viu os documentos? Será que não estamos sendo vítimas de alguma mentira?

— Por que fariam isso? Liana o mandou na frente para não ter de me enfrentar. Está lá, na casa de Alberto, casada desde ontem à noite.

— Você precisa conversar com ela, saber se é verdade mesmo. Ninguém se casa assim, de repente. Essa história está mal contada. Vá até lá verificar se é verdade.

— Não. Eu os proibi de entrarem aqui. Para mim, ela está morta. Não desejo vê-la nunca mais. Se ela foi capaz de fazer tudo isso sozinha, não precisará de nós para nada.

— Você está errada, Eulália. Liana não estava bem de saúde. E se eles a coagiram? Você não gosta desse médico. Não terá dado a ela alguma bebida e a induzido ao casamento?

— Ele disse que eles se casaram por amor. Ela era noiva de Mário e gostava do professor.

— Você acreditou em tudo que ele disse! Eu duvido. Temos o dever de verificar se tudo isso é verdade. Você não pode abandonar Liana, confiando no que lhe contaram. Tem de falar com ela.

— Não me sinto com coragem. Por que não vem para cá me ajudar?

— Está bem. Ultimarei alguns negócios e hoje mesmo estarei aí.

— Estarei esperando-o ansiosa. Só você poderá me ajudar nesta hora.

— Acalme-se, Eulália! As coisas podem ser diferentes do que lhe contaram.

— Não creio. Ele parecia tão convicto!

— As aparências enganam. Tenha calma que logo estarei aí.

Eulália desligou o telefone no momento em que as crianças entravam na sala.

— O professor não veio para a aula hoje. Por que será? Ele nunca falta... — tornou Eurico, procurando esconder a curiosidade.

— O professor não virá mais para aula nenhuma — respondeu Eulália com voz ríspida. — Foi despedido.

— Despedido?! — exclamou Amelinha. — Por quê?!

— Porque não serve mais para dar aulas aqui. Seu pai chegará hoje à noite e arranjaremos outro professor para vocês. Esse não voltará mais.

— Não quero outro; quero o professor Alberto! — reclamou Eurico com voz chorosa.

— Vão brincar agora. Aproveitem a folga. Depois falaremos sobre isso.

— Onde está tia Liana? — perguntou Amelinha.

— Ela viajou. Agora, vão brincar e me deixem em paz. Tenho coisas importantes a fazer e não posso ficar jogando conversa fora.

Os três saíram, foram para o jardim e sentaram-se no caramanchão.

— Mamãe já sabe e não quer nos contar — disse Amelinha.

— Claro que sabe. O doutor Marcílio ficou falando com ela um tempão.

— Ela está com uma cara! Acho que não perdoou os dois. Ouvi quando ela conversou com o pessoal na cozinha e proibiu o professor e Liana de virem aqui — esclareceu Nico.

— Ela não pode fazer isso. Eles estão casados — disse Amelinha.

— Se ela não deixar o professor vir para as aulas, se verá comigo! — ameaçou Eurico com raiva.

— Não seja vingativo. Minha mãe diz que a vingança só piora as coisas, porque o diabo escuta, fica do seu lado, e sua vida só vai para trás — asseverou Nico.

— Vire sua boca para lá! Não quero nada com o diabo. Cruz-credo! Você nem sabe do que está falando. Nunca vê nada! — disse Eurico.

— Não vejo e não tenho medo de nada. Nem do diabo. Estou com Deus e pronto. Ele me protege de tudo.

— Nico não tem medo de nada. Não é como você...

— Cale essa boca, Amelinha. Onde já se viu? Quando a alma do coronel aparecer, falarei para ele vir puxar sua perna de noite.

— Não quero que o coronel venha! Tenho medo! — choramingou ela.

— Não faça isso com ela, Eurico. Minha mãe diz que, quando você amola os outros, faz malcriações, deixa o bem de lado. E quando você deixa o bem de lado, só acontecem coisas ruins em sua vida.

204

— Então, ela que me deixe em paz. Não fique me criticando.

— Ela não fará mais isso — respondeu Nico. — Temos de dar um tempo, ter calma, esperar que as coisas se acalmem. Sua mãe está muito chocada. Ela pensará melhor e mudará de ideia. Vocês verão.

— Espero que isso aconteça, senão farei tudo de que ela não gosta — ameaçou Eurico.

— Esperemos — contemporizou Nico.

— Será que vão se lembrar do bolo? — disse Amelinha.

— Estou pensando em sair hoje e ir até a casa do professor saber como estão as coisas — tornou Nico.

— Ah, se eu pudesse ir com você... — respondeu Eurico.

— Sua mãe desconfiaria. Irei sozinho e depois lhe contarei tudo.

— Quero saber de todos os detalhes — exigiu Amelinha.

— Deixe comigo. Não me esquecerei de nada.

— Puxa, não vejo a hora de você voltar! — exclamou ela.

— Não sei por que minha mãe não me deixa sair com você pela cidade — disse Eurico.

— Você já pediu para ir à minha casa comigo, mas ela não deixou. Ela tem medo de que se sinta mal.

— Estou muito melhor. Quero ir com você.

— Vamos ver, Eurico. Agora com tudo isso acontecendo não é uma hora boa para tentar nada. Prometo que falarei com ela quando tudo ficar mais calmo.

Hilda apareceu no caramanchão e chamou-os para almoçar. Eles obedeceram imediatamente. Queriam que o tempo passasse logo para que Nico pudesse sair e saber as novidades.

CAPÍTULO 15

No fim da tarde, assim que conseguiu sair, Nico foi até a casa do professor. Gislene abriu a porta e convidou-o a entrar.

Alberto e Liana estavam conversando no escritório. Nico entrou e foi logo dizendo:

— Vim saber como estão as coisas.

— Não muito bem — respondeu Liana, triste.

— Eu sei. Dona Eulália ficou muito sentida, mas isso passará. Tenho certeza — tornou Nico.

— Essa é minha opinião. Ela está chocada, mas isso passará. Logo tudo ficará bem — disse Alberto.

— Conheço Eulália. Quando diz uma coisa, não volta atrás.

— Ela chamou o doutor Norberto. Ele chegará ainda hoje.

Liana olhou para Alberto preocupada:

— Como será que ele reagirá?

— Acredito que com mais bom senso que ela, afinal, já estamos casados, e eles terão de se conformar.

— Como foi o casamento? Os dois lá em casa estão doidinhos para saber todos os detalhes. Queriam que eu lhes perguntasse tudo.

— Foi uma cerimônia muito bonita. O doutor Marcílio tirou algumas fotos e as enviará a vocês quando estiverem prontas — contou Liana.

— Oba! Eles ficarão contentes, mas não aguentarão esperar pelas fotos para saberem de tudo. Como foi?

Alberto tentou descrever a mesa, os convidados, o bolo e até o vestido da noiva.

— Nós guardamos um pedaço do bolo para vocês — lembrou Liana.

— Terei de esconder. Se dona Eulália souber, brigará comigo — disse Nico.

— Ela não precisa saber. Eu o levarei de volta e daremos um jeito — propôs Alberto.

— Ela disse que teremos outro professor. Eurico está muito revoltado e garantiu que de hoje em diante fará tudo o que ela não gosta.

— Ele não deveria fazer isso — disse Liana.

— Foi o que disse para ele, mas sabe como é... todas as vezes que não fazem o que ele quer, pronto: ele "pinta o sete".

— Você, Nico, que é mais ajuizado, converse com ele e lhe diga para ter paciência. Vocês não podem parar de estudar logo agora que estão próximos dos exames — aconselhou Liana, preocupada.

— Isso mesmo, Nico. Vocês precisam ter paciência e saber esperar. Logo tudo ficará bem.

Eles conversaram mais alguns minutos, e depois Alberto pegou a caixa em que estava acondicionado um grande pedaço do bolo. Ele disse:

— Vou levar Nico até a mansão. Voltarei logo.

— Cuidado para que ninguém os veja juntos. Se Eulália souber que Nico esteve aqui, pode mandá-lo embora também. Sabe como ela é...

— Não se preocupe. Ninguém nos verá — garantiu Alberto.

Liana levantou-se dizendo:

— Espere um pouco.

Ela foi até o quarto, apanhou uma pequena caixa e entregou-a a Nico:

— Leve para Amelinha. É o enfeite que havia sobre o bolo. Quero que ela guarde como recordação e que não deixe Eulália saber. Diga que estou morrendo de saudade dos dois.

— Direi, sim, Liana.

Quando eles saíram, Liana deixou-se cair pensativa em uma cadeira. Sentia-se triste. Por que se envolvera com o cunhado? Não fosse isso, ainda estaria em casa com a família. Sentia-se triste e infeliz, mas preferia isso a Eulália descobrir toda a verdade.

E Norberto? Como ele teria recebido a notícia de seu casamento? Teria entendido que ela o fizera para evitar novas tentações e para preservar o bem-estar da irmã e dos sobrinhos? Ou teria acreditado que ela estivesse apaixonada pelo professor? Era difícil dizer, contudo, Liana preferia que Norberto imaginasse que ela o houvesse esquecido. Dessa forma, nunca mais falaria do passado, e assim seria muito mais fácil esquecer.

***

Já havia escurecido quando Alberto parou o carro no portão dos fundos da mansão. Nico desceu, e ele perguntou:

— Como fará com o bolo?

— Pode me dar a caixa. Tenho um esconderijo aqui, do lado de fora. Eu e o Eurico o fizemos para guardar nosso tesouro. Deixarei lá e depois, quando ninguém perceber, pegarei do lado de dentro.

— Está bem. Sempre que for ver sua mãe, passe em casa para nos contar as novidades.

— Ficarei atento. Amanhã mesmo, voltarei.

— Não. Eulália pode desconfiar. Você tem de fazer tudo como sempre. Precisamos ter cuidado. Se ela descobrir, você não poderá nos visitar mais.

— Deixe comigo. Farei tudo direitinho. Só achei a Liana um pouco triste. Tem certeza de que ela ficará feliz?

— Tenho, Nico. Ela está triste por causa da família, mas, se Deus quiser, logo tudo estará em paz.

— Rezarei para vocês serem muito felizes.

— Obrigado, Nico. Você é um bom amigo.

Após um abraço, Nico, segurando as caixas com cuidado, dirigiu-se a um ponto do muro e, após afastar uma planta com cuidado, apareceu uma abertura em que ele pôs a caixa com o bolo. Depois, acenando para Alberto, deu a volta e entrou pelo portão principal.

Eles já haviam jantado. Sempre que ia visitar a mãe, Nico jantava com ela, e por isso não guardaram nada para ele. O menino, contudo, não se importou. Estava com fome, mas pensava no bolo, e sua boca enchia-se de água.

Logo que se viu a sós com Eurico no quarto, o amigo cravou-o de perguntas. Ele respondeu:

— Vamos esperar a Amelinha, senão, terei de repetir tudinho.

— Vai demorar! Papai chegou, e eles ainda estão conversando no quarto. A luz está acesa. Dá para ver por debaixo da porta.

— Você ouviu alguma coisa do que eles disseram? Prometi contar tudo o que acontecer aqui para Liana e para o professor.

— Só sei que mamãe estava muito nervosa. Tentei ficar na sala, fingindo que estava brincando, mas ela me mandou sair de lá.

— Você não ouviu nada?

— Eu a ouvi reclamando de ingratidão e dizendo que não queria mais ver tia Liana.

— E seu pai?

— Ele dizia que não podia ser assim. Que minha mãe precisava conversar com tia Liana, saber a verdade, porque ela nunca comentou que gostava do professor. Sabe de uma coisa?

— Não.

— Ele desconfia de que tia Liana se casou enganada. Que o doutor Marcílio deu alguma droga para ela e, quando ela acordou, estava casada.

— É nada. Ela se casou acordada, com vestido novo, buquê e tudo. Ele está enganado.

A porta abriu-se, e Amelinha entrou sussurrando:

— Não aguentei esperar que eles apagassem a luz. Não param mais de conversar! Estou morrendo de curiosidade!

— Psiu! — fez Eurico. — Se mamãe a vir aqui, pode desconfiar.

— Que nada. Ela está tão preocupada com o caso da tia que nem vai perceber. Além disso, se ela vier, eu direi que estava com medo e pronto.

— Vamos para meu quarto. Fica mais longe do quarto deles — pediu Nico.

— Assim, você poderá nos contar tudo — disse Eurico.

— É. Vou falar bem baixo. Tem bolo e um presente que a Liana mandou para você, Amelinha. Depois que todos dormirem, iremos buscar.

— Puxa, o que será?! — exclamou Amelinha curiosa.

— Coisas de mulher, com certeza — adiantou Eurico.

— É. Acho que é.

— Mas conte logo. Vamos... — pediu Amelinha.

Os três se sentaram na cama de Nico, que contou tudo, fazendo suspense e detalhando um pouco mais para causar admiração.

Eulália, em seu quarto, estava inconformada. Aquela história da paixão de Liana pelo professor não lhe saía da cabeça.

— Pensando melhor, bem que desconfiei de que ele andava de olho em Liana. Cheguei a comentar isso. Você me tirou da ideia.

— Não me pareceu verdade.

— Mas era. Pensando melhor, recordo-me de que ela vivia defendendo-o, dizendo que era um homem excepcional. Lia seus livros. Ele a envolveu.

— Ainda não acredito que ela esteja apaixonada por ele.

— Tem de estar! Para ela fazer a loucura que fez... Como explicar essa fuga, assim, na calada da noite? Ela rompeu o noivado, estava livre, poderia ter dito que estava gostando dele. Por que não o fez?

— Ela sabia que você não gostava dele e não aprovaria.

— Se ela me houvesse consultado, eu teria feito tudo para impedir esse casamento. Um homem que já foi casado, que até foi suspeito de causar a morte de sua mulher... acha que servia para marido de Liana?

— Ela não pensava assim, uma vez que fugiu com ele.

— Isso é o que me intriga. Ela estava tão enfraquecida. Não se importava com nada. Como encontrou forças para fazer o que fez?

— É o que me intriga também. A cumplicidade do médico me parece suspeita. Eles bem que podem a ter induzido, forçado o casamento.

— Com que fim? Liana não tem fortuna própria.

— O professor pode ter se apaixonado por ela e ter tramado tudo. É por isso que você não pode ser tão radical. Tem de procurá-la, saber como aconteceu e por quê.

— Não posso fazer isso.

— É sua única irmã. Você tem o dever de saber como foi. Depois, você toma a decisão que quiser, mas temos de descobrir a verdade. Ela pode mesmo estar sendo uma vítima.

— Você acha mesmo?

— Acho. Amanhã, você deve ir até a casa do professor para conversar com Liana.

— Não. Na casa dele, não.

— Talvez seja melhor chamá-la aqui. Ela queria vir, mas você não permitiu.

— Não mesmo. Mandei arrumar tudo o que é dela, e Nequinho levará amanhã logo cedo.

— Não faça isso. Mande Nequinho dizer a ela que venha até aqui para conversarmos. Aqui, teremos mais liberdade para dialogar.

— Tem razão. Faremos isso.

— Agora estou cansado. Vamos dormir.

— Não sei se vou conseguir. Estou tão nervosa!

— Acalme-se. Amanhã conversaremos com ela. Se o que penso for verdade, se ela foi coagida de alguma forma, trataremos da anulação do casamento.

— Acha possível?

— Acho. Seria a melhor solução. Pode ser até que a estas horas Liana já esteja arrependida e desejando voltar para casa.

— Deus o ouça!

***

Depois que eles se deitaram e apagaram a luz, Nico entreabriu a porta e, notando que estava tudo às escuras, disse baixinho:

— Vou pegar a caixa.

— Vou com você — respondeu Eurico.

211

— Eu não fico aqui sozinha. Também vou — exclamou Amelinha.

— Psiu!!! Querem acordar todo mundo? Vamos sem fazer barulho.

Pé ante pé, saíram, apanharam a caixa e subiram novamente para o quarto. Assim que fecharam a porta, Amelinha disse:

— Acenda o abajur. Quero ver o presente de tia Liana.

Eurico obedeceu, e ela abriu um embrulho: sobre o papel de seda branco estava um casal de noivinhos, e Amelinha não se conteve:

— Que lindo! É do bolo da noiva!

— Fale baixo, senão estamos fritos — pediu Nico.

— Eu não disse que era coisa de mulher? — comentou Eurico.

— Eu também gosto. É muito bonito! — respondeu Nico.

— É lindo! Olha só o vestido dela! Tem o buquê, a aliança, tudo.

— É... reconheço que é bonito. Para um bolo de noiva até que fica bem — concordou Eurico.

— Vamos comer o bolo. Estou morrendo de fome. Não jantei — lembrou Nico.

Eurico pegou uma faca e cortou um pedaço e experimentou:

— Está uma delícia!

Os outros dois fizeram o mesmo e comeram até se fartar.

— Estou com sede — disse Amelinha. — Vou descer e beber água.

— Não precisa. Escondi aqui duas garrafas de guaraná — tornou Eurico com satisfação.

— Você pensa em tudo! — comentou Nico.

— Bolo tem de ser comido com guaraná. Por isso, quando subi, trouxe estas garrafas. Sabia que você traria o bolo e pensei na sede.

— Fez muito bem — concordou Amelinha, bebendo alguns goles no gargalo da garrafa.

Depois, limparam as migalhas que haviam caído no chão e esconderam no armário a caixa com a sobra que pretendiam comer no dia seguinte. Só depois de tudo arrumado foram cada um para seu quarto, satisfeitos e com sono.

***

Na manhã seguinte, Nequinho foi à casa do professor levando um bilhete de Eulália para Liana, em que ela pedia para a irmã que fosse até lá conversar.

— Dona Eulália pediu resposta — informou Nequinho.

— Espere um pouco. Já volto.

Liana deixou Nequinho esperando na sala e foi falar com Alberto, que estava no escritório. A moça entregou-lhe o bilhete.

— Norberto a convenceu. Iremos, com certeza.

Depois que Nequinho foi embora, Liana voltou a procurar Alberto.

— Este bilhete me deixou nervosa.

— Sem razão. Você não queria conversar com eles e tentar convencê-los a aceitar nosso casamento?

— O que mais desejo é fazer as pazes com Eulália, mas, não sei por que, só em pensar em ir até lá sinto um arrepio... um medo...

— Se eles desejam conversar, é sinal de que desejam entender melhor nossa atitude. É uma boa oportunidade de reconquistarmos a compreensão deles. Não há o que temer. Nossos papéis estão corretos. Somos casados legalmente.

— Apesar de desejar muito que eles compreendam, não sinto vontade de ir até lá.

— Hum... Não me parece natural esse seu receio. Pensando bem, talvez não seja ainda o momento de voltarmos à mansão.

— Por quê? Você mesmo disse que é um bom presságio.

— Falar com eles, sim, mas o espírito do coronel Firmino continua lá. Talvez você sinta receio de tornar a encontrá-lo.

— Credo! Não me fale desse homem. Não quero vê-lo nunca mais.

Liana estava pálida, e seu corpo tremia. Alberto aproximou-se e segurou suas mãos geladas, tentando infundir-lhe coragem.

— Acalme-se, Liana. Se você não quiser ir, pediremos a eles que venham aqui.

— Será melhor. Não me sinto com coragem de entrar naquela casa de novo. E se ele estiver me esperando e aparecer?

— Ele não poderá lhe fazer mal. Estamos protegidos. Vamos conversar com o doutor Marcílio. Ele nos dirá como agir. O que você não pode é alimentar esse medo. O espírito do coronel Firmino está dementado, preso em um tempo que já passou, tentando manter seu poder sem perceber que isso só aumenta o próprio sofrimento.

— Se ele sofre, deveria aprender a não ser maldoso com os outros.

— Ele não pretende ser maldoso. Apenas quer resolver seus problemas pessoais como se ainda estivesse naqueles tempos.

— Se os espíritos bons estão nos ajudando, por que não o esclarecem e acabam logo com o sofrimento dele? Assim, nos deixaria em paz.

— Não é assim que as coisas funcionam. Ele precisa perceber a verdade e aprender algumas coisas para evoluir. Esse é um trabalho interior que só ele poderá fazer. Ninguém, por mais poderoso que seja, conseguirá fazer isso por ele. O amadurecimento do espírito e o desenvolvimento da consciência são trabalhos individuais e intransferíveis. Ele tem o dele, eu o meu, e você o seu. Para crescer em espírito, todos nós teremos de pagar o preço da aprendizagem, por isso, por mais que os bons espíritos desejem nos ajudar, precisam esperar o momento certo para obterem bons resultados. E esse momento depende de nossas atitudes.

— É desanimador. No caso do coronel, então... Ele está morto há tantos anos e continua igual.

— Parece, mas não é. O sofrimento cansa, a alma deseja renovar, crescer. Chega uma hora em que ela atrai situações, pessoas, desafios que provocam as catarses necessárias e a abertura da consciência. Tenho certeza de que todos nós estamos vivendo um momento desses.

— Todos nós?

— Sim. De alguma forma, estamos ligados ao coronel.

— Nem o conhecemos!

— Nesta vida.

— Você já me falou disso. Às vezes, a reencarnação me parece tão racional, mas outras vezes tão fantasiosa. Não sei como classificar.

— É um fato natural. Todos nós passamos por várias reencarnações na Terra. Só assim poderemos entender as diferenças sociais e físicas entre as pessoas.

— Esse é o lado racional, mas o outro, de morrer, sobreviver à morte em outro lugar, ficar pequeno de novo e voltar ao mundo como bebê, crescer, fazer tudo de novo, não será uma ilusão criada por nosso desejo de evitar a morte?

— Não. Há muitas provas científicas da sobrevivência do espírito após a morte do corpo, assim como há também as do retorno desses espíritos em outros corpos de carne. Há pessoas que até se recordam de passagens de outras vidas, conseguindo provas materiais de suas vidas passadas.

— De que forma?

— Investigando se suas recordações de outras vidas são verdadeiras. Verificando nomes e lugares, muitos conseguiram provas irrefutáveis.

— Mesmo que isso seja verdade, não temos nada a ver com o espírito do coronel.

— Aí que você se engana. Se não estivéssemos ligados por laços de vidas passadas, ele não teria se fixado em você. Ele acredita que foi seu marido.

— Que horror! Ele está completamente louco.

— É... pode ser, mas, se o atraímos em nossas vidas, é porque de alguma forma estamos envolvidos em seu passado.

214

— Tenho horror desse homem! Não posso recordar sua aparição naquela noite sem sentir muito medo.

— Esse medo pode ter origem em fatos que aconteceram em outros tempos.

— Não gosto de pensar nisso. O que quero mesmo é me livrar dele. Que ele nunca mais me apareça.

— Penso que chegou o momento de desligá-lo de você. Conseguiremos isso com ajuda espiritual.

— E se ele não estiver maduro?

— A vida faz tudo certo. Se não houvesse chegado a hora, vocês não teriam se reencontrado. Não se deixe levar pelo medo. Ele não tem mais condições de prejudicar ninguém agora. Ao contrário, precisa de ajuda. Nós temos de rezar pelo coronel para que ele perceba como tem perdido tempo agarrando-se ao passado e para que se disponha a enfrentar o presente, trabalhando pela própria melhoria interior.

— Você acha que conseguiremos nos libertar dele?

— Tenho certeza disso. Ele será ajudado, e a mansão ficará livre de sua presença.

— Esse pensamento me deixa mais calma.

— Conversarei com o doutor Marcílio. A manhã está bonita. Quer me acompanhar até lá? Andar um pouco lhe fará bem.

— Não. Ainda me sinto fraca e nervosa. Prefiro ficar em casa. Além disso, não estou disposta a enfrentar a curiosidade das pessoas que encontraremos pelas ruas.

— Nosso casamento criou uma auréola romântica muito a gosto deles. Tenho certeza de que estão do nosso lado.

— Pode ser, mas ainda não me sinto forte para enfrentar isso.

— Como quiser.

Depois que Alberto saiu, Liana sentou-se pensativa na poltrona da sala. Estava vivendo uma situação que lhe parecia irreal. Não se sentia casada, muito menos com Alberto.

O que fizera de sua vida? Por que se entregara à paixão e pusera a perder sua paz? Até quando levaria uma vida de mentiras tentando acobertar sua traição?

Ela não merecia ser feliz? Se pelo menos conseguisse esquecer, talvez pudesse encarar a irmã com naturalidade, sem se culpar.

***

Alberto chegou à casa do médico, que, vendo-o, o cumprimentou com alegria.

— Vim conversar com você — disse ele. — Eulália quer que Liana vá até a mansão para conversar, contudo, não sei se é conveniente que ela volte lá agora. Ela sente receio.

— Hoje à noite, traga Liana para fazer um tratamento espiritual. Assim, perguntaremos o que será melhor.

— Eu já havia mandado o recado de que iríamos hoje até lá.

— Transfira para amanhã, pois assim ganharemos tempo.

Alberto despediu-se, havendo combinado de voltar com Liana às sete da noite. Chegando em casa, ficou preocupado com o ar triste e abatido dela.

Ele sentou-se ao lado dela tentando distraí-la, mas Liana sentia-se distante e dispersiva. Apesar das insistências de Alberto e de Gislene, mal se alimentou, permanecendo prostrada, em grande apatia.

Com paciência, Alberto redobrou a atenção procurando de vários modos interessá-la, mas sem grande sucesso.

— São seis e meia. Está quase na hora de irmos à casa do doutor Marcílio. É melhor ir se arrumar.

Liana balançou a cabeça e disse:

— Vá você. Não estou me sentindo bem.

— Nada disso. Você precisa ir. Eles vão rezar para que fique boa logo.

— Não adianta. Por mais que rezem, nunca me esquecerei da mágoa e do remorso que tenho dentro de mim.

— Não diga isso. Você é jovem; tem uma longa vida pela frente. Tudo isso passará, e você ficará bem. Vamos, vá se vestir.

— Não quero! Por que insiste? Só desejo um pouco de paz. Não entende isso?

Vendo as lágrimas que começavam a brotar dos olhos de Liana, seu rosto contraído, Alberto não insistiu. Não poderia levá-la à força. Seria melhor ele ir sozinho e pedir ajuda espiritual.

— Então, eu irei. Gislene poderá fazer-lhe companhia até eu voltar.

— Não precisa. Ela pode ir embora.

— Nada disso. Ela ficará, não é, Gislene?

— Ficarei sim, professor.

Quando Alberto chegou à casa do médico, já encontrou os quatro médiuns que frequentavam as sessões. Ele explicou que Liana se recusara a ir, e Marcílio respondeu:

— Eu temia isso. O espírito do coronel Firmino a está influenciando mesmo a distância.

— É possível isso? — indagou Alberto.

— Claro. Ele pensa nela e manda energias controladoras. Pretende chamá-la de volta.

— Ele pode conseguir?

— Se não fosse a proteção que já a envolveu, ela voltaria, ou ele iria até onde ela está. Para o espírito não há distância.

— Nesse caso, sair da mansão não adiantou muito.

— Engana-se, Alberto. Foi muito bom. Lá, a ascendência era mais forte. Afastando-a, alguns amigos espirituais conseguiram protegê-la, evitando que ele a encontrasse pessoalmente de novo. Ele não se conforma de tê-la perdido de vista. Pensa nela todo o tempo e a chama de volta. Isso a perturba, mas por enquanto nossos amigos espirituais estão conseguindo mantê-la afastada. É importante, contudo, iniciarmos logo um tratamento espiritual para que ele não acabe conseguindo o que pretende.

— Há esse risco?

— Há. Infelizmente, ela se deixa impressionar muito pelo medo, e ele se aproveita disso.

— O que faremos, então? Ela se recusa a vir.

— Vamos pedir ajuda.

Marcílio reuniu os médiuns e pediu:

— Comecem a sessão. Adélia assumirá a direção. Orem por Liana e peçam ajuda aos amigos espirituais. Enquanto isso, eu e Alberto iremos buscá-la. Ela precisa vir.

Enquanto eles se reuniam ao redor da mesa e iniciavam as orações, os dois foram à casa do professor.

— Onde está Liana? — indagou Alberto a Gislene.

— Foi se deitar. Disse que estava com muito sono.

— Temos de acordá-la — tornou o médico.

Os três foram até o quarto, e Gislene tentou acordar Liana, mas não conseguiu. Ela parecia dopada.

— Segurem a mão dela, cada um de um lado, coloquem a outra mão em minhas costas e rezem.

Gislene postou-se junto à cabeceira da cama, e os outros dois fizeram o que ele pediu. Marcílio colocou as mãos sobre a testa de Liana e fechou os olhos em oração. O corpo da moça estremecia de vez em quando, até que Marcílio abriu os olhos dizendo:

— Vamos esperar um pouco. Podem largar.

Alguns minutos depois, Marcílio aproximou-se de Liana chamando:

— Liana! Liana! Acorde.

Ela abriu os olhos e fitou-o admirada.

— Aconteceu alguma coisa?

217

— Viemos buscá-la. Levante-se, vamos.

— Agora?

— Sim. Nós vamos sair, e Gislene vai ajudá-la a vestir-se.

Assim que se viram fora do quarto, Alberto não se conteve:

— Ela vai obedecer?

— Vai. Conseguimos afastar por um pouco a magnetização do coronel Firmino.

— Era ele que não a estava deixando ir?

— Sim. O coronel a chamava e dominava, mantendo-a sob seu controle. Foi preciso afastar a força dele para que ela agisse por si mesma.

— Não podemos afastar a energia dele de vez?

— Ainda não. Eles estão ligados pelo passado, por assuntos não resolvidos. Os fatos indicam que está na hora de se libertarem, mas isso ocorrerá quando eles aprenderem o que a vida pretende ensinar com essa experiência.

— Nesse caso, o tratamento espiritual pode não surtir o efeito que esperamos.

— Pode e às vezes até acontece. Principalmente com quem busca a ajuda dos espíritos, acreditando que eles vão intervir, resolver tudo, sem que precisem fazer nada. Basta orar, frequentar sessões, tomar passes e pronto. Tudo ficará resolvido. Há até quem decida dedicar-se ao trabalho da mediunidade em benefício do próximo, pensando que assim se livrará de todas as dores.

— O trabalho de assistência ao próximo é abnegado. O que vocês estão fazendo por Liana tem grande valor.

— Tem mesmo. Todos nós temos muitos amigos que intercedem em nosso favor no plano espiritual, entretanto, isso não nos garante o equilíbrio, o bem-estar, a felicidade. É preciso mais. É preciso que cada um faça a parte que lhe cabe no desenvolvimento da própria consciência.

— Concordo plenamente.

— Esse é um trabalho interior de cada um.

— Sinto que os problemas aparecem quando já estamos maduros para enfrentá-los.

— É uma ideia interessante.

— A vida é perfeita; é Deus em ação. Quando podemos agir melhor e teimamos em manter atitudes que não condizem mais com nosso nível de conhecimento espiritual, a vida tenta nos alertar por todos os meios. Se teimamos em não ouvir, surgem, então, os problemas como desafios que nos empurram para onde temos de ir.

— Quando aprendemos, tudo se resolve.

— Só aprendemos quando identificamos a atitude que está causando nossos problemas e a substituímos por outra melhor.

— A mudança interior de que os espíritos sempre falam.

— Que depende exclusivamente de nós. Assim como criamos crenças que geram as atitudes, podemos modificá-las em qualquer tempo. Basta querer.

A porta do quarto abriu-se, e Liana, pálida, apoiada no braço de Gislene, apareceu. Imediatamente, Alberto aproximou-se dela.

— Que bom que você vai!

— Vamos embora — disse Marcílio tomando o braço de Liana, fazendo-a apoiar-se nele. — Você vai ficar bem.

Quando chegaram à casa do médico, entraram na sala iluminada por uma luz azul delicada, onde as pessoas, sentadas ao redor da mesa, oravam em silêncio.

Marcílio conduziu Liana a uma cadeira vazia ao redor da mesa, fazendo-a sentar-se. Alberto acomodou-se discretamente em um canto da sala.

— Vamos fazer uma corrente — pediu Marcílio.

As pessoas deram-se as mãos, e Liana tentou levantar-se assustada. Mas o médico, segurando-a pelos ombros, fê-la sentar-se novamente e disse:

— Não tenha medo. Relaxe.

— Não quero ficar aqui — respondeu ela. — Preciso ir embora.

— Agora não pode. Tenha paciência. Logo, tudo passará.

Liana caiu em pranto convulsivo, enquanto todos, de mãos dadas, continuavam orando silenciosos. Aos poucos, os soluços foram diminuindo até que ela se calou.

De repente, um rapaz que estava em oração estremeceu e deu um soco na mesa, gritando enfurecido:

— Finalmente, eu a encontrei! De nada adiantará vocês se meterem entre nós! Não conseguirão nos separar. Desta vez, isso não acontecerá! Largue-me! Tenho de sair daqui e levá-la comigo! Ela é minha, me pertence. Sou seu marido! Vocês não podem me impedir.

— Acalme-se! — disse Adélia com voz firme. — Ninguém aqui deseja prejudicá-lo. Ao contrário, queremos que você se liberte do passado. Chega de sofrer! Chega de reviver um tempo que passou e não volta mais.

— É mentira! Quero-a de volta. Tenho esperado durante tanto tempo e agora que a encontrei não vou perdê-la.

— O tempo passou, e tudo mudou. Por que resiste e quer continuar sofrendo? Seu corpo já morreu há muitos anos, e você continua aqui, resistindo a deixar a casa em que viveu, preso às emoções daqueles tempos.

Entenda que as pessoas que você ama já estão em outras experiências, em outros corpos, desejando aprender a viver melhor. Só você continua rebelde, machucando-se, desejando voltar no tempo. Isso é impossível.

— Eu morri, mas continuo o mesmo. Quero minha mulher. Ela morreu antes de mim. Não sei por que se escondeu nesse corpo jovem, mas eu a vejo como sempre foi. Ela se esconde de medo de mim, mas não desejo fazer-lhe mal. Eu a amo! Só não admito que me contrarie. Ela ficou contra mim, ajudou aqueles dois traidores, e não posso perdoar isso. Eu, o chefe da família, que preciso ser respeitado, fui duas vezes ofendido. Por minha mulher e por minha filha. Acha que poderia deixar passar? Eu sou o coronel Firmino! O dono destas terras e o homem mais rico deste Estado! Todos me temem e respeitam. Como fui traído pela própria filha?

— Sua filha não o traiu. Ela se casou com o homem que amava.

— Um camponês miserável, sem eira nem beira. Um aventureiro que estava de olho em nossa fortuna.

— Você se engana. Eles se amavam de verdade.

— Todos eles me pagarão! Aqueles patifes se esconderam naqueles corpos de criança, mas não conseguem me enganar. Principalmente aquele Neco malandro. Chamam-no de Nico, mas eu vejo quem ele é! Continua arrogante, enfrentando-me. Vive dizendo que não tem medo de mim. Qualquer hora ele vai ver só.

— Pare de ameaçar os outros. Você precisa cuidar de sua vida, que está muito complicada. Vive infeliz, sente dores, está doente, passa mal, mas ainda assim quer se meter na vida dos outros.

— Foram eles que se meteram na vida de minha família.

— Ninguém é dono de ninguém. A união da família só acontece por meio do amor, nunca com tirania. Vamos, coronel Firmino, pense em quanto tempo tem perdido na lamentação, na revolta, no ódio. Chega! Está na hora de deixar de sofrer, de buscar a felicidade a que tem direito.

— Felicidade?! — tornou ele com voz amarga. — Isso sempre me foi negado. Vivi anos de angústia e solidão. Por que me negam o direito de ficar com minha companheira?

— Porque você ainda não está pronto e está doente. Precisa tratar-se primeiro. Depois, quando estiver melhor, poderá tomar suas decisões. Olhe, o médico está aí, ao seu lado, desejando ajudá-lo. Vá com ele.

— Não vou. Não quero. O que ele quer é me afastar de minha casa, de minha família, e me internar. Não ficarei preso de jeito nenhum. Logo agora que sei onde os meus se esconderam.

— Ele não deseja prendê-lo, mas apenas fazer um tratamento. Se for com ele, logo se sentirá aliviado, sem as dores que tanto o atormentam. Deixe o médico cuidar de você.

— Isso é conversa. Sei o que ele quer. Já ouvi essa conversa antes. Ele me levará, depois virá com essa história de perdoar, esquecer tudo e nascer de novo. Isso nunca. Eu não nascerei outra vez. Ser criança, não poder ter meu poder como sempre. Não, ninguém me tirará de minha casa.

— Não pode ficar lá para sempre. Chegará o dia em que a vida o obrigará a deixar tudo isso, e, quando isso acontecer, será de uma forma mais dolorosa. Quanto maior a resistência ao bem e ao progresso, maior a dor que você atrairá para seu caminho. Queremos ajudá-lo. Não torne as coisas mais difíceis do que já estão.

— É inútil. Ninguém me afastará de minha casa ou de minha família. Deixem-me em paz. Não me provoquem para que nada aconteça com vocês.

— Não temos medo de suas ameaças — interveio Marcílio, colocando a mão direita sobre a cabeça do rapaz. — Estamos no bem e somos protegidos pela luz divina, a mesma luz que o está envolvendo agora. Sinta a beleza do amor divino, a alegria de viver no bem e na paz.

A cabeça do rapaz pendeu sobre a mesa, e Marcílio proferiu uma prece em favor de Firmino. O corpo do moço estremeceu, e ele abriu os olhos admirado.

— Está tudo bem — garantiu Marcílio, batendo carinhosamente nas costas do jovem, que o olhava sem entender o que acontecera.

— Já passou — assegurou Marcílio, oferecendo um copo com água ao rapaz. Esperou alguns segundos até que ele estivesse em si, apanhasse o copo e bebesse a água. Depois, pediu que duas pessoas fizessem imposição de mãos e doassem energias positivas a Liana, que, durante todo o tempo, chorou baixinho.

Quando eles acabaram, Liana já parara de chorar. A moça bebeu a água que lhe ofereceram, e Marcílio fez uma prece encerrando a reunião. Quando acenderam as luzes, Alberto aproximou-se de Liana e perguntou:

— Sente-se melhor?

— Um pouco. Foi terrível. Tive muito medo. Parecia que a qualquer momento ele iria se atirar sobre mim e me aprisionar. Fiquei tão aterrorizada! Houve uma hora em que me vi deitada em uma cama e amarrada, enquanto ele se aproximava e me beijava. Pensei que enlouqueceria de horror! Nunca mais quero ver esse homem!

Marcílio, que se aproximara com Adélia, colocou a mão sobre o braço de Liana, dizendo sério:

221

— Você precisa ser forte e enfrentar isso para se libertar.

— Não entendo! Por que ele cismou comigo desse jeito?

— Você foi esposa dele. A seu modo, o coronel a ama e quer tê-la junto dele.

— Não diga uma coisa dessas! Que horror! Não pode ser verdade.

— É melhor aceitar isso e não se impressionar. Aconteceu no passado e não foi uma boa experiência para você. Mas, de alguma forma, vocês ainda permanecem unidos.

— Se isso é verdade, por que ele não me deixa em paz? Eu não gosto dele.

— Não é só o amor que cria laços de união entre as pessoas. O ódio e a revolta também unem. É por isso que precisamos trabalhar nossas emoções e compreender que cada pessoa é como é e só dá o que tem. Geralmente, a revolta e o ódio aparecem quando esperamos das pessoas mais do que elas podem nos dar.

— Não me conformo em ter de perdoar tudo, aguentar tudo. Isso é se anular.

— Não é isso que estou dizendo. Você não é obrigada a aguentar tudo nem a conviver com pessoas que não aprecia, sejam eles seus parentes ou não. Defender sua paz é um direito. O que lhe disse é que fazer exigências, esperar compensação dos outros, irritar-se quando eles não fazem do jeito que você quer são ilusões cultivadas. A vida destruirá todas as ilusões, porque nos levam a uma visão falsa, distorcida, que cria sofrimento.

— Se não gosto do coronel Firmino, também não lhe tenho ódio. Só não quero que ele me atormente. Esse é um direito!

— Tem razão. Por isso estamos todos aqui, tentando esclarecer seu espírito para que compreenda a inutilidade de sua atitude.

— Nesse caso, se não o odeio, por que ele se ligou a mim?

— Você não se recorda do passado. Não sabe como foi sua vida ao lado dele. Por sua repulsa, podemos perceber que tiveram problemas dolorosos em comum. Não sabemos ainda como você reagiu a eles.

— Alguma atitude sua, na vida atual, o atraiu — interveio Alberto. — A depressão, a culpa, a autoimagem negativa podem ter acionado esse processo.

— Pode ser. Quando estamos bem, positivos, cheios de vigor e força espiritual, nenhum espírito sofredor consegue nos envolver. Para ele a ter envolvido tão fortemente, ou você guardava por ele um ódio inconsciente ou seu padrão energético caiu.

— É o mais provável — concordou Alberto.

— Você entrou em depressão e atraiu problemas do passado. Para sair deles, terá de aprender a fazer o oposto: fortalecer-se por meio de pensamentos otimistas, cheios de vigor e de alegria.

Liana baixou a cabeça, pensativa. Sabia muito bem como entrara em depressão depois do que lhe acontecera com o cunhado.

— Não fique triste, Liana. Você se libertará, ficará bem e ajudará esse espírito a se esclarecer — garantiu Adélia com entusiasmo. — Agora vamos tomar nosso café com bolo que já está na copa.

No trajeto de volta para casa, Liana estava pensativa e calada. Foi Alberto quem quebrou o silêncio:

— Como está? Melhorou?

— Um pouco. O peso, o sono irresistível, o atordoamento passaram. Estou conseguindo pensar com mais clareza, o que torna mais aguda a sensação de culpa e de que estou sempre fazendo coisas erradas.

— Se continuar pensando assim, será difícil fugir das influências do coronel Firmino.

— Não diga isso, por favor!

— Depois de tudo o que conversamos, deve entender que, se deseja libertar-se da influência dele ou de outros espíritos perturbadores, precisa mudar de atitude. Não ficar contra você, criticando-se, cobrando-se e julgando-se errada apenas porque se deixou levar por um instante de emoção e descontrole.

— Falando assim, parece que não fiz nada.

— Não fez mesmo. Quando aconteceu o fato, você foi envolvida, e nem teve tempo para lembrar-se de sua irmã ou de qualquer compromisso moral. Aconteceu. Não foi uma coisa boa, apesar de ter sido agradável. Mas depois você pesou o fato e decidiu que não deveria continuar. Essa atitude foi pensada, reflete o respeito e o amor que sente por sua irmã e a vontade de não a prejudicar. Fazendo isso, você manteve sua dignidade. Apesar de amar seu cunhado, renunciou, resistiu a seu assédio e mostrou-se forte. Por que se culpa ainda?

— É difícil apagar essa mancha.

— Isso é só um conceito moral tardio que não resolve nada, uma vez que não dá para voltar atrás e evitar o que aconteceu. Reflita, Liana. Você errou, agiu impensadamente, mas teve forças para não persistir no erro. Não pode agora continuar punindo-se pelo resto da vida. Você continua digna. Não se anule nem desperdice a oportunidade de uma vida feliz por causa disso.

Liana colocou a mão sobre a de Alberto, que estava na direção do carro, e acariciou-a.

223

— Obrigada, Alberto. Você me faz bem. Nunca poderei pagar por tudo o que tem feito por mim.

— Seja feliz. Essa será minha recompensa.

Ela sorriu. Haviam chegado em casa. Liana entrou, foi para a cozinha e disse:

— Vou fazer um chá para nós.

— Acabamos de tomar café com bolo!

— Não faz mal. Esse chá será como um mensageiro da paz. Sabe, quando eu tinha um problema, costumava sempre ir conversar com minha avó. Ela me abraçava, fazia um chazinho, o servia e dizia: o chá é um ritual de amizade! Ajuda a pensar, torna as pessoas mais íntimas e aconchegadas. E eu sentia que era verdade. Entre os goles de chá, eu desabafava minhas mágoas e, ao terminar, sempre me sentia muito melhor.

— Que seja. Vamos tomar nosso chá e trocar nossas confidências. Talvez eu também precise esquecer algumas mágoas.

CAPÍTULO 16

— Dona Eulália, Eurico não quer sair da cama.

Eulália suspirou contrariada, olhando para o marido, que terminava de almoçar.

— Esse menino está me preocupando. Começou tudo de novo. — Voltando-se para Hilda, que esperava uma resposta, continuou: — Diga-lhe que, se não descer para o almoço, não deixarei Nico ficar no quarto dele hoje.

Hilda saiu apressada, e Norberto tornou:

— Sente-se e termine de almoçar. Ele está fazendo birra.

— Não sei, não. Tem andado deprimido, não se alimenta bem... Estou começando a ficar com medo. E se ele piorar de novo?

— Esse menino é muito delicado. Não sei a quem saiu.

— Ele disse que quer que o professor volte. Isso é impossível.

— Infelizmente. Apesar de tudo, Alberto tinha um jeito especial de lidar com ele.

— Ele não é confiável. Não depois do que fez.

— Liana respondeu que viria para conversar, mas até agora nada.

— É. Ela mandou dizer que viria, mas não disse quando.

— Não podemos ficar sem saber o que está acontecendo com ela. Pode ser até que esteja mal e não possa vir nos ver.

— Não diga isso. Ela foi embora porque quis.

— Aquele médico anda metido nisso. Ela pode ter sido coagida.

— Será?

— Você deveria ir até lá e ver o que está acontecendo.

— Isso não. Depois do que ela fez, seria me rebaixar. Ela é quem deve vir e me pedir perdão.

— Bobagem. Nem sabe ao certo o que aconteceu, Eulália. Se não tomar nenhuma providência, pode se arrepender. E se ela estiver mal?

Eulália sobressaltou-se:

— Você acha?

— É uma hipótese.

Ela pensou por alguns instantes e decidiu:

— Só se você for comigo. Se estiver acontecendo alguma coisa grave, precisarei de sua ajuda para tirá-la de lá.

— Concordo. Iremos logo depois do almoço, sem avisar, para não dar tempo para que tentem alguma coisa.

Hilda reapareceu na porta, e Eulália perguntou:

— E então?

— Ele está se lavando e vai descer.

— Onde estão os outros dois?

— Na copa. Não os deixei subir, conforme a senhora mandou.

— Muito bem.

Eles terminaram de almoçar. Eulália subiu e arrumou-se para sair. Quando voltou, as crianças almoçavam na copa.

— Hilda, verifique se Eurico se alimentou direito. Se ele não comer, não brincará com Nico nem com Amelinha. Se ele quiser ficar no quarto, ficará sozinho.

Dando uma olhada desafiadora para Eurico, Eulália saiu com o marido. Quando Hilda foi até a cozinha, Nico disse baixinho:

— Acho melhor comer, Eurico. Pelo menos hoje. O dia está bonito e bom para brincarmos no jardim.

— É. Por hoje. Mas amanhã começo de novo.

— Não adianta fazer isso com ela. Não dará certo — ponderou Amelinha.

— Sempre deu. Você verá. Ela trará o professor de volta.

— Se ela descobrir que eu levo comida escondido para você, me mandará embora — murmurou Nico.

— Ela nunca saberá. Só se alguma linguaruda contar.

— Não olhe assim para mim. Nós temos nossos segredos, e eu nunca contei nada.

— É verdade — disse Nico. — Ela tem sido uma boa companheira.

— Você gosta de protegê-la só porque é mulher, como todos aqui fazem. Todas as meninas são faladeiras.

— Não eu! — protestou ela.

— Você está sendo injusto. Reconheça que ela nunca contou nada.

— Está bem... Até agora ela não contou nada.

— Aonde será que eles foram? Não costumam sair a essa hora — lembrou Amelinha.

— Acho que foram ver a Liana — sugeriu Nico.

— Será? Será que farão as pazes? — perguntou Eurico, contente.

— Acho que não. Ainda ontem ela estava muito zangada com o professor. Eu ouvi quando ela disse a papai que o professor nunca mais pisará nesta casa — comentou Amelinha.

— Se ela fizer isso, verá só. Infernizarei a vida dela outra vez.

— Não faça isso, Eurico. Minha mãe sempre diz que a mentira dá mau resultado. Fingindo-se de doente, você poderá acabar doente de novo. Lembra-se de como passava mal quando chegou aqui?

— Agora estou curado. O professor disse que sou forte como todo mundo.

— Mas não abuse. Sua mãe não merece ser enganada.

— Merece, sim. Ela é muito implicante e mandona. Queria que tia Liana se casasse com quem ela escolheu, e isso é errado.

— Isso é. Ela gosta mais do doutor Mário. Ele é uma boa pessoa, mas Liana não gostava dele para se casar. Também se casou com o professor só para poder fazer aquele tratamento. Ela não o ama.

— É mesmo — interveio Amelinha. — Mas eles se casaram com buquê e até com os noivinhos no bolo de noiva. Acho que eles se gostam, sim.

— Vocês mulheres são tão bobas! O que tem a ver o bolo de noiva com o gostar? — desafiou Eurico.

— Não adianta discutir por isso. O importante é Liana sarar e ficar feliz. Com o professor e o doutor Marcílio cuidando dela, tudo dará certo. Ela ficará boa, e, no fim, sua mãe compreenderá. Eles se entenderão e pronto.

***

O carro de Norberto parou em frente à casa do professor. Ele desceu e tocou a campainha. Gislene abriu a porta.

— Viemos falar com Liana — disse Norberto.

— Queiram entrar. Avisarei à dona Liana.

Ele voltou ao carro, abriu a porta, e Eulália desceu. Entraram e sentaram-se na sala, tentando controlar a inquietação.

Gislene procurou Liana e Alberto no escritório e disse baixinho:

— Dona Eulália e o doutor Norberto estão na sala e perguntaram pela senhora.

Liana olhou apreensiva para Alberto, que respondeu:

— Diga-lhes que ela já está indo.

Gislene saiu, e Liana sussurrou:

— Meu Deus! E agora?

— Acalme-se. Tudo dará certo.

— O que diremos?

— Representaremos o papel de casal em lua de mel. Estamos muito apaixonados. Fugimos para não termos de esperar pelo casamento.

— E Norberto? O que ele pensará de mim?

— Que você mudou, deixou de gostar dele e que me ama. Não é isso o que quer?

— É.

— É a maneira de tirá-lo definitivamente de seu caminho e devolvê-lo aos braços de Eulália.

— Tem razão. Estou tão nervosa...

Alberto tomou as mãos de Liana e acariciou-as, tentando esquentá-las.

— Não acontecerá nada. Estou do seu lado. Você está pálida. Vamos, vá se pintar um pouco. Tem de parecer uma mulher feliz e amada.

— Está bem.

Liana foi até o quarto, arrumou-se um pouco e voltou:

— Estou bem?

— Melhorou. Agora sorria, pois entraremos abraçados e fingiremos que nos amamos.

Quando os dois entraram na sala abraçados, Eulália e Norberto levantaram-se.

— Sejam bem-vindos à nossa casa — disse Alberto com gentileza, estendendo a mão a Norberto, que fingiu não perceber. Sem perder a compostura, Alberto continuou: — Sentem-se, por favor.

Eles deixaram-se cair no sofá, tentando encontrar palavras que expressassem o que sentiam.

Liana aproximou-se de Eulália e disse:

— Eulália, sinto muito por não ter lhe contado o que pretendíamos fazer.

— Você fugiu de casa, na calada da noite, como uma criminosa. Não precisava fazer isso.

— Você abusou de nossa confiança, professor — disse Norberto fuzilando-o com os olhos.

— Desculpe, Norberto, mas não fiz nada errado. Nós nos amamos. Liana desmanchou o noivado. Pensamos muito e achamos que, se nos casássemos dessa forma, pouparíamos tempo e comentários.

228

— Não acredito que tenham se casado. Ninguém pode fazer isso sem o tempo necessário para as providências legais.

Virando-se para Alberto, Liana pediu:

— Meu bem, pode apanhar a certidão de casamento?

Ele saiu, e Norberto não se conteve:

— Liana, estou vendo e ainda não acredito. Como pôde fazer uma coisa dessas depois de tudo?

Ela empalideceu, e Norberto tentou corrigir:

— Depois de tudo que sua irmã fez por você a vida inteira?

— Foi por amor. Eu amo meu marido. Gostaria que compreendessem e perdoassem a forma como procurei minha felicidade.

Alberto voltou e apresentou o documento a Norberto. Enquanto Norberto o examinava, Alberto sentou-se ao lado de Liana no sofá, abraçando-a com carinho e beijando-lhe a face delicadamente.

Norberto estava pálido e ofendido, mas não encontrou palavras para dizer. Em silêncio, passou o documento a Eulália, que o examinou atentamente. Depois, entregou-o a Alberto e disse:

— É. Parece que está consumado. Nesse caso, nada mais temos a fazer aqui. Vamos embora.

Norberto levantou-se, e Alberto repetiu o gesto também, aproximando-se do casal à sua frente. Ele disse:

— Por favor, Eulália. Perdoe nossa atitude e compreenda. Garanto-lhes que amo muito Liana e que farei tudo para vê-la feliz.

— Ela o escolheu contra nossa vontade, portanto, não precisa de nós para nada. Vamos embora.

Liana colocou a mão carinhosamente sobre o braço da irmã e disse com voz súplice:

— Por favor, Eulália! Não se vá. Eu não pretendia magoá-la. Fique. Diga que me perdoa e que poderemos continuar amigas como sempre.

— Não posso. Como voltarei a confiar em sua amizade depois do que fez? Você escolheu onde e com quem desejava ficar. De hoje em diante, siga seu caminho, e eu seguirei o meu. Espero que não se arrependa do que fez. Vamos embora, Norberto.

Eulália segurou o braço do marido e praticamente o arrastou porta afora, lançando um olhar irado para Alberto. Liana fez um gesto para impedi-la, mas ela desviou-se e saiu fechando a porta atrás de si.

Liana, trêmula, deixou-se cair em uma cadeira, chorando copiosamente. Alberto tentou confortá-la.

— Eu sabia que ela não iria me perdoar. Eulália sempre foi orgulhosa e determinada. Ela nunca mais falará comigo! Perdi minha irmã.

— Não diga isso. Com o tempo, ela refletirá, pensará melhor. Sentirá sua falta e voltará atrás. Você verá.

— Não creio. Sei como ela é.

— Você tinha o direito de cuidar de sua vida do seu jeito, Liana. Por mais que ela tenha cuidado de você, não pode interferir nisso. Você é livre. Vamos! Enxugue essas lágrimas. Reaja!

Alberto estendeu-lhe o lenço, que ela apanhou enxugando os olhos e tentando parar de chorar.

— Assim é melhor — disse Alberto quando ela finalmente parou de chorar. — Agora sou eu quem fará aquele chá especial de sua avó.

Alberto abraçou-a com carinho, conduziu-a até a cozinha e fê-la sentar-se, enquanto colocava a chaleira no fogo, fazendo um sinal para que Gislene os deixasse a sós.

Ele preparou o chá, serviu-o e sentou-se ao lado de Liana, sem que ela, abatida e triste, reagisse. Procurou conversar, mas a moça parecia ausente e não respondia ao que ele dizia.

— Vou me deitar — disse ela.

Sem esperar resposta, Liana levantou-se, foi para o quarto e deitou-se. Preocupado, Alberto ligou para o doutor Marcílio e contou-lhe o sucedido.

— Ela ficou apática e caiu em profunda depressão. Tentei conversar, mas nem sequer me ouviu.

— Vou dar uma passada aí para vê-la.

Quando o médico chegou, Alberto já o esperava com impaciência. Gislene foi ao quarto de Liana e viu que ela caíra em um sono pesado. Quando a chamaram, não quis acordar.

— Ela estava tão bem! — explicou ele. — Foi a intransigência de Eulália que a deprimiu, pois ela disse que havia perdido a irmã.

— Liana está frágil. Tem alguma coisa que a oprime, mas ainda não sei o que é. Parece que sente prazer em se castigar.

Alberto hesitou por alguns segundos e depois respondeu:

— Ela tem um segredo que a oprime. Não estou autorizado a lhe contar, embora pense que, como médico dela, você devesse saber.

— Os espíritos perturbadores exploram todas as fraquezas daqueles a quem pretendem dominar. Esse ponto fraco de Liana permite que o padrão energético dela baixe, e assim eles podem atingi-la. Por isso, quando não conseguem manter um assédio direto, procuram fazer com que pessoas ligadas a ela toquem esse ponto e assim conseguem obter os resultados que querem.

— Isso está acontecendo com ela.

— Está. No momento, por ter se deprimido, o espírito do coronel Firmino deve tê-la dominado, mesmo a distância.

— Deve ser isso. Tentamos acordá-la, mas parece que está dopada.

— Vamos tentar de novo.

Dirigiram-se ao quarto e aproximaram-se de Liana.

— Vamos orar e pedir ajuda — tornou Marcílio, estendendo as mãos sobre a cabeça de Liana.

Os dois fecharam os olhos e oraram em silêncio.

— Vá buscar um copo com água — pediu ele.

Alberto obedeceu e voltou com o copo, colocando-o sobre a mesa de cabeceira. O médico colocou uma das mãos sobre o copo e continuou em oração. Depois, sentou-se em uma cadeira ao lado da cama e disse:

— Ela está sendo atendida. Vamos esperar.

De fato, Liana continuava adormecida, porém, seu sono agora parecia regular e seu rosto estava mais corado. Alberto sentou-se também, e ambos esperaram em silêncio.

Os minutos foram passando e só se ouvia o tique-taque do relógio na mesa de cabeceira. Passados dez minutos, ela acordou e olhou-os admirada.

Marcílio levantou-se, pegou o copo com água e entregou-o a ela dizendo:

— Vamos, beba.

Liana obedeceu. Depois, respirou fundo e perguntou:

— O que aconteceu? Por que está aqui? Fiquei mal outra vez?

— Ficou.

— Sinto muito. Estou dando trabalho a vocês.

— Está mesmo. E porque quer.

Ela olhou-o assustada:

— Desculpe, não entendi.

— Está na hora de entender. Você se deprime e com isso permite o acesso às energias do coronel Firmino.

— Deus me livre! Foi ele?

— Foi. Mas ele não teria tido acesso a você, se não lhe tivesse aberto as portas.

— Não diga isso. Não quero nada com ele!

— Mas ele quer. E quando você fica negativa, deprimida, ele consegue envolvê-la.

— Estou sofrendo muito. Não posso evitar a tristeza. Eulália não me perdoou. Disse que nunca mais quer me ver.

— Ela disse. Mas quem garante que será assim? — perguntou o médico.

— Eu sei que ela é obstinada e nunca volta atrás.

— Para conduzir as pessoas ao caminho melhor, a vida tem recursos que desconhecemos. Acho que você deve confiar. Afinal, não fez nenhum mal. Está apenas cuidando de sua cura. Um dia, ela entenderá isso. O que não pode é se machucar dessa forma e permitir o envolvimento destrutivo do coronel. Precisa se defender.

— Como?

— Tentando não dramatizar os fatos em sua vida. Nada é definitivo. Você já resolveu que Eulália nunca mudará. Quem pode garantir isso? Todos nós mudamos a todo momento.

— Talvez eu não mereça viver em paz.

Alberto fez um ligeiro sinal para o médico e levantou-se dizendo:

— Continuem conversando que mandarei fazer um cafezinho.

Saiu. Queria dar oportunidade para que Liana contasse ao médico o verdadeiro motivo de sua depressão. Mandou preparar o café, mas não mandou servir. Queria dar mais tempo aos dois.

***

Quando Eulália se sentou no carro ao lado do marido, não conseguiu esconder a indignação.

— Eu não lhe disse? Ela fez tudo de caso pensado. Bem que eu não queria vir. E você pensou que ela tivesse sido sequestrada. De onde tirou essa ideia?

— Não sei. Nunca pensei que Liana fosse capaz de fazer uma coisa dessas.

— Pois fez! Talvez a estas horas estejam rindo juntos da peça que nos pregaram. Viu como se abraçavam descaradamente diante de nós?

Norberto mordeu os lábios nervoso. Essa cena não saía de sua mente. Sentira vontade de esmurrar o professor. Aquele traidor! Com aquela cara de bom homem, respeitador. E pensar que fora ele quem o levara para dentro de sua própria casa!

Norberto cerrou os lábios com raiva. Teve medo de responder e deixar transparecer o que estava sentindo. Ela continuou:

— Prepararam tudo com antecedência. Ninguém se casa de repente. Como são fingidos! Eu não percebi nada. Ela com aquela cara de coitada, sempre deitada, fraca, desvalida. Enquanto isso, estava sabendo muito bem o que queria fazer.

— A culpa é daquele professor de meia-tigela.

— E pensar que nós o colocamos dentro de nossa casa!

— Cale-se. Essa ideia está me mortificando.

232

— Liana morreu para mim, definitivamente.

Norberto hesitou e depois respondeu:

— Não sei, Eulália. Apesar de tudo o que vimos, ainda tenho algumas dúvidas. Liana estava pálida. Pintou-se, mas dava para notar sua palidez. Não está bem como quis parecer.

— O que quer dizer? Ela estava um pouco abatida, mas muito feliz. Claro que ainda não recuperou totalmente a saúde, mas de resto não há nada para duvidar. Ela mesma disse que ama o marido e que se casou de livre vontade.

Norberto sacudiu a cabeça pensativo:

— Se pensarmos bem na Liana que conhecemos, que sempre foi cordata, obediente, prezando sua amizade e carinho, não podemos entender por que fez isso. Chego a pensar que por trás há alguma coisa que não sabemos. Aquele médico não sai de minha cabeça. Sobre a mesa da sala havia uma receita dele, eu vi. Se fosse em nossa casa, ele não teria tido acesso. Bem que eu queria levá-la a Caldas. Por que não insistiu?

— Eu insisti. Além do mais, Alberto sempre se deu muito bem com o doutor Marcílio. Várias vezes, tentou me convencer de que eu deveria deixá-lo tratar Liana. Como se ele fosse uma sumidade! Claro que agora, ela sendo sua esposa, faz como quer.

— É por isso que, apesar de tudo, eu ainda insisto. Não acho uma atitude sensata de sua parte fechar a porta a eles.

— Depois do que fizeram?

— Sim. Liana não tem estado bem ultimamente. E se ela estiver com as faculdades mentais alteradas? E se o professor tivesse se aproveitado desse fato para casar-se com ela e tê-la sob sua guarda?

— Por que faria isso?

— Por várias razões. Porque se apaixonou ou porque pretende ligar-se à nossa família de alguma forma.

— O dinheiro que temos é nosso. Liana não tem nada.

— Então é por paixão mesmo. Um homem faz qualquer coisa por uma paixão.

Eulália olhou-o admirada. Nunca imaginara que o marido pensasse daquela forma, sempre tão pacato, discreto.

— Liana é bonita, mas não tanto a ponto de despertar uma paixão — respondeu ela.

Norberto controlou-se. Estava difícil suportar a situação. Procurou manter a calma ao responder:

— É verdade. Nesse ponto eu concordo. Mas sabe como é: tenho ouvido contar tantas coisas! Há homens desequilibrados.

233

— Bom, aí eu também concordo. O professor deve ser um desses. Onde já se viu? Casar-se dessa forma, roubar a mulher como se estivesse no tempo das cavernas. Não tem nenhum respeito pela família. Por isso vive sozinho.

Norberto meneou a cabeça, concordando, e, enquanto Eulália discorria sobre como deveria ser o respeito à família e à sociedade, ele pensava em conseguir uma forma de ficar a sós com Liana a fim de descobrir a verdade.

Não acreditava que ela tivesse esquecido o amor que os unia. Tinha certeza de que ela o amava e que se afastara por causa de Eulália. Na verdade, ela era o maior obstáculo para que eles pudessem ficar juntos para sempre.

Tinha certeza de que, se sua mulher morresse, Liana não hesitaria em casar-se com ele. Essa era sua esperança depois que Liana desfez o noivado com Mário.

Em seu desespero, pensara algumas vezes em tirar Eulália do caminho, mas como? Não se sentia com coragem de cometer um crime, principalmente contra a mãe de seus filhos, mas desejava de coração que ela morresse para que pudesse libertar-se desse peso e assumir o amor de sua vida.

Queria que Liana continuasse vivendo com eles na esperança de um dia realizar esse sonho. Enquanto ela era solteira, havia esperança. Agora isso seria impossível. Ela havia preferido outro.

Não podia acreditar. Liana nunca amara ninguém antes dele e entregara-se por amor. Precisava vê-la, ouvir de seus lábios que se casara apenas para fugir da paixão e do desejo que a atormentavam. Que quando se encontravam, mesmo na presença de Eulália e das crianças, ela sentia, como ele, a vontade de repetir o delírio daquela noite.

Essa lembrança reaparecia sempre que a via, e isso lhe tirava o fôlego. Era a custo que conseguia dominar-se.

Enquanto Eulália continuava falando, Norberto meneava a cabeça de vez em quando concordando e pensava em como conseguir o que desejava. Arranjaria um jeito de tirar férias, ficar algum tempo na mansão, depois encontraria uma forma de encontrar-se com Liana a sós. Naquela noite, depois do jantar, Norberto voltou ao assunto.

— Estive pensando em tirar umas férias, Eulália. Estou cansado e penso que passar algum tempo aqui com vocês me fará bem.

Eulália corou de prazer. Preocupado com seus problemas, o marido desejava confortá-la. Sorriu e respondeu:

— É uma ótima ideia! Assim, me ajudará com Eurico, que tem andado impossível.

234

— Espero que sua saúde não tenha piorado.

— Piorou. Ele não se alimenta como antes e vive querendo que eu chame de volta o professor. Temos de arranjar alguém que continue as aulas. As crianças estavam indo tão bem!

— Dessa vez, tentaremos uma professora. É mais seguro. Voltarei a São Paulo amanhã e ajeitarei tudo para poder ficar aqui. Vou ver com nossos amigos se consigo alguma moça boa, de boa família, que possa vir dar aulas para as crianças.

— Bem pensado. Quem sabe assim Eurico esquece esse assunto e deixa de me preocupar. Ele fica na cama, não come, e, se não fosse Nico, que consegue tirá-lo de lá, seria pior.

Norberto suspirou. Sempre desejara ter um filho forte, viril, corajoso, inteligente, contudo, a vida dera-lhe Eurico: fraco, doente, sem capacidade de sobressair-se em nada. Paciência. Teria de suportar esse fardo pelo resto da vida.

Na manhã seguinte, Norberto partiu prometendo voltar antes do fim da semana. Dois dias depois, ligou dizendo que voltaria no sábado levando uma professora que fora muito bem recomendada e lhe parecera muito culta e preparada.

Na tarde do dia marcado, Norberto chegou em companhia da nova professora. Na porta de entrada, Eulália examinou-a enquanto descia do carro. Era jovem, talvez tivesse pouco mais de vinte anos, tinha pele clara, olhos e cabelos castanhos, e era bem-feita de corpo. Eulália fixou-a, e ela não desviou o olhar.

Aproximou-se da porta e parou, esperando que Norberto a apresentasse. Ele adiantou-se e, depois de beijar levemente a face de Eulália, estendeu a mão para a jovem, dizendo:

— Esta é Melissa Duarte, a nova professora.

Eulália estendeu a mão:

— Prazer em conhecê-la. Duarte? Por acaso é parente do doutor Gabriel Duarte?

— Sobrinha — respondeu Melissa com voz firme. — Ele é irmão de minha mãe.

Eulália convidou-a a entrar e mandou levar a bagagem para o quarto.

— Deve estar cansada da viagem. Hilda é nossa governanta e lhe mostrará seu quarto.

Ela assentiu com a cabeça e depois das apresentações acompanhou Hilda. Assim que se viu a sós com o marido, Eulália comentou:

— Essa professora não vai dar certo.

— Por quê?

235

— É muito jovem, e, além do mais, me pareceu um pouco petulante.

— Trata-se de uma moça de muito boa educação e de família tradicional. Você conhece muito bem os Duartes. Além disso, ela é pedagoga. Acredite que não foi fácil conseguir alguém desse nível que concordasse em vir para o interior e ficar longe dos amigos e da família.

— Era isso que eu estava me perguntando. Por que uma jovem da melhor sociedade aceita deixar a família e vir para o interior morar com estranhos e ensinar três crianças endiabradas? Não arranjaria um emprego muito melhor na cidade?

— É possível. Mas Juca, quando sugeriu que a contratasse, me disse que ela é do lado pobre da família e precisa trabalhar para se sustentar.

— Estava com roupas muito finas para ser tão pobre como você diz.

— Não reparei. O que sei é que ela estava com vontade de sair da cidade e vir para o interior. Prefere a vida calma. Conversei com a mãe e com ela, e combinamos tudo. Ela ficará pelo menos até os exames do fim do ano. Faltam apenas três meses.

— Se eles conseguirem passar para o quarto ano, será ótimo. Se Eurico tivesse mais saúde, poderíamos interná-los em um bom colégio e voltar a morar na cidade.

— Infelizmente, isso ainda não é possível. Vou subir para tomar um banho. Estou empoeirado.

Depois do banho, Norberto estendeu-se na cama. Tinha tempo de descansar um pouco antes do jantar. Pretendia ficar o tempo que precisasse para conseguir se encontrar com Liana sem que Eulália soubesse.

Liana! Como poderia esquecer aqueles momentos que haviam passado juntos? Em sua saudade, Norberto visualizava todos os detalhes da conquista, revendo o prazer que sentira.

Não percebeu que um vulto se aproximou dele atraído pelo teor de seus pensamentos. Era o espírito do coronel Firmino.

Colou-se a Norberto e, admirado, começou a sentir o prazer que Norberto estava sentindo ao visualizar aqueles momentos. Delirou com a relação íntima que eles haviam tido, experimentando emoções que ele não se recordava de ter sentido antes.

Suas experiências sexuais com a esposa haviam sido sempre mantidas contra a vontade dela e nunca lhe haviam dado emoções tão fortes como as que experimentava agora.

Num relance, brotou em sua mente a ideia de aproveitar melhor sua descoberta. Ele estava morto e, por mais que se esforçasse, não conseguia contato direto com Mariquita, contudo, se usasse o corpo daquele homem, poderia tê-la de volta mesmo antes de ela morrer.

236

Assim, decidiu não abandonar mais Norberto. Ficaria ligado a ele para saber tudo o que ele planejava. Percebeu que Norberto iria tentar encontrar-se com Mariquita, que a amava e que era correspondido. Era a maneira de vê-la e tê-la de volta.

Norberto passou a mão pelos cabelos nervosamente. De repente, seu desejo de ver Liana ficou insuportável, e ele fez um grande esforço para se controlar. Precisava ter paciência. Não podia dar largas às suas emoções.

Apesar de tudo, não pretendia pôr tudo a perder. Se Eulália descobrisse, seria o caos. Esforçou-se para pensar em outra coisa, mas não conseguiu. Levantou-se e desceu para o jantar. Sua cabeça estava pesada, e ele sentia-se inquieto.

**

Melissa desceu, e Eulália já a esperava.

— Vou chamar as crianças para conhecê-la.

Hilda apareceu na sala acompanhada de Amelinha e Nico.

— Onde está Eurico? — indagou Eulália.

— Está deitado. Não quis se levantar — esclareceu Hilda.

— Vá lá e lhe diga que estou esperando.

Enquanto Hilda subia, Eulália fez as apresentações:

— A senhorita Melissa é a nova professora. Esta é Amelinha, minha filha. Este é Nico.

— Como vai? — disse Melissa, olhando-os com interesse e estendendo a mão para Amelinha.

— Bem — respondeu a menina.

— E você, Nico, como vai?

— Bem. Seja bem-vinda, professora.

— Obrigada.

Hilda voltou mais corada do que o costume:

— Ele disse que não se levantará daquela cama nunca mais.

— Está vendo? — comentou Eulália voltando-se para Melissa. — Meu marido deve ter lhe falado sobre nosso filho Eurico.

— Falou, sim.

— Se a senhora quiser, posso subir e ver se consigo trazê-lo — ofereceu Nico.

— É melhor mesmo. Vá lá, Nico, e faça isso. Não desejo perder meu bom humor.

Nico subiu, enquanto Amelinha olhava para Melissa com curiosidade. Norberto chegou, e Eulália foi logo dizendo:

237

— Eurico não quer se levantar.

— Você vai falar com ele? — perguntou Norberto.

— Nico já foi. Nesses casos, ele é melhor que eu.

Nico entrou no quarto de Eurico, que estava coberto até a cabeça.

— Levante-se, Eurico.

— Não. Logo hoje veio aquela professora horrível. Deve ser velha, feia, malvada e burra, como todas as outras que já tive. Eu quero o professor de volta.

— Pelo que pude ver, ela não parece nada disso que você acabou de dizer. É moça, bonita e tem boa cara.

— Mesmo assim, não quero nenhuma professora. Eu quero Alberto.

— Você não está sendo inteligente.

— Está me chamando de burro?

— Não exagere. De que adianta querer uma coisa que agora não é possível? O professor mesmo me disse que precisamos ter paciência por enquanto. Sua mãe não quer fazer as pazes com eles.

— Tem de fazer. Não pode ficar toda a vida de mal com tia Liana. Ainda mais agora que ela se casou com nosso professor.

— Você não pode obrigar sua mãe a fazer uma coisa que ela não quer.

— Mas eu quero.

— Não seja tão mimado. Por que não podemos ficar com outra professora por algum tempo, só enquanto esperamos que eles façam as pazes?

— Porque eu queria logo.

— Não seja criança. Minha mãe sempre diz que querer o que não depende de nós é se machucar à toa. É o que está fazendo: se machucando sem obter nenhum resultado bom. Ao contrário. Irrita sua mãe, fica doente novamente, e ela briga ainda mais com o professor e com Liana, pondo a culpa neles.

— Se eu ficar doente novamente, a culpa será apenas dela. Eles não têm nada com isso.

— A culpa é apenas sua. Está culpando sua mãe, mas é você quem está se machucando, sendo rebelde, ficando sem comer e sem ir brincar no sol.

— É só um pouco, até ela fazer o que eu quero.

— Você está desafiando a vida. Está melhor e se finge de doente. Acabará ficando mesmo. A culpa será apenas sua.

— Não ficarei doente novamente.

— Se continuar assim, ficará. Por isso, levante-se dessa cama. Vamos jantar. Como pode falar mal da nova professora sem conhecê-la?

— Eu sei que ela é ruim e que não dará certo.

238

— Eu só aceitarei isso e concordarei depois que você a conhecer e tivermos algumas aulas. Antes disso, não sei.

— Você não acredita em mim.

— Não mesmo. Você não pode saber se dará certo ou não sem experimentar. Está apenas fantasiando.

— Está bem. Eu vou me levantar, conhecê-la, assistir a algumas aulas, só para lhe provar que eu estava certo.

— Isso mesmo. Então, acreditarei e até o ajudarei a fazer uma campanha contra ela.

— Você me ajudará a azará-la?

— Só se ela for ruim mesmo. Antes de saber disso, não.

— Está bem... vamos ver...

Eurico levantou-se disposto a provar a Nico que sabia o que estava dizendo. Observando-o enquanto se vestia, Nico sorriu levemente. Todos na mansão se queixavam de Eurico, dizendo que ele era muito difícil de levar. Nico pensava justamente o contrário. Sabendo conversar com ele, era muito fácil conseguir o que queria.

CAPÍTULO 17

Eurico olhou para Melissa, que estava falando sobre história, e fechou o caderno. O sol estava brilhando lá fora, e ele estava pensando em ir ver o ninho de passarinhos do limoeiro. Já teria filhotes?

Não estava nem um pouco interessado em saber quem haviam sido os presidentes dos países da Europa, nem por que haviam feito a Primeira Guerra Mundial.

Melissa calou-se e ficou observando-o, enquanto Amelinha o cutucava por baixo da mesa tentando chamar-lhe a atenção. Absorto, Eurico não percebeu e continuou pensando nos assuntos de seu interesse, que nada tinham a ver com o que ela desejava ensinar.

Melissa aproximou-se de Eurico em silêncio e sentou-se ao seu lado, calada. Os outros dois observavam sem coragem para dizer nada. Eurico demorou alguns segundos para perceber que a professora estava sentada ao seu lado.

Quando notou, olhou para ela com ar de desafio. Se ela tentasse repreendê-lo, saberia muito bem o que fazer. Passaria mal o resto do dia, e Eulália acabaria por culpar a professora e a mandaria de volta para São Paulo.

Ela continuou em silêncio, absorta, sem olhar para ele. O tempo foi passando, e Eurico irritou-se com o mutismo de Melissa.

— Não gosto de história e não estudarei isso — disse ele.

Melissa levantou-se, colocou-se na frente de Eurico e, olhando-o nos olhos, disse com firmeza:

— Se não gosta, não faça.

— Você é a professora. Não me obrigará?

— Não. É um direito seu.

241

— Não está sendo paga para me ensinar?

— Estou. Esta é nossa primeira aula. Eu estou fazendo minha parte, ensinando, cumprindo com meu compromisso. Ofereço um trabalho e sou paga por ele. É uma troca digna. Você não pode dizer o mesmo.

— Por quê?

— Sua mãe faz a parte que lhe compete pagando seus estudos, portanto, você tem tudo a seu favor. Só que, se não estudar, nunca terá independência para se sustentar. Se pretende continuar vivendo à custa de sua família pelo resto da vida, é uma decisão sua, e eu respeito. Não pretendo forçá-lo a nada. Se não quiser mais comparecer às aulas, falarei com sua mãe e pronto. Descontaremos uma parte do dinheiro que ela paga e darei aula só para os outros dois.

— Não quer dar aula para mim, só porque não gosto de estudar?

— Isso mesmo. Gosto de trabalhar com quem aproveita as aulas. Não sou de perder tempo com quem não deseja aproveitar. Sinto-me mal em fazer sua mãe pagar por alguma coisa sem proveito.

— Já que você veio, não pode se recusar a me dar aulas. É sua obrigação.

— Assim como eu o respeito se não deseja estudar, exijo que me respeite quando eu me reservo o direito de ensinar apenas os que desejam aprender. Portanto, se está sem vontade e prefere ir para o jardim, fique à vontade.

— Está me mandando ir embora?

— Não. Estou lhe dando a oportunidade de escolher o que quer.

— E se eu ficar?

— Vou exigir atenção e vontade de aprender.

— Pois eu irei embora mesmo. Você não é como o professor Alberto. Ele, sim, sabia dar aulas.

Eurico levantou-se e saiu. Nico fez um gesto para detê-lo, mas Melissa fez-lhe sinal para que deixasse. Amelinha, que ia se levantar, sentou-se novamente.

— Muito bem — disse Melissa com voz suave. — Vamos continuar.

Eurico foi para o jardim ver os passarinhos, entretanto, não conseguia desviar a atenção da janela da sala de aula. O que estariam fazendo lá por tanto tempo? Por que, depois que ele saiu, os outros dois continuaram lá como se nada houvesse acontecido? E a professora? Ela não sabia que a única razão de ter sido contratada em casa era porque ele não podia frequentar uma escola? Se não desse aula para ele, os outros dois poderiam ir para a escola da cidade.

Ela não tinha medo de perder o emprego? Ouvira seu pai dizer que ela precisava trabalhar para se sustentar. O que será que ela estava ensinando?

Vendo-o, Hilda foi ter com ele e perguntou:

— O que está fazendo neste sol? Por que não está na aula?

— Porque não quero. Não gosto da aula dela.

— Este sol vai lhe fazer mal. Vamos entrar.

— Não vou.

— Vou falar com sua mãe. Essa professora não deveria tê-lo deixado sair, ainda mais para ficar neste sol.

— Isso mesmo. Vá, sua linguaruda! Diga para ela que é melhor mandar essa professora ir embora. Ela não serve mesmo.

Hilda saiu, e ele sentou-se no caramanchão. A aula estava demorando muito. Não acabava mais. O que ele iria fazer até que Nico estivesse livre?

Entediado, Eurico esperou e, quando os viu sair para o jardim, foi ao encontro deles, que conversavam animadamente.

— Ele tomava banho uma vez por mês, de roupa e sentado na cadeira — dizia Amelinha rindo.

— Que banho? — disse Nico. — Enfiavam a cadeira dele no mar e a tiravam. Isso é banho?

— Do que estão falando? — indagou Eurico.

— De Dom João VI, rei de Portugal — respondeu Nico rindo.

— Por que ele fazia isso?

— Não vamos contar nada — disse Amelinha. — Quem mandou você não ficar na aula? Foi tão engraçado!

— Estão falando da aula?

— Estamos — respondeu Nico. — Sempre pensei que um rei fosse muito limpo.

— Não conte nada para ele — disse Amelinha.

— Foi só a primeira aula, e vocês dois já estão puxando o saco da professora.

— Não seja despeitado. Ela é boa, e eu gosto dela — defendeu Amelinha.

— E você, Nico?

— Foi a primeira aula e não nego que foi divertida.

— Ela me mandou ir embora. Não tem paciência.

— Para falar a verdade, Eurico, ela foi até muito boa. Não deu castigo nem o obrigou a nada. Só o deixou escolher. Foi você quem resolveu sair.

Eurico mordeu os lábios, nervoso. Aquela Melissa era bem capaz de o fazer até perder o amigo. No dia seguinte, tentaria outra coisa, mas haveria de conseguir mandar aquela professora embora.

***

Norberto não conseguira dormir. Ficara se revirando na cama só pensando em um jeito de ver Liana a sós. Quando fosse até lá, não queria que o professor estivesse em casa. Ele não iria deixá-los sozinhos. Tinha certeza disso.

Liana teria contado ao marido o que acontecera entre eles? Essa dúvida atormentava-o. Ardia por estar com ela novamente, e o desejo reacendera de forma insuportável, fazendo-o perder a vontade de comer e fazer qualquer outra coisa.

Por que o casamento dela o descontrolara tanto? Ele a amava, mas conseguia se conter. Agora estava sendo difícil. Tinha ímpetos de sair correndo, ir até ela e tomá-la nos braços sem se importar com mais nada.

Essa emoção era tão forte que o assustava. Depois do almoço, Norberto saiu dizendo que ia a uma loja da cidade, mas foi diretamente à casa do professor.

As janelas abertas indicavam que estavam em casa. Não teve coragem de parar o carro em frente à casa. Estacionou-o em outra rua e foi a pé até lá.

A rua estava deserta, e ele parou a alguma distância, observando. Viu quando Alberto, segurando um grande envelope pardo, saiu caminhando. Estava com sorte. Liana ficara em casa.

Assim que Alberto virou a esquina, ele aproximou-se e tocou a campainha. Gislene abriu e, vendo-o, assustou-se.

— Preciso falar com Liana.

— Ela está descansando. Acho que adormeceu.

— Pois vá e acorde-a. É urgente.

Ela convidou-o a entrar na sala e foi ao quarto de Liana. Enquanto esperava, Norberto mal conseguia dominar a ansiedade. Finalmente, ia saber a verdade.

Alguns instantes depois, Liana apareceu. Norberto teria vindo a mando de Eulália? Ela teria se arrependido?

Gislene esperava na porta da sala, receosa.

— Precisamos falar a sós — disse Norberto.

— Pode ir, Gislene.

Assim que Gislene saiu, Norberto aproximou-se de Liana, abraçando-a e dizendo emocionado:

— Liana, estou ficando louco! Como pôde fazer isso comigo?

Ela empurrou-o aflita:

— Deixe-me! Não quero mais falar disso.

— Não consigo pensar em mais nada que não seja em você. Não posso viver sem você!

244

Norberto tentava abraçá-la, e Liana empurrava-o nervosa.

— Vá embora. Deixe-me em paz! Não quero nada com você!

Olhando para Norberto, Liana foi tomada de um sentimento de horror. Pálida e apavorada, ela repetia:

— Vá embora! Deixe-me em paz!

— Não posso! Agora que estamos juntos novamente, não a deixarei mais.

— Você enlouqueceu? E Eulália?

— Nada mais me importa. Vamos fugir. Ficaremos juntos para sempre. Nunca mais nos separaremos. Vamos nos amar! Eu preciso de você!

Norberto abraçava-a, e Liana sentia-se sufocar, enquanto ele a apertava em seus braços, beijando-lhe o rosto, os cabelos, e procurando seus lábios.

Foi aí que Liana deu um grito, e seu corpo amoleceu. Norberto segurou-a, deitando-a no sofá, enquanto Gislene apareceu assustada, perguntando:

— O que foi, dona Liana? O que aconteceu?

— Vá buscar um copo de água — pediu Norberto, pálido.

— O que fez com ela? Não sabe que está muito doente e que não pode passar por emoções fortes? Vou buscar o remédio dela e chamar o médico.

— Não quero que chame aquele médico. Vou levá-la comigo para casa. De lá iremos a São Paulo ver o médico de nossa família.

— O senhor não vai levá-la daqui sem avisar o marido dela.

— Eu me responsabilizo. Ela precisa de atendimento, e não a deixarei nas mãos daquele charlatão. O marido dela que vá depois nos procurar. Vou buscar meu carro, que está na outra rua. Enquanto isso, veja alguma roupa para ela. Depois, me ajude a colocá-la no carro.

Ele saiu, e Gislene, nervosa, trancou as portas e fechou as janelas. Não iria deixá-lo levar Liana. Tratou de buscar o remédio e tentou acordá-la. Ela parecia morta. Não dava acordo de si.

Assustada, Gislene apanhou o telefone e ligou para a casa do doutor Marcílio. Ele não estava, mas Adélia, informada do que acontecia, resolveu:

— Sei onde Marcílio está. Vou chamá-lo imediatamente. Aguente firme e não abra a porta para Norberto. Seria bom que rezasse enquanto isso. Depois, lhe explico o porquê.

Gislene desligou e vistoriou toda a casa para ver se tudo estava bem trancado. Em seguida, ouviu a campainha. Ela estremeceu. Norberto estava de volta e tocava a campainha insistentemente. Ele entrou no jardim e esmurrou a porta, dizendo:

— Sei que vocês estão aí! Abra a porta, senão eu arrombarei!

245

Gislene rezava, conforme lhe fora pedido, mas não conseguia prestar atenção na oração. Seu coração batia descompassado. Vendo que ele não desistia, ela tomou coragem, foi até a porta e gritou:

— Não vou abrir para o senhor! Já chamei a polícia. Se não for embora, terá de explicar tudo ao delegado.

— Você me paga, sua vadia! Vou entrar de qualquer jeito.

— Não vai, não. A polícia já está vindo.

Norberto olhou para a rua e viu o médico com a esposa, parando o carro em frente à casa. Murmurando uma praga, ele saiu, entrou no carro e se foi.

Marcílio bateu na porta e disse:

— Sou eu, Marcílio. Pode abrir, Gislene. Ele já se foi.

Ela abriu a porta e caiu em pranto.

— Ela está como morta. Ele queria levá-la para São Paulo. Foi horrível!

Marcílio correu ao sofá em que Liana estava desacordada e tomou seu pulso. Depois, disse a Adélia:

— Vamos fazer uma corrente para trazê-la de volta.

Adélia chamou Gislene, recomendando que esta estendesse as mãos sobre Liana, e ela fez o mesmo. Marcílio colocou a mão sobre a testa de Liana e disse:

— Liana, volte. Tudo passou. Você está protegida. Ele já se foi.

Repetiu isso algumas vezes, até que um suspiro dorido escapou dos lábios da moça. Depois, ela abriu os olhos e disse apavorada:

— Ele veio aqui para me levar! Foi horrível!

— Quem? — indagou Marcílio.

— O coronel Firmino. Estava aqui, agarrando-me. Fiquei apavorada.

— Ela está delirando — disse Gislene. — Quem esteve aqui foi o doutor Norberto.

O médico olhou para a esposa e não disse nada. Depois, voltou-se para Gislene:

— Faça um café, por favor. Ela precisa de um.

Enquanto Gislene ia para a cozinha, Marcílio comentou:

— As coisas estão se complicando. Ele agora tomou Norberto. Por isso, ele estava tão violento.

— Assim ele se fortaleceu.

Vendo que Gislene voltava, eles calaram-se. Liana estava tomando café, quando Alberto chegou. Ele fora ao correio. Informado do que acontecera, disse emocionado:

— De agora em diante, não a deixarei mais só.

— É melhor mesmo.

246

— Ele veio — disse Liana, apavorada. — O coronel Firmino estava aqui! Queria me levar com ele.

Alberto segurou as mãos de Liana com força e disse:

— Eu estou aqui. Ele não poderá fazer nada.

— Acalme-se — pediu Marcílio. — Ele envolveu Norberto. Notou que ele a quer e está se aproveitando.

— Meu Deus! Será possível? — murmurou ela assustada. — Ele pode perder a cabeça, e Eulália perceberá! O que faremos? Se ela descobrir tudo, eu não suportarei.

— Não fique assim, Liana. Neste momento, temos de ser firmes e ter fé. Deus está nos protegendo. O coronel nada poderá fazer — tornou Alberto, friccionando as mãos geladas de Liana na tentativa de aquecê-las.

— De hoje em diante, não sairei de seu lado. Quando precisar sair, a levarei comigo. Se não puder ir, encarregarei Gislene de tudo, mas não a deixarei.

— É melhor mesmo — concordou Marcílio. — Pelo menos por enquanto.

— Eu saí da mansão e pensei que tivesse me libertado dele. Agora sei que foi inútil — disse Liana.

— Isso não é verdade — respondeu Adélia. — Lá ele estava dominando a situação. Aqui, o coronel não tem a mesma força.

— Isso mesmo, Liana — reforçou Marcílio. — Além disso, nossos amigos espirituais continuam trabalhando em seu favor. O coronel Firmino está resistindo, mas é apenas uma questão de tempo. Por mais que ele lhe pareça assustador pela violência que demonstra, pela determinação que lhe dá muita força, o coronel nunca vencerá os espíritos do bem que estão apoiados pela força da vida e da luz.

— Se eles têm mais poder — redarguiu Liana —, por que não o dominam e o afastam de vez?

— Porque eles preferem convencê-lo a desistir, a enxergar a verdade. Só assim você estará livre para seguir seu destino. É preciso que entenda, Liana: vocês estão ligados por laços de um passado, que os colocou frente a frente. É hora de ambos se libertarem. É hora de compreender e perdoar.

— Só sei que o odeio e que não desejo vê-lo nunca mais. Só em falar dele já me sinto apavorada.

— Seja o que for que tenha acontecido entre ambos, já passou. É preciso entender que ele agiu de acordo com sua maneira de ser na época, Liana. O ódio é um sentimento terrível, porque, em vez de distanciá-la dele, a aproxima mais.

— Deus me livre, doutor Marcílio!

— Por isso, quando sentir raiva do coronel, procure lembrar que ele é como é e não como você gostaria que ele fosse. É inútil querer mais de alguém que não tem para dar.

— Eu nem sei por que sinto isso. Não sei se vivi outras vidas antes desta.

— Seu horror por ele é muito revelador. Embora não se lembre, os fatos do passado estão em seu inconsciente e refletem-se em seus sentimentos no presente. Você não precisa saber o que aconteceu, mas, sempre que sentir essa repulsa pelo coronel, essa raiva, pense que ele é como uma criança que ainda não tem discernimento para fazer melhor.

— Dizem que ele foi maldoso em vida, morreu velho e que até agora ainda pensa em fazer mal aos outros.

— Se você não deixar esse rancor de lado, não conseguirá se livrar do coronel Firmino. Apesar de ele ter vivido muito, é um espírito ainda ignorante, que precisa desenvolver a consciência e aprender os verdadeiros valores da vida. Para isso, terá de pagar um preço que nós não sabemos qual será. Tenho certeza, entretanto, de que ele terá de se esforçar e trabalhar muito para conseguir. Você, contudo, tem muito mais conhecimento. É um espírito mais lúcido e tem condições de compreender os limites dele. Quando fizer isso, terá condições de perdoá-lo, então, será mais fácil libertar-se de sua influência.

— Não lhe desejo mal algum, doutor. Entenda isso. Só não quero tê-lo à minha volta.

— Nesse caso, terá mais facilidade para fazer o que estou lhe pedindo. Quando pensar nele, veja-o como alguém necessitado. Reze para que ele abra seu entendimento e possa seguir um caminho melhor. Se fizer isso, estará nos ajudando a libertá-la de sua influência.

— Vou me esforçar — garantiu Liana.

— Amanhã, desejo vê-la em minha casa para a reunião — interveio Adélia.

— Estaremos lá — prometeu Alberto.

As cores haviam voltado ao rosto de Liana, e o médico tomou-lhe o pulso por alguns instantes. Depois, perguntou:

— Sente-se melhor?

— Sim — respondeu ela.

— Nesse caso, temos de ir — disse o médico.

Gislene, que acabava de entrar, disse:

— Por favor, doutor! Sente-se um pouco pelo menos para um café. Já vou servir.

— Se tiver aquele bolo de chocolate que você faz, não vou resistir! — respondeu ele sorrindo.

— Pois tenho, sim.

Liana sentou-se no sofá, e Alberto continuou segurando sua mão e alisando-a com carinho. Estava ali para defendê-la e cumpriria seu papel.

***

Norberto saiu da casa do professor tentando controlar o rancor. Tinha ímpetos de voltar e arrancar Liana de lá à força. Não queria promover um escândalo, mas eles não perdiam por esperar. Não cederia com tanta facilidade.

Deviam estar cantando vitória. Aquele professorzinho ia ver com quem estava lidando. Ela não disse que amava o marido. Aquele casamento era uma farsa, e ele haveria de anular tudo.

Sentia a boca amarga e uma forte pressão na nuca. Seu estômago também estava enjoado. Reconhecia que perdera a cabeça e que precisava controlar-se. Sua impulsividade assustara Liana. Esquecera-se de que ela estava fraca e doente.

Da próxima vez, seria mais cuidadoso. Tinha certeza de que encontraria um jeito de vê-la a sós novamente. Sabia que, depois do que acontecera, ela seria mais vigiada. Era mais uma prova de que ela bem poderia estar ali a contragosto.

Como conseguiria o que pretendia? Daria alguns dias para que eles esquecessem o assunto e depois encontraria um jeito de vê-la outra vez.

Ao chegar em casa, Eulália estranhou:

— Aonde você foi? Demorou tanto!

— Fui dar uma volta. Não estava me sentindo bem.

— Hum... Você está pálido. Está doente?

— Não. Apenas com uma ligeira indisposição de estômago.

— Posso lhe preparar um remédio.

— Não é preciso. Já estou melhorando.

Eulália olhou para Norberto e não insistiu. Ele parecia-lhe um pouco inquieto, sem o ar costumeiro que ela tão bem conhecia. Sentou-se no sofá da sala, recostou a cabeça e fechou os olhos.

Preocupada, Eulália esperou meia hora e, como ele continuasse do mesmo jeito, aproximou-se e tocou de leve em seu ombro, perguntando:

— Está se sentindo melhor?

— Me deixe em paz! — Norberto respondeu sem abrir os olhos.

Eulália ficou chocada. O tom áspero do marido surpreendeu-a. Em tantos anos de casamento, ele nunca se dirigira a ela daquela forma. Sem se dar por vencida, ela retrucou:

249

— Por que está desse jeito? Aconteceu alguma coisa que não sei?

— Já lhe pedi que me deixe em paz. Não estou com vontade de conversar.

Eulália não insistiu e afastou-se um tanto magoada. Acontecesse o que acontecesse, Norberto sempre fora educado. Esse era um forte traço de sua personalidade. Mesmo nos momentos em que estava muito contrariado, conseguia controlar-se e expressar-se de maneira discreta.

Intrigada, Eulália perguntava-se o que ele teria ido fazer naquela tarde que o transtornara tanto. Talvez estivesse doente e escondesse para não a preocupar. Logo afastou essa ideia. Sempre que ele não se sentia bem, ia ao consultório do doutor Caldas, seu médico e amigo.

Logo Eulália começou a pensar que era estranho o fato de ele tirar férias naquela época do ano para ficar com a família. Sentia que havia alguma coisa que ele escondia para não a deixar nervosa. O que seria?

A esse pensamento, sentiu o coração oprimido. O que ainda estaria para acontecer? Já não bastava Liana ter lhe dado tanto desgosto?

Eulália foi arrancada de seus pensamentos por Hilda:

— Eurico está impossível. Foi se deitar e disse que não descerá para o jantar. Nico está com ele. Eu disse mais cedo que o sol iria lhe fazer mal. Ele não me ouviu.

— O que disse?

Hilda contou-lhe tudo novamente, e Eulália respondeu:

— Deixe-o por agora. Depois, falarei com ele.

As coisas estavam se complicando novamente com o filho. Reconhecia que Alberto soubera conquistar a estima de Eurico. Durante aquele tempo, ele se tornara mais calmo, mais forte e até mais participativo.

Por que Liana fizera aquilo? Ela poderia ter se casado com Mário, e tudo continuaria em ordem, Eurico em paz, e eles todos estariam juntos.

Suspirou triste. A calma dos últimos meses fora truncada. Até Norberto estava mudado. Não falaria com ele até que lhe pedisse desculpas pela grosseria de momentos antes. Esse pensamento não a acalmou. Ao contrário, sentiu-se mais angustiada e só.

Não tinha ninguém em quem pudesse confiar. Estava habituada a dividir tudo com Norberto e Liana. Ela a abandonara, e ele não parecia disposto a apoiá-la.

Eulália reagiu a esse pensamento e tentou sair da depressão. Seu marido estava indisposto, apenas isso. Descansaria um pouco, ficaria melhor e depois lhe pediria desculpas pela atitude grosseira. Nada havia mudado entre eles.

Levantou-se e resolveu ver o que estavam fazendo para o jantar. Se ele não estava bem do estômago, teria de providenciar alimentos leves.

***

Norberto sentou-se à mesa para o jantar sem dizer nada. Eulália notou que ele parecia melhor, mas não se arriscou a perguntar.

— Onde estão as crianças? — indagou Norberto com naturalidade.

— Eurico não quis descer, e os outros dois jantaram na copa.

— Por que Eurico não jantou?

— Não quis.

— Ele não pode ficar sem se alimentar. Você precisa falar com ele. Não pode deixá-lo fazer tudo o que quiser.

— Ele alega que não está bem.

— Mais uma razão para ele não ficar sem comer. Você sabe que Eurico pode voltar a ficar anêmico.

— Ele não quer aceitar a nova professora. Hoje não quis assistir à aula.

— Isso não pode acontecer. Você tem de obrigá-lo a ir.

— Já tentei, mas ele não obedece. Por que você não fala com ele?

— Falarei depois do jantar.

Apesar de Norberto parecer melhor, Eulália notou que ele a olhava de um jeito diferente do habitual, contudo, não disse nada. Não queria se arriscar a ser maltratada de novo.

Depois do jantar, Norberto foi ao quarto de Eurico e mandou que Amelinha e Nico saíssem. Depois, aproximou-se da cama onde o menino, coberto até o pescoço, fechara os olhos para fingir que estava dormindo.

— Abra os olhos, Eurico. Eu sei que está acordado.

Eurico abriu os olhos e não disse nada. Norberto continuou:

— O que está acontecendo com você? Por que não foi à aula hoje?

— Não gosto dessa professora.

— Como pode saber? Era sua primeira aula com ela.

— Eu sei que ela não é como o professor Alberto. Ele, sim, sabia dar aulas.

Norberto trincou os dentes com raiva e respondeu:

— Ela é muito melhor que ele. Não quero que fale mais o nome dele nesta casa!

— Eu quero que ele volte para dar as aulas. Enquanto ele não voltar, não irei a nenhuma aula.

Norberto aproximou seu rosto do de Eurico, olhou-o nos olhos com rancor e disse:

251

— Irá, porque eu estou mandando. Amanhã cedo, você se levantará e irá à aula da professora.

Eurico começou a chorar e disse:

— Eu não quero! Não gosto dela. Eu quero o professor Alberto! Eu gosto dele. Ele tem de voltar aqui com tia Liana!

Norberto enrubesceu, agarrou Eurico pelos braços e sacudiu-o com força, gritando nervoso:

— Cale a boca! Nunca mais repita isso em minha frente. Aquele professor maldito nunca mais entrará nesta casa! Isso eu lhe juro! Se ele fizer isso, darei cabo da vida dele!

Eurico gritou apavorado:

— Socorro! Nico! Venha me ajudar! O coronel Firmino está aqui e quer me matar!

Nesse momento, Eulália, que escutara os gritos do marido e do menino, subiu a escada correndo a tempo de intervir. Segurou o marido por trás e gritou apavorada:

— Norberto! Você enlouqueceu? O que está fazendo? Quer matar nosso filho?

Norberto soltou Eurico, que caiu na cama pálido, sem forças, enquanto Nico o abraçava dizendo baixinho:

— Calma, Eurico. Eu estou aqui. Ele não lhe fará mal nenhum.

Eulália, inconformada, olhava nervosa para o marido, que empalidecera e cambaleara a tal ponto que, se ela não o amparasse, teria caído no solo. Ela arrastou-o para uma cadeira, enquanto Amelinha chorava assustada. Nico também tentava confortá-la.

Hilda apareceu na porta, e Eulália disse-lhe nervosa:

— Ajude-me a levar Norberto para nosso quarto.

As duas pegaram o braço de Norberto, uma de cada lado. Ele estava alheio e deixou-se conduzir com docilidade até o quarto, onde Eulália o obrigou a deitar-se, afrouxou suas roupas e tirou-lhe os sapatos.

Norberto fechou os olhos parecendo dormir. Seu corpo estava suado, e sua respiração, descompassada.

— Ele não parece nada bem — comentou Hilda. — Nunca o vi assim. O que aconteceu, dona Eulália?

— Não sei. Ele deve estar doente. Muito doente. Acho que teremos de voltar a São Paulo para ele se tratar.

— Acho melhor não esperar. Vamos chamar o doutor Marcílio mesmo.

— Deus nos livre daquele charlatão! Está resolvido. É melhor preparar tudo. Amanhã, irei com ele a São Paulo para uma consulta com o doutor Caldas. Tonico dirigirá o carro, e você tomará conta das crianças.

— Ele está pálido, e a respiração está esquisita. Desculpe, dona Eulália, mas médico é médico. Se eu fosse a senhora, chamaria o doutor Marcílio mesmo. Formado ele é.

— Não. Vamos esperar. Prefiro levá-lo amanhã ao médico de nossa confiança.

Hilda calou-se.

No quarto de Eurico, Nico tentava acalmar os outros dois:

— Ele não pode fazer nada. Não precisa ter medo.

— Não era meu pai quem estava me sacudindo! Era o coronel. Eu vi! Ele queria me matar! Estou com medo. Ele pegou o corpo de meu pai.

— Não quero que ele pegue o corpo de papai! — disse Amelinha, chorando nervosa. — Ele pode querer levá-lo como quis levar tia Liana.

— Temos de buscar ajuda. Como vocês não podem sair, eu irei.

— Não agora! Você não me deixará sozinho com ele!

— Ele já foi embora. Não precisa ter medo.

— Não quero que vá. Perto de você ele não vem. Você ficará comigo.

— Está bem, eu ficarei, mas tenho de pedir ajuda ao professor.

— Eu também não quero que você vá agora — disse Amelinha. — Estou com medo. E se ele voltar?

Eulália entrou no quarto, e eles calaram-se. A mulher aproximou-se da cama do filho e questionou:

— Viu o que você fez? Deixou seu pai perder a cabeça com sua teimosia.

— Eu não fiz nada. Só disse que queria ter o professor de volta.

— É impossível. Ele nunca mais porá os pés aqui. É melhor esquecer isso e não desafiar seu pai como fez hoje.

— Ele quis me matar, mamãe!

— Que loucura é essa, menino? Onde já se viu?

— É verdade. Se você não viesse, ele teria me matado. Olhava para mim com tanto ódio...

Eulália empalideceu e, preocupada, abraçou o filho. Ela notara isso ao entrar. Ele olhava para o filho com muito ódio. Seu marido estaria enlouquecendo? Ele nunca levantara a voz com o menino, principalmente por sabê-lo tão fraco e delicado. Sacudi-lo com tanta violência fora terrível.

Por mais que pensasse, Eulália não podia acreditar que ele desejasse matar o próprio filho.

— Isso não é verdade, meu filho. Você está enganado. Seu pai o ama muito e sempre fez tudo por você. Nunca haveria de querer matá-lo. De onde tirou essa ideia?

— Estava nos olhos dele, mamãe. Eu vi.

Eulália sentiu um aperto no peito e não encontrou palavras para retrucar. Beijou-o na testa com carinho e depois disse:

— Estou começando a desconfiar de que seu pai esteja doente. Hoje, não estava se sentindo bem. Esqueça isso. Amanhã, irei com ele a São Paulo para uma consulta ao doutor Caldas. Vocês ficarão com Hilda até eu voltar. Agora, farei um chá para você. Depois, vá dormir. Amanhã tudo terá passado. Só lhe peço que não afronte seu pai. Vá assistir à aula, por favor. Não lhe custa nada. Se depois de algumas aulas não gostar da professora, arranjaremos outra, mas faça o que lhe estou pedindo.

— Ele irá, sim, dona Eulália — garantiu Nico. — Eu o levarei.

— Só se a senhora deixar Nico dormir aqui hoje. Estou com medo.

— Eu também quero ficar aqui — disse Amelinha. — Não ficarei sozinha em meu quarto.

Eulália pensou um pouco e resolveu concordar. Era melhor mesmo que eles ficassem juntos aquela noite. Não sabia como Norberto iria despertar. E se ele ficasse violento novamente?

— Está bem — concordou ela. — Mandarei pôr dois colchões no chão, mas cada um ficará em sua cama.

— Oba! — disse Eurico, satisfeito.

— Amanhã, quero vê-lo na aula — exigiu Eulália.

— Vamos ver — tornou Eurico.

— Ele irá. Pode contar com isso — rematou Nico.

Colocaram os colchões, arrumaram tudo, e, quando os viu deitados cada um em seu lugar, Eulália recomendou a Nico:

— É melhor que feche a porta com chave. Assim, ficarão mais tranquilos. Se eu quiser entrar, baterei.

Depois que ela se foi, Nico passou a chave na porta, e imediatamente os três se uniram na cama de Eurico.

— Você viu mesmo a alma do coronel Firmino em papai? — perguntou Amelinha, preocupada.

— Vi. Era ele. Estava furioso.

— Ele não pode fazer nada, pois está morto — explicou Nico.

— Você diz que não pode, mas papai estava fazendo o que ele queria. Sacudiu-me até que fiquei tontinho. Pensei que fosse morrer ali. Se mamãe não chegasse, ele poderia realmente ter me matado.

Apesar de preocupado, Nico não quis dar o braço a torcer:

— Ele não faria isso. Você está exagerando. Ficou com medo porque ele estava junto, mas seu pai nunca o mataria. Tenho certeza disso.

— Nós fechamos a porta, mas para ele isso não adianta nada. Ele atravessa a parede — lembrou Eurico preocupado.

254

Amelinha encolheu-se mais junto a eles:

— Não diga isso, pois já estou com medo. Não dormirei a noite inteira. Se ele vier, tenho de estar acordada para chamar mamãe. Por que não disse para ela que viu a alma do coronel Firmino no corpo de papai?

— Está louca? Se eu dissesse isso, ela me levaria junto amanhã ao doutor Caldas e começaria tudo de novo. Aqueles remédios horríveis! Eu nunca mais quero tomar aquelas porcarias. Não adianta nada mesmo. Não estou doente.

— Eurico tem razão. Foi melhor não contar. Amanhã, procurarei o professor, e ele nos ajudará.

— Como, se ele não pode vir aqui? — retrucou Eurico.

— Daremos um jeito. Você verá. O que não podemos é ficar com medo daquela alma penada. Acho melhor rezarmos. Vamos nos dar as mãos, rezar e pedir a proteção de Jesus. Assim, estaremos protegidos.

Os três se deram as mãos e rezaram o pai-nosso. Depois, Nico pediu proteção para eles e para todos da casa e finalizou:

— Agora vamos dormir. Podem ficar sossegados, que nada acontecerá. Ficarei acordado até vocês pegarem no sono.

— Você não sabe nenhuma história bonita para nos contar? — pediu Amelinha.

— Sei. Vou contar uma que minha mãe sempre contava quando eu era pequeno e estava com medo de assombração. Era uma vez...

Com voz pausada, Nico foi contando sua história, enquanto os outros dois ouviam com interesse. Aos poucos, foram fechando os olhos. Quando os viu adormecidos, Nico acomodou-se e, agradecendo a proteção de Deus, adormeceu.

***

Sentada ao lado da cama do marido, Eulália não tinha sono. Ele dormia ainda vestido, e ela permanecia em vigília, com medo de que ele acordasse maldisposto.

Parecia-lhe que, de repente, uma onda de desgraças caíra sobre sua família. Por quê? Eles eram pessoas honestas e de bom comportamento. Não mereciam nada do que lhes estava acontecendo.

Pensamentos desencontrados passavam por sua cabeça, e Eulália perguntava-se de que jeito Norberto iria acordar. Lembrava-se de que, durante o jantar, embora ele houvesse se comportado normalmente, havia alguma coisa em seus olhos que o tornava diferente do que sempre fora.

Não podia acreditar que Norberto, um homem equilibrado e correto, tivesse enlouquecido de repente e tivesse ficado violento a ponto de agredir o filho doente.

Não podia se conformar com isso. Alguma coisa muito grave estava acontecendo com ele, e Eulália tinha de descobrir. Não podia deixar seus filhos à mercê de uma situação inesperada como a que ocorrera. Precisava protegê-los de qualquer forma.

Pretendia levar Norberto a São Paulo no dia seguinte e ter uma conversa muito séria com o médico. Precisava saber até que ponto Norberto estava desequilibrado e se isso poderia pôr em risco a segurança de sua família.

Hilda bateu na porta, e Eulália foi abrir:

— Desculpe, dona Eulália, mas não pude dormir. Vim saber como ele está e ver se precisa de alguma coisa.

— Está na mesma, Hilda. Não acordou, mas pode ir dormir. Se eu precisar, lhe chamo.

— Não, senhora. Estou vendo que ainda nem se trocou. Se a senhora pode ficar acordada, eu também posso. Se me permite, prefiro ficar aqui, ao seu lado, a ficar em meu quarto.

Eulália olhou para ela surpreendida. Hilda sempre lhe parecera indiferente e fria. Sentiu-se confortada. Sorriu e respondeu:

— Está bem. Se quiser ficar, eu lhe agradeço. Não consigo dormir também.

— Vou buscar um chá de cidreira para nós. Acalma e faz bem.

Ela se foi e voltou com uma bandeja alguns minutos depois. Enquanto tomavam o chá, Eulália confidenciou:

— Estava me sentindo muito sozinha. Obrigada, Hilda, por me fazer companhia.

— Temos vivido juntas tantos anos. Nesta hora, temos de nos apoiar — respondeu ela com simplicidade.

Eulália suspirou e depois disse:

— Como será que ele acordará?

— Talvez estejamos preocupadas sem razão. Pode ser que ele esteja bem.

— Deus a ouça, mas, mesmo assim, iremos ao médico amanhã. Não desejo facilitar.

— Tem razão, dona Eulália.

As duas continuaram conversando por mais algum tempo até que aos poucos, cansadas, reclinaram-se na poltrona em que estavam sentadas e adormeceram.

CAPÍTULO 18

Eulália acordou sobressaltada e olhou em volta. Estava sozinha. Nem Norberto nem Hilda estavam no quarto. Apressou-se em descer as escadas. Sentia o corpo doer, certamente por haver passado a noite na cadeira. Já amanhecera, e o cheiro do café indicava que os empregados já haviam se levantado. Preocupada, foi à cozinha, onde encontrou Hilda.

— Bom dia, Hilda. Não a vi sair do quarto.

— Eu acordei e resolvi fazer um café. Maria não veio ainda. É muito cedo.

— Você viu Norberto?

— Quando saí do quarto, ainda dormia. Ele não está lá?

— Não. Aonde terá ido?

— Não sei.

— Vou procurá-lo lá em cima. Procure-o aqui embaixo.

Eulália subiu novamente as escadas com o coração batendo forte. Ao passar pelo quarto de Eurico, verificou que a porta ainda estava fechada à chave.

"Ainda bem", pensou. "Aqui ele não entrou".

Foi para o quarto do casal e verificou que a porta do banheiro estava fechada. Ouvia-se perfeitamente o barulho da água da torneira. Respirou aliviada. Só podia ser ele se lavando.

Olhou-se no espelho da penteadeira e não gostou do que viu. Estava pálida, e seu cabelo, em desalinho. Tratou de arrumar-se. Foi até o banheiro do corredor, lavou-se, penteou-se e voltou ao quarto. Norberto estava diante do guarda-roupa escolhendo algo para vestir.

— Bom dia, Norberto — disse ela procurando controlar-se. Não queria que ele percebesse seu nervosismo.

— Bom dia — respondeu ele com naturalidade.

— Sente-se melhor?

Norberto olhou para a esposa admirado.

— Estou bem. Por que pergunta?

— Ontem, você teve uma crise de nervos e sentiu-se mal. Sacudiu Eurico com tanta força que precisei intervir.

— Aquele menino me tira do sério. É preciso ser firme com ele. Estou cansado de deixá-lo fazer tudo o que quer.

Eulália sentiu sua preocupação aumentar. Norberto nunca tivera uma atitude como aquela. Sempre fora afável e cordato. Dava-lhe liberdade para educar as crianças conforme ela quisesse.

— Deixe-o por minha conta. Sei como lidar com ele.

— Tenho minhas dúvidas. Acha bom colocar aquele menino controlador do lado dele?

— Nico? Ele tem sido uma bênção para Eurico. Graças a ele nosso filho melhorou muito.

— Teria melhorado de qualquer jeito. Para isso, ele mudou de clima. Se Eurico não me obedecer e continuar a fazer essa chantagem, mandarei Nico embora.

Eulália sentiu um aperto no peito. Norberto falava com voz dura, muito diferente do que costumava. Era evidente que ele não estava em seu estado normal. Resolveu não contrariá-lo e respondeu:

— Você é quem sabe. Eu marquei hoje uma consulta com o doutor Caldas para você. Temos de ir a São Paulo. Pedi a Tonico para dirigir o carro, pois não quero que se canse.

— Não irei a lugar algum. Estou muito bem. Não preciso de consulta nenhuma. Pode desmarcar. Quem deveria ir é Liana. Essa, sim, eu quero levar a Caldas.

Eulália tentou contemporizar:

— Ela está casada. Não podemos interferir na vida dela. Além disso, Liana não quer ir ao doutor Caldas. Está se tratando com o doutor Marcílio.

— Aquele curandeiro. Não permitirei que continue tratando dela.

— Calma, Norberto. Não temos como obrigá-la a ir conosco para São Paulo.

— Pensando melhor, não precisa desmarcar a consulta. Passarei na casa de Liana, e ela irá comigo ver Caldas. Você fica aqui com as crianças, Eulália.

— Não quero que interfira na vida de Liana. Ela escolheu o próprio caminho. Você não está bem, e eu o levarei ao médico hoje.

Norberto aproximou-se da esposa e, olhando-a nos olhos, disse com raiva:

— Não se meta entre nós! Meu compromisso é com Liana. É ela quem eu quero. Tenho de tirá-la daquele traidor.

Eulália abriu a boca e fechou-a de novo, sem saber o que dizer. O marido estava fora de si. Sentiu medo. Ele parecia-lhe outra pessoa. Norberto havia enlouquecido. O que fazer sozinha com ele e as crianças naquela casa? Eles poderiam estar correndo sérios riscos.

Repugnava-lhe pedir ajuda aos empregados. Pensou em ligar para o doutor Caldas e pedir-lhe que viesse imediatamente. Pagaria o que ele pedisse. Enquanto isso, tentaria acalmar o marido.

— Está certo — disse ela. — Farei como você quiser. Não precisa ficar zangado.

— Melhor assim. Não tenho nada contra você ainda. Não se meta, e ficará fora disso.

— Está bem. O café está pronto. Quer que eu traga a bandeja aqui?

— Por quê? Vou tomá-lo na copa.

Eulália concordou, embora preferisse que ele não deixasse o quarto. Precisava telefonar ao médico sem que ele percebesse.

— Vou descer e ver se está tudo em ordem.

Eulália desceu, enquanto Norberto acabava de vestir-se. As empregadas já estavam na cozinha, e ela fez um sinal para Hilda. Quando ela se aproximou, disse nervosa:

— Hilda, ele não está bem. Não está falando coisa com coisa. Parece outra pessoa. Quer ir pegar Liana e levá-la para São Paulo. Está fora de si. Preciso de sua ajuda. Você tem de ligar para o doutor Caldas, sem que ele perceba, e contar-lhe o que está acontecendo. Peça-lhe para vir aqui imediatamente. Pagarei o que ele quiser.

— Está bem. — Vendo que Norberto descia as escadas, continuou em voz alta: — Sim, senhora. Já mandei colocar tudo no lugar. Posso servir o café agora?

— Pode, Hilda.

— As crianças ainda não acordaram.

— Deixe-as dormir mais um pouco — respondeu Eulália. — Ainda é muito cedo. A aula será às nove.

Hilda concordou e voltou à cozinha, enquanto Eulália se sentava com o marido na copa. Enquanto Maria colocava os bules na mesa, Eulália levantou-se, foi à cozinha e aproximou-se de Hilda, dizendo-lhe baixinho:

259

— Não os deixe sair do quarto. Leve-lhes o café até lá. Diga-lhes para manter a porta fechada à chave.

Hilda assentiu com a cabeça, e Eulália voltou à mesa, olhando preocupada para o marido. Não queria que Norberto percebesse o que ela estava tentando fazer. Ele comia em silêncio, com os olhos fixos em um ponto distante, alheio ao que acontecia à sua volta.

Ela respirou aliviada. Precisava distraí-lo enquanto o médico não chegasse. Na melhor das hipóteses, ele demoraria de cinco a seis horas para chegar. Seria difícil. Se Norberto tivesse alguma crise, não saberia como agir.

Depois do café, Norberto sentou-se na sala, apático. Hilda fez sinal para Eulália, chamando-a para o jardim, e disse-lhe preocupada:

— Dona Eulália, o doutor Norberto está muito mal. Precisamos fazer alguma coisa.

— Telefonou para o doutor Caldas?

— Telefonei, mas ele não estava.

— Ligou para a casa dele?

— Sim. Falei com a esposa. Ela me disse que ele teve um chamado de urgência e saiu ainda de madrugada. Há um cliente dele passando muito mal. Talvez, ele não volte logo.

— Deixou o recado para quando ele voltasse?

— Deixei. Expliquei o que está acontecendo. Ela sugeriu que chamássemos outro médico. Acha perigoso esperar. Estamos longe da capital. Mesmo que ele saia logo, vai demorar muito até chegar aqui. Temos crianças em casa.

Eulália juntou as mãos e apertou-as nervosamente.

— Meu Deus! O que nos acontecerá?

— Se eu fosse a senhora, chamaria o doutor Marcílio mesmo. Ele nos socorrerá até o doutor Caldas chegar. Pode dar algum calmante para ele.

— Não posso fazer isso, depois de tudo o que aconteceu.

— Não temos outra saída. Se o doutor Norberto tiver outra crise de loucura, o que faremos?

— Nem me fale uma coisa dessas! Poderíamos mandar Tonico a Ribeirão Preto. Lá há bons médicos.

— Ele demoraria pelo menos duas horas para chegar, e não conhecemos ninguém lá. Mande buscar o doutor Marcílio mesmo.

— Ele pode não querer nos atender.

— É um médico; não fará isso. Além disso, apesar de tudo, tenho ouvido falar muito bem dele. Doutor Marcílio salvou a vida de muita gente por aqui.

— Vamos ver. Pode ser que Norberto fique calmo. Vamos esperar.

— A professora já está tomando café. Vamos suspender a aula de hoje?

De onde estava, Eulália via Norberto sentado na sala. Lançando um olhar para ele, decidiu:

— Melhor irem para aula como sempre. Se suspendermos, eles ficarão soltos pela casa. Não acho isso aconselhável. Vamos mantê-los ocupados.

Hilda saiu, e Eulália entrou. Estava resolvida a esperar. Se notasse qualquer agitação nele, mandaria chamar o doutor Marcílio.

Suspirou angustiada. Não lhe restava outra saída. Voltou à sala, apanhou uma revista, sentou-se no sofá e começou a folheá-la, fingindo interesse. Mas estava observando o marido atentamente.

As crianças acordaram, tomaram o café no quarto e foram avisadas de que deveriam descer para a aula. Eurico não estava querendo ir, mas Nico conseguiu convencê-lo:

— Não acho bom provocar seu pai agora. Já pensou se ele ficar nervoso e voltar com o coronel Firmino?

— Nem fale uma coisa dessas! — disse Eurico, nervoso.

— Eu tenho medo dele! — tornou Amelinha.

— Não precisa. Ele não nos fará nada. Estou pensando em uma coisa...

— O que foi, Nico? — indagou Eurico.

— Tenho que avisar o professor. Ele entende de alma do outro mundo.

— Não quero que você saia hoje. Já pensou se o coronel aparecer de novo? — retrucou Eurico.

— Vou e volto logo. Temos que tomar uma providência.

— Como você vai fazer isso? Minha mãe não vai gostar de você perder aula.

— Ela só vai saber se vocês contarem.

— Eu não vou contar — prometeu Amelinha.

— Eu também não. Mas e a professora?

— Deixe-a comigo.

— Vai contar para ela? — perguntou Eurico.

— Não. Ela não vai acreditar. Vou dar um jeito. Vocês vão ver.

Uma vez na sala de aula, depois de cumprimentarem a professora, Nico aproximou-se dela dizendo:

— Dona Melissa, pode me fazer um favor?

— Depende. O que é?

— Tenho que ir até minha casa agora. Hoje, a senhora vai conferir aquele trabalho, e eu deixei o caderno na casa da minha mãe.

— Você pega à tarde. Eu vejo amanhã.

Nico não se deu por convencido:

261

— Fiz com tanto capricho! Ficou tão bom! Eu quis mostrar para minha mãe e esqueci lá.

— Deveria ser mais atento. Vamos à nossa aula de história. Vou repetir o ponto que dei.

— Oba! — exclamou Amelinha. — Eu gostei muito daquela história.

— Dona Melissa — tornou Nico —, eu sei essa história na ponta da língua. Enquanto a senhora dá essa aula, eu vou até minha casa, pego o caderno e volto. Quando acabar, já estarei aqui.

— Não acredito que já saiba tudo.

— Eu sei. A senhora pode perguntar.

— Você é insistente. Já vi que está querendo mesmo ir até lá. Confesse que está com saudade de sua mãe!

— Um pouco.

— Está bem, Nico. Peça a dona Eulália. Se ela deixar, eu deixo.

Nico sentou-se desanimado.

— Eu desisto. Ela não vai deixar.

— Quer que eu o deixe sair e não conte a ela? Não posso fazer isso.

Nico olhou para os amigos com tristeza e depois decidiu:

— Está bem. Vou pedir a ela.

Nico saiu, e Hilda segurou-o pelo braço.

— Aonde vai?

— Falar com dona Eulália.

— Agora não. Ela está com o doutor Norberto na sala. É melhor voltar para a aula.

Nico não se conformou:

— Sabe o que é? Eu esqueci meu caderno com o trabalho para hoje lá na casa da minha mãe. Dona Melissa me deixou ir até lá buscar, se dona Eulália concordar.

— Não precisa incomodá-la com isso. Pode ir. Eu deixo. Diga à professora que eu assumo a responsabilidade por isso.

Nico voltou radiante, deu o recado à professora e saiu pelos fundos para não ser visto por Norberto. Foi o mais rápido que pôde. Chegou aflito à casa do professor. Gislene abriu a porta e convidando-o a entrar.

— Preciso falar com o professor. É urgente.

Antes que ela fosse dar o recado, Alberto apareceu na sala:

— O que foi, Nico? Aconteceu alguma coisa?

— Aconteceu, professor. Doutor Norberto ficou nervoso com Eurico e o sacudiu com força. Parecia louco. Então, Eurico viu que o coronel Firmino estava no lugar dele.

Alberto suspirou preocupado. O que ele temia acontecera.

262

— Conte-me tudo com detalhes. Não esqueça nada.

Nico contou e finalizou:

— Quando eu saí, dona Eulália estava vigiando doutor Norberto na sala. Ele parecia outra pessoa. Estava calado, com uma cara esquisita. Lá na mansão todo mundo está com medo dele. A Liana está melhor?

— Está, Nico. Agora está. Ele veio aqui e a agrediu também. Queria levá-la com ele.

— Cruz-credo!

— Agora não posso sair daqui. Tenho de ficar do lado dela. Ele pode voltar.

— O que vamos fazer? Faço força para mostrar coragem perto do Eurico e da Amelinha, mas há momentos em que fico com medo. Ele é muito perigoso e tem força.

— Não precisa ter medo. Ele só tem força com as pessoas que não têm fé e que não se ligam com Deus. Nós temos proteção. Só precisamos estar atentos. Ouça bem. Vou conversar com o doutor Marcílio. Ele tem uma sessão espírita com pessoas que entendem dessas coisas e conta com a ajuda de muitos espíritos superiores. Precisamos ficar firmes na fé. Se acontecer alguma coisa, se o coronel Firmino voltar a ameaçá-los, reze. Peça a ajuda de Jesus, e ele os protegerá. O bem é mais forte que o mal.

— Se ao menos a dona Eulália acreditasse nisso! Ela estava tão abatida... não sabe o que fazer.

— Vamos ajudá-la, Nico. Fale com as crianças e procurem ficar longe de Norberto. Vão para o jardim, fechem-se no quarto, mas não se aproximem dele.

— Está bem. Agora tenho que ir. Prometi à professora que voltaria logo.

— Vá, Nico. Deus o acompanhe. Obrigado por ter vindo me avisar.

Depois que o menino saiu, Alberto foi para o escritório, apanhou o telefone, ligou para o doutor Marcílio e contou-lhe a visita de Nico. Finalizou:

— Precisamos fazer alguma coisa para ajudá-los. O que o senhor me aconselha?

— Prece. Faça uma prece e continue vigilante. Ele está com ideia fixa em Liana. Não se afaste dela por nada. Conserve as portas da casa trancadas. Vou reunir os médiuns e pedir orientação. Se acontecer qualquer coisa mais, me comunique. Eu farei o mesmo.

Depois de desligar o telefone, Alberto foi ao quarto ver Liana. Ela estava dormindo. O médico dera-lhe um relaxante. Aproximou-se da cama, curvou-se e alisou o rosto da moça com carinho. Estava pálida. Ele comoveu-se.

Estava ali para protegê-la. Não deixaria que ninguém lhe fizesse mal. Sentou-se ao lado da cama, segurou a mão de Liana e levou-as aos lábios, beijando-a com delicadeza.

Liana abriu os olhos e, vendo-o, sorriu. Acanhado, ele largou a mão da moça, mas ela remexeu-se na cama, procurou a mão dele, segurou-a e fechou os olhos novamente.

Alberto sentiu um calor brando invadir-lhe o peito. Liana confiava nele e sentia prazer com seu contato. Era muito bom sentir esse aconchego.

***

Nico voltou à mansão, entrou na casa e apanhou o caderno de que precisava. Desceu, pediu licença e entrou na sala de aula. Enquanto a professora retomava o assunto, Nico fez um pequeno sinal afirmativo com a cabeça para os outros dois.

Assim que a aula acabou, eles foram ao jardim, e Eurico perguntou:

— E então?

— Falei com o professor. Ele pediu para ficarmos o mais longe possível do doutor Norberto, pelo menos enquanto o coronel estiver com ele. Disse também para não termos medo, para rezarmos, pois os espíritos superiores iriam nos ajudar. O doutor Marcílio fala com eles e pedirá que venham aqui.

— Puxa! Como serão esses espíritos superiores? — perguntou Amelinha.

— Só fazem o bem e trabalham para Jesus — esclareceu Nico.

— Eles são anjos? — retrucou ela.

— São pessoas — interveio Eurico. — Aquela mulher, que sempre aparece para buscar o coronel Firmino quando ele está me assustando, deve ser um espírito desses. Ela é tão bonita! Quando a vejo, eu me acalmo e perco o medo. Às vezes, ela sorri para mim.

— Puxa! Que sorte a sua! — exclamou Nico. — Bem que eu gostaria de ver esses espíritos.

— Pois eu não. Se pudesse, trocava de lugar com você! Aí eu ia ver se está falando a verdade, se não tem medo mesmo.

— Essas almas não têm poder algum. Todo o poder vem de Deus. Como eu estou com Deus, não tenho nada a temer.

Hilda chamou-os para o almoço. Querendo afastar-se de Norberto, eles pediram para fazer o prato e comer na mesa do caramanchão. Hilda conversou com Eulália, que achou até bom, uma vez que Norberto continuava calado na sala.

Angustiada, Eulália não o deixava só nem por um instante, com medo de que ele tivesse alguma crise. Almoçaram os dois em silêncio, e depois Norberto se sentou novamente na sala, olhando de vez em quando para o relógio.

Quando o carrilhão da sala bateu duas vezes, ele levantou-se dizendo:

— Tenho de ir. Mande tirar o carro.

— Aonde você vai?

— A São Paulo. Não temos uma consulta marcada para Liana às cinco?

Eulália tentou contemporizar:

— Não. Terá de ficar para outro dia. Infelizmente, o doutor Caldas viajou e não poderá nos atender hoje.

— Não importa. Vou levá-la de volta a São Paulo. Lá esperaremos por ele.

Eulália aproximou-se de Norberto e disse preocupada:

— Você não pode fazer isso! Ela não quer ir. O marido dela não vai deixar!

Os olhos de Norberto brilharam rancorosos, e ele disse com raiva:

— Pouco me importa o que esse impostor quer. Ela é minha, entendeu? Ninguém vai tirá-la de mim!

Eulália empalideceu e não soube o que dizer. Ele continuou:

— Ela é minha! Está na hora de ir buscá-la e de ela ficar ao meu lado para sempre. Nosso amor é mais forte que tudo!

— Você está fora de si; não pode sair desse jeito! Meus Deus, ele está enlouquecendo!

— Não se meta em minha vida. Chega! Saia de meu caminho.

— Espere um pouco. Não saia desse jeito!

— Não tente me impedir. Nada vai me fazer desistir agora. Custou muito para conseguir chegar até aqui.

Empurrando-a com força, saiu, e Eulália, apavorada, foi atrás dele chamando por Hilda, que apareceu em seguida.

— Chame o doutor Marcílio. Peça-lhe que venha aqui imediatamente.

Norberto entrou no carro e deu a partida. Eulália ainda tentou impedi-lo, mas não conseguiu. Vendo o carro arrancar e sair pelo portão principal, correu aos prantos para casa. Vendo Hilda ao telefone, perguntou:

— É o doutor Marcílio?

Hilda fez que sim com a cabeça, e Eulália apanhou o telefone e disse aflita:

— Doutor Marcílio, é Eulália. Ajude-nos, pelo amor de Deus! Meu marido enlouqueceu de repente. Saiu com o carro, e não consegui segurá-lo. Disse que vai tirar Liana de casa e levá-la com ele para São Paulo.

265

— Acalme-se, dona Eulália. Irei imediatamente à casa de Liana avisá-los. Se souber rezar, reze. É o melhor a fazer agora.

— Rezar? Quero que o senhor encontre Norberto e lhe aplique uma injeção para fazê-lo dormir. Depois, trataremos da saúde dele.

— Sei como agir em casos como o dele. A oração terá o dom de ajudá-la a acalmar-se. A fé é alimento da alma. A oração é um santo remédio.

— Está bem. Não temos tempo agora. Vá procurá-lo, por favor.

Depois que o médico desligou, Eulália disse com voz desconsolada:

— Ele me mandou rezar! Onde já se viu um médico como esse? Como podemos confiar nele?

— Pois eu acho que foi um sábio conselho. Sou pessoa de fé e acredito que, quando não podemos fazer nada para resolver nossos problemas, Deus pode. Além disso, dona Eulália, a senhora está muito nervosa. A oração faz bem e tem o dom de acalmar.

Inquieta, Eulália andava de um lado para outro. Depois resolveu:

— Vamos até lá ver o que está acontecendo. Não podemos ficar aqui esperando. Será um escândalo. Ele quer tirá-la à força, e é claro que o professor não deixará. Meu Deus, o que pode acontecer ainda?

— É melhor ficar aqui, dona Eulália. Não acontecerá nada. O doutor Marcílio cuidará de tudo. Ele deve saber como lidar com um caso desses. Verá que logo estará de volta trazendo o doutor Norberto.

— Não sei. Tenho medo. Nunca vi Norberto desse jeito. Está fora de si. Seus olhos pareciam de um louco!

— Não diga isso, dona Eulália. Calma. Vamos esperar.

— Não. Mande Tonico tirar meu carro, e vamos até lá. Pediremos a Melissa que faça companhia às crianças.

Marcílio chegou à casa de Liana acompanhado de Adélia e mais dois médiuns, que participavam das sessões espíritas em sua casa. Alberto fê-los entrar, e Marcílio tornou:

— Prepare-se. Norberto está novamente a caminho. Eulália ligou-me pedindo ajuda. Ele saiu como louco dizendo que vinha buscar Liana para levá-la com ele a São Paulo. Não tenho dúvida de que o espírito do coronel Firmino o está dominando. Como está Liana?

— No quarto. Ainda se sente fraca — respondeu Alberto.

— Vamos nos preparar para recebê-lo. Você, Alberto, vá para o quarto de Liana, tome a mão dela e fique em oração. Se ela acordar, diga-lhe que não tenha medo de nada. Nós estamos cuidando de tudo.

Enquanto Alberto obedecia, Marcílio disse para Gislene:

— Ponha sobre a mesa aquele vaso com flores e uma jarra com água. Fique observando da janela. Quando o doutor Norberto chegar, avise-nos.

Depois, Marcílio sentou-se ao redor da mesa em companhia de Adélia e dos outros dois e pediu:

— Vamos nos ligar com nossos guias espirituais e pedir proteção para Liana e o coronel.

Cada um cerrou os olhos e começou a orar em silêncio. Passaram alguns minutos, quando Gislene avisou:

— Parou um carro aqui. É ele. Está descendo.

Norberto bateu na porta e disse com voz calma:

— Liana, abra. Precisamos conversar.

Ninguém respondeu. Ele continuou:

— Não tenha medo, Liana. Só quero seu bem. Abra a porta. Sei que está doente e precisando de ajuda! Vamos, abra.

Durante alguns minutos, ele tentou, enquanto os três oravam em silêncio ao redor da mesa. Por fim, Marcílio abriu os olhos e pediu a Gislene:

— Abra a porta e deixe-o entrar.

Ela olhou-o assustada, mas, apesar de estar trêmula, obedeceu. Abriu a porta, e Norberto entrou rapidamente, dizendo:

— Vá chamar Liana imediatamente.

— Ela está dormindo.

— Acorde-a. Estarei esperando.

Gislene saiu da sala, e Norberto viu os quatro sentados ao redor da mesa na sala de jantar. Ele estremeceu e olhou-os assustado. Depois gritou:

— O que estão fazendo aqui? Estão tramando contra mim? Saiam de meu caminho, se não quiserem ser esmagados por minha raiva. Sei como acabar com todos vocês.

— Você não tem esse poder, coronel Firmino — disse Marcílio com voz firme.

— Quem me desafia? Não sabe que eu mando e todos me obedecem?

— Quando você estava na carne, gostava de mandar em todo mundo, mas esse tempo acabou. Seu corpo morreu, e você não passa de um fantasma sofrido e solitário.

— Não é verdade. Você está querendo me iludir para atrapalhar meus planos. Pensa que não sei?

Algumas pancadas na porta da frente fizeram-no estremecer. Marcílio levantou-se e foi abrir. Vendo Eulália e Hilda, fez-lhes sinal para que entrassem.

— Vi o carro de Norberto — explicou Eulália.

Marcílio fez-lhe sinal para que se calasse, tomou-as pelo braço e conduziu-as até a sala de jantar, indicando-lhes as cadeiras para que se sentassem. As duas deixaram-se cair, olhando assustadas e sem entender nada para Norberto e os dois em volta da mesa. Marcílio voltou-se para Norberto e disse:

— Você está enganado. Só queremos ajudá-lo. Não está cansado de tantos anos de sofrimento? Por que teima em querer voltar ao passado, se ele já acabou faz tempo? Não percebe quanto tempo está perdendo?

— Chega de conversa fiada. Onde está Liana? Ela é minha e tem de me obedecer!

— Ela é livre. Aquele tempo acabou. Hoje, ela é casada com outra pessoa.

— Isso não vale nada! Ela é minha mulher! Custei a encontrá-la. Não vou perdê-la de novo.

Marcílio levantou-se e aproximou-se de Norberto, que, em pé a um canto da sala, olhos fixos em um ponto indefinido, continuava mergulhado em sua obstinação. O médico colocou a mão direita sobre a cabeça de Norberto, que estremeceu e começou a gritar enfurecido:

— Saia daqui! Vá embora! Não se meta em minha vida! Você não conseguirá nada! Sou mais forte do que você e do que todos os seus asseclas.

Marcílio continuou orando em silêncio com a mão posicionada sobre a nuca de Norberto. Depois, ele foi até Felipe, um dos rapazes que estava sentado ao redor da mesa, e colocou a mão sobre a nuca dele, continuando em oração.

Alguns segundos depois, o corpo de Norberto amoleceu, e ele caiu no chão, enquanto o rapaz na mesa se agitava exclamando:

— O que está fazendo? Que truque é esse? Está tirando minhas forças! Você vai me pagar!

Eulália levantou-se para socorrer o marido, mas um gesto enérgico de Marcílio a deteve.

— Fique onde está! Ajude-nos com suas orações.

Ela sentou-se novamente e desta vez começou a rezar de fato. Marcílio, com a mão direita sobre a cabeça do rapaz, continuou:

— Em vez de querer brigar comigo, por que não aproveita este momento para melhorar sua vida? Não está cansado de viver sozinho, triste, de um passado que nunca mais voltará, em vez de aproveitar o que pode agora, de encontrar pessoas que gostam de você, que só esperam que aceite as mudanças de sua vida para virem ao seu encontro? Por que prefere a infelicidade quando já pode viver melhor e ser mais feliz?

Com voz embargada, Felipe respondeu:

— Você fala isso porque não sabe o que é viver como estou vivendo. Não sabe o que é vagar em busca dos que ama e nunca os encontrar.

268

Sentir-se sozinho, sem que ninguém se importe com sua dor ou com seu sofrimento.

— Você está assim porque quer. Agarrou-se ao passado e recusa-se a obedecer às orientações daqueles que têm condições de ajudá-lo. Fechou-se em sua teimosia e recusa-se a deixar a mansão, como se ainda fosse o dono dela!

— Eu a construí. Aquela casa é minha!

— Você a construiu, mas agora ela é do mundo e daqueles que a herdaram. Você não pertence mais a este mundo. Vive em outra dimensão, onde há coisas maravilhosas esperando por você e pessoas que o amam e esperam que acorde dessa ilusão para finalmente deixar o passado, tomar consciência do presente e seguir adiante para a conquista da felicidade.

— Você diz isso, mas sei que fui muito ruim. Cheguei ao crime, e sei que minha filha me odeia! Não. Não acredito que haja alguém que goste de mim ainda, mesmo depois de tudo que fiz para minha própria família.

— Pois há. Aqui mesmo há alguém que espera ansiosamente que você saia dessa ilusão para poder abraçá-lo e ajudá-lo a buscar o caminho do equilíbrio e da renovação. Olhe.

Felipe remexeu-se na cadeira e depois gritou em lágrimas:

— Mãe! É você! Vá embora. Eu não mereço. Fui muito egoísta, mau. Não me abrace, mãe.

O outro rapaz, que estava ao lado, disse com voz emocionada:

— Meu filho! Descanse em meus braços, que sempre estarão abertos para recebê-lo! Entregue-se a este momento de amor e venha comigo. Vou levá-lo a um lugar onde você ficará sob meus cuidados. Venha. Perceba que ninguém é culpado pelo que lhe aconteceu. Você plantou e colheu tudo de acordo com sua semeadura. Arranque todas as mágoas de seu coração, perdoe a todos, mas principalmente a si mesmo por ter sido tão resistente.

Felipe soluçava sentidamente, e o outro rapaz continuou:

— Isso, meu filho. Extravase toda a sua mágoa. Deixe ir embora todas as suas dores. Descanse a cabeça em meu colo. Vou levá-lo comigo.

— Mãe, ajude-me a encontrar a paz! Eu quero esquecer!

Felipe respirou fundo e estremeceu. Depois, abriu os olhos e ajeitou-se na cadeira. O outro rapaz ainda disse:

— Obrigado, amigos. Voltarei outro dia para conversarmos.

Marcílio sentou-se, fez uma prece de agradecimento a Deus e, quando terminou, levantou-se. Aproximando-se de Norberto, que, estendido no chão, parecia dormir, chamou:

— Acorde, Norberto. Já passou.

Ele abriu os olhos e olhou assustado para todos os presentes, como quem acorda de um sono pesado. Marcílio ajudou-o a levantar-se e fê-lo sentar-se ao redor da mesa. Apanhou um pouco de água e deu-lhe para beber, enquanto os outros dois serviam os demais.

Eulália e Hilda estavam mudas. Não se atreviam nem a perguntar. Norberto recuperara seu estado normal, olhou-os admirado e perguntou:

— Podem me explicar o que estamos fazendo aqui? O que aconteceu?

Marcílio respondeu com simplicidade:

— O espírito do coronel Firmino incorporou em você, e tivemos de esclarecê-lo. Garanto-lhe que, de agora em diante, ele não aparecerá mais para ninguém naquela casa, muito menos a Eurico.

— O coronel Firmino? Estou ouvindo bem? — disse Norberto, admirado.

Desta vez, Eulália tomou coragem e interveio:

— Pois foi. Você ficou como louco. Foi horrível. Se não fosse o doutor Marcílio e essas pessoas aqui, você estaria internado em um hospício. Meu Deus! Eurico estava dizendo a verdade! Por que não acreditei nele?

— Ele disse muitas vezes que via espíritos — lembrou Hilda.

— Ele estava certo — esclareceu Marcílio. — Esse menino tem uma sensibilidade especial. Ele vê e ouve os seres de outras dimensões.

— Mas o coronel está morto! — disse Norberto.

— Engano seu. Ele está vivo. Quem morre neste mundo vai para outras dimensões, mas continua vivo.

— É difícil acreditar.

— Para quem nunca se interessou pelo assunto, pode ser — respondeu o médico. — Entretanto, para os que são chamados a essa realidade, o contato com quem já partiu é natural.

Um pouco inquieto, Norberto passou a mão pelos cabelos e disse:

— Gostaria de saber como chegaram a essa conclusão. Minha própria mulher, que nunca acreditou nisso, agora está afirmando que a alma do coronel existe mesmo!

— Eu posso esclarecer como foi. Você não se recorda de nada?

— De certa forma. Não perdi a lucidez. É difícil dizer. Havia momentos em que me sentia atordoado, fazia coisas desconexas, mas não conseguia parar. Era como se estivesse em um sonho, em que as ideias se embaralhavam em minha cabeça. Foi horrível!

— Então, você percebeu que sacudiu Eurico com violência e o assustou? — perguntou Eulália.

— Eu fiz isso mesmo? Houve um momento em que senti muita raiva de Eurico, tive vontade de... — Norberto parou horrorizado.

— De acabar com ele — completou Marcílio, calmo. — Nessa hora, quem sentia toda essa raiva e queria fazer isso não era você, mas o espírito do coronel Firmino. Sempre que ele aparece, demonstra sentir raiva dos meninos, porque, de certa forma, eles atrapalharam o que o coronel pretendia fazer.

— Esses sentimentos brotavam dentro de mim e me chocavam. Eu amo meus filhos. Sempre fiz tudo para que Eurico ficasse bem, com saúde.

— Você se chocava, sentia-se culpado por sentir isso, e o coronel conseguia dominá-lo ainda mais.

— O que me conta é incrível! Nunca pensei que uma situação dessas pudesse acontecer.

— Agora que experimentou, não pode mais duvidar.

— Ainda bem que Eulália interveio. Não sei o que poderia ter acontecido. O que Eurico está pensando de mim? Fui rude demais.

— Ele sabe que não era você. Nessa hora, ele viu o coronel Firmino em seu lugar — esclareceu Marcílio.

— Como sabe?

— Ele teve medo de que lhe acontecesse alguma coisa e pediu a Nico que viesse nos procurar e contar tudo — explicou o médico.

— Estou admirado! Quero saber tudo a respeito. Se ele fez isso, foi porque sabia que vocês poderiam nos ajudar — disse Norberto.

— Agora, não há mais motivo para que não saibam toda a verdade. Esses meninos são maravilhosos. Seu filho vê e até conversa com os seres de outras dimensões. Ele tem medo, mas Nico, não, e o tem ajudado a enfrentar esses encontros com coragem e firmeza. Graças a ele, Eurico está reagindo e melhorando a cada dia.

— É verdade — interveio Eulália. — Você ameaçou mandá-lo embora. Sentia raiva dele também?

— Sim. De repente, pareceu-me que ele estava me atrapalhando, que era meu inimigo.

— Ele estava atrapalhando os planos do coronel Firmino, pois estava nos ajudando a libertar Liana da interferência dele — disse Marcílio.

Norberto assustou-se:

— Liana? Por quê ela?

— Vocês ignoram porque vieram morar naquela casa. Não foi apenas por causa da saúde de Eurico. A vida trouxe-os aqui, porque tinha seus motivos. Era preciso que vocês todos se reencontrassem, principalmente Liana com Firmino — esclareceu Marcílio. — Posso contar tudo desde o começo.

— Gostaria de entender — pediu Eulália.

— Por favor — tornou Norberto.

Marcílio falou sobre reencarnação, sobre os laços que uniam Liana e as crianças ao espírito do coronel, e a intenção dele de continuar a dominá-la.

Eulália não se conteve:

— Por isso você disse que amava Liana!

Norberto empalideceu:

— Eu disse isso?

— Sim. Disse também que ela era sua mulher. Pensei que tivesse enlouquecido. Agora entendo... era o coronel que sentia isso!

— Era — apressou-se a dizer Marcílio. — Mas é preciso lembrar que ele se aproveitou de sua amizade por sua cunhada e por seu interesse em ajudá-la levando-a a seu médico de confiança.

— É. Ele dizia que ia levá-la ao doutor Caldas. Tentei impedi-lo, mas não consegui. Você estava como louco!

Sentindo-se envergonhado, Norberto remexeu-se na cadeira.

— Isso já passou. Está se sentindo bem agora? — perguntou o médico.

— Sim. Apesar de assustado, estou bem. Quando vocês falam, parece que se referem à outra pessoa.

— Era outra pessoa mesmo — confirmou Marcílio.

— Só não entendo uma coisa. Vocês estavam todos aqui quando chegamos. Como sabiam? — perguntou Eulália.

Marcílio contou a razão pela qual tiraram Liana daquela casa às escondidas para o casamento, mas omitiu o fato de eles haverem se casado apenas na aparência. Explicou também como, com a ajuda dos espíritos superiores, haviam ido até lá naquela tarde para esperá-lo.

— Quando ele saiu de casa como louco e não me deixou acompanhá-lo, não pude suportar. Vim atrás.

— Fez bem. Assim pôde assistir a tudo o que aconteceu aqui — disse o médico.

Eulália hesitou um pouco e depois decidiu:

— E Liana, como está?

— Melhor. Está no quarto, e Alberto está com ela. Pedi-lhe que ficasse em prece ao lado dela para fortalecê-la. As energias do coronel eram fortes e poderiam envolvê-la. Ela está um tanto debilitada ainda. A obsessão dele em dominá-la o fazia emitir energias controladoras, que sugavam as forças dela e a enfraquecia.

— Por isso ela estava sempre deprimida, apática, sem vontade? — perguntou Eulália.

— Sim. Esse estado é próprio da subjugação espiritual. O coronel jogou energia de domínio sobre Liana, e ela não reagiu. Se tivesse usado sua força para afastá-lo de sua aura, não teria sido tão atingida.

— Ela não sabia de nada disso — lembrou Eulália.

— Tentei avisá-la. Eurico via. Ela mesma chegou a ver o coronel, lembra-se?

— É verdade! — concordou Eulália.

— Quem poderia imaginar tudo isso? — comentou Norberto, perplexo.

— E agora? — disse Eulália. — Estou com medo de voltar àquela casa. Acho melhor voltarmos para São Paulo.

— Não há mais motivo para isso. Eurico deu-se bem aqui, apesar do que aconteceu. Garanto-lhe que o coronel não oferece mais perigo agora. Foi afastado. O espírito de sua mãe sofria muito vendo-o naquele estado e havia muito tentava ajudá-lo. Agora conseguiu fazê-lo compreender, aceitar afastar-se daquela casa e receber tratamento. Se um dia ele voltar, estará melhor e não prejudicará mais ninguém — esclareceu Marcílio.

— Não sei. Essas coisas de almas do outro mundo me assustam. Antes não tinha medo porque não acreditava nelas, mas agora... — considerou Eulália.

Marcílio sorriu e respondeu:

— Quer saber por que Eurico não se dava bem na cidade grande? Ele teve dificuldade de reencarnar por problemas de sua vida passada. Estava frágil e sensível. A pressão das energias negativas é muito maior na cidade, onde há muito mais pessoas, mais problemas, mais violência. O acúmulo de gente energeticamente representa acúmulo de problemas. A sensibilidade dele sofria com isso. Aqui, tudo é mais calmo, as energias são menos agressivas, e ele pode assumir aos poucos e melhor a encarnação. Se ele continuar aqui por mais algum tempo, garanto que chegará à idade adulta saudável e recuperado.

— É o que mais desejo neste mundo! — tornou Eulália.

— É preciso também cuidar da sensibilidade de Eurico. Precisam aprender as leis que regem o campo das influências, para que ele aprenda a viver bem com a sensibilidade que possui.

— Depois do que me aconteceu, não posso ignorar — disse Norberto. — Desejo saber tudo, estudar o assunto, para que não aconteça novamente. Tremo só em pensar nessa possibilidade.

— Faz bem. Tenho estudado sem cessar e possuo em minha casa uma extensa biblioteca sobre o assunto. Está à sua disposição.

— Obrigado, doutor.

Alberto apareceu na sala, e Marcílio chamou-o:

— Aproxime-se, Alberto. Como está Liana?

— Bem. Houve momentos em que ficou inquieta, queria sair do quarto, ir embora daqui, estava apavorada. Com a mão dela entre as minhas, fiz uma prece, e aos poucos ela se acalmou. Agora quer levantar-se. Ouviu vozes, e eu lhe disse que era você. Ela quer vê-lo e saber se já pode se levantar.

— Ela deve estar se sentindo muito melhor. Felizmente, o coronel Firmino foi afastado. Agora ela ficará bem — disse o médico.

Eulália hesitou um pouco e depois disse:

— Só agora ficamos sabendo a causa da doença dela. Estou arrependida de ter sido tão descrente. Será que eu poderia conversar com ela?

— Claro — respondeu Alberto sorrindo. — Tenho certeza de que sua visita será um excelente remédio para Liana.

Eulália olhou para o médico, que disse:

— Pode ir, dona Eulália. A alegria só faz bem.

Eulália olhou para o marido, que decidiu:

— Vá sozinha. Será melhor. Minha presença agora pode não ser muito agradável.

Eulália foi até lá, enquanto Alberto pedia a Gislene que servisse um café com um bolo gostoso que ela sabia fazer tão bem.

CAPÍTULO 19

Eulália empurrou a porta do quarto de leve e enfiou a cabeça para ver se Liana estava acordada. Vendo-a, a moça teve uma exclamação de alegria:

— Eulália! Você veio!

Ela entrou, aproximou-se da cama e disse:

— Eu vim, mas fui empurrada pela vida. Agora eu sei o que se passa com você e estou arrependida de ter sido tão dura. Será que pode me perdoar?

Liana sentou-se na cama e estendeu os braços:

— Perdoá-la? Eu é que tenho de lhe pedir perdão por haver saído de sua casa sem lhe contar a verdade.

Eulália abraçou-a, e a emoção aflorou. Seja por ter estado tensa durante tantas horas, seja pelo reencontro com a irmã, que ela queria bem, ou pela realidade espiritual de que estava tomando consciência naquele dia, as lágrimas apareceram, e ela começou a soluçar.

Liana abraçava-a com força, impressionada com o volume de suas emoções. Não se lembrava de tê-la visto chorar daquele jeito antes. Sempre a julgara uma pessoa rígida e indiferente, mais forte que a maioria das pessoas. Estava enganada. A mulher que a abraçava era tão sensível e frágil como qualquer outra.

Quando se acalmou, ela disse:

— Não foi só com Alberto que fui injusta... Fui também com o doutor Marcílio. Pensei que Norberto estivesse enlouquecendo, pois ele fez coisas terríveis. Veio aqui disposto a levá-la com ele. Não quis que o acompanhasse, mas eu vim assim mesmo. Quando cheguei, eles estavam reunidos e falando com Norberto. Ele estava possuído pela alma do coronel

Firmino. Quando ele foi afastado, Norberto acordou como se nunca tivesse feito tudo aquilo. Compreendi a verdade. Eurico estava certo quando dizia que via espíritos. Fiquei chocada. Pobre Eurico! Vendo esses espíritos, sem ninguém que o apoiasse. Já pensou que horror?

— É verdade. Felizmente, Nico tem muita força, e Alberto entende desse assunto. Foi ele quem orientou os meninos, ajudando-os para que se defendessem e resistissem ao assédio do coronel Firmino.

— Lamento ter sido contra seu casamento. Agora, percebo que ele a ama muito e fez tudo para protegê-la, enquanto nós, sua família, só atrapalhamos.

— Vocês não sabiam a verdade. Estou contente de que tenham compreendido, pois assim poderão apoiar Eurico. Ele realmente vê espíritos!

— Eu sei. Quem diria! Tivemos nossa lição. Norberto agora quer estudar. Ficou de ir à casa do doutor Marcílio buscar alguns livros.

— Tanto esse médico quanto sua esposa e todos que frequentam sua casa são maravilhosos. As sessões são verdadeiros bálsamos de paz.

— Vocês têm ido?

— Sim.

— Sente-se melhor?

— Muito. Hoje, por exemplo, parece-me que acordei de um longo pesadelo. Sinto vontade de cantar, de me levantar, ver as flores de nosso jardim, ir à rua.

— De fato, seu aspecto está muito melhor. Está até corada!

O doutor Marcílio entrou e foi logo dizendo:

— Como você melhorou!

— Ela está corada!

— Posso me levantar?

— Vim buscá-las para o café com bolo de Gislene. É imperdível. Estamos esperando as duas na sala.

Liana levantou-se, trocou de roupa e arrumou-se. Estava renovada e feliz. Antes de sair do quarto, abraçou a irmã e disse emocionada:

— Que bom que está aqui! Nunca mais me abandone.

Ao que Eulália respondeu:

— Nunca. De agora em diante, voltaremos a ser uma família. O que Alberto fez por você tocou meu coração. Sinto-me envergonhada do que fiz.

Elas foram para a sala, e Norberto, vendo-as, não disse nada. Sentia-se constrangido pelo que fizera. Liana aproximou-se dele e disse:

— Hoje é um dia feliz. Estou contente que estejam aqui.

Alberto aproximou-se:

— Tem razão. Desde que nos casamos, vê-los aqui era nosso maior desejo. Liana sentiu muita falta da família.

— Lamento que tenha sido dessa forma. Sinto-me envergonhado — respondeu Norberto.

Marcílio interveio:

— Não se preocupe com isso. Todos nós sabemos como a influência desses espíritos pode ser forte. O que importa agora é conhecer as leis que interferem nesses fenômenos para saber como se defender.

— Sinto que é hora de aprender — tornou Norberto com humildade.

— Tem razão. Sua sensibilidade se abriu e, se não atentar para essa realidade, o que lhe aconteceu pode se repetir.

— Deus me livre, doutor! Nunca em minha vida fiz papel de louco como hoje. Fico arrepiado só em pensar.

— Gostaria de conversar com você. Vá em casa qualquer dia desses.

— Se não se importar, gostaria de ir hoje mesmo. Sinto-me inseguro e preocupado. Sempre tive completo domínio sobre meus atos. É difícil para mim admitir as loucuras que fiz.

— Depois de nosso café, conversaremos.

O lanche decorreu alegre, e tanto Eulália quanto Liana estavam bem-dispostas. Alberto fez as honras da casa, atencioso para com todos.

Quando o médico se despediu, convidou Norberto para acompanhá--lo. Eulália levantou-se, mas Marcílio tornou:

— Fique mais um pouco, dona Eulália. Depois de tanto tempo, vocês têm muitas coisas para conversar. Nossa conversa será a dois.

— Também gostaria de entender do assunto. Meu filho precisa de minha compreensão — objetou ela.

— Falaremos outro dia. Hoje, quero conversar com o doutor Norberto.

— Nesse caso, ficarei mais um pouco. Hilda me fará companhia na volta.

Eles saíram, e os três sentaram-se na sala, enquanto Hilda acompanhava Gislene na cozinha. As duas conversavam animadas, e Hilda queria a receita daquele bolo tão gostoso que ela servira com o café.

Eulália foi a primeira a romper o silêncio.

— Quero pedir-lhe desculpas, Alberto. Fui intolerante e teimosa. As crianças sentiram muito sua falta. Eurico fez de tudo para que o chamasse de volta. Ficou impossível.

— Eu sei. Nico me contou. Ele se habituou a conseguir tudo o que deseja dessa forma. Sabe de sua preocupação com a saúde dele e explora isso.

— Já notei. Infelizmente, esse é meu ponto fraco. Ele sempre deu muito trabalho. Tinha febre por qualquer coisa, não se alimentava, nunca foi igual às outras crianças. Amelinha sempre foi muito diferente. Eu sentia que ele era muito mais frágil e tinha medo de perdê-lo.

277

— Dá para entender, mas agora ele já superou essa fase. Está mais forte. Precisa aprender a se colocar de outra forma.

Eulália baixou a cabeça e ficou pensativa por alguns segundos. Depois disse:

— Talvez eu seja culpada disso também. Sempre impus o que queria, sem ouvir o que ele dizia. Para mim, Eurico era incapaz de discernir. Confundi as coisas, pensei isso por causa de sua debilidade física. Agora, com o que aconteceu, percebi que ele sabia mais que eu, pelo menos sobre essa história de almas do outro mundo.

— Ele ficará feliz quando souber que você acredita nele agora — disse Liana.

— E que vocês voltarão a frequentar nossa casa.

Alberto, pretextando um trabalho a fazer, deixou-as a sós para que pudessem conversar à vontade.

***

Marcílio chegou a casa, conduziu Norberto a seu escritório e fechou a porta. Depois que se acomodaram, o médico tornou:

— Fico feliz que tenha compreendido a verdade. Agora, consigo ver uma saída para os angustiantes problemas de sua família.

Norberto olhou-o preocupado. O que acontecera naqueles dias aparecia em sua mente de maneira obscura. Lembrava-se de ter feito algumas coisas incontroláveis, mas não de tudo que dissera. Eulália comentara que ele dissera amar Liana. Era isso que mais o assustava. Por pouco pusera tudo a perder. E se acontecesse de novo? E se ele acabasse revelando o segredo de seu amor por ela?

— Tudo ficará bem, se a alma do coronel não voltar.

— Liana foi esposa dele em outra encarnação, mas não teria conseguido envolvê-lo daquela forma se você não tivesse lhe dado oportunidade.

— Eu nem acreditava na existência dele. Você diz que Liana foi casada com o coronel em outra encarnação, contudo, para mim é difícil acreditar. Ainda agora, apesar do que aconteceu, estou duvidando. O coronel pode ter se enganado. Liana pode ser parecida com a esposa dele.

— Entendo sua dificuldade, mas afirmo: Liana foi a esposa do coronel. E lhe digo mais: os espíritos superiores estão me informando que Amelinha foi a filha que ele perseguiu; Nico foi o genro que ele tentou matar; e Eurico foi o neto que ele impediu de nascer.

Norberto abriu a boca e fechou-a novamente, sem encontrar palavras para se expressar. O tom de Marcílio era sério e firme. Ele estava afirmando, e Norberto não se sentiu com coragem de contradizer. O médico continuou:

— O espírito de Eurico teve muita dificuldade para reencarnar, por isso a infância tem sido difícil. Agora, contudo, a encarnação firmou-se, e, com a graça de Deus e a ajuda de vocês, ele reconquistará o equilíbrio. A ida de sua família para aquela casa não foi por acaso. Para que eles pudessem viver em paz, era preciso que o espírito do coronel Firmino se esclarecesse. Ele, mesmo a distância, continuava envolvendo Eurico, que era inimigo dele de outros tempos. Enquanto ele não desistisse de procurá-los e de persegui-los, seria difícil o menino manter a saúde.

Vendo que Norberto acompanhava atentamente suas palavras, continuou:

— Liana foi a mãe de Amelinha e esposa do coronel. Elas sofreram muito ao lado dele e odiavam-no profundamente. A vida trabalha para a harmonia do ser. Ninguém pode ter saúde física e mental sem limpar o coração, sem largar o passado e perdoar a ignorância alheia.

— Como pode ser isso? Liana não conhecia o coronel nem se lembrava dele. Como poderia odiá-lo?

— Ela reencarnou e esqueceu. Sempre que renascemos, a vida apaga a consciência de nosso passado, mas as energias continuam em nosso inconsciente. A mágoa e a raiva estavam lá todo o tempo, e bastou que ela o reencontrasse para que tudo viesse à tona. Lembre-se de que, quando ela o viu perto da escada, ficou apavorada.

— Qualquer um ficaria ao ver um espírito.

— Com Liana foi pior, pois ela sentiu pavor de que ele a dominasse energeticamente.

— De fato, fizemos tudo, e ela não reagiu. Nunca entendemos essa atitude. Liana sempre foi forte, determinada, ativa, contudo, ficou completamente deprimida, apática.

— Por isso foi preciso tirá-la de casa daquela forma. Se ela continuasse lá, não teríamos como ajudá-la, ainda mais porque vocês não permitiam nossa presença.

— Sinto termos sido tão resistentes.

— Quando ela se foi, ele ficou com raiva e percebeu que poderia envolvê-lo, então, começou a pressioná-lo para buscar Liana.

— Ele sabia que eu não havia aceitado o casamento dela.

— Ele sabia mais. Ele sabia tudo o que você pensava. Para os espíritos desencarnados, nossos pensamentos são visíveis.

Norberto remexeu-se na cadeira inquieto.

— Ele sabia tudo o que eu pensava?

— Tudo. Por isso, descobrindo seus sentimentos por Liana, viu uma oportunidade de conseguir o que queria.

Norberto baixou a cabeça envergonhado. Como o médico podia saber de tudo? Liana teria contado? Não se conteve:

— Liana falou sobre isso?

— Falou. Ela contou tudo que houve entre vocês. Esse é o ponto fraco que facilitou o assédio do coronel. Liana vive arrependida, não se perdoa pelo deslize e teme que a irmã descubra. Liana tem a alma nobre, é muito honesta. Respeita sua família, por isso vive se atormentando com o que aconteceu.

— Às vezes, também me arrependo. A presença de Liana me enlouquece. Esse amor está acabando comigo. Além disso, sei que Liana também me ama.

— A vida os separou, Norberto. É preciso entender que o momento não é para que fiquem juntos. Por enquanto, ainda não nos foi revelado por que você está dentro dessa história, que laços do passado existem unindo a família do coronel Firmino, você e sua esposa. Se vocês estão juntos nesse processo, certamente atraíram essa experiência por alguma razão. No universo nada acontece por acaso.

— Acha isso mesmo? Teremos vivido outras vidas também?

— Com certeza. O que sei é que somos responsáveis por nossas atitudes. Há valores essenciais que necessitamos aprender se quisermos viver melhor. Neste mundo, nós somos submetidos a energias perigosas que despertam nossas paixões. Estamos aqui para aprender a dominá-las. Ficar cada vez mais forte no bem é nossa garantia de equilíbrio, saúde e felicidade. Ninguém pode ficar bem se entregando às paixões. Elas exacerbam as emoções, são insaciáveis e exigem cada dia mais de nós. É sofrimento o tempo todo.

— Quanto a isso, concordo. Desde que me apaixonei por Liana, minha vida tem sido um inferno. Não tive mais um momento de paz.

— A paz tem o preço da honestidade e do respeito. Você mentiu, desrespeitou sua alma, e a consciência de seu erro não lhe permite desfrutar de paz.

Norberto colocou a cabeça entre as mãos em desespero. Aquelas palavras emocionaram-no muito. Ele estava mexido, sensível, e não suportou. As lágrimas desceram por seu rosto, e ele rompeu em soluços.

Marcílio deixou que ele desabafasse e ficou em silêncio. Intimamente, orava aos amigos espirituais pedindo que o ajudassem a aliviar aquele coração aflito.

Quando serenou, Norberto enxugou os olhos com um lenço e disse:

280

— Desculpe, doutor. Não pude suportar.

— As lágrimas às vezes lavam a alma.

— Se elas pudessem me ajudar a sair dessa confusão em que me encontro, seria bom. Infelizmente, elas, contudo, não têm esse poder.

— É, mas Deus tem. Ele tem a magia do amor e pode não só aliviar, mas também curar as feridas do coração.

— Eu gostaria muito de ter essa fé, de poder acreditar que um dia me libertarei desse tormento.

— Se é isso que quer de verdade, se seu coração estiver sendo sincero, tenho certeza de que conseguirá o que pretende.

— Eu gostaria muito de viver para minha família. Quando pensei em me casar, procurei uma moça boa que pudesse ser a mãe de meus filhos. Não pensava em amor, confesso. Nosso casamento foi uma espécie de arranjo, mas gostei de Eulália. Ela me atraía como mulher, contudo, nunca senti por ela o que sinto por Liana. Aliás, nunca havia sentido isso por nenhuma mulher. Arrependi-me de haver casado, mas era tarde. Agora, estou perdido. Eulália tem sido boa companheira, fiel, devotada à família. Eu gostaria de amá-la como merece. Liana está casada, e sinto que não devo mais infelicitar sua vida. Sei que ela ainda me ama, e é isso que me tira o sossego. Ela não pode amar o marido. Era a mim que ela amava!

— Você está enganado. Liana ama o marido. Eles foram feitos um para o outro. Deixe-os viver em paz.

— Se isso for verdade, eu gostaria de esquecer. Mas como?

— Feche os olhos, e vamos pedir a ajuda de Deus. Neste momento, procure esquecer esse problema. Pense que você está cansado e que agora não precisa tomar nenhuma decisão. Entregue-se à paz. Deixe que a luz da harmonia brilhe à sua volta e peça a Deus que o proteja e oriente. Você deseja o bem e só o bem. Vamos orar.

Marcílio proferiu uma comovida oração, e, aos poucos, Norberto sentiu-se mais calmo.

— O desabafo me fez bem. Obrigado por ter me escutado.

— Vou lhe emprestar alguns livros que tratam dos fenômenos de influência e mostram como manter a saúde mental e proteger-se das investidas dos espíritos perturbadores.

— Vou ler com atenção. Nunca mais quero passar por isso.

Marcílio olhou sério para ele e disse com naturalidade:

— Você saberá como é o processo, mas o importante é descobrir como está atraindo essas influências. Assim como nossa sociedade tem leis para preservar o próprio equilíbrio, a vida estabeleceu os valores verdadeiros do espírito eterno e criou leis cósmicas que funcionam naturalmente, respondendo a cada um de acordo com suas atitudes. E se as leis humanas se modificam conforme a humanidade progride, as leis cósmicas nunca se alteram, porque representam a verdade absoluta. Por isso, quem quer gozar de saúde física, mental, espiritual, ter felicidade, paz, alegria de viver, precisa estudar a vida e entender como ela funciona. Assim, quanto mais verdadeiro você for dentro dos valores da espiritualidade, mais equilibrado e feliz será.

— A religião está sempre pregando moral, mas tenho visto que mesmo os que cumprem os preceitos de sua religião sofrem muito neste mundo.

— Não estou me referindo às religiões nem à moral humana. Elas estão cheias de preconceitos e inverteram quase todos os valores. Estou falando do que a vida quer, de como ela reage acionando o progresso humano e provocando o desenvolvimento da consciência.

— Como posso saber o que a vida quer? Sempre cumpri com meus deveres de cidadão, de esposo e pai. Como foi acontecer comigo essa paixão que não pedi e que está infelicitando toda a nossa família?

— Eis o que você precisa descobrir. Consulte seu coração e peça a Deus que lhe mostre a verdade. Jogue fora a culpa. Ela deturpa os fatos e enfraquece o espírito.

— Mas é o que mais sinto: culpa. Por minha causa, Liana está sofrendo, e estamos nessa confusão.

— Como pode se culpar se reconhece que essa paixão brotou em seu peito sem que planejasse?

— É, foi, mas agi de forma errada.

— Deixou-se dominar pelas emoções, e o que era atração acabou tornando-se paixão. Assim, você acabou descobrindo que, quando não controlamos as emoções, elas acabam nos controlando. Quando não pisamos no freio, o carro fica desgovernado e acabamos nos machucando.

— E como!

— Você agora está mais forte que antes. Quando sentir atração por alguém, vai dominar-se, porque já sabe a que sofrimentos as emoções descontroladas podem conduzir.

— Concordo, doutor. Nunca mais quero me envolver com ninguém dessa forma.

— Se está decidido a preservar sua paz, não se culpe mais. Reconheça que foi imprudente, mas que agora, mais experiente, saberá agir melhor daqui para a frente.

— Suas palavras têm o dom de me acalmar. Sinto como se tivesse tirado um peso enorme de cima de mim.

— A culpa pesa. Liberte-se dela. Você tem uma família linda, está bem financeiramente, então, agradeça a Deus essa felicidade. Não perca tempo alimentando ilusões que só lhe trazem dores e sofrimentos.

Norberto baixou a cabeça pensativo e ficou calado por alguns instantes. Depois disse:

— Obrigado por ter me mostrado a verdade. Assim como estou tirando o peso da culpa do coração, gostaria que me ajudasse a tirar essa paixão do peito.

— Infelizmente, não tenho esse poder.

— Nem eu. Confesso-lhe que tenho tentado.

— Amar Liana não é proibido. O amor é e sempre será uma bênção. Se não consegue tirar esse sentimento de seu coração, transforme-o em alguma coisa elevada. Liberte-a definitivamente. Não interfira mais na vida de Liana. Permita que ela encontre seu verdadeiro destino. A vida separou-os e deve ter seus motivos. Ela sempre faz tudo certo.

— Liana é a mulher da minha vida. Tenho certeza disso.

— No momento, vocês estão em lugares opostos, cada um cumprindo seus compromissos. Quem garante que sua felicidade seja ao lado dela? Você gosta de sua mulher. Não estará ao lado de sua família a melhor oportunidade de uma vida mais proveitosa e feliz? São considerações que você deve fazer.

Norberto suspirou fundo. Sentia que naquele momento era incapaz de decidir qualquer coisa. O médico levantou-se e disse:

— Vou apanhar os livros.

Norberto meneou a cabeça, concordando. Pensou que soubesse muito sobre a vida, mas agora percebia que havia ainda muito a aprender.

Quando deixou a casa do doutor Marcílio, Norberto sentia que precisava reconquistar a paz. As palavras do médico fizeram-no refletir sobre seus sentimentos. Ele amava Liana, mas não queria que Eulália descobrisse que fora traída.

Ao pensar nisso, sentiu um aperto no peito e sua inquietação aumentou. Se ela descobrisse tudo, saberia que ele fora um fraco e não soubera controlar as emoções dentro da própria casa.

Eulália julgava-o um homem correto, admirava-o e respeitava-o. O pensamento de aparecer diante dela como um mau-caráter deixava-o apavorado. Teve de reconhecer que o apoio, a consideração, o carinho de Eulália eram muito importantes em sua vida.

Recordou-se do namoro, do casamento, do nascimento dos filhos, dos problemas que haviam dividido nos doze anos de convivência, e sentiu que não queria mais separar-se da família.

283

Recordando-se de que propusera fugir com Liana, sentiu-se nervoso. Felizmente, ela tivera o bom senso de não aceitar. Quanto mais pensava nisso, mais se arrependia de ter se envolvido naquela aventura.

Agora, ela estava casada, e ele poderia esquecer a culpa de a ter deflorado. Se Alberto a aceitara assim mesmo, se eles se amavam como o médico afirmara, ele, Norberto, não tinha mais nenhuma responsabilidade pelo futuro dela.

Essa ideia preocupava-o. A perda da virgindade era motivo até de anulação do casamento. Pensando melhor, reconhecia que o casamento de Liana, ao contrário do que pensara, viera em auxílio deles, porquanto o obrigava a controlar a atração que sentia por ela.

Depois do que aconteceu, eles frequentariam sua casa novamente, e Norberto teria de conviver com ela. Como se sentiria? Conseguiria controlar suas emoções?

**

Eulália voltou para casa e, enquanto Hilda ia dar as ordens para o jantar, ela reuniu as crianças na sala. Depois de verificar que haviam estudado e tomado banho, disse:

— Sentem-se. Vamos conversar.

Eles olharam-se admirados. Ela nunca se dirigira às crianças naqueles termos. Parecia até que estava falando com visitas. Acomodaram-se logo, e ela continuou:

— Eu sei de tudo.

Eles entreolharam-se e continuaram em silêncio à espera de que ela prosseguisse.

— Não precisam ter medo. Hoje, eu descobri a verdade. A alma do coronel Firmino tomou conta de Norberto e obrigou-o a fazer coisas que ele não queria.

Eurico suspirou aliviado:

— Puxa! Até que enfim! A senhora também o viu?

— Não fisicamente, mas vi como seu pai mudou, fez loucuras, parecia outra pessoa. Cheguei a pensar que tivesse enlouquecido, mas o doutor Marcílio conversou com ele como se fosse com o coronel, e ele respondeu tudo. Depois, rezamos, e ele acabou se arrependendo e concordando em ir embora. Não sei como é isso, mas parece que veio outra alma buscá-lo.

— Eu sei — disse Eurico. — Foi aquela mulher bonita que, sempre que ele estava em meu quarto e eu rezava, aparecia e o levava embora.

Eulália admirou-se:

— Você a viu também?

— Vi. Ela é muito bonita e sorri para mim. Quando ele está me amolando, e ela chega, é como se ele se esquecesse de tudo. Ela pega no braço dele e o leva.

— Por isso você sentia tanto medo! — considerou Eulália. — Sinto muito, meu filho, por não ter acreditado no que você dizia. Nunca pensei que isso pudesse ser verdade. Se soubesse, não teria vindo morar aqui.

— Não adiantaria, mãe. Eu também o via na outra casa.

— Como assim? Não foi depois que nos mudamos para cá que ele começou a aparecer para você?

— Não. Desde pequeno que ele me persegue.

— Acho que agora ele não voltará mais — tornou Nico.

— Como você sabe? — perguntou Amelinha.

— Minha mãe sempre me dizia que as almas do outro mundo aparecem quando se sentem infelizes e precisam de alguma coisa. Se nós rezamos, conversamos com elas para saber o que desejam, elas vão embora e nunca mais voltam — garantiu Nico.

— Tem certeza disso? — tornou Eurico. — Você conversou com a alma do coronel muitas vezes, e ele sempre voltava.

— Eu conversei, mas ele não me levou a sério. Acho que é porque sou criança. Agora, com o doutor Marcílio, que entende dessas coisas, será diferente. Acho que estamos livres dele.

— Tomara. Fico arrepiado só de me lembrar da cara dele!

Eulália levantou-se e, penalizada, abraçou o filho. As crianças haviam enfrentado tudo aquilo sozinhas e com muita coragem. Ela reconheceu que Nico era um menino especial.

Norberto entrou, colocou os livros sobre a mesinha e disse:

— Posso saber qual é o motivo dessa reunião?

— Eurico está me contando como ele via o coronel — respondeu Eulália. — As crianças conversavam com ele e tentavam fazer o que o doutor Marcílio fez.

Norberto admirou-se:

— Expliquem como é isso. Ele respondia?

— Respondia, sim, papai — confirmou Eurico.

Nico interveio:

— Bom, senhor Norberto, o Eurico o via, ficava com medo, cobria a cabeça com o lençol, mas continuava vendo o coronel assim mesmo. Ele, então, me chamava, contava o que ele estava lhe dizendo, e eu tentava conversar para ver se ele desistia de assustar o Eurico.

— Ele só ia embora quando aquela mulher aparecia e o levava.

285

— Vocês foram muito corajosos.

— Eu tinha muito medo — lembrou Amelinha.

— Eu também — afirmou Eurico.

— Eu não. Minha mãe sempre me diz que as almas do outro mundo não podem nos fazer mal. Que basta rezarmos e pedirmos a ajuda de Jesus para sermos protegidos.

Norberto e Eulália entreolharam-se. Estavam assustados, mas ao mesmo tempo interessados em saber mais. A certeza de que, depois da morte, as pessoas continuavam a viver em outros mundos, de onde podiam interferir na vida dos que ficaram, modificava todos os seus conceitos antigos. Indagações novas surgiam, e eles queriam respostas. Havia muito a aprender nesse novo caminho, mas uma coisa era certa: as crianças falavam a verdade e, por mais incrível que pudesse parecer, eles acreditavam.

CAPÍTULO 20

Sentados ao redor da mesa na casa do doutor Marcílio, Norberto, Eulália, Liana e Alberto, junto com os frequentadores habituais, oravam na sala iluminada por uma pequena lâmpada azul.

Depois do que aconteceu, Norberto e Eulália passaram a ir à casa do médico duas vezes por semana assistir às sessões, de onde saíam cada vez mais interessados. Ele aproveitou aqueles dias de férias para ler os livros que Marcílio lhes emprestara e, se a princípio o fez movido pelo receio do que lhe acontecera, acabou descobrindo que atrás dos fenômenos que tanto o assustaram havia uma verdade maior revelando segredos da vida que ele nunca supusera possíveis, descortinando toda a perfeição do universo e fazendo-o refletir e compreender sua grandeza.

Estudando a reencarnação, encontrou respostas para todas as suas indagações com relação às aparentes injustiças das desigualdades sociais. Sentiu-se mais respeitoso para com o que ainda não podia compreender e entendeu que as pessoas podiam ser diferentes umas das outras, cada uma dentro do próprio processo de desenvolvimento espiritual.

Era sexta-feira, e, no domingo, ele teria de voltar a São Paulo. Suas férias haviam terminado. Era com pesar que regressaria à capital. As longas conversas que ele e Eulália mantiveram com o médico durante aquele período haviam esclarecido muito. Eles estavam cada vez mais desejosos de saber detalhes da vida astral, captação de energias, reencarnação, influências dos espíritos desencarnados etc.

Marcílio sorria observando a euforia deles, comum a todos os que passavam pelas primeiras experiências da mediunidade e obtinham provas da vida após a morte. Ele respondia o que podia com paciência, alertando para o uso do bom senso no trato com os desencarnados, com os quais é necessário ter os mesmos cuidados que é preciso ter com as pessoas à nossa volta.

— Não podemos nos esquecer de que nem todos os que estão vivendo na outra dimensão são pessoas elevadas. Os embusteiros, os maldosos que viveram aqui estão lá e continuam iguais ao que eram. A morte do corpo não modifica o nível de ninguém. Cada um continua sendo o que é.

— Não devemos evocar espíritos? — indagou Norberto.

— Nunca. A não ser quando chamamos os que sabemos superiores. Não estou me referindo a parentes nossos, mas a espíritos de alto nível, como Jesus, Maria, São Francisco de Assis. Esses podemos evocar, a eles podemos nos ligar e pedir ajuda.

— Estava pensando em evocar a alma de minha mãe — disse Eulália.

— Por que ela nunca veio às nossas sessões?

— O que sei é que, se lhe fosse permitido vir, ela teria vindo sem que a evocássemos.

"Quando a manifestação de alguém que amamos é espontânea, ela vem acompanhada de sinais que provam sua autenticidade. Quando evocamos, nem sempre podemos afirmar que foi a própria pessoa quem compareceu. Além disso, nossa evocação pode perturbá-la se ela estiver em recuperação, em fase de reencarnação ou se já estiver reencarnada. O que acontecerá se pedirmos a ajuda de um parente desencarnado e ele estiver sem condições de nos atender? Ficará em conflito, sofrerá, algumas vezes até tentará nos socorrer e acabará nos atrapalhando ainda mais, por isso, é preciso que tenhamos fé e confiemos. O importante é saber que a vida continua, que cada um é responsável por suas atitudes e que atrairá para si fatos e pessoas em sua vida, conforme acredita e faz. O resto será por conta de nossa insegurança, que sempre nos faz esperar que os outros nos digam como proceder."

— Compreendo o que deseja dizer. Não basta sabermos, é preciso vivermos de acordo com o que acreditamos, senão, estaremos apenas intelectualizando e não assimilando.

Marcílio sorriu satisfeito:

— Nada como falar com pessoas inteligentes. Você disse em poucas palavras o que eu quis dizer com toda essa conversa.

Sentado ao redor da mesa, Norberto pedia a ajuda de Deus para que ele pudesse encontrar a paz do coração. Naqueles dias em que haviam reatado as relações com Liana e Alberto, vendo-os juntos, muitas vezes ele sentira o coração apertado. Nessa hora, controlava-se pensando que Liana era feliz e que ele desejava viver para sua família dali para a frente.

Depois do que aconteceu, Eulália aproximou-se mais dele, interessada em estudar a mediunidade para poder apoiar Eurico. Estava lendo os livros que o doutor Marcílio emprestara, e os dois ficavam horas conversando sobre o assunto.

Norberto surpreendeu-se com a lucidez de Eulália, com sua postura firme, interpretando o que liam com inteligência e perspicácia, muitas vezes esclarecendo suas dúvidas com certa facilidade e brilho. Se antes a admirava como esposa, passou a admirá-la como pessoa.

Cada dia que passava, arrependia-se mais e mais de haver se deixado levar pela paixão a ponto de perder a paz e pôr em risco o futuro de sua família. Amava os filhos e queria que eles o amassem e respeitassem. Começou a pensar que havia sido um erro ter ficado separado da esposa. Enquanto estiveram sempre juntos, ele não sentira nada por Liana. Pela primeira vez, começou a duvidar da veracidade do amor que pensava sentir por ela.

Seria bom se ele pudesse ficar ao lado de Eulália o tempo todo, mas tinha receio de pedir-lhe que voltasse a viver na cidade. E se Eurico piorasse novamente? Ele parecia tão bem! Não se lembrava de tê-lo visto assim tão disposto. Por outro lado, ele não podia abandonar os negócios e ir viver na mansão.

Naquele instante, Norberto pediu a Deus que o ajudasse. Estava arrependido e com vontade de viver em paz.

— Boa noite, amigos! — disse um dos médiuns presentes. — Venho hoje agradecer novamente a ajuda que recebemos de vocês. Finalmente, Firmino está aceitando a verdade. Esse está sendo um passo importante para que vocês se libertem do passado e possam seguir adiante. Já relatei como esta história começou e hoje quero esclarecer mais alguns pontos. Só contei que Liana, que se chamava Mariquita quando se casou com Firmino, era uma jovem de rara beleza e vivia com seus pais e uma irmã um ano mais nova. Foram educadas com muita severidade. Inês, a irmã, não era tão bonita como Mariquita e sofria muito, ouvindo desde cedo as pessoas dizerem que elas nem pareciam irmãs. Sentia muita inveja e fazia o que podia para infelicitar Mariquita. Quando Inês descobriu que o jovem Gilberto estava apaixonado por sua irmã e lhe enviava bilhetes amorosos, pensou logo em conquistá-lo. Se ela o tirasse de Mariquita, certamente ninguém mais diria que ela era mais feia ou menos inteligente.

"Para isso, ela arquitetou um plano. Sabia que Firmino, filho de abastada família, estava apaixonado por Mariquita e que ela não o queria. Procurou o pai e contou-lhe que vira a irmã aos beijos com Firmino, dando a entender que tinham intimidade.

289

"Furioso, o pai procurou o rapaz e exigiu uma explicação, e ele, em comum acordo com Inês, aproveitou a oportunidade para pedir a mão de Mariquita. De nada valeu Mariquita chorar, implorar, pedir. Nada demoveu seus pais, e os dois acabaram se casando.

"Inês fingiu-se amiga de Gilberto, que estava inconsolável pela perda de Mariquita, e acabou finalmente se envolvendo com ele. Casaram-se. Ela o amava de verdade, entretanto, sentia que agira errado e, insegura, exigia cada vez mais atenção do marido, querendo que ele provasse constantemente seu amor e sua fidelidade.

"A vida deles tornou-se, então, um inferno. O ciúme dela era doentio. Ele queria filhos, mas ela o queria só para si. Não desejava dividir seu amor com os filhos. Foram infelizes, desencarnaram frustrados e angustiados.

"Ao se encontrarem no astral depois da morte, souberam de todos os sofrimentos pelos quais Mariquita passara com o marido, e Inês sentiu-se culpada pelos sofrimentos da irmã. Ela foi procurar Gilberto e contou-lhe toda a verdade. Choraram juntos.

"— Se você ainda a ama — disse Inês —, estou disposta a ajudá-lo a reconquistá-la.

"Quando ele se foi disposto a procurar Mariquita, Inês sentiu-se muito só. Pela primeira vez, lamentou não ter tido filhos. Seus conhecidos tinham pessoas na Terra que eles amavam, mas ela não tinha ninguém. Arrependida, lamentou o tempo perdido.

"O tempo passou, mas Gilberto não havia conseguido esquecer o primeiro amor de sua juventude, então, ele foi procurar Mariquita, que o recebeu com carinho. Quando ele lhe falou do antigo amor, ela, contudo, respondeu:

"— Sei que está sendo sincero, mas eu mudei, Gilberto. Depois de tudo pelo que passei, não sou mais a mesma. Conheci aqui uma pessoa que me tem ajudado a atravessar os desafios que a vida me enviou e me ensinado coisas novas. Eu o amo e é com ele que desejo ficar. Perdoe-me. Tenho certeza de que não sou eu a mulher de sua vida.

"— É definitivo?

"— É. Devo reencarnar em breve e terei ainda alguns desafios nessa encarnação. Ele vai nascer antes de mim e, quando chegar o momento, estará comigo para me ajudar. Estou certa de que venceremos.

"— E eu?

"— Não se deixe envolver por uma ilusão. Nós nem sequer chegamos a nos conhecer melhor. Como sabe que nosso relacionamento daria certo? Além disso, Inês ainda o ama. Por que não tenta entender-se com ela?

"— Viver com ela foi difícil e frustrante. Não desejo viver aquilo tudo novamente. Além disso, como pode dizer isso? Ela foi a causa de sua infelicidade. Fez tudo para nos separar, e você ainda a defende?

"— Não a culpo por minha infelicidade com Firmino. Se eu não tivesse necessidade de passar por essa experiência, nem sequer teria me casado com ele. Ela não teria conseguido nada.

"— O que quer dizer com isso?

"— Que eu precisava aprender essa dura lição, e ninguém poderia evitar que isso acontecesse.

"— Ela a invejava.

"— Ela me amava e admirava tanto que gostaria de ser igual a mim. Inês apenas não acreditava no próprio valor e por isso queria o impossível, que era ter o meu. Sei que ela é uma alma divina e que dentro dela há um ser maravilhoso, cheio de luz e beleza. Quando ela descobrir isso, nunca mais sentirá inveja de ninguém. Será feliz e espalhará a felicidade. Por que não tenta ajudá-la a descobrir sua riqueza interior?

"Gilberto saiu de lá encantado com o que ouvira e procurou Inês para contar-lhe que fora recusado e que Mariquita estava amando outro. Ele finalizou:

"— Como vê, fui derrotado duas vezes. Ela garante que não é a mulher de minha vida.

"A partir daquele dia, eles tornaram-se amigos inseparáveis. Inês procurara a irmã sem constrangimento e abraçaram-se com carinho.

"Inês foi chamada e disseram-lhe que ela iria reencarnar. Ela alegou que estava arrependida do que fizera à irmã e desejava ajudá-la de alguma forma. Queria ter muitos filhos e fora informada de que Mariquita seria sua irmã mais nova. Ela se casaria novamente com Gilberto e receberiam como seus filhos Mariinha e o filho dela que não chegara a nascer por causa do atentado que ela sofrera quando estava grávida. Naquele tempo, ela recuperou-se, mas não pôde ter filhos. Esse espírito estava em um processo difícil e com muita dificuldade de nascer. Por atitudes que agora não vale a pena mencionar, ele havia lesado seu corpo astral, por isso deu tanto trabalho desde que nasceu. Mas graças à dedicação de todos, ele melhorou muito e já conseguiu reequilibrar-se.

"Temos certeza de que, de agora em diante, sua reencarnação se firmará. Só queremos que ele se dedique à mediunidade. Ele trouxe essa capacidade e o compromisso de libertar-se por meio do trabalho em favor dos que sofrem. Doando amor e energias, ele finalmente conseguirá o que tanto deseja: saúde e alegria.

"Agradecemos a ajuda e queremos que continuem na fé em Deus e no caminho do bem."

A médium calou-se, e Marcílio fez uma comovida prece de agradecimento para encerrar a sessão. Quando as luzes se acenderam, ninguém comentou, mas todos estavam comovidos e pensativos.

Eulália via-se na pele de Inês, a irmã invejosa; e Norberto sentia-se como Gilberto. Todos sabiam que o menino doente era Eurico.

Norberto criou coragem e pediu para falar com o doutor Marcílio em particular, ao que Eulália indagou:

— Posso ir também?

— Claro — respondeu Norberto. — Venha. O que quero falar interessa também a você.

Foram para outra sala, acomodaram-se, e Norberto começou:

— Estou muito emocionado, doutor. Esta noite, nós tivemos revelações muito importantes.

— É verdade. Raramente podemos contar com tanta clareza. Se o fizeram, é porque vocês já têm esclarecimento para saber a verdade.

— Está claro que falavam de nós — disse Eulália. — Tenho certeza de que eu fui Inês.

— E eu Gilberto. Isso me explicou muitas coisas. Até a doença de Eurico. Nunca havia entendido por que ele nasceu tão diferente de Amelinha.

— Agora já sabem. Sabem também que ele está recuperado e que daqui para a frente gozará de boa saúde.

— É sobre isso que desejo falar. Estou me sentindo muito só na capital.

— Não é bom para um homem ficar sozinho.

— Concordo, doutor. Eulália me faz muita falta, porém, estava disposto ao sacrifício por causa de Eurico. Agora, no entanto...

— Depois do que ouvimos hoje, acho que já podem voltar para a capital.

Eulália sentiu-se emocionada com as palavras do marido. Norberto nunca lhe dissera que sentia sua falta. Ela também queria ficar ao lado dele.

— Eu gostaria muito que ficássemos todos juntos. Será que Eurico não se ressentirá?

— Penso que não. Acho que agora está na hora de ele ter uma vida normal, de ir para a escola como todos os meninos de sua idade.

— Só há um problema: Nico. Ele não vai querer se separar dele — lembrou Eulália.

— É verdade. Eu também gosto muito desse menino — esclareceu Norberto. — Ele é tão bom e ajudou tanto Eurico. Às vezes, diz coisas que estão muito além do que dizem os meninos de sua idade.

292

— Trata-se de um espírito carismático. De um grande artista, esqueceram?

— Como sabe? — indagou Eulália.

Marcílio contou-lhes o que lhes fora revelado anteriormente sobre a vida de todos eles e finalizou:

— Por que não o levam para a cidade e financiam seus estudos? Acho que ele merece e aproveitará. Como sabem, os pais de Nico são muito pobres. Ele nunca terá chance ficando aqui.

— É uma boa ideia — concordou Eulália, satisfeita. — Ele é muito apegado à mãe. Será que aceitará?

— Ela aceitará — garantiu Norberto. — Ama o menino, e é o futuro dele que está em jogo. Além disso, continuaremos a vir para cá, e Nico poderá ver a família.

— Nesse caso, penso que Eurico vai querer ir — concluiu Eulália.

**

Liana e Alberto saíram da casa do médico em silêncio, sem esperar pelos demais. Cada um ia imerso nos próprios pensamentos, sem coragem para abordar o assunto.

Por fim, Alberto disse:

— Esta noite pudemos compreender muitas coisas.

— É verdade.

— Deu para saber que seu antigo apaixonado de outros tempos conserva no coração o mesmo amor e está claro que se trata de Norberto.

Ela baixou a cabeça, pensativa. Chegaram em casa pouco depois.

— Vou preparar um chá. Você quer?

Alberto concordou, e ela foi à cozinha. Ele sentou-se na sala pensativo e perguntou-se: "Por que Liana havia recusado o amor de Norberto antes de reencarnar e depois se apaixonara por ele? A quem ela se referira ao dizer que estava amando outra pessoa? Ao pensar nisso, seu coração se descompassou. Teria sido ele? Teriam estado juntos no astral e combinado o casamento? Teria sido por amor?

Ele sempre se sentira atraído por Liana. Fizera grande esforço para banir esses pensamentos, porque não queria mais se envolver com ninguém por amor depois da experiência desastrosa que tivera com o casamento.

A ideia de se casar com Liana para ajudá-la teria sido sincera ou apenas um ardil que, inconscientemente, usara para enganar-se e mergulhar sem medo naquele casamento? Se fosse com outra pessoa, teria se casado?

Estava confuso. Não conseguia encontrar as respostas com clareza. Liana chamou-o para tomar o chá com biscoitos, e ele sentou-se à mesa, servindo-se em silêncio. Foi Liana quem falou:

— Não consigo esquecer o que ouvimos esta noite. Deu voltas em minha cabeça e parece que na sua também.

— Confesso-lhe que sim. Há muitas perguntas sem resposta circulando dentro de mim.

Ela pensou alguns instantes e depois respondeu:

— Comigo ocorreu o contrário. Encontrei respostas para muitas coisas que me aconteceram nesta vida.

— Quais, por exemplo?

— O porquê de Norberto ter se interessado por mim.

— Ele gostava de você e continua gostando. Mas e você? Por que o recusou lá e o amou aqui?

— Não sei. O fato é que saber tudo me deu calma. Pela primeira vez, comecei a pensar que meu amor por ele não passou de uma ilusão. Devo lhe confessar que, depois de nossa reconciliação, quando voltamos a frequentar a casa dele, Norberto me pareceu outra pessoa. Percebi atitudes e particularidades nele que antes não havia observado. Algumas vezes, cheguei a questionar meus sentimentos, percebendo claramente que ele não tinha nada para me atrair. Eu, contudo, me recusava a aceitar esse pensamento. Se não era amor, eu me entreguei a ele por atração física. Não quero, contudo, aceitar que posso ser venal.

— Muitas vezes, fiquei com receio de que, voltando a conviver com ele, ficasse mais difícil para você esquecê-lo. Se por um lado gostei que fizesse as pazes com sua família, por outro senti muito medo. Cheguei a desejar que as férias de Norberto acabassem e ele fosse embora.

Liana olhou-o nos olhos e tornou:

— Você sabe o quanto estou arrependida daquela fraqueza. Nunca mais quero passar por isso. Eulália e as crianças merecem respeito. Se eles soubessem a verdade, eu morreria de vergonha. Por haver fraquejado, quase enlouqueci. Minha consciência não suporta uma atitude como essa. Pode ter certeza de que estou imunizada definitivamente. Se fui capaz de resistir ao assédio de Norberto mesmo quando me julgava apaixonada, agora que percebi meu engano posso ficar a sós com ele em qualquer lugar sem que me sinta tentada a nada.

Alberto segurou a mão de Liana, apertou-a com força e perguntou:

— Tem certeza de que não o ama mais?

— Tenho. Essa noite, quando aquele espírito relatou que ele havia me procurado e que eu não o aceitei dizendo que amava outro, tudo ficou claro em minha cabeça. Sei que ele não é o homem da minha vida! Pode imaginar como me sinto feliz? O pensamento de que eu estava roubando o marido de Eulália me esmagava. Agora, contudo, estou livre. Eu o havia devolvido a ela antes e estou contente porque, mesmo sem me lembrar de nada, me recusei a fugir com ele e a aceitar seu amor. Tenho me sentido muito bem ultimamente. Nossas conversas, seu apoio, seu carinho, sua proteção devolveram-me a alegria de viver. A ajuda espiritual, o doutor Marcílio, os amigos têm sido uma bênção que nunca poderei pagar. E essa noite completou minha cura. Não me sinto mais culpada pelo que aconteceu com Norberto. Foi ocasional. Ele estava longe da esposa; eu, carente de afeto.

— Mas ele continua a amando.

— Não creio. Reparou como ele e Eulália conversam e estão sempre juntos?

— É verdade.

— Isso não acontecia antigamente. Penso que eles foram feitos um para o outro e estão descobrindo isso. O casamento deles foi um arranjo em que o amor ficou em segundo plano. Sinto que estão mudando.

— Pode ser. Desejo sinceramente que eles se entendam e se amem.

— Eu também.

***

No domingo, Eulália convidou-os para almoçar na mansão. Norberto iria embora no fim da tarde. As crianças estavam agitadas, e, assim que Alberto chegou com Liana, já os esperavam no jardim.

Foi Amelinha quem falou primeiro:

— Tenho uma novidade, tia...

— Língua comprida! Deixe que eu falo! — gritou Eurico, tentando empurrá-la para trás.

— Calma — pediu Liana. — Cada um fala por sua vez!

— Eu sou primeira!

— Nós vamos voltar a morar na cidade! — disse Eurico, eufórico.

— Está vendo, tia? Ele não tem educação mesmo. Nem me deixou falar.

— É verdade? — indagou Alberto.

— É — disse Amelinha rapidamente, antes que Eurico respondesse.

— E Nico também vai!

— Você tinha de falar, sua linguaruda!

— É verdade, Nico? Você vai para a cidade com eles?

— Vou, Liana. A dona Eulália foi pedir à minha mãe para eu ir morar com ela na cidade e estudar com o Eurico. Ela deixou.

— Que bom, Nico! — tornou Alberto, contente. — Já resolveu que carreira vai seguir?

— Ainda não sei, mas estou um pouco nervoso. A vida na cidade é diferente.

— É, mas é muito boa também — explicou Alberto. — Você vai gostar. Tenho certeza disso.

Depois do almoço, enquanto as crianças brincavam no jardim, eles foram tomar o café na sala de estar, e Eulália comentou:

— Nós vamos voltar a morar em São Paulo.

— As crianças já nos contaram as novidades — disse Liana.

— Norberto sente-se muito só; está com saudade da família. Falamos com o doutor Marcílio, que nos garantiu que Eurico já está forte o bastante para levar uma vida normal. Aliás, ele precisa ir à escola como os outros meninos.

— É verdade — disse o professor. — Ele é muito inteligente e aprenderá depressa. É só vocês não entrarem no jogo dele, e tudo irá bem.

— Esse eu conheço bem. Ele se aproveitava de sua debilidade física para nos chantagear. Conseguia, porque, naquele tempo, estava realmente doente, passava mal, mas agora está saudável. Acabou aquela anemia. Não conseguirá mais nada.

— Eurico é um bom menino. Basta valorizar suas qualidades reais e não dar importância às manifestações de seu mimo — garantiu Alberto.

— Não posso esquecer que foi você quem o ensinou a gostar de aprender. Você e Nico. Esse menino vale ouro — reconheceu Eulália.

— Se depender de mim, pretendo ajudá-lo a progredir na vida — interveio Norberto. — Reconheço muito a ajuda dele.

— Além de bondoso, tem inteligência acima dos meninos de sua idade. Várias vezes, me surpreendeu com suas palavras — tornou Alberto.

— A mãe dele é uma mulher maravilhosa — aventou Eulália. — Adora Nico. Ele sempre foi seu companheiro dedicado. O marido é um inútil, e nenhum de seus outros filhos é como Nico. É com ele que ela costuma conversar mais, contudo, quando pedi a ela que deixasse Nico se mudar conosco para São Paulo, ela concordou. Em seus olhos brilhava uma lágrima, mas ela garantiu que a felicidade dele e o futuro do filho estavam em primeiro lugar. Disse que ele gostava muito de nós e que tinha certeza de que Nico seria muito feliz em nossa casa.

296

— Comove o amor dessa mulher pela família. Enquanto o marido é um encostado, ela trabalha duro para mantê-los. Sem revolta, até com alegria, vai vivendo sua vida — declarou Norberto.

Eulália interveio:

— Não sei se vocês sabem, mas, quando ajustei Nico para fazer companhia a Eurico, ele trabalhava para ajudar a mãe. Fiz um trato com ele e dei-lhe um pequeno salário para que sua mãe não sentisse falta da ajuda que ele lhe dava. Era um valor insignificante, mas ele o aceitou com dignidade e só assim concordou em ficar aqui. Agora que ele irá conosco, Norberto resolveu mandar uma mesada a dona Ernestina, pois, assim, ela não precisará trabalhar tanto.

— Vou sentir falta de vocês, principalmente das crianças — disse Liana.

— Por que não voltam a morar em São Paulo? Gostaria muito de tê-los por perto — sugeriu Eulália.

Foi Alberto quem respondeu:

— Eu gosto daqui. Por enquanto, não pensamos em nos mudar.

— É verdade. Agora que estou melhor, sinto vontade de voltar a lecionar.

— Não desejo ser indelicada — tornou Eulália —, mas gostaria de perguntar uma coisa a você, Alberto.

— Pergunte-me o que quiser, Eulália.

— Quando você veio para cá, disseram-nos que você aceitou dar aulas para as crianças como um complemento de sua renda mensal. Desde que interrompemos essas aulas, esse dinheiro não lhe tem feito falta?

— Felizmente, não. Tenho trabalhado para revistas e jornais, que me pagam pelos artigos.

— Não seria melhor você voltar a trabalhar em São Paulo? — indagou Norberto. — Tenho certeza de que ganharia muito mais.

— Mas gastaria muito mais.

— Pretende se enterrar aqui para sempre? — perguntou Eulália.

— Gosto deste lugar. Pode ser que amanhã eu mude de ideia, mas, no momento, a calma, a simplicidade, a paz daqui têm sido inspiradoras. Sinto que estou mais perto de mim mesmo e de meus sentimentos.

— E você, Liana, o que diz? — perguntou Eulália.

— Também gosto daqui. Estou me recuperando, e essa calma também tem me ajudado a recolocar a cabeça no lugar.

Era noite, quando eles se despediram. No trajeto de volta, Alberto não se conteve e perguntou:

— Você gosta mesmo de ficar morando aqui? Agora que a crise passou, não deseja ir viver na cidade, retomar o fio de sua vida normal?

— Não sei se estou pronta para retomar alguma coisa em minha vida. Tenho sentido vontade de voltar a lecionar, de me ocupar. Sempre fui pessoa ativa e, além disso, estou sendo um peso para você. Além de me ajudar, tem pagado todas as despesas da casa. Não é justo.

— Se é por isso que deseja retomar as aulas, não precisa. O que ganho dá e sobra para nossas despesas.

— Não é só por isso. Você tem sido bom demais. Não quero abusar. Além disso, estava habituada a ter meu próprio dinheiro e a pagar minhas despesas. Já fez muito por mim. Nunca poderei pagar o bem que me fez.

Alberto calou-se.

Chegaram em casa. Ele apanhou um livro e sentou-se no escritório para ler, porém, nem sequer o abriu. Permaneceu em silêncio até que Liana o procurou:

— Você quer alguma coisa? Um chá ou um café?

— Não, obrigado.

— Já vou dormir. Boa noite.

Ele olhou-a sério e depois disse:

— Talvez esteja na hora de conversarmos sobre nossas vidas.

— O que quer dizer?

— Combinamos que, quando tudo estivesse resolvido, nós nos separaríamos.

Ela estremeceu ligeiramente:

— Acha que já está na hora?

— Não sei. Fiquei pensando nas palavras que você disse há pouco. Não desejo que se sinta tolhida em sua liberdade. Se deseja voltar a São Paulo, recomeçar a vida de outra forma, lecionar, não se prenda por nada. Esse foi nosso trato. Quando quiser romper comigo, basta falar. É justo que deseje cuidar de seus interesses.

— Não estou me sentindo presa aqui. Ao contrário. Ao seu lado, tenho me sentido livre como nunca fui. Antes, eu vivia sob os olhos de Eulália, que é muito boa, mas, desde que nossa mãe morreu, assumiu que deveria cuidar de mim e tomou conta de minha vida. Depois, vivi esmagada pelo peso da culpa. Você me ensinou a perceber melhor as coisas. Respeitou-me e deu-me toda a liberdade.

— Se é assim, está bem. Foi de coração quando resolvi cooperar com você. Só não quero que se sinta no dever de ficar ao meu lado por gratidão. Quero deixar claro que, quando desejar ir embora, é só falar.

— Talvez esteja na hora de eu ir mesmo. Acho que já lhe dei trabalho demais. Você tem o direito de viver sua vida sem se ocupar com meus problemas. Vou pensar e resolver o que fazer.

— Acho que não entendeu. Gosto de sua companhia. Tenho prazer na ideia de que fique aqui para sempre. Estou pensando apenas em você. Desejo que se sinta livre para escolher seu futuro. Agora você pode.

— Vou pensar. Boa noite.

— Boa noite.

Alberto sentiu um aperto no coração, mas controlou-se. Por que tocara naquele assunto? E se ela resolvesse partir?

Percebeu que não queria que ela se fosse. O que faria de sua vida quando ela o deixasse? Estava acostumado ao sorriso de Liana pela manhã, ao seu olhar confiante e carinhoso, às conversas inteligentes no aconchego da sala de leitura, onde trocavam ideias a respeito da vida e de tudo.

Reconhecia que sua presença trouxera encanto nas pequeninas coisas, dera-lhe motivação para ornamentar o jardim, a casa, a olhar a vida de forma mais otimista, interessar-se pela própria aparência. Quando saía, desejava voltar logo para casa para sentar-se ao lado da moça, naqueles momentos de intimidade na cozinha, tomando chá e conversando.

Percebeu que uma lágrima caía e deixou-a fluir. Liana tornara-se indispensável em sua vida. Ela era a mulher que sempre desejara ter ao seu lado. Lembrou-se com clareza da força que precisava fazer para controlar o desejo de abraçá-la, de beijar-lhe os lábios, de se entregar àquele amor que descobria agora em toda a sua plenitude.

Ele amava Liana! Sempre a amou. Desde o dia em que a viu pela primeira vez, a amou. Como pôde ser tão cego? Como pôde confundir o amor com uma simples atração física e banal?

Ele não podia demonstrar o que sentia. Ela era muito bondosa. Estava frágil e sensibilizada pelas emoções que passara. Se lhe contasse a verdade, ela o aceitaria por gratidão.

Ficou ali, pensando. Se ela o amasse, seria a glória, contudo, nunca notara nela nenhum traço desse sentimento. Ele era apenas o amigo que a ajudara em um momento difícil. Por isso decidiu: ela nunca saberia de seus verdadeiros sentimentos.

Ouviu o ruído de alguns trovões, e a chuva despencou lá fora com força, lavando a poeira dos telhados e das ruas. Ele deixou também que as lágrimas lavassem sua alma naquele momento de descoberta e de amor.

CAPÍTULO 21

Liana entrou em casa satisfeita procurando Alberto. Ele estava no escritório trabalhando em um artigo para o jornal. Vendo-o, ela foi logo dizendo:

— Começo a trabalhar na segunda-feira. Consegui.

— Como você queria?

— Isso. Ficarei como substituta por pouco tempo e logo reassumirei a cadeira.

Ele fixou-a sério e perguntou:

— Tem certeza de que prefere lecionar em Ribeirão Preto? Se desejar, pode pedir transferência para São Paulo.

Ela aproximou-se de Alberto e sustentou o olhar:

— Você quer que eu faça isso? Ultimamente, tem sugerido que eu me mude para lá. Tenho impressão de que deseja retomar sua privacidade. Se for assim, pode dizer que irei embora.

Alberto levantou-se e colocou a mão no braço dela sem desviar os olhos:

— Ao contrário. Se for embora, sentirei muito sua falta, contudo, não se trata de mim. Às vezes, penso que você fica aqui comigo por gratidão. Notou que gosto de sua companhia, quer cuidar de sua vida, mas fica só para me agradar.

— Você está enganado. Sou grata a você, sim, mas, se desejasse ir, já teria ido embora. Você me ensinou a viver. Ao seu lado encontrei carinho, respeito, dedicação. Não penso em ir embora, não. Para onde iria? — Os olhos dela encheram-se de lágrimas, e ela continuou com voz trêmula: — Não consigo imaginar minha vida sem você. Pode parecer egoísmo, mas esta casa, nossas conversas, as sessões na casa do doutor Marcílio

301

tornaram-se indispensáveis para mim. Gosto de ficar cuidando de minhas coisas sabendo que você está aqui, trabalhando, e que, a qualquer momento, me chamará para trocar ideias, contar-me alguma coisa boa ou para tomarmos um café juntos...

Ela parou, tentando conter as lágrimas. Alberto olhava-a sustentando a respiração, descobrindo não só em suas palavras, mas na emoção que percebia em seus olhos que seu amor tinha chance de ser correspondido.

Alberto abraçou-a, apertando-a de encontro ao peito, sentindo seu coração bater mais forte. Procurou seus lábios e beijou-a, extravasando toda a emoção de seu amor reprimido.

Sentindo que ela correspondia, ele beijou-a repetidas vezes.

— Eu amo você, Liana! Muito, muito!

Ela apertou-a com força e disse baixinho:

— Quanto desejei este momento! Se estiver sonhando, não quero acordar!

Beijaram-se muitas vezes, e Alberto puxou-a para o sofá:

— Diga que também me ama! Que deseja viver para sempre a meu lado!

— Amo! Amo! Amo! Tanto que estava difícil ficar perto de você sem tocá-lo.

— Quando descobriu que gostava de mim?

— Logo depois que Norberto se libertou do espírito do coronel Firmino, comecei a notar que, quando você estava ausente, eu ficava ansiosa esperando sua volta. Quando você ficava muito próximo ou me tocava de alguma forma, minhas pernas tremiam, meu coração acelerava, e eu queria ficar mais perto. Imaginava como seriam seus beijos e estremecia só em pensar nisso. E você? Desde quando soube que me amava?

— Senti-me atraído por você desde que a vi, mas julgava que fosse apenas uma atração física. Você é bonita, inteligente, agradável. Lutei muito para vencer essa atração. Você amava outro homem, e eu não queria misturar as coisas. Você estava muito machucada, e eu não queria me aproveitar de suas fraquezas.

— Nunca notei seu interesse. Só amizade.

— Fiz tudo para que fosse assim. Depois da mudança de Norberto, quando ele reassumiu a família, seu problema foi resolvido. Ele nunca mais a incomodaria, e Eulália nunca desconfiaria de nada. Havíamos alcançado nossos objetivos, e você não precisaria mais ficar comigo e estava livre para ir embora. Foi então que descobri que a amava de verdade. Talvez a tenha amado desde o primeiro dia. Se olhar bem no fundo do meu coração, talvez possa até lhe dizer que, por trás de minha proposta de casamento, já havia a esperança de um dia conquistar seu amor. Só não confessava isso nem a mim mesmo.

— Eu quero falar de meus sentimentos.

— Há uma pergunta que sempre tive medo de lhe fazer. Você ainda sente alguma coisa por Norberto?

Ela sacudiu a cabeça negativamente:

— Não. O que eu sentia por ele não era amor; era mera atração. Ficamos os dois sozinhos na mesma casa durante algum tempo. Ele longe da esposa, e eu sonhando com um amor, querendo descobrir a vida. Não estou querendo justificar minhas fraquezas. Eu errei e paguei um preço alto por meus erros. Hoje, contudo, já posso compreender como nos deixamos levar por um jogo perigoso e traiçoeiro. Envolvemo-nos em uma paixão que nos tornou infelizes enquanto durou.

— Aconteceu o mesmo comigo e Eugênia. Só que éramos livres e me casei com ela para me arrepender em seguida. Foi paixão, e a paixão provoca sofrimento enquanto dura.

— Senti-me aliviada quando percebi que Norberto havia mudado. Não me olhava mais com aquele fogo de antes, mas até com certa reserva, como querendo me dizer que não sentia mais por mim nenhuma atração, que eu podia ficar em paz porque ele não iria mais me perturbar.

— Notei isso também. Tanto que às vezes me pergunto até que ponto o que houve entre vocês dois teria sido provocado pelo espírito do coronel Firmino.

— Você acha possível?

— Não quero com isso tirar a responsabilidade que lhes cabe nos fatos. Claro que poderiam não ter se deixado envolver pelas energias dele, mas, sabendo que Norberto havia se interessado por você em outra vida, o coronel Firmino pode tê-lo envolvido para conseguir seus propósitos. Quando ele finalmente foi afastado, Norberto voltou ao normal e desejou dedicar-se à sua família.

— Você pode estar certo. Norberto mudou completamente depois que o coronel foi afastado. Voltou a ser como era, quando se casou com Eulália. Pelo menos da parte dela, não foi por amor, mas agora acho que ela aprendeu a gostar dele.

— Apesar do que houve, não há como negar que ele tem muitas qualidades.

— Uma família! Vê-los bem é meu maior desejo.

— Agora falemos de nós. Preciso saber o que você pensa, se quer ser minha esposa de verdade e ficar comigo pelo resto da vida.

Liana passou as mãos ao redor do pescoço de Alberto e beijou-o nos lábios com amor. Depois disse:

— Quero ficar com você para sempre, seja onde for.

Emocionado, Alberto apertou-a de encontro ao peito e beijou-a nos lábios. Depois, levantou-se, tomou-a nos braços e levou-a para o quarto de casal, onde ela dormiu sozinha durante todos os meses de casamento.

Alberto deitou-a sobre a cama e disse emocionado:

— Hoje é o dia mais feliz de minha vida!

Ela puxou-o para si, e os dois esqueceram-se de tudo o mais, entregando-se completamente aos sentimentos que os uniam, assustados diante da profundidade e do volume das emoções que nunca haviam experimentado antes, percebendo a importância daquele amor em suas vidas.

As semanas que se seguiram foram de encantamento. Estavam felizes e radiosos. O doutor Marcílio notou a mudança, e, quando eles lhe contaram o que acontecera, comentou:

— Eu sabia que vocês se amavam. Vocês foram feitos um para o outro. Serão muito felizes.

**

Fazia apenas um mês que Eulália retornara com a família para São Paulo e mandava notícias regularmente.

Apesar de as crianças estarem no segundo semestre, Eulália conseguira matriculá-las em um bom colégio, e elas estavam acompanhando bem as aulas.

Tudo para eles era novidade. Principalmente para Nico, sempre entusiasmado com tudo o que via. Sua inteligência, alegria, disposição, boa vontade encantavam professores e até colegas. Claro que havia os que o invejavam e tentavam aproveitar-se dele, percebendo tratar-se de um menino do interior que nunca estivera em uma grande cidade. Mas, apesar de encantado com as novidades, Nico era muito arguto, tinha bom senso, não se deixava enganar e acabava levando a melhor.

Os três eram inseparáveis. Eurico não fazia nada sem ele e às vezes ficava com ciúme dos colegas, que, atraídos por seu carisma, estavam sempre à sua volta convidando-o para jogos ou brincadeiras.

Nico, no entanto, não dava importância ao mau humor de Eurico nesses momentos. Ao contrário, conversava com ele, fazia-o participar também, colocar para fora suas ideias e ficava feliz quando ele conseguia mostrar-se inteligente e criativo.

Eulália sentia-se realizada. Finalmente, seu filho estava levando uma vida normal. À noite, depois que as crianças se recolhiam, Eulália ficava conversando com Norberto.

Falavam dos filhos, dos livros espiritualistas que estavam lendo, comentavam o que lhes acontecera, e Norberto surpreendia-se com a lucidez da esposa. Ela tinha ideias práticas, objetivas e claras. Reconhecendo isso, ele, aos poucos, começou a conversar com ela sobre seus negócios.

Obteve dela colaboração eficiente, e isso deixou-o orgulhoso e agradecido. Nesses momentos, arrependia-se amargamente do que fizera. Tendo a seu lado uma mulher tão maravilhosa como Eulália, por que se deixara iludir e envolver-se naquela paixão terrível?

Nesses momentos, olhando-a tão segura, confiante, companheira e fiel ao seu lado, sentia um remorso terrível. Prometia a si mesmo que nunca mais a trairia.

Uma noite em que ele estava pensando no assunto, Eulália aproximou-se e disse:

— Há momentos em que me pergunto para onde vai seu pensamento. Você fica tão distante!

— Impressão sua.

— Agora que temos conversado mais, posso lhe dizer que muitas vezes cheguei a pensar que você tivesse se arrependido de haver se casado comigo.

Ele olhou-a admirado. Durante todos aqueles anos de casamento, Eulália nunca levara a conversa para o lado pessoal. Teria percebido alguma coisa?

— Por que diz isso? Sempre fui dedicado a você e à família.

— Não estou me queixando de nada. Mudemos de assunto.

— Não. Sinto que precisamos conversar sobre nossos sentimentos. Nunca falamos sobre eles.

— É difícil para mim.

— Posso compreender. Você foi educada de maneira antiquada e muito rígida. Notando isso, nunca toquei no assunto.

— Nem sei por que comecei a falar de nós. Você tem sido um marido muito dedicado, e não quero que pense que estou insatisfeita com alguma coisa. O único problema que tínhamos era a saúde de Eurico, e, graças a Deus, nós o vencemos. Ele está bem.

Norberto aproximou-se de Eulália, segurou sua mão e disse:

— Embora você nunca me tenha dito, sei que se casou comigo sem amor, apenas para obedecer a seus pais.

— É. De fato. Eu era muito nova, tinha a cabeça cheia de ilusões, fazia do amor alguma coisa distante. Não pode considerar isso. Eu não

305

sabia o que queria. Penso que meus pais sabiam o que era melhor e fizeram a escolha certa.

— Eu preferia que tivesse sido diferente.

— Diferente como?

— Que você tivesse me amado desde o princípio e houvesse se casado comigo por amor, conforme seus pais me disseram.

— Por quê? Eu não o conhecia como agora. Não podia amá-lo. Era tímida, e minha mãe nunca havia falado comigo sobre o amor, a não ser de maneira superficial durante nosso noivado.

— Alguma vez gostou de alguém, antes de me conhecer?

Eulália corou um pouco, mas sustentou o olhar.

— Não, mas, desde que minha mãe falou comigo sobre como deveria ser uma boa esposa, tenho me esforçado para não decepcioná-lo. Do jeito que fala, você dá a entender que esperava mais... — calou-se, um pouco embaraçada.

— Não nego que tinha minhas ilusões. Sonhava em ser amado com paixão. Sabe como é... fantasias da mocidade.

— Eu não sabia.

— Você não me amava mesmo. Percebi logo no início de nosso casamento.

— Sempre o tratei com carinho e atenção.

— Eu sei, mas faltava o fogo do amor.

Eulália olhava-o surpresa. Na educação rígida que recebera, sua mãe sempre dizia que a paixão carnal era pecado. Que a mulher precisava preservar sua pureza mesmo no casamento para ser digna da família e dos filhos.

Eulália nunca se permitira qualquer gesto que pudesse revelar seus desejos de contato e relacionamento sexual. Nunca tivera qualquer iniciativa nesse sentido. Esperava que o marido a procurasse e entregava-se a ele preocupada em fazê-lo sentir-se satisfeito e feliz.

— Esperava isso de mim?

— No início. Mas não era do seu temperamento.

— Sempre pensei que estivesse sendo uma boa esposa...

— E é. Nem sei por que estou falando isso. Você tem sido uma excelente mãe, boa esposa e companheira. Talvez melhor do que eu mereça. Estou feliz com a família que construímos.

Eulália não respondeu, mas, a partir daquele dia, não pôde esquecer aquelas palavras. Ela sentia que Norberto estava mudado. De vez em quando, percebia em seus olhos um brilho emotivo diferente do habitual e pensava: "Se ela não fora a mulher que ele desejava, ficara decepcionado.

Como seria a mulher que ele idealizara? O que ele esperava de uma mulher que o amasse?".

Ela, contudo, sentia que amava o marido e o quanto ele era importante em sua vida. Mas seria amor mesmo ou apenas convivência, hábito, apoio?

Eulália, que nunca questionara antes seus sentimentos, que sempre aceitara resignada o que a vida lhe dera, começou a prestar atenção às suas emoções, tentando entender o que o marido dissera.

Tinha vontade de conversar com alguém que pudesse ajudá-la a esclarecer seus sentimentos, contudo, não tinha coragem de abrir-se.

Antes do Natal, decidiram passar férias na mansão. Estavam satisfeitos, porquanto as crianças finalmente haviam conseguido completar o quarto ano primário e preparavam-se para o ginásio.

Foi com alegria que se prepararam para as férias. Liana, que, durante esse tempo, supervisionara os trabalhos dos caseiros da mansão, sentiu-se feliz com a vinda da família.

Foi com alegria que avisou a mãe de Nico da vinda do menino e cuidou de tudo para que eles fossem recebidos com carinho.

No dia da chegada, Liana mandou preparar um bom jantar na mansão e colocou arranjos de flores pela casa. Desde cedo, ela e Alberto haviam ido lá cuidar dos preparativos.

Quando os dois carros chegaram com a família, os criados e as malas, eles estavam na porta esperando.

Abraçaram-se contentes. As crianças falavam sem parar, querendo saber como estava tudo, fazendo tanto ruído que Eulália lhes pediu que saíssem e fossem conferir pessoalmente o jardim, os passarinhos, as plantas.

Liana acompanhou Eulália até o quarto, onde as malas já estavam, e, uma vez lá, cobriu a irmã de perguntas sobre a escola e as crianças.

Eulália contava feliz os progressos dos filhos, dizendo que sua melhor decisão fora colocar Nico ao lado deles. A certa altura, ela perguntou:

— E você, como vai? Estou vendo que está muito bem de saúde.

— É verdade. Estou feliz.

— Olhando para você, posso perceber. Há uma luz em seus olhos que eu gostaria muito de ter.

— Noto que há uma ponta de tristeza em sua voz. O que foi, não se sente feliz?

— Reclamar seria até pecado. Tudo está bem em nossa vida agora.

— Então o que é?

Eulália hesitou um pouco e depois respondeu:

— Ultimamente, venho questionando muito meus sentimentos. Sinto-me angustiada, insegura.

— Você? Sempre foi uma pessoa prática, que sabe o que quer, Eulália.

— Não é bem assim. Sou ignorante em questões de amor. — Seu rosto cobriu-se de rubor, e ela continuou: — Viu? Só em falar disso fico encabulada. Não sei mais o que é certo e o que é errado. Não tenho sido para Norberto a esposa que ele esperava.

Liana sobressaltou-se, segurou a mão da irmã e disse:

— De onde tirou essa ideia? Você é uma mulher maravilhosa.

— Norberto deu a entender que ficou decepcionado comigo, porque eu não o amava como ele desejava.

— Ele não pode dizer isso... Você tem se dedicado exclusivamente a ele. Está sendo injusto.

— Ele não reclamou, e foi isso que mais me impressionou. Ele se conformou em viver com uma mulher que não tem, como ele disse, "o fogo do amor" que ele desejava quando se casou.

— Norberto disse que você é uma mulher fria? É isso que ele pensa?

— Não disse assim, mas deixou transparecer.

— Pois eu penso o contrário. Você era uma menina tímida e inexperiente quando se casou. Ele é quem precisava saber despertar esse fogo de amor que desejava.

Eulália meneou a cabeça negativamente:

— Não sei o que dizer. Ele pode estar certo. Venho tentando descobrir se um dia seria capaz de amá-lo da forma como ele gostaria.

— É difícil querer ser como os outros desejam.

— Nesse assunto me sinto perdida. Eu mesma não sei como sou.

— Ninguém pode saber isso, se não experimentar.

— Fica difícil. Não teria coragem para tentar uma experiência dessas.

— Por quê não?

— Teria vergonha. Ele pode pensar que sou uma mulher vulgar.

— Você é ingênua, Eulália. Além de tudo, preconceituosa. Norberto é seu marido. Entre vocês o amor deve ser livre. Não tenha vergonha de mostrar seus sentimentos.

— A vida inteira não me permiti sentir. Quando ele me beija, fico tentando não desagradá-lo. Nunca digo o que sinto.

— Quando ele não a procura, nunca sentiu vontade de fazer amor?

— Bem, já. Mas controlo. Não fica bem a uma mulher procurar. O papel da mulher é ser passiva.

Liana olhou admirada para a irmã e pensou: "Se Eulália houvesse sido diferente, o incidente entre Norberto e ela teria acontecido?".

308

— Você está enganada, Eulália. O amor não existe de um lado só. É uma parceria em que os dois se descobrem e trocam experiências.

— Não sei se saberia amar dessa forma.

Liana sorriu:

— Você está longe de ser uma mulher fria. Antigamente, eu pensava que você fosse equilibrada, controlada, mas descobri que é uma mulher forte, cheia de vida e de vontade. Dentro de você há uma fogueira que já começa a arder. Quando ela emergir, não poderá segurar.

— Não diga isso. Não quero fazer nada errado.

— A única coisa errada no amor é tentar impedir sua manifestação.

— Não sei como fazer isso sem ir contra meus princípios.

— É hora de entender seus sentimentos, não de agarrar-se a princípios e regras que a educação errada colocou em sua cabeça.

Eulália baixou os olhos pensativa, e Liana continuou:

— O mais importante é saber se você ama Norberto.

— Claro que amo. Não poderia viver sem ele.

— Estou falando de amor, não de companheirismo ou de convivência. Precisa observar o que você sente quando ele a toca, que emoções surgem quando ele a acaricia. Não dar ouvidos aos pensamentos que passam por sua cabeça, mas ao que seu coração está sentindo, o que seu corpo quer nessa hora. Se fizer isso, saberá diferenciar amor de amizade. É isso que precisa descobrir.

— E se for só amizade, e se eu não for capaz de amá-lo?

— Por que se precipita? Não pense em nada. Experimente apenas. Sinta. Observe.

— É. Talvez possa fazer isso. Ele nem notará.

Liana sorriu ao responder:

— Vamos ver o que acontece. Experiência é experiência. Não deixe que a cabeça interfira. Nessa hora, deixe-se apenas sentir e abra mão de qualquer controle. Permita-se fazer apenas o que sente.

— Não me parece tão fácil como você diz. Às vezes, percebo que estou dividida em duas. Sempre que estou fazendo alguma coisa, tomando alguma atitude, há um lado meu observando, criticando, julgando e dando opinião. Mamãe costumava me dizer que em tudo precisávamos ter discernimento. Analisar para evitar erros.

— Eu me lembro. Ela dizia que os olhos de Deus estavam sempre nos observando, conhecendo nossos pensamentos mais íntimos. Durante anos, me senti como você, dividida entre o certo e o errado, entre o bem e o mal, entre a crítica e a aprovação.

— Então, pode entender como me sinto.

— Entendo e sei que essa maneira de pensar impede nosso progresso como pessoa, apaga nossa luz natural, anula a ousadia, a criatividade, e nos transforma em pobres prisioneiros de nosso próprio juiz. Um juiz severo que, a pretexto de evitar erros e sofrimentos futuros, nos deixa parados no tempo, fracos e sem coragem de viver.

— Você me assusta.

— Mas é verdade. Eu era assim como você, mas mudei. Alberto abriu-me os olhos, por isso me maravilhei quando li seus livros. Eles me libertaram dessa prisão. A vida é muito diferente dos acanhados e limitantes conceitos que nos ensinaram na infância.

— É, você mudou! Seus olhos brilham, e vêm de você uma alegria gostosa e uma calma que me encantam. Sua mudança foi como um milagre. Você renasceu!

— Sou feliz. A felicidade é uma bênção. Sei que você também pode transformar sua vida para melhor. Dá para notar que, apesar de ser mais velha que eu, ser mãe e haver experimentado coisas que nunca experimentei, você continua presa às regras aprendidas e desconhece sua verdadeira natureza e o manancial de forças que estão adormecidas dentro de você.

— Gostaria muito de começar a aprender. Acha que posso?

— Claro. Vou emprestar-lhe um dos livros de Alberto. Fará a você o mesmo bem que me fez e lhe mostrará com clareza tudo o que já pode saber sobre si mesma.

— Lerei com atenção.

— Não basta ler com atenção. É preciso questionar os conceitos, experimentar. Você se surpreenderá com os resultados.

Enquanto elas conversavam no quarto, Norberto já havia descido e estava na sala com Alberto. Apesar de haver mantido contato a distância, era a primeira vez que se encontravam depois que eles haviam se mudado para a capital.

Agora, depois do tempo decorrido, Norberto sentia-se um pouco tenso em ter de enfrentar novamente o antigo problema que tanto o perturbara.

Bastou um olhar para perceber o quanto Liana mudara. Ela estava radiante. Não teve mais dúvida de que ela encontrara o amor.

Enquanto esperavam, ele e Alberto conversaram sobre outros assuntos, mas nenhum dos dois conseguia deixar de pensar no passado.

Apesar da tensão, uma coisa estava clara para Norberto. Ele sentia-se aliviado com o rumo que os acontecimentos haviam tomado. A única coisa que ainda o incomodava era o receio de voltar a sentir atração pela cunhada e o ciúme que tanto o perturbara. Estava inseguro, com medo da própria reação.

Elas desceram sorridentes e alegres, e a conversa fluiu com naturalidade. As crianças estavam entusiasmadas, e o jantar transcorreu agradável. Eles foram para a sala tomar café, e as crianças subiram para o quarto.

Passava das dez quando Liana e Alberto se despediram. Depois que eles saíram, Eulália ficou pensativa.

— O que foi? — indagou Norberto.

— Estava pensando em Liana. Estou contente com a melhora dela.

— De fato. Ela voltou a ser como antigamente.

— Está melhor do que antes, muito melhor. Irradia felicidade.

Norberto sorriu bem-disposto ao perceber que a felicidade de Liana e Alberto não o incomodava. Ao contrário, dava-lhe uma sensação de alívio, de liberdade. Um pensamento de euforia passou em sua mente. Estaria curado daquela paixão insana? Teria vencido para sempre aquela fraqueza?

Ainda era cedo para dizer, mas ele começava a acreditar que conseguira. Disse apenas:

— Alberto era o marido certo para ela.

— Tem razão. Lamento ter demorado a descobrir isso.

— Cada pessoa tem o direito de decidir e escolher o próprio caminho. Nosso erro foi querer decidir por ela.

— Fui criada assim. Achava que os mais velhos tinham mais experiência e por isso podiam intervir para ajudar a felicidade dos filhos. Como mais velha, habituei-me a ver Liana como uma filha. Hoje, percebi o quanto estava errada.

— Por que hoje?

— Porque, conversando com ela, aprendi algumas coisas. Ela está mais amadurecida, mais segura de si mesma. Gostaria de ter a mesma clareza de ideias que ela tem.

— Não diga isso, Eulália. Você é uma mulher inteligente, lúcida, prática, segura e até tem me ajudado nos negócios.

Ela levantou para ele os olhos, que tinham um brilho diferente quando respondeu:

— Falar, elaborar teorias e ideias nunca foi difícil, mas, olhar para dentro de mim e me situar, saber como sou de verdade, nunca me pareceu tão difícil.

— Tenho notado que você tem mudado, e eu também mudei. O tempo passa, e nós amadurecemos. Houve um tempo em que eu também não sabia analisar meus sentimentos, contudo, esse tempo passou. Agora, já me conheço melhor e sei o que desejo da vida.

— Claro que desejo a felicidade de nossa família, mas eu, pessoa, às vezes me sinto incapaz de escolher pequenas coisas. De sentir prazer com elas ou de não gostar e dizer não. Parece uma coisa boba, difícil de explicar, mas que ultimamente vem me incomodando. Tenho a sensação de que a vida está passando e estou perdendo alguma coisa importante.

— Já me senti assim. Parece que a sensibilidade desaparece. É como se fôssemos um boneco sem sentimentos passando pela vida e obedecendo às regras estabelecidas.

Ela levantou-se:

— Vamos subir. Quero ver se as crianças já se deitaram. Se deixar, eles ficam conversando até tarde.

Norberto aproximou-se dela e passou o braço sobre seus ombros com naturalidade. Ele não tinha o hábito de abraçá-la dessa forma. Eulália estremeceu.

Foram subindo as escadas abraçados e conversando. Ela sentia a proximidade, e o calor que vinha dele acelerava as batidas de seu coração. Teve medo. Sentiu vontade de esquivar-se, porém, lembrou-se das palavras de Liana e controlou-se.

Parou no quarto de Eurico e, conforme previra, os três estavam juntos na mesma cama conversando animadamente.

— Está na hora de dormir. Vamos. Amanhã vocês terão todo o tempo livre para brincar.

A custo conseguiu que obedecessem. Quando viu cada um em seu quarto, foi ter com Norberto. A sensação de momentos antes a perturbava. E se ele a abraçasse de novo, o que faria?

Ele já vestira o pijama e preparava-se para deitar. Silenciosamente, Eulália procurou sua camisola e foi ao banheiro para se trocar. Ela nunca tirava a roupa na frente do marido. Quando voltou, ele já se deitara. Ela deitou-se e, vendo que ele não apagava a luz do abajur, perguntou:

— O que foi? Está sem sono?

— Estou pensando no que conversamos. Você tem razão.

— Em quê?

— Na dificuldade de discernir nossas emoções. É que elas muitas vezes fogem completamente do que esperávamos.

— Me explique melhor.

— Nós formamos opinião dizendo que, diante deste ou daquele fato, faríamos isto ou aquilo. Aí acontece alguma coisa, e agimos muito diferente do que havíamos pensado. Quando acontece, dá para notar o quanto ignoramos coisas a nosso respeito.

Eulália suspirou conformada:

— Ainda bem que não sou apenas eu que se sente assim. Liana vai me emprestar um livro de Alberto. Disse que ele é especialista em comportamento e que ela aprendeu muito com ele.

— O que não me surpreende. Lembra-se de como ele conseguiu que as crianças tomassem gosto pelos estudos? Acho que vou ler também. Vamos dormir. Boa noite.

— Boa noite — respondeu ela, satisfeita com o que ele dissera.

Norberto apagou a luz e acomodou-se virando de lado para dormir. Eulália, sentindo o calor que vinha do corpo dele, teve vontade de encostar-se, de abraçá-lo, mas não se moveu. Ficou ali, do lado, sentindo esse desejo, lutando para conter-se até que, cansada, virou-se para o outro lado e conseguiu finalmente adormecer.

CAPÍTULO 22

Eulália queria que Liana e Alberto fossem almoçar todos os dias com eles para passarem o maior tempo possível juntos. Eles aceitaram ir no dia seguinte e no domingo, quando teriam também a companhia do doutor Marcílio e de Adélia.

No domingo, Norberto acordou alegre, bem-disposto, interessando-se até pelas brincadeiras das crianças e entretendo-se com eles como nunca fizera. Apesar de ser um pai responsável e dedicado, era habitualmente formal com os filhos.

Fora criado com disciplina. Na casa de seus pais, as crianças não podiam conversar durante as refeições e ninguém lhes dirigia a palavra, a não ser o mínimo indispensável.

Seu pai chamava isso de respeito. Para ele, criança não tinha querer nem opinião. Qualquer manifestação de vontade era considerada rebeldia, por isso, a figura do pai para Norberto era sisuda, séria e disciplinar. Jamais participava das brincadeiras com os filhos, conversava pouco com eles e deixava para Eulália participar mais da vida das crianças. Essa era a parte da mulher. Ela podia transigir algumas vezes, mas ele não. Tinha de manter o respeito e a disciplina em família.

Eulália, vendo-o conversar animadamente com Alberto e as crianças no caramanchão e interessando-se pela opinião delas, trocando ideias, participando, surpreendeu-se muito e comentou com Liana:

— Norberto está mudado. Veja como ele conversa com as crianças. Está até brincando com elas.

— É que a alegria deles é contagiante. Alberto adora entreter-se com eles. Norberto está descobrindo esse prazer.

— Sabe que é verdade? Às vezes, eles também me surpreendem. Falam cada coisa... Bem, com Nico não estranho. Esse menino sempre foi assim: inteligente, criativo, mas Eurico você nem imagina. Está cada dia mais surpreendente.

— Eurico está bem agora e começando a revelar sua verdadeira personalidade. Vocês ainda se orgulharão dele. Alberto sempre diz isso.

Um brilho de prazer passou pelos olhos de Eulália:

— Eurico está curado. Esse foi o maior presente que a vida me deu.

O médico chegou com a esposa, e eles receberam-nos com alegria. A conversa fluiu agradável. Depois do almoço, foram conversar no caramanchão. Uma brisa fresca soprava, apesar do sol de verão. As crianças brincavam do lado de fora.

De repente, Liana levantou-se e foi até a entrada do caramanchão. Alberto notou que ela empalidecera e, imediatamente, foi ter com ela. Indagou:

— O que foi? Não se sente bem?

— Fiquei tonta e pensei que fosse desmaiar.

— Doutor Marcílio, Liana não está bem...

O médico levantou-se e tomou-lhe o pulso.

— Está passando. Acho que foi o calor... — disse ela.

— Você está pálida — tornou Eulália, preocupada.

— Vamos entrar — propôs o médico. — Quero examiná-la.

As crianças haviam se aproximado, e Eurico disse assustado:

— Ele voltou! A alma do coronel voltou! É ele quem está ao lado dela!

Eulália empalideceu, e Norberto sobressaltou-se. Liana olhou para o médico aterrorizada.

— Calma — pediu ele. — Não há o que temer. Vamos lá para dentro.

Uma vez na sala, Marcílio examinou Liana cuidadosamente e disse:

— Ela não tem nada. Está tudo bem.

— Mas e o coronel? — indagou Eulália, inquieta.

— Acalme-se. Ele não pode nos fazer mal. Chame as crianças, por favor.

Os três estavam do lado de fora da porta tentando ouvir o que se passava lá dentro. Eurico dizia:

— Eu vi. Era ele de novo! O que faremos agora?

— Calma, Eurico. Ele não nos fará nada. Calma.

Assim que Alberto abriu a porta, eles entraram. Dirigindo-se a Eurico, Marcílio perguntou:

— Você viu o coronel Firmino?

— Vi, doutor. Ele ainda está aí, ao lado dela.

— Vamos descobrir o que o coronel deseja. Enquanto conversamos com ele, procurem nos ajudar fazendo uma oração.

Vendo que eles fechavam os olhos e rezavam, Marcílio disse:

— Coronel Firmino, por que você voltou?

— Ele está triste — disse Eurico. — Acho até que está com medo.

— Ele está diferente do que era?

— Sim. Não me olha mais com raiva. Parece pedir alguma coisa.

— Estamos aqui, coronel Firmino. Pode falar. Por que voltou?

— Ele disse que foi para pedir perdão. Está arrependido de tudo o que fez e precisa muito do perdão de tia Liana.

— Se ela o perdoar, ele irá embora? — questionou o médico.

— Vou repetir as palavras dele: "Depende".

— Do quê?

— "De ela me perdoar de coração e não para se ver livre de mim".

— E você, Liana, o que diz? — perguntou Marcílio. — Sente-se capaz de perdoar?

— Sim — respondeu ela. — Quero esquecer. Não lhe desejo mal. Quero que me deixe em paz.

— "Eu preciso de mais. Todas as portas se fecharam para mim. Ninguém mais quer me ajudar. Apesar de tudo o que eu fiz e de você haver me rejeitado a vida inteira, ainda a amo. Reconheço meus erros e sofro muito por saber que nunca poderá ser minha esposa outra vez. Seu destino é outro. Mas, apesar disso, quero lhe provar que estou mudado. Tenho aprendido muito. Por favor, não me negue a oportunidade que lhe peço".

— Ela disse que o perdoa — interveio Marcílio. — O que mais quer?

— "Preciso voltar! Quero nascer! Por favor, Liana, não feche a porta de seu coração para mim. Você foi uma mãe amorosa e cuidou de nossa filha com carinho. Já que não posso tê-la como mulher, acolha-me em seu coração e me permita ser seu filho!".

Uma grande emoção acometeu os presentes, e Eurico disse com voz embargada:

— Aquela senhora veio e o levou! Ele já foi embora.

Marcílio fez uma prece comovida de agradecimento, e, quando se calou, Liana soluçava nos braços de Alberto, as crianças tinham lágrimas nos olhos, e Eulália e Norberto entreolhavam-se admirados. A segurança de Eurico transmitindo as palavras do coronel Firmino, o assunto inesperado, deixou-os emudecidos.

Marcílio disse sério:

— O espírito do coronel Firmino deseja uma oportunidade para reencarnar. Compete aos futuros pais decidirem.

— Liana é quem decidirá. De minha parte, não faço objeção.

— Apesar do que ele disse, ainda sinto medo. Como conviverei com ele, se sua proximidade já me fez mal? Como o terei ao meu lado, unido a mim, gerando um corpo em minhas entranhas, se a simples lembrança de seu nome me aterroriza?

Eurico aproximou-se de Liana e colocou a mão em seu braço:

— Tia, posso falar?

— Fale.

— Eu também sentia muito medo dele, mas hoje, quando vi como está mudado, triste e abatido, senti pena. Queria que você o tivesse visto. Nem parece o mesmo. Estava com os olhos cheios de lágrimas. Ele mudou, tia. Mudou muito.

— Ele tomou consciência da verdade. Arrependeu-se. Apesar disso, é você quem precisa decidir se concorda ou não em tê-lo como filho — esclareceu Marcílio.

Liana olhou-o indecisa:

— Não precisa resolver nada agora. Reflita, ouça seu coração e decida.

— O senhor não acha arriscado ela o ter como filho sabendo de seu temperamento, das coisas que ele fez no passado?

— Se ela se sentir capaz de recebê-lo como um necessitado que precisa de ajuda e o amar de verdade, esquecendo-se do passado, ajudando-o em sua reeducação, passando-lhe os verdadeiros valores do espírito que ela já possui, só terá a ganhar. Porém, se não conseguir perdoá-lo de verdade, esquecer a multidão de pecados que ele cometeu, então, será melhor adiar esse reajuste para quando se sentir mais forte.

— Da forma como fala, doutor, o senhor acredita que a união entre eles será inevitável. Hoje, ela poderá protelar, mas um dia terá de acontecer. É isso? — interveio Norberto.

— Os relacionamentos inacabados sempre voltam para que os laços se desfaçam e os envolvidos se libertem.

— Quer dizer que, apesar de ele ter ido embora, de certa forma o espírito do coronel continua ligado a ela. Nesse caso — reconheceu Alberto —, será melhor enfrentar logo do que protelar.

— Enfrentar os medos é o caminho dos vencedores. Pense, Liana. Sinta seu coração. Não se obrigue a fazer nada, mas fique atenta aos seus sentimentos. Estou certo de que saberá escolher o melhor a fazer agora — esclareceu o médico.

Eulália abraçou o filho e disse comovida:

— Meu filho, você viu a alma do coronel e conversou com ele! Portou-se como um homem. Muitos não teriam sua coragem.

— Graças a ele, pudemos mais uma vez contribuir para a harmonização desta família. Então, Liana, sente-se melhor?

— Sim, doutor. Estou bem. Só um pouco assustada. Pensei que nunca mais teria esses achaques.

— Amanhã, vá a meu consultório, pois desejo fazer alguns exames.

— Irei, pode esperar.

Eulália mandou servir um café com bolo, e as crianças foram à copa fazer um lanche. Eurico estava pensativo. Amelinha tornou:

— O que foi agora? Você ficou quieto de repente. Está vendo alguma coisa?

— Não. Estou pensando.

— No quê?

— No que o coronel disse.

— Ele quer nascer outra vez — esclareceu Nico.

— E o pior é que ele quer ser nosso primo. Já pensou? É isso que está me preocupando.

— Ele será criança novamente? — indagou Amelinha.

— Claro. Você sabe o que é reencarnação — disse Eurico e continuou: — Ele vai dar trabalho, vai querer mandar em tudo.

— Bobagem, Eurico. Nós é que vamos mandar nele. Somos mais velhos. Quando ele tiver nossa idade, já seremos adultos, e as crianças precisam obedecer aos mais velhos. Não é isso que nos ensinam todos os dias?

— É mesmo! Será divertido mandarmos nele — concordou Amelinha.

— Bom, pensando bem, nós não podemos fazer isso. Os pais é que terão de mandar nele. Os primos e os amigos, não. Além disso, ele nascerá e esquecerá o passado. Não saberá quem nós somos. Lembra que o professor nos ensinou que, quando reencarnamos, nos esquecemos de tudo?

— É mesmo! Eu não lembro nada de minha encarnação anterior — concordou Eurico.

— Nem eu — concluiu Amelinha.

— Em todo caso, é bom saber que, quando ele tiver nossa idade, já seremos adultos, e, mesmo que queira ser mandão, ele não poderá fazer nada — afirmou Nico, satisfeito.

— Será que tia Liana concordará em ser a mãe dele? — indagou Amelinha. — Eu não aceitaria.

— Eu tinha medo dele, mas agora não tenho mais — tornou Eurico.

— Você fala, mas, quando ele apareceu, ficou tremendo — lembrou Amelinha.

319

— Fiquei, mas não foi de medo. É que quando vejo uma alma do outro mundo me dá arrepio. Até com aquela senhora bonita eu sinto isso. Eu me alegro quando a vejo, mas me arrepio.

— Você ficou com pena do coronel — observou Nico.

— Fiquei, sim. Ele me olhou pedindo ajuda. Estava acabrunhado, humilde, ele mudou muito. Pensando bem, acho até que, se ele nascer, não vai querer mais mandar em ninguém.

— Não sei, não, Eurico. Se ele vai esquecer o passado, pode esquecer também por que tudo deu errado em sua vida e começar de novo — ajuntou Nico.

— Vamos perguntar ao professor o que ele pensa de tudo isso — sugeriu Eurico, e Nico respondeu:

— É bom, mas vamos deixar para quando ele vier conversar conosco. Ele está cuidando da Liana.

***

Apesar de sentir-se melhor, Liana não conseguia esconder a preocupação. Atencioso, Alberto cercava-a de carinho, e os demais não tocaram mais no assunto. Todos, contudo, se sentiam um tanto inquietos.

Só o doutor Marcílio e Adélia se sentiam serenos e, compreendendo o que se passava com os amigos, contavam casos alegres procurando aliviar-lhes a tensão.

À noite, quando Liana voltou para casa, foi logo dizendo:

— Convidei-os para vir almoçar aqui amanhã. Não me sinto com coragem de voltar àquela casa.

— Você está nervosa. Vai passar.

— Eu estava muito bem. Foi só começar a ir lá que o espírito do coronel Firmino voltou. Acho até que ele nunca saiu de lá!

— Não foi isso que o doutor Marcílio disse. Além disso, Eurico constatou que ele está mudado. Não deseja mais obrigá-la a nada. Não precisa ter medo.

— Sempre desejei ter filhos, mas agora não quero mais. Só em pensar que ele ficaria muito tempo ligado a mim, fico toda arrepiada. Não posso. Não estou pronta. Não quero.

— Está bem. Faremos como você decidir. Se não quiser, não teremos filhos e pronto. O que desejo é vê-la feliz. Vamos esquecer esta história.

— Doutor Marcílio disse que posso escolher, e já escolhi.

— Tudo bem. Acho que devemos tomar nosso chá e retomarmos nossa paz.

Alberto foi à cozinha, esquentou a água, preparou tudo e chamou-a. Liana sentou-se à sua frente em silêncio. Alberto serviu-a e tentou conversar, porém, ela não estava prestando atenção ao que ele dizia.

A certa altura, rompeu em soluços, e Alberto levantou-se, abraçando-a preocupado:

— O que foi, Liana?

— Estou sendo vingativa, maldosa. Ele pediu perdão e eu perdoei, mas estou me sentindo culpada. Não foi de coração.

— Por que se atormenta dessa forma? Sei que, apesar do que ele fez, você não lhe deseja mal algum, mas tem o direito de preservar sua intimidade se sua presença lhe é penosa. Você ainda não superou o medo que sente dele.

— Mas ele disse que sou a única porta para que possa nascer. Terei o direito de fechá-la?

— Seu compromisso maior é com o próprio bem-estar. De nada valerá aceitar uma situação e fazer dela um inferno para ambos. Marcílio foi bem claro. Precisa consultar seu coração e aceitar a incumbência, se perceber que pode desempenhá-la com serenidade. Enquanto sentir medo, horror à simples presença do coronel, não conseguirá ajudá-lo e com certeza se infelicitará também.

— Eu queria que ele me esquecesse, que nunca mais me procurasse. Que fosse feliz longe de mim.

Alberto passou a mão carinhosamente pelos cabelos de Liana, acariciando-a:

— Ele a ama. À sua maneira, é verdade, mas ama. Essa talvez seja a única porta para abrir o coração dele e fazê-lo mudar. O amor tem muita força. Talvez seja por isso que a vida o esteja colocando novamente em nosso caminho.

— Eu gostaria de poder fazer isso, mas está muito difícil.

— Você não tem de resolver nada agora. Vamos dar tempo ao tempo. Não quero que adoeça novamente. Eu estou aqui e a amo mais que tudo no mundo. Além disso, lembre-se de que, quando não podemos resolver alguma coisa, Deus pode. Entregue o assunto nas mãos dele e acalme seu coração. Tenho certeza de que a vida já tem uma boa solução para o problema. Guardemos serenidade e esperemos que ela se manifeste.

Liana abraçou-o um tanto aliviada.

— Bendita hora em que você apareceu em minha vida!

Ele riu bem-humorado e retrucou:

— Eu não disse que a vida faz tudo certo? Juntou-nos para sermos felizes. Não acha que merece um crédito de confiança?

Liana assentiu e sorriu. A crise passara, mas, no fundo, ambos sabiam que, quando fosse o momento, o assunto voltaria e teriam de decidir.

Nos dias que se seguiram, Liana não quis voltar à mansão. Eulália estava inconformada.

— Liana, pensei que ficaríamos juntas todos os dias e aproveitaríamos esses momentos. Compreendo o que aconteceu, mas não é bom alimentar esse medo de ir à nossa casa.

— Foi lá que ele apareceu de novo — justificou-se ela.

— Pelo que tenho aprendido nos livros, os espíritos podem ir à toda parte. Ele pode estar aqui sem que saibamos.

— Não diga isso. Se ele estivesse no casarão, eu sentiria. Além disso, Eurico teria visto. Ele gosta é de ficar lá, e eu não desejo encontrá-lo.

***

À noite, reuniram-se na casa de Marcílio para a sessão costumeira, e Eulália voltou ao assunto:

— Doutor Marcílio, Liana não quer mais ir à minha casa com medo do coronel Firmino. Não acho que seja uma boa atitude, afinal, nós estamos lá todo o tempo, inclusive Eurico, a quem ele costumava perturbar. O coronel não tem aparecido.

— Se eu for, ele poderá voltar.

— Você sabe que o coronel Firmino mudou. Ele sofreu, arrependeu-se e aprendeu. Tornou-se mais humilde. Já não é mais violento e aproximou-se para lhe dizer isso. Não creio que sua presença possa fazer-lhe mal.

— Mas eu me sinto mal. Pensei que fosse desfalecer quando ele se aproximou de mim.

— O que está lhe fazendo mal não é a presença do espírito do coronel, mas as lembranças desagradáveis que ele desperta em você. Apesar do tempo decorrido, de haver esquecido detalhes de sua vida passada, as energias acumuladas naqueles dias ainda estão aí provocando desequilíbrio e dor. Você também aprendeu, sofreu e agora está desfrutando de uma ótima oportunidade de progresso. Esses bloqueios energéticos, contudo, a impedem de alcançar o equilíbrio, por isso a vida está lhe trazendo a chance de limpar esses resíduos e libertar-se para poder progredir.

— Poderia explicar melhor, doutor? — pediu Liana.

— Quando você foi esposa de Firmino, ele foi violento, arrogante, impiedoso. Era sua maneira de ser na época. Você talvez pudesse ter escapado, como fez sua filha, mas, seja pelo que for, não o fez. Ele a dominava pela força física, então você, sentindo-se impotente diante dele, acovardou-se e não assumiu a própria força.

— Como poderia? Ele era mais forte...

— Não falo da força física, mas da força interior, que, com certeza, a faria encontrar uma forma de escapar. Você se acovardou, colocou-se na postura de vítima indefesa e alimentou o ódio como única forma de vingança.

— Não era ódio, mas mágoa.

— Se não fosse o ódio, não estaria agora vivenciando essa experiência. Reconheça isso, mas não se culpe. Você reagiu como sabia naquela época. Precisa saber que os pensamentos cultivados durante certo tempo, aos quais damos força, nos quais colocamos grande dose de emoção, tomam forma e materializam-se no mundo astral. Ficam colados em nosso corpo astral e interferem em nosso dia a dia.

— Está falando das formas-pensamento? — indagou Norberto com interesse.

— Isso mesmo. Nas sessões espíritas, os médiuns muitas vezes julgam estar incorporando espíritos de pessoas desencarnadas que perturbam os presentes, mas estão apenas recebendo as formas-pensamento dessas pessoas.

— Como podemos perceber quando isso acontece? — perguntou Eulália.

— Se prestar atenção, perceberá a diferença. Um espírito desencarnado reage diferentemente; tem mais personalidade. As formas-pensamento revelam problemas emocionais armazenados durante certo tempo. São resistentes e repetitivas.

— Interessante — tornou Alberto. — Nesse caso, um bom psicólogo também pode ajudar.

— Pode, e a recíproca é verdadeira. Quantas vezes o psicólogo acredita estar trabalhando no paciente seus problemas emocionais e está doutrinando um espírito? Nenhum profissional das áreas humanas pode ser eficiente se desconhecer essas variáveis, porque elas interferem no processo.

— É o meu caso? — indagou Liana.

— É. A causa de seu mal-estar está em você, não na presença do espírito do coronel Firmino. Ele pode evoluir, ficar muito bem, espiritualizar-se, mas, se você não acabar com essas formas-pensamento, sempre se sentirá mal com a presença dele.

— Mas não desejo conservar essas lembranças. Quero esquecer.

— Você deseja, mas continua a alimentá-las, ainda que inconscientemente.

— Não. Eu não as alimento.

323

— Você se sentia agredida e, em vez de reagir e libertar-se, cultivou o medo, e é ele que ainda as está alimentando. Sempre que o coronel Firmino se aproxima, o medo reaparece tal qual era naqueles tempos, reforçando as formas-pensamento que criou. No momento em que enfrentar o passado, vencer esse medo que a paralisa, você as estará destruindo para sempre e se libertará. Então, poderá olhar para o passado sem se sentir mal e para Firmino sem ódio.

Pensativa, Liana baixou a cabeça por alguns instantes e depois disse:

— Eu não sinto que o odeio. Só desejo livrar-me dele. Não haverá outra maneira de fazer isso?

— Não. Ele já foi embora, mas você ainda está presa a ele.

— É injusto. Se tudo isso realmente aconteceu, eu fui a vítima. Não deveria ser punida duas vezes.

— Você se engana, Liana. Ninguém é vítima. Se a vida a colocou ao lado de um marido déspota e cruel foi porque você precisava dessa experiência.

— Para quê? Só consegui sofrer e carregar esse peso até hoje.

— Você colheu os resultados de suas atitudes. Foi o melhor que conseguiu fazer naquele momento, entretanto, a vida é perfeita e não joga para perder. Se ela a colocou ao lado de um homem como Firmino foi porque você já tinha elementos não só para enfrentá-lo, mas também para ajudá-lo a tornar-se mais humano, puxando para fora seu lado melhor. Entretanto, isso não aconteceu. Você se acovardou, não usou todo o seu poder interior, não acreditou na própria força, por isso o relacionamento entre vocês continua inacabado. Ainda há muitas coisas que um pode ensinar ao outro até que se libertem. O mais importante agora é que você pense em tudo o que conversamos. Faça mais: peça a ajuda de Deus para que consiga ver claramente e decidir.

— É o que farei. Estou certa de que Alberto me ajudará.

Ele abraçou-a com carinho e beijou-a na face.

— Pode contar comigo. Sempre estarei ao seu lado.

— Lembre-se de que essas formas-pensamento que você criou a impedem de discernir com lucidez. Firmino mudou, mas você continua vendo-o como ele foi naquele tempo. Quando se livrar delas, conseguirá vê-lo como ele é agora e tomará uma decisão mais clara. Vamos nos acomodar, pois está na hora de nossa reunião.

Sentaram-se ao redor da mesa e começaram a orar em silêncio. Marcílio fez uma oração comovida e depois disse:

— Hoje, não faremos os estudos de costume. Nossos amigos espirituais já estão presentes.

Na penumbra da sala iluminada apenas por uma suave luz azul, eles permaneceram em silêncio por alguns instantes. Depois, um dos presentes remexeu-se na cadeira inquieto e começou a falar:

— Hoje, vim com a permissão dos amigos que estão me ajudando nesta casa, por isso peço-lhes que me escutem. É difícil encarar a verdade. Há momentos em que minha cabeça roda e tudo se embaralha de tal sorte que tenho receio de enlouquecer. Estou doente. Meu corpo está desgovernado, e há momentos em que não consigo controlá-lo, então, sinto-me inquieto. Vejo-me novamente em minha casa com minha família e sinto seu desprezo, Mariquita. Isso me fere fundo... Eu a amei desde o dia em que a vi. Em meu desespero, sinto medo de perdê-la e novamente a amarro no leito à noite para que não escape. Você chorava e me punia com seu ódio, e eu sofria. E, quanto mais eu sofria, quanto mais a dor me atormentava, mais eu a fazia sofrer, porque não era justo que eu, que desejava dar-lhe todo o meu amor, fosse tão machucado.

Ele interrompeu o discurso, porquanto os soluços o impediam de continuar. Depois de alguns instantes, prosseguiu:

— Mas tudo que fiz foi doloroso e inútil. Eu a atormentei, e isso aumentou meu sofrimento, o que me fez mergulhar na loucura. Passei anos dementado circulando pela casa que foi nossa, vendo-a em todos os cantos, sofrida, e odiando-me cada vez mais. Às vezes, quando tinha momentos de lucidez, sentia sua falta e sabia que havíamos morrido, mas ficava ali, na esperança de que um dia você reaparecesse. Sempre ouvi dizer que quem morre descansa, contudo, não foi assim que aconteceu comigo. Descobri que continuava vivo depois de meu corpo ter sido roído pelos vermes e que os sofrimentos continuavam.

"Estou falando isso não para que sinta pena de mim, mas para que possa saber que estou pagando caro por meus erros.

"Quando você reapareceu em nossa casa, exultei. Tentei conversar, mas você não me ouvia. Com você, todos os outros vieram e me enfrentaram, apesar de ainda estarem em um corpo de criança. Eu não sabia bem o que estava acontecendo. Acreditava que todos haviam se disfarçado em outros corpos para poderem se vingar.

"Havia momentos em que eu mergulhava no passado e acreditava que ainda estávamos vivendo naqueles tempos. Quando minha loucura estava no máximo, minha mãe aparecia, falava comigo e me acalmava. Eu dormia algum tempo, mas, quando acordava, o inferno recomeçava.

"Depois que resolvi aceitar a ajuda que me ofereceram, fui recolhido a um hospital e lá tenho sido tratado com consideração e carinho, entretanto, meu tormento continua. Minha loucura reaparece e perco a noção da realidade. Quando o tratamento que recebo me tira desse estado e tenho como agora momentos de lucidez, sou orientado e procuro obedecer. Quero melhorar e sair dessa dependência mental que criei. Não culpo mais ninguém pelo que estou passando, pois sei que a responsabilidade é só minha. Escolhi esse caminho e desequilibrei minha vida. Disseram-me que só a reencarnação poderá abreviar esse tormento, oferecendo-me um corpo novo, um cérebro virgem para registrar e aprender novos valores para quando eu, aos doze ou treze anos, reassumir de todo minha personalidade anterior, já tenha desenvolvido elementos para reagir de outra forma aos desafios que a vida me apresentar."

Firmino fez uma ligeira pausa e depois prosseguiu:

— Terei uma boa chance, se você, Mariquita, me aceitar como seu filho. Sei que desfruta agora de uma vida feliz e mais equilibrada ao lado de quem você ama. Eu mudei, mas reconheço que não posso mandar em seu coração. Se me aceitarem, serei muito agradecido. Minha maior felicidade será apagar o mal que lhe fiz e conseguir sua estima. Agora preciso ir. Já abusei demais da bondade de vocês. Eu lhe peço: me dê a chance de voltar para aprender.

As lágrimas desciam pelas faces de Liana, que estremecia de vez em quando, tentando conter os soluços que teimavam em querer sair.

No mesmo instante, uma senhora ao redor da mesa começou a falar:

— Boa noite, amigos. Vim agradecer de coração toda a ajuda que temos recebido. Gostaria de esclarecer algumas coisas com relação ao que está se passando aqui.

— Pode falar — disse Marcílio. — Todos nós desejamos aprender.

Ela continuou:

— Como tantas pessoas ainda pensam, Firmino acreditava que a morte fosse o eterno descanso ou o eterno tormento no inferno, mas posso lhes adiantar que não é nem uma coisa nem outra. O progresso e a conquista da sabedoria trazem a serenidade, e é ela quem nos leva à conquista de um estado de paz interior que muitos chamam de estado de graça, de elevação espiritual. Só alguns já alcançaram esse bem-estar; para a maioria, contudo, o estado de tormento é o mais comum. A morte do corpo muda o cenário externo e torna mais vivo o mundo interior, entretanto, o mais importante e que poucos sabem é que, tanto um quanto outro estado de espírito são criados pela própria pessoa.

"Suas atitudes, suas crenças, sua maneira de olhar os fatos do dia a dia, à medida que vão se tornando importantes para a pessoa, vão sendo materializadas em seu mundo mental, criando formas que têm vida astral e conservam as emoções e ideias que as caracterizam. Damos a isso o nome de formas-pensamento. Todas as pessoas que vivem no mundo as têm alimentado e a maioria, infelizmente, se tornou prisioneira delas.

"As formas-pensamento são responsáveis por muitos desacertos humanos e, depois da morte do corpo, elas continuam a atormentar seu criador, que muitas vezes consome larga cota de tempo no umbral, lutando contra elas, acreditando que sejam seres astrais, sem saber que está em suas mãos modificá-las, substituindo-as por outras mais otimistas, melhorando, assim, sua qualidade de vida.

"Por isso, nós aconselhamos os exercícios de pensamentos positivos, os bons pensamentos e a crença no bem maior.

"Essa é a causa da loucura de Firmino. Ele criou e alimentou tantas ilusões que agora vive prisioneiro delas. Já sabe a verdade, mas ainda não consegue fazer a mudança. O medo é um elemento destrutivo e muito forte que o impede de libertar-se.

"Devo esclarecer que essas formas estão materializadas no mundo astral e precisam ser desfeitas. Só a própria pessoa pode fazer isso. Claro que nossos terapeutas ajudam, e nossos benfeitores espirituais cooperam mandando energias de sustentação e auxílio, mas é só o que podem fazer. Cada um precisa aprender a lidar com as energias e descobrir como a vida funciona, por isso ninguém faz a parte que lhe cabe. Apenas ajudam, esperando que a própria pessoa a faça. Está na hora de falarmos sobre isso. Agora tenho de ir. Se tiverem alguma pergunta, tragam-na na próxima reunião, e procuraremos responder. Até breve."

Marcílio fez uma ligeira prece de agradecimento e encerrou a sessão. Enquanto tomavam seu copo com água, os presentes comentavam com interesse os ensinamentos.

Havia muita curiosidade. Já tinham ouvido falar das formas-pensamento, mas não sabiam que podiam ser tão importantes e que influenciavam tanto a vida de cada um.

Liana estava calada e pensativa. As palavras de Firmino haviam-na impressionado muito. Teria sido ele mesmo quem falara? Parecia-lhe tão diferente do Firmino que ela conhecia, sempre ameaçador e agressivo. Comentou com Marcílio:

— Foi realmente o espírito do coronel Firmino que se comunicou? O senhor o viu?

— Sim. Foi ele. Qual é a dúvida?

— É que ele veio tão humilde, diferente. Não se parece nada com o coronel que conhecemos.

— Com o coronel que você tem em sua mente — esclareceu Marcílio.
— Pense em tudo o que ouviu essa noite. Ele mudou, mas você ainda o vê

como ele era. Sua reação é esclarecedora. Fique atenta e perceberá o que está acontecendo.

Liana calou-se. Depois do costumeiro café com bolo, despediram-se. Enquanto Eulália e Norberto conversavam sobre as revelações e os ensinamentos daquela noite, Liana seguiu calada com o marido para casa. Impressionado com tudo o que ouvira, Alberto, por sua vez, não sentia vontade de comentar. Queria observar melhor, experimentar, saber o que havia de verdade em tudo aquilo.

CAPÍTULO 23

O tempo correu rápido, e as férias da família estavam terminando. Encorajada pelo marido e por Eulália, Liana voltou a frequentar a mansão. A princípio temerosa, mas, notando que nada de novo acontecia, foi ficando mais à vontade.

Havia também Norberto, cuja atitude para com ela se modificara inteiramente. Nunca mais o surpreendeu olhando-a como antigamente. Tratava-a com respeito e amizade, e ela notava com satisfação que ele estava se dedicando mais à esposa e aos filhos, interessando-se mais em participar da vida familiar. Contente, ela comentou com Alberto, que concordou:

— Tenho observado também que Eulália mudou bastante. Eles conversam muito mais que antes; estão mais unidos. Notou como ele a ouve com satisfação? Troca ideias com ela até sobre seus negócios. Pelo que observei deles, não era assim antes.

— Não mesmo. Norberto sempre foi atencioso, cuidou da família, mas eu sentia que entre eles havia certa distância. Talvez porque ele soubesse que Eulália havia se casado sem amor, apenas para obedecer aos pais.

— Quero crer que muitas coisas aconteceram também por influência do coronel Firmino.

— Falando assim, dá a impressão de que nós não fomos culpados, contudo, isso não é verdade.

— Cada um tem sua parcela de responsabilidade nisso, contudo, vocês não entendiam nada sobre espiritualidade e nem sequer acreditavam na possibilidade de serem influenciados por um espírito desencarnado. Isso permitiu que ele os envolvesse sem ser notado, o que o colocou em vantagem. Norberto sentia-se atraído por você, e Firmino aproveitava-se transferindo para ele sua paixão e deixando-o enlouquecido. Ele sentia e acreditava que esse sentimento fosse dele.

— Acha mesmo que foi isso?

— Acho. Ele mudou depois que Firmino foi afastado. Quer prova maior?

— Tem razão. Agora percebo que o que houve entre nós foi uma grande ilusão. Felizmente, consegui reagir. Tenho pensado muito nisso. A cada dia que passa, fico mais consciente de como somos diferentes. Ele não é o tipo de homem por quem eu me apaixonaria.

— E eu tenho chance de ser esse homem?

Liana abraçou-o e beijou-o nos lábios com amor.

— Você é exatamente o meu tipo.

Alberto apertou-a nos braços, sentindo que ela estava dizendo a verdade. A cada dia, eles notavam mais o quanto se queriam.

***

No sábado, eles foram cedo para a mansão. Eulália queria passar o dia inteiro com eles.

— É nosso último fim de semana aqui. Na segunda-feira, voltaremos para São Paulo. As aulas das crianças começarão logo, e temos de preparar tudo para a volta à escola — explicou Eulália.

O dia estava bonito, e eles passaram momentos agradáveis. As crianças brincaram no jardim o dia inteiro. No fim da tarde, entraram contrariadas para tomar banho, enquanto Hilda insistia para que se apressassem.

Liana comentou contente:

— Veja só, Eulália, Eurico está incansável. Estou admirada. O dia inteiro correu e brincou sem se cansar. Comeu de tudo com apetite. Olhando-o agora, não dá para acreditar que tenha sido tão doente.

— Todos os dias, agradeço a Deus sua cura. De vez em quando, ele ainda tenta me comover fingindo-se de doente. Olho seu rosto corado e percebo logo sua intenção. Não me deixo influenciar, e ele acaba se traindo. Além disso, Nico e Amelinha caçoam tanto que ele acaba rindo e acaba o mimo.

O jantar decorreu alegre. As crianças recolheram-se cedo, pois pretendiam aproveitar ao máximo o domingo, já que era o último dia de férias.

Nico acomodou-se e dormiu logo. Acordou com Eurico sacudindo-o:

— Nico! Nico! Acorde!

Sonolento, ele balbuciou:

— O que foi? O que aconteceu?

— Ele voltou, Nico. Acorde. Mande-o ir embora.

— Ele quem? O que foi?

— O coronel Firmino!

— De novo? Perguntou o que ele quer agora?

— Eu? Não. Sem você, não falo com ele.

Nico sentou-se na cama:

— Onde ele está?

— Aqui. Olhe, nos pés de sua cama. Vou deitar com você...

Ele pulou na cama e cobriu a cabeça com o lençol.

— Deixe de ser medroso. Você não disse que ele está mudado e que não sentia mais medo dele?

— Eu disse, mas agora estou sentindo...

Nico olhou para os pés da cama e, embora não visse nada, disse sério:

— Por que você voltou? O que quer?

Como Eurico não dissesse nada, Nico tornou:

— Então, Eurico, o que foi que ele respondeu?

— Ele não disse nada. Está muito triste e abatido. Parece doente.

— O senhor não está bem? Podemos ajudá-lo em alguma coisa? — indagou Nico.

— Ele pede para que rezemos por ele. Agora aquela senhora bonita chegou. Está do lado dele e sorri para mim.

— Nós rezaremos por você, coronel Firmino. A senhora pode nos dizer alguma coisa?

— Ela abraçou o coronel com carinho e disse: "Precisamos da ajuda de vocês".

— O que podemos fazer?

— "Dar um recado meu a Liana".

— Pode falar.

— Ela quer que você escreva.

Nico acendeu a luz do abajur, procurou papel e lápis, sentou-se na cama e descobriu a cabeça de Eurico:

— Você disse que não tem medo dela.

— Ela me deixa sentir muito bem. Parece que estou flutuando. Além disso, tem um perfume agradável. Está sentindo?

Nico aspirou o ar e disse alegre:

— Estou. Parece de jasmim.

— Isso mesmo. Ela está sorrindo. É linda! Você não a está vendo?

— Não, mas estou sentindo o perfume.

331

— Escreva: "Querida Liana, preciso muito de sua ajuda. Vou procurá-la durante o sono para conversarmos. Tenho certeza de que juntas venceremos. Um beijo da amiga de sempre, Amália".

Eurico fez silêncio por alguns instantes e depois continuou:

— Ela está abraçando você. Puxa, como ela é linda! O rosto dela parece de porcelana... — Ele calou-se e de repente começou a chorar.

Assustado, Nico abraçou-o perguntando:

— O que foi, Eurico? Por que está chorando?

Ele não respondeu logo e continuou soluçando. Nico olhava-o preocupado. Quando ele se acalmou, disse:

— É que ela me abraçou, beijou-me a testa, e eu senti uma emoção muito forte. Não sei explicar. Não consegui segurar.

Nico respondeu comovido:

— Eu também senti. Parecia que eu estava flutuando, como você disse. Nunca senti isso antes. Puxa, que mulher!

— É mesmo. Ela desapareceu e levou o coronel. Precisamos contar para tia Liana. Que horas são?

— É tarde. Passa da uma. Amanhã, entregaremos o bilhete a ela. É melhor irmos dormir.

— Ainda me sinto flutuando. Acho que não conseguirei dormir logo. Fiquei muito emocionado.

— Eu também. Vamos ficar conversando. Quando vier o sono, você vai para sua cama e pronto.

— Às vezes, fico pensando em como será a vida no outro mundo.

— O professor disse que há muitos mundos e que cada pessoa irá para o lugar que precisa. Acho que o mundo onde vive essa mulher deve ser muito lindo, cheio de flores e perfumes. Se ela aparecer novamente, perguntaremos como é lá. Será que ela nos contará?

— Acho que sim. Ela parece tão boa. Dá vontade de ficar ao lado dela.

— Mas você estava com medo.

— Não era bem medo. É que eu começo a tremer, sinto arrepios, não sei explicar. Já o mundo do coronel deve ser triste. Ele parece tão deprimido. Está acabado, com os olhos tristes, o rosto abatido. Queria que você visse como ele está diferente.

— Você se lembra que o professor explicou que quem morre vai viver no mundo que ele mesmo fez durante a vida? Se fez muitas coisas ruins, foi uma pessoa triste, doente, assim será o mundo em que viverá. Se foi alegre, ficou no bem e viveu contente, viverá em um mundo em que as pessoas também serão assim.

— Ainda bem que eu sarei. Vou me esforçar para ser sempre alegre e ficar no bem.

— Eu também.

— Acha que vou conseguir?

— Tenho certeza de que sim, principalmente se deixar de se fingir de doente para enganar sua mãe. Já pensou se a doença voltar?

— Deus me livre! Agora posso brincar e ir à escola como qualquer um. Nunca mais me fingirei de doente.

Nico riu e considerou:

— Veja bem o que está dizendo. Se esquecer, farei tudo para que você se lembre.

Na manhã seguinte, eles acordaram com Amelinha batendo na porta do quarto de Eurico:

— Abra a porta, Eurico. É tarde.

Foi Nico quem acordou primeiro e ouviu. Eurico ainda estava em sua cama, dormindo.

— Acorde, Eurico. Amelinha está chamando.

Ele abriu os olhos e fechou-os novamente:

— Estou com sono. Ontem custou-me a dormir.

— Eu sei. E você nem foi para sua cama. Já pensou se dona Eulália souber? Trate de acordar e vá para seu quarto.

Ele levantou-se contrariado e, como Amelinha insistia, batendo em sua porta, foi abrir:

— O que você quer cedo desse jeito?

— Já passa das nove. O dia está lindo. Hoje é nosso último dia aqui. Precisamos aproveitar. Além disso, mamãe mandou chamar vocês dois. A mesa do café não pode ficar posta o dia inteiro esperando.

— Está bem... eu vou. Pode ir agora.

Amelinha não foi. Ficou esperando até que ele estivesse pronto para descer. Nico entrou no quarto dizendo:

— Não esqueça o bilhete para a Liana.

— Que bilhete? — indagou Amelinha.

— Como você é curiosa! Vai saber quando chegar a hora.

— Foi um recado daquela mulher bonita que aparece com o espírito do coronel Firmino. Ela quer que entreguemos esse bilhete para Liana — esclareceu Nico.

— Por que não me chamaram? Vocês ficaram conversando e não fiquei sabendo de nada!

— Não era com você que ela queria falar. Vamos descer, pois mamãe já está esperando.

— Vamos. Depois eu lhe mostro.

Eles desceram, e Eulália já os esperava.

— Pensei que fossem se levantar mais cedo para aproveitar o dia. O sol está alto. Acho que ficaram conversando no quarto até tarde.

— Não, dona Eulália. Nós dormimos cedo. Estávamos cansados. É que no meio da noite recebemos visitas — respondeu Nico.

Eulália olhou-os surpreendida:

— Visitas? Como assim?

— O coronel Firmino voltou — disse Eurico.

— Por que não nos chamaram? Ele tentou algo contra vocês?

Eles relataram o que havia acontecido e mostraram o bilhete que Nico escrevera para Liana.

Quando Liana e Alberto chegaram, eles já os esperavam no jardim para contar a novidade. Com mãos trêmulas, Liana apanhou o bilhete e leu.

— Amália?! É esse o nome dela?! Que estranho.

— Você se emocionou. Ela é sua conhecida? — indagou Alberto.

— Não, mas, ao ler esse bilhete, senti que ela me é muito familiar. Parece-me haver retomado alguma coisa de minha vida, mas não sei o que é.

— Tudo indica que seja sua amiga de outras vidas.

— Ela é tão linda! Quando ela conversar com você, verá como ela é. Além disso, tem um perfume delicioso. Nico também sentiu — disse Eurico.

— Senti. Parecia de jasmim. Fiquei emocionado.

— Será que ela é uma santa? — indagou Amelinha. — Eu também queria ver!

— Deve ser um espírito bom e iluminado — esclareceu Alberto.

— Iluminada ela era — lembrou Eurico. — Em volta dela havia muita claridade, e seus olhos eram brilhantes como estrelas. Nunca vi ninguém assim.

— Isso nos deixa felizes — tornou Alberto. — A proximidade de um ser como esse traz energias superiores que nos fortalecem e ajudam.

Liana ouvia a tudo calada e depois considerou:

— Ela disse que vai me procurar durante o sono. Será que vou me lembrar de nossa conversa quando acordar?

— Não sei. A maior parte das experiências que temos quando nosso espírito se desliga durante o sono se apagam de nossa consciência quando retomamos o corpo físico, porém, ficam registradas em nosso inconsciente, de onde continuam nos influenciando. É comum pretendermos resolver algum assunto de certa forma e no dia seguinte acordarmos com uma ideia completamente diferente da anterior.

— Se ela vier mesmo conversar comigo, gostaria de estar consciente e me lembrar de tudo.

— Às vezes isso acontece. Vamos esperar para ver.

As crianças foram brincar, e eles entraram na casa onde Norberto e Eulália já os esperavam. Claro que a conversa girou em torno do bilhete de Amália e de como seria possível o encontro dela com Liana.

À tarde, quando o doutor Marcílio e Adélia chegaram para o chá de despedida dos amigos, foram logo informados do que acontecera. Ele comentou com naturalidade:

— Vocês têm muita ajuda espiritual, Liana. Com essa proteção, tenho certeza de que vencerão todos os problemas do passado.

— Gostaria de ter essa certeza — respondeu Liana. — Há momentos em que me sinto tão insegura.

— Às vezes, você não acredita na própria força e sente-se fraca. Essa é sua maior ilusão. Por ter se enganado sobre algumas escolhas que fez em sua vida, julga-se errada e culpa-se. Daí se ilude, acreditando-se incapaz e fraca, o que não é verdade. Você se coloca na posição de vítima da própria incapacidade e subestima suas qualidades reais, então, vêm o medo, a insegurança e a infelicidade. É preciso sair disso, Liana. A vida a está escolhendo e dizendo que é hora de enfrentar seus medos. Ela não joga para perder. Sabe que você é forte e capaz de vencer todos esses desafios. Por que não confia no que ela está lhe pedindo?

— Será que estou pronta para fazer isso? Não estarei sendo provada para ver se consigo melhorar?

— A vida não a está testando. Ela apenas sabe que você é capaz e quer que você perceba isso, o que só acontecerá quando decidir enfrentar todas as coisas, guiando-se apenas pelo seu bom senso e por sua confiança em Deus. Você já possui conhecimento espiritual suficiente para viver melhor.

— Não penso assim. Faz tão pouco tempo que estou estudando esse assunto!

— Não falo de conhecimento técnico, nem do que se pode conhecer por meio dos livros e das experiências de outros, mas da sabedoria da alma. Você já possui conhecimento do que é bom ou mau para si mesma. Sente quando está agindo bem ou não. Você está tão consciente da ética espiritual que se incomoda terrivelmente quando comete qualquer deslize, o que demonstra o grau de lucidez de seu espírito. Você é completamente capaz de levar a bom termo toda a sua missão terrena, por mais difícil que ela lhe pareça agora.

— O senhor se refere ao caso do coronel Firmino?

— Falo de modo geral. Não pretendo induzi-la a tomar nenhuma decisão. Só desejo que tome consciência de sua própria força e não se julgue menos do que é.

Norberto ouvia a tudo calado e recordava-se de como Liana fora mais forte do que ele naqueles momentos de desequilíbrio que tinham vivido. Sentia horror só em pensar no que teria sido suas vidas se ela houvesse aceitado fugir com ele. Fora a força dela que os salvara. Embora ela tivesse fraquejado, sua consciência reta e seu bom senso fizeram-na recuar a tempo de evitar um mal maior.

Agora, tendo modificado sua forma de ver, estava convencido de que Liana sempre estivera certa e agradecia a Deus por isso. Ele era um homem que valorizava a família, adorava os filhos e queria ser respeitado por eles. Gostava de desfrutar da calma familiar e odiava escândalos e situações dúbias. Além disso, descobrira outras qualidades em Eulália e até não acreditava muito que ela houvesse se casado com ele sem amor.

Eulália era tímida e fora educada com rigor, por isso encobria seus sentimentos. Sentia vergonha de mostrá-los. Foi lhe ensinado que a mulher precisava manter-se controlada para não parecer vulgar e leviana.

Norberto olhou para a esposa, que, sentada ao lado de Liana, prestava atenção ao que o médico e ela conversavam. Lábios entreabertos, olhos brilhantes, postura firme, rosto expressivo, toda a sua aparência revelava que ela não era uma mulher fria.

E se ele a provocasse? E se tentasse penetrar e conhecer as profundidades daquele coração? Sempre respeitara sua intimidade agindo de acordo com a postura dela, mas agora se perguntava se isso fora bom. Ele precisava fazê-la sentir o calor de um relacionamento mais verdadeiro, sem máscaras nem fingimentos.

Norberto era um homem ardente. Desde jovem, aprendera que, no trato com as mulheres, precisava manter diferentes posturas, conforme a posição delas. Com a esposa não podia ser venal como com as amantes. Uma era a mãe de seus filhos, a mulher de família. Com as outras ele poderia dar vazão a todas as suas fantasias amorosas.

Norberto, contudo, descobrira que o que o faria feliz seria realizar com a mulher escolhida um relacionamento franco, sem papéis sociais ou preconceitos. Nunca fora feliz levando uma vida dupla. Se por um lado com a esposa continha seus impulsos amorosos com receio de ofendê-la, com as outras não se sentia bem. Quase sempre, depois de alguns encontros, acabava tornando-se indiferente e entediado, com raiva de si mesmo.

Depois da experiência com Liana e do sofrimento daquela paixão desastrada, decidira renunciar para sempre a esse desejo secreto de uma vida regular e plena com uma mulher. Acreditava ser impossível em uma socie-dade falsa e tão conturbada realizar esse sonho.

Diante disso, decidira viver para a família e aceitar os limites da relação íntima com a esposa. O fato, no entanto, é que a descoberta do mundo espiritual e os acontecimentos que os envolveram os aproximaram muito e os tornaram mais íntimos. Com isso descobriram um no outro qualidades e atitudes que não tinham observado antes. Passaram a sentir prazer em conversar, em estar juntos.

Para Norberto, Eulália tornara-se uma nova mulher, mais natural e atraente. Haviam modificado a forma quase cerimoniosa com a qual se tratavam até na intimidade. Havia momentos em que ele chegava a esque-cer como ela era antes e a abraçava com prazer.

Depois que todos se foram, havendo combinado que Liana e Alberto voltariam na segunda-feira para se despedir, Norberto comentou:

— Gostaria de poder ficar mais um pouco por aqui.

— Eu também. Sentirei saudade de Liana, apesar de ela estar muito feliz com o marido e não precisar mais de mim.

— Ela valoriza muito sua companhia.

— Eu sei. Gostaria que ela fosse morar mais perto de nós, mas pare-ce que ambos gostam daqui e não pretendem voltar à capital.

— É compreensível, pois isto aqui é um paraíso. Além disso, Alberto é um escritor. Pode viver em qualquer lugar.

Depois de verificar se tudo estava fechado, Eulália perguntou:

— Você quer alguma coisa antes de subir?

— Não, obrigado.

Ele levantou-se e ficou ao pé da escada esperando. Quando ela se aproximou, Norberto passou o braço sobre o ombro da esposa para subi-rem juntos. Eulália estremeceu, e ele notou que seu rosto ficou ruborizado.

Norberto não controlou a curiosidade e pensou: "Como será Eulália sem o rígido controle de sempre? Que tipo de mulher se oculta atrás dessa postura habitual?". Estava decidido a descobrir.

Assim que entraram no quarto, Norberto fechou a porta, aproximou--se da esposa, apanhou sua mão e puxou-a apertando-a de encontro ao peito.

Norberto notou que Eulália estava trêmula e que sua respiração es-tava ofegante. Ela, por sua vez, sentiu que ele estava diferente. Em seus olhos havia um brilho que ela nunca vira antes. Seu coração descompassou.

Seu relacionamento íntimo com o marido sempre acontecia embaixo dos lençóis, na escuridão do quarto, e ela esforçava-se todo o tempo para controlar as emoções, preocupada em não desagradá-lo e em não ser vulgar.

337

Norberto procurou os lábios de Eulália e beijou-a várias vezes com ardor. Depois, apertando-a de encontro ao peito, beijou com carinho todo o seu rosto e seu pescoço, como nunca fizera antes.

Eulália sentiu calor pelo corpo, enquanto uma emoção antes nunca sentida a invadia, impedindo-a de raciocinar. Só sabia que queria que ele continuasse a apertá-la em seus braços e a beijá-la.

Sem pensar em mais nada, Eulália entregou-se à emoção. Quando, tomada de paixão, ela apertou-o em seus braços, Norberto sentiu que a esposa estava se revelando naquele momento, sem reservas, mostrando seus verdadeiros sentimentos de amor.

Ele, então, foi tomado inesperadamente de uma deliciosa sensação. Ela era sua mulher, e eles eram livres para amar. Entusiasmado, Norberto murmurou no ouvido da esposa:

— Eulália, meu amor, foi assim que sonhei em vê-la. É assim que quero que seja em meus braços.

Inebriada de felicidade, Eulália deixou-se conduzir para a cama, encantada com o carinho que ele demonstrava, cobrindo-a de beijos, despertando seus sonhos adormecidos e suas mais loucas fantasias de felicidade.

Naquela noite, finalmente, os dois se conheceram intimamente e se encontraram.

No dia seguinte, quando Liana e Alberto chegaram para as despedidas, notaram que eles estavam diferentes. Havia um brilho novo nos olhos de Eulália, e Norberto rodeava-a de pequenas atenções, o que não era de seu feitio.

Vendo-se a sós com Eulália, enquanto ela arrumava as malas no quarto, Liana comentou:

— Você está diferente hoje. O que foi?

— Nada. Está tudo bem.

— Há um brilho novo em seus olhos. Não sei o que é, mas você está radiosa. Está contente porque vai nos deixar?

— Não diga isso nem de brincadeira! Sabe que gostaria que vocês fossem morar bem do nosso lado. Sentiremos saudade, isso sim.

— Eu também. Adoro essas crianças. Nunca vi ninguém como eles, mas, se não é a viagem de volta que a deixou alegre, o que é?

Eulália sentou-se na cama e deu um suspiro profundo. Vendo que Liana a olhava curiosa, esclareceu:

— Para você posso contar. Ontem, Norberto estava particularmente carinhoso. Nunca o vi assim. Vou confessar-lhe uma coisa. Eu amo meu marido. Amo muito. Agora entendo por que você saiu de casa para se casar com Alberto. Você sentiu o que senti essa noite. Não dava para segurar.

Liana sorriu com satisfação. Sentia-se aliviada em saber que Norberto finalmente se dera conta do amor que sentia pela esposa. Seu pesadelo finalmente acabara para sempre.

— Não há nada que se compare a uma noite plena de amor. Percebi logo ao chegar que vocês estavam iluminados.

— Eu ouvia falar de amor e imaginava que isso fosse fantasia, mas senti a força desse sentimento e vi que ele também sentia. Foi maravilhoso. Ele me parece outro homem.

— E você é outra mulher. Mais humana, experiente. Que Deus a conserve sempre feliz como hoje.

— E vocês também. Que sejam sempre felizes como até agora.

Norberto estava chamando-a e perguntando se podia mandar apanhar as malas. Eulália apressou-se a responder.

As crianças faziam mil recomendações ao caseiro para cuidar dos passarinhos, não lhes deixando faltar água com açúcar, que eles se habituaram a procurar no caramanchão, e comida para que se fartassem.

Chegou a hora das despedidas. Abraçando a irmã, Eulália tinha lágrimas nos olhos quando disse baixinho a seu ouvido:

— Sentirei sua falta. Você me ajudou a perceber muitas coisas e a aprender a ser feliz sem medo. Sua coragem de defender seu amor por Alberto impressionou-me muito, confesso.

— Também sentirei saudade e desejo que seja sempre feliz. Não tenha medo de amar, de mostrar seus sentimentos. Vocês se amam. Aproveite as alegrias do amor correspondido — murmurou Liana emocionada.

Norberto aproximou-se dela, abraçando-a e murmurando:

— Obrigado, Liana. Você me ajudou a encontrar a verdadeira felicidade. Sempre lhe serei grato. Que Deus a abençoe.

Ela não respondeu. A emoção era grande, e Liana não encontrou palavras. Quando os carros sumiram na curva da rua, Alberto abraçou-a com carinho.

— Você se emocionou. Sentiremos falta deles.

— Estou feliz. Finalmente, eles compreenderam que se amam e estão felizes. Agora posso ficar em paz.

— Notei que eles estavam diferentes. Norberto estava mais falante, e seus olhos brilhavam e estavam sempre procurando por Eulália. Você está certa. Ele descobriu o amor que sentia pela esposa, e ela correspondeu a esse amor. Que bom!

— Apesar de ter percebido que o interesse dele por mim havia terminado, de vez em quando eu ainda me sentia culpada, pois pensava que, por minha causa, por haver despertado essa louca paixão no coração dele, eu tinha roubado algo de minha irmã. Hoje, ao se despedir, ele murmurou palavras ao meu ouvido que me devolveram a paz.

— O que ele lhe disse?

— Agradeceu e abençoou-me. Disse que eu o ajudei a encontrar a verdadeira felicidade. Eu compreendi e senti que ele percebeu a loucura que estava cometendo quando quis deixar a família para fugir comigo. Como eu o repudiei com firmeza, ele agora percebe o quanto foi boa minha atitude. Ele estava descontrolado. Eu consegui colocar cada coisa em seu verdadeiro lugar, e, graças a Deus, eles estão bem.

— A Deus e a você. Ele está certo. Apesar de perturbada, você teve o bom senso de reagir. Hoje, ele sabe que, se continua a ter uma vida familiar tranquila, foi graças a você.

— E à ajuda espiritual, não se esqueça.

— Nunca me esquecerei. Sem falar que fui o maior beneficiado disso tudo. Se você não tivesse vivido aquela situação em casa, talvez nunca viesse a me aceitar como marido.

Ela riu com gosto.

— Você teria conseguido de qualquer jeito. Nós estávamos destinados um ao outro. Não foi o que os espíritos disseram?

— Ainda bem. O que seria de minha vida sem você?

Abraçados e alegres, eles foram para o carro conversando com animação. O momento era de calma e de paz, e eles queriam aproveitar.

CAPÍTULO 24

Liana acordou indisposta.

— O que foi? — indagou Alberto, preocupado com a palidez de seu rosto.

— Não sei. Acho que comi alguma coisa que me fez mal.

— Melhor irmos ver o doutor Marcílio. Você comeu o mesmo que eu. Não havia nada pesado.

— Isso não é nada. Vai passar logo.

Liana levantou-se e foi ao banheiro lavar-se. Era o primeiro domingo de maio. A manhã estava fresca e agradável. Quando ela se sentou à mesa para o café, Alberto notou que as cores haviam voltado ao seu rosto e sorriu.

— Sente-se melhor?

— Sim.

— Em todo caso, falaremos com o doutor Marcílio.

— Não é preciso. Estou muito bem. O cheiro do pão fresco despertou meu apetite.

Liana comeu com disposição, porém, nos dias que se seguiram, ela passou a acordar sentindo-se enjoada. Alberto convenceu-a a procurar o médico.

Ele examinou-a cuidadosamente e indagou:

— Acorda indisposta, mas logo depois passa?

— É.

— Você está muito bem de saúde, mas precisa fazer um exame.

— Exame? — estranhou ela.

— Sim. Acho que está grávida.

Liana levantou-se assustada:

341

— Grávida? Acho que não. Minha menstruação não está atrasada.

Marcílio sorriu e respondeu:

— Há mulheres muito sensíveis que podem sentir a gravidez no momento da fertilização do óvulo.

Liana olhou para Alberto indecisa. Sempre desejara ter filhos, mas, depois que soubera do pedido do coronel Firmino para reencarnar por meio dela, evitara pensar no assunto.

Alberto abraçou-a emocionado. Ele não tivera filhos do primeiro casamento.

O médico olhou-os com satisfação e esclareceu:

— Compreendo a emoção de vocês. Já presenciei muitos nascimentos, mas o milagre da vida sempre me emociona. Você me parece preocupada. Não está feliz?

— Sempre desejei ser mãe, contudo, nessas circunstâncias, sinto receio.

— Você está muito bem de saúde e na idade boa para ser mãe. Do que tem medo?

Ela hesitou um pouco e depois respondeu:

— Do coronel Firmino. Será que é ele quem vai nascer?

— É cedo para saber — disse o médico.

— Não deve se preocupar com isso, Liana. Deus sempre faz tudo certo — interveio Alberto.

— Bem, não pensei que fosse acontecer assim, de repente. Os espíritos disseram que ele só nasceria se eu o aceitasse. Nunca sonhei com ele, não me recordo de havermos conversado e de haver concordado em ser sua mãe.

— Nesse caso, pode não ser o espírito dele que vai nascer. Não acha, doutor Marcílio?

— Pode ser. Entretanto, o mais importante é reconhecer que a vida não erra. Se ela programou esse nascimento, tudo está certo e você não deve se preocupar. Vamos fazer o exame e confirmar a gravidez. Depois, é cuidar-se bem e esperar o bebê com alegria. Isso é o que importa agora.

No caminho de volta para casa, Alberto não escondia o entusiasmo. Vendo sua alegria, Liana animou-se.

— Vou telefonar para Eulália. Ela será a primeira a saber.

— Estou pensando na casa. Precisaremos de mais um quarto. O que acha de procurarmos uma maior?

— Não sei. Gosto tanto de nossa casa... Vamos esperar um pouco mais para decidir.

Eulália vibrou com a notícia!

— Que maravilha! Como se sente?

— Por enquanto, me sinto bem. Um pouco enjoada de vez em quando.

— É natural. Meu primeiro sobrinho! Faço questão de comprar um enxoval completo para ele. O mais lindo que encontrar.

— Ainda é muito cedo, Eulália.

— Qual nada! O tempo passa depressa.

— Alberto quer procurar uma casa maior, mas gosto tanto da nossa que ainda não decidi.

— Você precisará de companhia. Eu gostaria de estar ao seu lado agora. Por que não voltam a morar aqui?

— Nós gostamos da calma do interior. Não nos habituaríamos mais com a cidade.

— Nesse caso, por que não se mudam para a mansão?

Liana teve um sobressalto:

— Que ideia, Eulália...

— Por quê não? É uma casa linda, com conforto. Mesmo que morem lá, há espaço para nos acolher quando resolvermos passar férias aí. Além de economizarem o aluguel, ficariam mais bem instalados.

— Obrigada, Eulália, mas não podemos aceitar. O que Norberto iria dizer?

— Ficaria muito contente. Em nossas conversas, muitas vezes lamentamos que uma casa tão boa, tão bonita, permaneça fechada por tanto tempo. Vocês cuidariam bem de tudo e nos fariam muito felizes.

— Agradeço, mas você sabe: eu não gostaria de voltar a morar lá, por causa do espírito do coronel Firmino. Já pensou se ele me aparecer novamente?

— Qual nada! Ele já se foi. A casa agora está livre. Converse com Alberto. Prometa que pensará no assunto.

— Está bem. Direi a ele. Gosto da casa, é linda, mas não me sinto com coragem de morar lá novamente.

Assim que desligou o telefone, Liana comentou com Alberto, que disse apenas:

— A casa é ótima, mas, se você se sente assim, não aceitaremos. Quero que se sinta feliz, alegre. Escreveremos uma carta a eles agradecendo e pronto.

Não falaram mais no assunto. Nos dias que se seguiram, Liana fez todos os exames necessários, e o doutor Marcílio concluiu satisfeito que ela estava muito bem.

No mesmo dia em que soube da novidade, Eulália contou às crianças a chegada do sobrinho.

— É o espírito do coronel Firmino — afirmou Eurico.

343

— Como você sabe? — interveio Amelinha curiosa.

— Isso mesmo — comentou Eulália. — Ninguém sabe. A natureza tem seus segredos.

— Claro que é ele. Estava louco para nascer. Pediu muito, chorou. Agora conseguiu.

— Isso é você quem está concluindo — disse Eulália. — Liana não falou nada a esse respeito, portanto, é melhor não ficar afirmando isso. Ela pode ficar nervosa se achar que é o espírito dele.

— Quem mais poderá ser? Ele é que estava querendo... — lembrou Eurico.

— Nem tudo o que ele quer pode ter. No lugar onde ele vive agora há disciplina. Para nascer, ele precisaria de permissão superior.

— Acha que ele não conseguiu? — perguntou Nico com interesse.

— Não sei. É provável que não. Em todo caso, não acho prudente acreditar que seja ele desde já.

— Mas e se for? — teimou Eurico.

— Se for, um dia saberemos. Tenho estudado sobre a reencarnação e aprendido que não devemos fantasiar sobre o assunto. O espírito que nasce esquece o passado, e isso evita problemas, ajuda seu progresso. Não quero que falem com Liana sobre isso. Ela pode ficar nervosa, e não será bom para sua saúde.

Eles prometeram não comentar com a tia, mas, quando se viram sozinhos, Eurico não se conformou:

— Tenho certeza de que é ele.

— Pensando bem, você pode ter razão — concordou Nico.

— E se for ele, o que faremos? — volveu Amelinha.

— Nada, ora. O que poderemos fazer? — respondeu Eurico.

— Se for ele, deve estar do lado dela, e você poderá ver — lembrou Nico.

— É, mas não quero ver nada. Posso me assustar e dar com a língua nos dentes. Já pensou se tia Liana passar mal por causa disso?

— A não ser que ela já saiba — aduziu Nico.

— Pelo que mamãe disse, não. Além disso, ela não o queria, lembra? — perguntou Eurico.

— Ela pode ter mudado de ideia. Ter visto como ele está diferente — sugeriu Nico.

— Mamãe disse que iremos até lá no fim da outra semana. Poderemos perguntar a ela — disse Amelinha.

— Eu é que não vou perguntar nada — garantiu Eurico.— Logo agora que tudo está tão sossegado.

344

— Você tem dormido bem, não me chamou mais durante a noite.

— Eles me deixaram em paz, e não quero que voltem. Mamãe tem razão. Vamos esquecer essa história.

— Se for ele, aparecerá novamente — concordou Nico.

— Será que ele aparecerá como nenê? Isto é, se ele for nascer? — perguntou Amelinha.

— O professor disse que ele pode ser visto como ele era ou como ele será. Depende.

— Xi!!! Nico, você está confundindo minha cabeça agora — tornou Amelinha. — Como pode ser isso?

— Ora, na outra dimensão o tempo é diferente. Quem vê os espíritos está olhando para a outra dimensão. Pode ver o que já aconteceu, o que está acontecendo e o que vai acontecer.

— É isso mesmo — concordou Eurico. — Já aconteceu comigo. Uma vez, vi tia Liana como ela era quando foi esposa do coronel.

— Como é isso? — indagou Amelinha.

— Ora, eu olhava para ela, e ela estava com outra cara. Parecia outra pessoa. Uma vez, olhei para Nico quando ele dormiu do meu lado e não era ele. Era um moço bonito, de cabelos castanhos, e que, engraçado, não estava dormindo. Olhou para mim e sorriu. Quase morri de medo!

— Como sabe que era eu? Podia ser um espírito que estava ao meu lado.

— Não. Naquela hora eu sabia que era você. Não dá para explicar.

— Puxa! E eu? Você nunca viu como eu era na outra encarnação?

— Vi. Você era feia e faladeira como agora e sempre dava palpites em tudo.

— É mentira! Não acredito nisso. Você está querendo debochar de mim — reclamou ela chorosa.

— Ele não viu você — disse Nico com voz conciliadora. — Tenho certeza de que você foi uma moça muito bonita e agradável.

Eurico olhou para eles e disse sério:

— Você deve saber mesmo, pois naquele tempo andava sempre agarrado a ela!

Os dois olharam-no admirados.

— Por que está dizendo isso? — perguntou Nico.

— Não sei. De repente, pareceu-me que os vi adultos e abraçados.

— Você sabe que às vezes também me sinto assim? Moço e ao lado de Amelinha? Será que já nos conhecemos de outra vida?

— Acho que, de tanto andarmos juntos, acabamos por imaginar coisas.

345

— É mesmo. É melhor deixarmos esse assunto de lado. Não poderemos saber ao certo mesmo — concluiu Nico, e os outros dois concordaram.

***

Quinze dias depois, eles foram passar o fim de semana na mansão. Eulália estava ansiosa para ver a irmã, já comprara algumas coisas para o enxoval do bebê e não falava em outra coisa.

Norberto, ao saber da notícia, ficou pensativo. Sentiu receio de descobrir que havia dentro de si um pouco do antigo sentimento que nutria pela cunhada. Mais tarde, sozinho no quarto, resolveu analisar melhor o que ia dentro de seu coração.

Ele e Eulália estavam vivendo uma vida feliz. Ela revelava-se a cada dia ser a companheira perfeita. Tendo descoberto o amor, tornara-se ardente, apaixonada, e Norberto sentia que a amava mais a cada dia.

Era com ela que ele sentia mais afinidade. Analisando melhor seus sentimentos, ele sentiu-se aliviado, e todo o receio desapareceu. A gravidez de Liana não despertara nele nenhum ciúme ou desagrado. Ao contrário, sentia-se alegre e desejava que tanto ela quanto Alberto encontrassem a felicidade, formando uma família como a que ele possuía.

Foi, então, com disposição e prazer que participou da alegria de Eulália, ouvindo-a discorrer sobre o que comprara para presentear o futuro sobrinho, elogiando seu bom gosto.

Pouco depois de chegarem à mansão, Liana e Alberto apareceram para abraçá-los. O ambiente estava alegre, e eles conversavam animadamente.

As crianças estavam entusiasmadas com as roupinhas do bebê que Eulália levara e faziam perguntas querendo saber quando ele chegaria, se ele iria dormir no quarto do casal e como seria o berço.

Estavam tomando o café da tarde, quando Maria informou a Nico que seu irmão o procurava e estava muito agitado. Nico atendeu-o imediatamente:

— O que foi, Zé?

— Ainda bem que você veio! O pai teve um ataque, e a mãe mandou chamá-lo. Está muito nervosa.

— O pai? O que ele tem? É melhor chamar o doutor Marcílio.

— Ele está lá agora. Acho melhor você ir comigo lá.

— Eu irei. Espere um pouco.

— Eu irei com você — disse Eurico, que ouvira tudo.

— Eu também quero ir — ajuntou Amelinha.

— Sua mãe não deixará. Falarei com ela.

Nico foi até a sala acompanhado dos outros dois.

346

— O que foi, Nico? — indagou Eulália.

— O Zé veio me chamar. Meu pai sofreu um ataque, e o doutor Marcílio está lá. Preciso ir.

— Eu irei com ele! — decidiu Eurico.

— Eu também — tornou Amelinha.

— Não é preciso. O médico está cuidando dele. Pode ser que já esteja bem.

— Mandarei o motorista levá-lo para ir mais rápido — determinou Norberto.

— Obrigado.

— Vocês dois ficam aqui — resolveu Eulália. — Nico irá sozinho. O doutor Marcílio está lá cuidando. Em todo caso, Nico, pode contar com nossa ajuda. Se precisar, nos telefone.

Depois que os dois irmãos saíram, Alberto considerou:

— Fiquei com vontade de ir com eles.

— Podemos passar lá quando sairmos — sugeriu Liana.

— Faremos isso.

Ao passarem pela casa de Ernestina, viram o doutor Marcílio chegando também. Ficaram sabendo que Jacinto sofrera um derrame, cuja extensão só um exame especializado poderia informar. O doutor Marcílio medicou-o e ficou lá observando a evolução da doença. Depois que ele deu ligeiro sinal de melhora, o médico foi até sua casa apanhar alguns medicamentos e voltou para examiná-lo novamente.

Nico estava conversando com os irmãos na cozinha e aproximou-se de Alberto e Liana quando entraram na sala.

— O doutor Marcílio está tratando dele. Ele ficará bem — disse Liana notando o ar preocupado do menino.

— Ele é um grande médico. Vamos confiar — tornou Alberto.

— Eu sei disso — respondeu Nico

— Seus irmãos estão assustados e você inquieto, angustiado. Acalme-se. Sua mãe precisará de sua ajuda. Como fará isso, se não se acalmar? — lembrou Liana.

— Minha mãe tinha medo de que um dia isso fosse acontecer.

— Como assim, Nico? — perguntou Liana.

Ernestina aproximou-se e pediu:

— Nico, vá conversar com as crianças lá fora. — Enquanto o menino obedecia saindo com os irmãos, ela voltou-se para o casal e continuou: — Vamos nos sentar, por favor.

— A senhora está ocupada. Não queremos incomodá-la — respondeu Liana.

347

— Só viemos saber como ele está e dizer que podem contar com nossa ajuda em tudo o que precisarem — completou Alberto.

— Obrigada. Sei que são nossos amigos. O doutor está com o Jacinto e pediu que eu saísse. É até bom nessa hora ter com quem conversar. Sentem-se, por favor.

Eles sentaram-se, e Alberto perguntou:

— Nico disse que a senhora previu que seu marido iria adoecer. Por quê? Ele já havia tido alguns sintomas?

Ela fez um gesto vago e respondeu:

— Não, mas deduzi que ele acabaria assim. Veja: ele sempre foi muito forte e saudável. Tinha apetite, bons braços, pernas ágeis, mas nunca os usou bem. Não é pessoa má, mas nunca foi disposto pra trabalhar. Vivia se encostando, sentado, tudo pra ele era trabalhoso. Então, pensei: Deus dá bons braços e boas pernas, saúde, força pra gente usar. A vida é muito prática e não gosta de coisas inúteis. Tudo na natureza se movimenta, trabalha e produz. Pode ver: a água parada apodrece e cria bicho; se você põe gesso na perna ou no braço, quando tira, não pode movimentar como antes. Leva tempo, precisa de exercício para voltar a ficar bom. Tudo é assim. A vida tem sua linguagem e, quando a observamos, podemos sentir o que ela fará com as pessoas que não se importam em usar os bens que ela lhes dá. Com o Jacinto eu sabia que ele não teria bons resultados com essa sua atitude. O doutor Marcílio está lá. O Jacinto acordou, mas não está conseguindo mexer o lado direito do corpo. O braço e a perna estão paralisados.

— Mas hoje em dia a medicina está muito adiantada. O doutor Marcílio é um médico excelente. Tenho certeza de que o senhor Jacinto vai melhorar aos poucos — interveio Liana.

— Com a ajuda de Deus, e eu desejo isso. No fundo do meu coração, contudo, sinto que será difícil. Ele sempre gostou de viver parado, e a vida está lhe dando o remédio que ele sempre pediu.

Ernestina falava com naturalidade, e Alberto olhou admirado para Liana, que, comovida, a abraçou dizendo:

— Vamos esperar que Jacinto se recupere, porque pode ser justo para ele, mas não o será para a senhora, que já luta com tanto trabalho e terá agora de ficar cuidando dele.

— Estou pronta para fazer o que puder. Ele é meu marido. Tem seus defeitos assim como tenho os meus, mas, se ele não se recuperar, e eu precisar ajudá-lo, farei de coração. Ele é o pai dos meus filhos e meu companheiro.

O doutor Marcílio saiu do quarto, e Ernestina voltou-se para ele:

— Como ele está, doutor?

348

— Na mesma. Amanhã, conseguirei uma ambulância para levá-lo ao hospital em Ribeirão Preto para fazer alguns exames. Depois, poderei falar melhor sobre o caso.

— Ficarei ao lado dele.

— Já dei o remédio, e ele dormirá um pouco. Vou explicar-lhe como dar os medicamentos. Venha.

Eles foram para o quarto, e Alberto comentou:

— Que mulher extraordinária!

— É admirável. Acho que Nico vai querer passar a noite aqui a fim de confortá-la.

— É possível. Vamos esperar o doutor Marcílio. Quero me informar melhor sobre o caso.

Quando o médico voltou, eles despediram-se e saíram juntos. Nico pediu a Liana que telefonasse para Eulália e dissesse que ele iria ficar com a família naquela noite.

Uma vez lá fora, Alberto conversou com Marcílio sobre o estado de Jacinto.

— A pressão arterial de Jacinto está descompassada. O processo ainda não se estabilizou. Não é possível prever como ele reagirá.

— O derrame pode se repetir? — indagou Alberto.

— Esse é meu receio.

— Nesse caso, não seria melhor interná-lo imediatamente?

— Já apliquei nele a medicação que ele tomaria no hospital. Removê-lo nesse estado pode deixá-lo mais assustado do que já está e provocar exatamente o que desejo evitar. Amanhã, faremos a internação com calma, sem nenhum prejuízo a ele e à família.

— Nós desejamos ajudá-lo para que ele tenha todo o atendimento necessário. Norberto também quer colaborar, portanto, informe-nos o montante das despesas.

— Deixe comigo. Pode ter certeza que nada faltará a ele. Quanto às despesas, depois falaremos sobre isso. De minha parte, farei tudo para que ele seja bem atendido.

Ao chegarem a casa, Liana ligou para Eulália e informou-a sobre a doença de Jacinto. Ela finalizou:

— Nico pediu-me para avisá-la de que ficará esta noite com a família. Ele quer confortar a mãe e ajudá-la. Se tudo correr bem, ele voltará amanhã.

— Está bem. Só espero que ele não queira ficar aqui por mais tempo. Amanhã, teremos de voltar para São Paulo, e ele não poderá perder aula. Além disso, se Nico ficar, Eurico me dará trabalho. Nunca vi coisa igual. Eles não se largam. Os três. Aonde um vai, os outros dois vão também.

349

— É verdade. Nico é muito amoroso e preocupado com a mãe, mas ela tem bom senso. Não permitirá que ele se prejudique por causa da doença do pai. É uma mulher prática e inteligente. Amanhã, o doutor Marcílio levará Jacinto a Ribeirão Preto para fazer alguns exames, e tenho certeza de que Ernestina convencerá Nico a voltar com vocês para São Paulo.

— Espero que sim. Esse menino já faz parte de nossa família. Às vezes, chego a esquecer que ele não é nosso filho. Até Norberto costuma conversar com Nico sobre os assuntos de família e muitas vezes já o vi fazer as coisas exatamente como ele sugeriu. Não é surpreendente?

— Se fosse com outro menino, eu diria que é, mas Nico é um menino especial. Sempre percebi isso. É um líder natural. Os outros dois também acabam fazendo o que ele diz. Ainda bem que ele os influencia para melhor, e por isso vocês o estimam.

— De fato. Se depender de nós, ele ficará conosco para sempre.

Liana desligou o telefone e comentou com o marido:

— Decididamente, Nico já conquistou toda a família. Eulália está com medo de que ele deseje ficar mais tempo com os pais.

— A mãe não permitirá. Ela sabe o que quer.

Liana sorriu e meneou a cabeça, concordando. Estava se preparando para se deitar quando disse:

— Sabe... aquela ideia de ir morar na mansão não é tão disparatada assim. Hoje, quando estive lá, observei como aquela casa é bonita. Dá gosto ver.

— É verdade. Por mim, não tenho objeção. Você é que não gosta de lá.

— Não sei onde eu estava com a cabeça quando disse isso. Por causa de uma bobagem, estou me privando de viver em um lugar espaçoso e bonito como aquele, afinal, o coronel já foi embora e nunca mais voltará. Não foi isso que o doutor Marcílio disse?

Apesar de surpreso, Alberto respondeu:

— Foi.

— Há um quarto que pode ser muito bem adaptado para nosso bebê. Fica ao lado do quarto de hóspedes, que seria nosso se nos mudássemos para lá.

— Pelo jeito, você esteve pensando nisso.

— É. Hoje, me senti bem naquela casa. Acho que as más influências foram embora.

— Ainda bem. Finalmente, você se sente livre. Isso é o que importa.

***

Às sete da manhã do dia seguinte, a ambulância chegou para buscar Jacinto, e Ernestina quis acompanhar o marido.

— Vou ver se a dona Ana pode tomar conta das crianças até eu voltar.

— Pode ir, mãe. Eu ficarei aqui com eles.

— Você precisa voltar para a mansão, Nico. Dona Eulália está esperando.

— Não agora. Você vai, e eu fico com eles. Dona Ana tem muitos filhos, e o marido dela é abusado e brigará com ela. Deixe que eu fico.

— Está bem. Não sei quanto tempo seu pai ficará lá, mas, se ele estiver bem, eu voltarei e você poderá ir.

— Eu quero ficar com você. Sei que precisará de mim.

Ernestina passou a mão de leve na cabeça do filho:

— Nada disso. Acha que não sou suficiente para tomar conta da minha família? Você não pode perder aula, e seu pai está bem assistido. O doutor Marcílio fará tudo que puder por ele. Além disso, tem o professor Alberto. Ele também nos ajudará.

— É meu pai, é minha família. Tenho que ficar.

— Faremos os exames, e seu pai ficará bem. Você poderá voltar pra São Paulo.

— E se ele piorar, e eu estiver longe?

— Se ele piorar, e eu precisar de você, telefonarei chamando.

— Promete?

— Prometo. Agora tenho de ir. A ambulância já vai sair.

Depois que eles se foram, Nico chamou José.

— Sente-se aí. Precisamos conversar.

— Acha que o pai vai morrer?

— Não sei, mas você é o filho mais velho. Se o pai está doente, é você quem tem de cuidar da família.

— Eu?! A mãe nunca me dá ouvidos. Ela só fala no queridinho dela, que é você. Agora que as coisas estão se complicando, eu é que tenho de pagar o pato?

Nico levantou-se, aproximou-se do irmão e olhou-o firme nos olhos. Por fim, disse sério:

— Você já fez treze anos. O que quer da vida? Acha que levará tudo assim, jogando bola, sem estudar nem trabalhar? Está na hora de começar a ajudar a mãe e a sua família. Viu o que aconteceu com o pai?

— Vi, mas não foi por minha causa.

— Não? Eu ouvi a mãe falando que o pai ficou doente porque vivia muito parado.

— Isso é bobagem. Ele teve um derrame.

351

— Mas ficou sem poder mexer o braço e a perna. Se não melhorar, não poderá andar mais. Já pensou nisso?

José baixou a cabeça e não respondeu, e Nico continuou:

— A mãe está certa. Se você observar, tudo se movimenta na natureza, e é isso o que garante a vida. A água corre para o rio, o rio corre para o mar, o sol nasce e se põe, e até a Terra gira em volta do sol. O vento movimenta as árvores, tudo se move. Quem fica parado emperra. Já pensou se o sol resolvesse parar e não voltar no outro dia? Se as águas não corressem para os rios, e o sol, parado no céu, secasse tudo? Em pouco tempo, todos nós morreríamos. A vida se sustenta porque cada coisa, cada ser vivo, cada pessoa faz sua parte. Você recebeu de Deus o dom da vida e precisa fazer sua parte, contribuir para que a vida seja melhor a cada dia e para que tudo continue existindo. Esse é o preço que você tem de pagar por estar vivo.

José olhou o irmão admirado, pois nunca pensara nisso. Não se deu por achado:

— Eu não pedi pra viver. Deus me fez nascer porque quis.

— Mas você nasceu, está vivo e com saúde. O que você fez em favor da vida?

— Que ideia! Não preciso fazer nada. Eu quero viver, fazer o que eu gosto. Não sou como você, que vive puxando o saco dos outros.

— Mas, enquanto estou estudando, me preparando para viver melhor, você está mais preguiçoso a cada dia. Não ajuda a mãe, não estuda, não trabalha. Como pensa que será sua vida quando crescer?

— Quando chegar a hora, pensarei nisso. Agora sou criança.

— Quando for grande, terá de pegar no cabo de enxada se quiser comer. Por enquanto, a mãe trabalha, e você tem comida todos os dias, mas, quando ela ficar velha e você tiver que comprar sua comida, como fará isso?

— Você sempre foi o queridinho dela. Eu sempre fui rejeitado. Você aparece aqui vestido como gente rica, mora na cidade, anda de carro e ainda vem me chamar de preguiçoso?

Nico colocou as mãos nos ombros do irmão e sacudiu-o com força:

— Viu o que está fazendo consigo mesmo? Você nunca foi rejeitado por ninguém. O que a mãe me ensinou também lhe ensinou, contudo, eu ouvi os conselhos dela, e você não. Não foi ela quem o rejeitou. Foi você quem rejeitou o amor e os conselhos dela e agora fica dando uma de coitado. Eu, no entanto, sei que você não é nada disso. Sei que é um menino inteligente, que tem saúde e que, se quisesse, poderia ser muito mais do que eu e conseguir tudo de que precisasse para progredir na vida. Você, porém, prefere se dar ares de superioridade, de revoltado, não obedecer à mãe, não ajudar, não fazer nada. Acha mesmo que está se beneficiando

352

com isso? Acha que está lucrando? Não, você está se enterrando, se acabando, se tornando um vagabundo. É isso o que quer?

José sacudiu o corpo e escapou do irmão dizendo:

— Me deixe em paz. Você não manda em mim. O pai fala que sou criança para pensar na vida e que quem é esperto não precisa se matar de trabalhar pra viver.

— Você dá ouvidos ao que ele fala e acabará como ele, vivendo à custa da mulher e entrevado em uma cama. É isso que quer?

— Não fique agourando. Você não tem nada com minha vida.

Dizendo isso, saiu. Nilce, que observava da porta, aproximou-se:

— Você está perdendo tempo. A mãe dá tantos conselhos a ele, mas nunca ouve. Esse não tem jeito mesmo.

— Apesar de tudo, ele é um menino inteligente. Um dia, compreenderá e mudará.

— A mãe também fala isso, mas duvido. Venha tomar café, Nico. Eu fiz. Tem bolo de milho também. O Jaime e a Neusinha já comeram.

— E o Zé?

— Deve estar no quarto. Vou chamar.

Pouco depois, ela voltou admirada.

— Ele saiu. Não está em nenhum lugar. Ele é sempre o primeiro a tomar café, mas saiu sem comer. Aonde terá ido?

— Foi esfriar a cabeça, mas voltará logo, ainda mais porque não tomou café. Vamos nós.

Abraçando a irmã, Nico conduziu-a para a cozinha e sentou-se esperando que ela colocasse o bule na mesa. Felizmente, Nilce estava crescida e tinha boa disposição para ajudar a mãe nos trabalhos da casa.

Se seu pai estivesse melhor, ele poderia voltar para São Paulo na tarde daquele mesmo dia.

No fim da tarde, Ernestina voltou informando que o marido ficara internado para fazer mais alguns exames, mas que o estado dele tinha se estabilizado, o que afastava temporariamente a possibilidade de repetição do derrame. Assim, Nico poderia voltar para São Paulo com dona Eulália.

Um pouco hesitante, Nico concordou, mas Ernestina insistiu, e ele finalmente aceitou ir.

Antes de ir embora, Nico, contudo, aproveitou quando todos estavam fazendo um lanche na cozinha para dizer:

— Eu irei, mas agora que o pai não está, o Zé terá de tomar conta da família. Ele é o homem da casa.

Todos o olharam admirados. Ernestina olhou para Nico e para José e respondeu com voz calma:

353

— Ainda bem que Deus não me deixou sozinha nesta hora. É bom ter um homem dentro de casa pra me apoiar.

José estremeceu, endireitou o corpo, levantou a cabeça, mas não disse nada. Ernestina continuou tomando seu café tranquilamente e conversando com os filhos com naturalidade.

Quando acabaram, Nico beijou as crianças e despediu-se da mãe, fazendo-a prometer que o chamaria se precisasse dele. Ao sair, disse para José:

— Eu gostaria de ficar, mas não posso. Confio que você os ajudará mais que eu. Vamos rezar para que o pai sare logo.

José não disse nada, e Nico apressou-se em ir para a mansão. Eulália mandara avisar que partiriam às seis e que ele apenas teria tempo de arrumar suas coisas para a viagem de volta.

CAPÍTULO 25

Jacinto ficou internado no hospital durante uma semana. O doutor Marcílio achou melhor que ele ficasse lá para poupar um pouco Ernestina e lhe dar uma assistência intensiva. O estado de Jacinto havia se estabilizado, porém, ele não conseguia movimentar os membros do lado direito nem pronunciar as palavras com facilidade, o que o deixava mais nervoso.

Ernestina informava-se do estado do marido por meio do doutor Marcílio.

— Amanhã, ele deixará o hospital e voltará para casa. Por enquanto, não consegue andar, mas verei se consigo que Nelsinho venha cuidar dele.

Ernestina olhou séria para o médico:

— Ele ficará bom? Isto é, ele se recuperará e voltará a ser como era?

— A fisioterapia o ajudará. Veremos como ele reagirá. Ele está nervoso e rebelde e tem dado um pouco de trabalho, mas tenho certeza de que você conseguirá convencê-lo a fazer tudo direito. É preciso que ele saiba que esses exercícios representam sua oportunidade de cura. Se ele não reagir, se não fizer esse esforço, nunca mais andará.

— Deixe comigo. Ele terá de fazer.

— Verei se consigo também uma cadeira de rodas, pelo menos enquanto ele estiver assim.

— Isso deve ser caro, doutor. Não sei se terei como pagar.

— Não se preocupe, dona Ernestina. A senhora tem muitos amigos. O doutor Norberto e o professor já se prontificaram a pagar o tratamento. Jacinto terá tudo o que for necessário para ficar bom. O importante agora é fazê-lo se esforçar para aproveitar.

Jacinto voltou para casa no dia seguinte. Alberto e Liana foram visitá-lo. Ernestina recebeu-os com carinho, informando-os sobre o estado do marido, e finalizou:

— O doutor Marcílio tem sido bom demais. Sem falar de vocês, que pagarão o Nelsinho. Amanhã, Jacinto começará os exercícios. Nem sei como agradecê-los por tudo o que têm feito pelo Nico e agora por nós. Só Deus poderá pagá-los por tudo.

— Não se preocupe com isso, dona Ernestina. Vamos rezar para ele ficar bom — respondeu Alberto.

— Pode contar sempre com nossa amizade — ajuntou Liana. — Nico é muito querido por todos nós. Eulália não esquece que ele contribuiu muito para que Eurico ficasse bom, e eu mesma lhe devo muitos favores. Seu filho é maravilhoso.

Os olhos de Ernestina brilharam emocionados quando ela sorriu e disse:

— De fato, ele sempre foi a luz que Deus colocou em meu caminho. É um bom menino e merece ser feliz.

Depois de passar ligeiramente pelo quarto do doente e desejar-lhe breve recuperação, despediram-se e ofereceram-se mais uma vez para ajudar dona Ernestina no que ela precisasse. Ao sairem, viram José sentado em um canto do jardim, pensativo. Alberto aproximou-se:

— Como vai, Zé?

O menino levantou os olhos, e Alberto notou que ele chorara.

— Não fique triste. Tenha fé. Seu pai vai melhorar.

José não respondeu, limitando-se a baixar a cabeça novamente. Alberto fez um sinal para Liana, que se afastou discretamente, indo esperá-lo do lado de fora. Depois, Alberto abaixou-se, colocou a mão no ombro do menino e disse:

— Está sendo difícil para você suportar esse momento. Sei como é, porque já passei por isso também. Gostaria de ser seu amigo e lhe dizer que pode contar comigo para o que precisar.

Um soluço sacudiu o corpo do menino. Ele tentou se conter, levantou os olhos cheios de lágrimas e respondeu com voz emocionada:

— Desculpa, professor. Não sou um fraco. Meu pai sempre me ensinou que chorar é coisa de mulher.

— Não é verdade, Zé. Há momentos em nossa vida em que chorar nos alivia a alma. Eu mesmo já chorei muitas vezes. Deixe sair sua dor. Chore, se tem vontade.

356

O menino não conseguiu mais conter o pranto. Seu corpo foi sacudido pelos soluços, enquanto as lágrimas lavavam suas faces. E, embora ele tentasse limpá-las com as mãos, as lágrimas não paravam de cair.

Alberto tirou um lenço do bolso e entregou-o a ele. Quando o viu mais calmo, disse:

— Agora enxugue os olhos e não se deixe abater. Seu pai vai melhorar. Você pode ajudá-lo, não o deixando perceber sua tristeza. Sua mãe e seus irmãos também precisam de seu apoio.

José suspirou, enxugou os olhos e depois tornou envergonhado:

— Eu não sirvo pra nada, professor. Não sei ler nem trabalhar, como o Nico. Não posso ajudar ninguém.

— Não diga isso, Zé. Tudo o que Nico faz você também pode fazer. É só querer aprender.

— Estou muito grande para ir para a escola. Tenho vergonha. Além disso, estou com muito medo.

— Medo? Por causa da doença de seu pai?

— Por tudo. Tenho medo de ficar como ele, sem poder andar. O pai nem pode mais falar direito. Não quero ficar como ele...

— Você não ficará como ele. Não precisa ter medo.

— Nico disse que sou vagabundo, que não gosto de trabalhar. Quem fica parado acaba assim, como o pai. Quando o vi desse jeito, pensei que Nico podia ter razão. Não quero ficar assim. Eu ouvi o doutor Marcílio dizer que não sabe se ele ficará bom como era. Eu não ouvia os conselhos da mãe; só ouvia os dele, mas agora sei que ele estava errado. Estou com medo e grande demais pra aprender. O que acontecerá comigo?

Alberto, penalizado, passou a mão pelos cabelos do menino.

— Não acontecerá nada de mau. Você ainda é criança, reconhece que não estava agindo da melhor maneira e terá tempo de aprender.

— Não quero ir pra escola com os pirralhinhos. Estou muito grande.

— Tenho a solução. Se tem mesmo vontade de estudar, posso ensiná-lo.

José levantou para ele os olhos brilhantes de emoção:

— O senhor é professor. Faria isso por mim?

— Se estiver mesmo disposto a estudar, farei. Posso ensiná-lo, e você poderá recuperar o tempo perdido.

— Não tenho dinheiro pra pagar.

— Eu exijo pagamento, só que não precisa ser em dinheiro.

— Como, então?

— Sou uma pessoa ocupada e não posso perder tempo. Tem de aproveitar bem as aulas, prestar atenção e estudar de fato. Depois, aprenderá a cuidar do meu jardim.

José coçou a cabeça preocupado:

— Eu quero, só que não sei como cuidar de um jardim. Nunca fiz isso.

— Não importa. Aprenderá. Então, o que me diz?

Ele levantou-se e, olhando nos olhos de Alberto, disse:

— Acha mesmo que posso aprender? Que não sou muito burro?

— Tenho certeza. Você poderá fazer tudo o que eu faço ou que Nico faz. Basta querer. Podemos começar amanhã. Apareça lá em casa às duas da tarde.

— Sim, senhor! Pode esperar!

Alberto apertou a mão do menino, tentando esconder a emoção. Depois, procurou por Liana, que o esperava do lado de fora.

— O que houve com ele? — indagou Liana.

— Um milagre! A doença do pai, alguma coisa que Nico disse, não sei bem o que foi, tocou a alma dele, e o garoto parece disposto a mudar, a estudar e até a trabalhar.

— Que bom! Ernestina ficará muito contente, pois sempre se preocupou com o futuro dele.

— Vamos ver. Vou dar-lhe aulas. Começaremos amanhã.

Liana abraçou o marido e sorriu:

— Tenho certeza de que ele aprenderá tudo. Você nasceu para ensinar.

***

No dia seguinte, José apareceu na casa do professor antes da hora marcada. Havia tomado banho, penteado os cabelos e vestido sua melhor roupa.

Antes do almoço, ele já estava pronto, e Ernestina, vendo-o limpo e calçado, o que não era seu costume, admirou-se:

— Você vai a algum lugar?

Ele hesitou, pois não queria contar que ia começar a estudar. E se não conseguisse aprender? Não queria que os irmãos soubessem e o chamassem de burro.

— Depois, lhe conto — respondeu olhando para Nilce, que estava ajudando a mãe com o almoço.

Ernestina notou seu embaraço e disse com naturalidade:

— Nilce, recolha a roupa do varal. O sol está forte, e, se secar muito, ficará ruim pra passar.

Depois que a filha saiu, Ernestina tornou:

— Se é segredo, já pode falar. Estamos sozinhos.

— É que ontem eu estava pensando... isto é... o professor Alberto conversou comigo e me pediu pra eu trabalhar no jardim da sua casa. Disse que me ensinará.

— Que bom!

— Se eu limpar bem o jardim, ele me ensinará a ler e escrever.

Ernestina abraçou o filho com carinho.

— Fico feliz que tenha decidido cuidar do seu futuro. Pode contar comigo para o que precisar: cadernos, lápis, tudo. Acho que comprarei mais duas mudas de roupas. Você precisa. Por que não contou isso na frente da sua irmã? Ela sempre quis que você fosse estudar na escola dela.

— Não quero que ninguém saiba. Nem o pai nem os irmãos. E se eu não conseguir aprender?

— Você sempre foi um menino inteligente. Tenho certeza de que aprenderá tudo muito depressa. O que faltava era só vontade.

— Não sou inteligente como o Nico ou a Nilce. Se eu fosse, não teria fugido da escola e dado ouvidos às conversas do pai.

— Qualquer pessoa, mesmo sendo inteligente, pode escolher errado. Foi o que aconteceu com você. O importante é que agora você percebeu e quer mudar. Seu sucesso dependerá da vontade que você tem de melhorar sua vida. Aprender coisas é alargar seu mundo. Tenho certeza de que você vai adorar estudar com o professor Alberto. O Nico adorava.

***

Gislene fez José entrar, e Alberto conduziu-o para o escritório. Ele notou que o menino estava acanhado e respondendo por monossílabos. Alberto, então, fê-lo sentar-se no sofá e sentou-se ao seu lado, dizendo:

— Precisamos conversar. Se vamos trabalhar juntos, precisamos nos conhecer melhor. Você já completou treze anos?

— Já.

— Qual é o dia de seu aniversário?

— Dois de setembro.

— O que mais gosta de fazer?

— Bem... acho que... eu gostava de jogar bola, mas agora tenho que mudar.

— Você pode continuar a jogar bola, pois é um excelente esporte.

— Mas é só o que eu fazia e por causa disso não fui mais à escola.

— Não há nada de errado em gostar de fazer algum esporte ou se divertir fazendo o que gosta. É uma questão de saber organizar sua vida com inteligência. Se fizer isso, terá tempo para estudar, trabalhar, se divertir jogando bola, fazer qualquer outra coisa que lhe dê prazer ou até não fazer nada.

José arregalou os olhos:

— Será? Eu levantava cedo e só pensava em jogar bola.

— Na vida, todos nós precisamos aprender disciplina. Sabe o que é isso?

— Sei. É ter de fazer tudo o que a gente não gosta.

Alberto riu bem-humorado.

— Quem lhe disse isso?

O menino enrubesceu e disse baixinho:

— Foi meu pai... mas agora acho que ele não estava certo.

— Com certeza, seu pai não teve quem lhe ensinasse isso. Comecemos nosso estudo por aí.

Alberto apanhou um livro de gravuras sobre a natureza e os fenômenos do universo e sentou-se novamente ao lado do menino, dizendo:

— Vou chamá-lo de José. É esse seu nome. Veja esta gravura. É um retrato da Terra, o planeta onde nós vivemos.

Alberto começou a contar ao menino toda a história da dimensão do universo, das galáxias, da formação dos planetas e de seus movimentos em torno do sol.

Ele ia mostrando as gravuras no livro e falando do equilíbrio dos planetas e da própria Terra, de como nasce o dia e como o sol se põe.

A certa altura, o menino não se conteve:

— Quer dizer que nós estamos em cima dessa bola que gira sem cair? Como pode ser isso?

— É que o planeta Terra tem uma força de atração que nos puxa para ela, por isso não caímos de sua superfície. É por isso que, quando você joga a bola para cima, ela cai.

— É essa força da Terra que puxa ela?

— É. Isso é uma lei da natureza.

— O que é uma lei?

— É uma força natural a que tudo e todos estamos sujeitos. Essa força a que me referi é própria da natureza, e nós a chamamos de Lei da Gravidade.

— Puxa, professor! Nunca pensei que fosse assim.

— O universo é maravilhoso. Há muito mais.

Alberto descrevia, e José ouvia à aula deslumbrado, esquecido de tudo que não fosse o brilho das estrelas, a imensidão dos céus e os mistérios insondáveis dos mundos distantes.

— Desejo que perceba que Deus fez tudo isso, mas colocou cada coisa em seu devido lugar. Tudo é organizado, tudo se movimenta perfeitamente, dentro de uma ordem sem que os planetas se choquem. Cada coisa cumpre sua função, e tudo acontece dentro do plano de Deus. Isso é disciplina, organização. Já pensou se as coisas fossem ao acaso e não houvesse um rumo para elas?

— Ia dar confusão. Os planetas poderiam se chocar, e todo mundo morreria.

— É verdade, mas a sabedoria de Deus criou o universo e um sistema disciplinar para que ele funcione.

— Deus foi inteligente.

— Isso mesmo. Você acaba de dizer que usar a disciplina é ser inteligente, e eu lhe digo mais: que a disciplina com inteligência serve para facilitar nossa vida.

— Como assim?

— Se nós seguirmos certas normas, embora elas requeiram certo esforço, no fim facilitarão muito e contribuirão para melhorar nossa vida.

— O estudo é uma disciplina?

— É. Você percebeu bem. Às vezes, você pode achar que é melhor passar o dia inteiro jogando bola, em vez de dividir seu tempo estudando, trabalhando e jogando bola. O estudo lhe dará condições de conhecer mais como as coisas funcionam, de trabalhar melhor, de ser mais útil e ter mais realizações. Além disso, quem sabe fazer coisas pode obter um melhor salário. Quando for jogar bola, estará feliz, com dinheiro para comprar o que quiser, ajudar sua família, sentir-se realizado. Não acha que vale a pena aprender a ser disciplinado?

— Acho.

— Todas as coisas que desejar fazer têm um caminho que você precisará percorrer para chegar aonde pretende. A disciplina é o jeito inteligente de encontrar o caminho mais curto.

— Qualquer um pode aprender a fazer isso?

— Pode, se tiver vontade e for observador.

— Observador como?

— Prestar atenção em como a vida funciona. A vida é uma grande professora.

— Como posso saber que é ela quem está me ensinando?

— Quando uma coisa complica, pode ter certeza de que está errada. É melhor parar e tentar perceber onde você errou e recomeçar de outra forma. A vida gosta da simplicidade, do jeito prático, fácil.

— O caso do meu pai está complicado, mas agora ele não poderá voltar atrás. O médico disse que não sabe se ele voltará a ser como antes.

— Ele precisava aprender a enxergar o valor do trabalho, da disciplina. Teve certo tempo para que ele fizesse isso. Como ele não o fez, a vida resolveu aplicar um remédio para curá-lo de vez.

— Não foi remédio; foi doença.

— Para ele a doença é o remédio. Por meio dela, ele compreenderá o valor da disciplina e do esforço próprio.

— E se ele não sarar, do que adiantará essa doença?

— É bom saber que a vida não existe só enquanto estamos vivendo neste mundo. Ela continua depois da morte.

— Nico fala de espírito, mas tenho medo.

— Se conhecer a verdade, o medo irá embora. É bom saber que a vida continua. Seu pai continuará vivendo mesmo depois que o corpo dele morrer. E, então, ele terá aprendido o que a vida deseja lhe ensinar. Sabe, José, a vida sempre ensina pensando na alma, que é eterna.

— Quer dizer que, se eu morrer, continuarei vivendo em outro lugar?

— Sim, pois seu espírito é eterno. A vida não tem fim. Você não sente que nunca morrerá?

— Sim, eu sinto. Apesar de ver o cemitério cheio de túmulos, dentro de mim eu acredito que nunca morrerei.

— É porque o espírito nunca morre. Você já viveu outras vidas antes desta e ainda viverá outras depois.

— Eu não me lembro de nada que aconteceu antes de agora.

— É assim mesmo. Nós nascemos e esquecemos, mas guardamos em nosso espírito todas as vidas passadas. Quando voltamos para o mundo de onde viemos, recordamos tudo. Assim, de vida em vida vamos aprendendo, experimentando, crescendo.

— Minha avó era muito boa. Fiquei triste quando ela morreu. Quer dizer que ela está viva em outro lugar?

— Está. A morte é apenas uma mudança, uma viagem.

Liana apareceu na porta:

— Vocês estão aí há mais de duas horas. Está na hora do lanche.

— Já? — indagou José.

— Vamos parar. Você já tem muito material para pensar. Amanhã, nós continuaremos — resolveu Alberto. — Venha, vamos tomar nosso café.

José levantou-se um pouco acanhado, e Liana adiantou-se:

— Venha, José. Vou levá-lo para lavar as mãos.

Ele acompanhou-a até o banheiro, e, quando saiu, Alberto esperava-o e conduziu-o à copa, onde a mesa posta e o gostoso cheiro do café os esperavam.

— Sente-se, José — pediu Liana.

Percebendo o acanhamento do menino, Alberto disse com naturalidade:

— Amanhã, gostaria que você viesse cedo. A que horas se levanta?

— À hora que for preciso. A que horas posso vir?

— Às nove.

— Eu trouxe caderno e lápis. Minha mãe disse que comprará o que for preciso pra que eu faça as lições.

— Por enquanto, não precisará, pois tenho algum material aqui. Quero que venha de manhã para trabalhar no jardim e à tarde para estudar. Você concorda?

— Sim, senhor. Nós combinamos que eu devo trabalhar em troca das aulas.

— Isso mesmo.

José remexeu-se na cadeira.

— O que foi, José?

— É que não sei lidar com o jardim. Está cheio de flores, e eu tenho medo de estragar alguma coisa.

— Vou ensiná-lo a cuidar de tudo. Não se preocupe. Faremos isso juntos.

Ele respirou aliviado.

— Tome seu café, José — convidou Liana. — Experimente o bolo. É a especialidade de Gislene. Hoje, ela fez em sua homenagem.

José endireitou o corpo, olhou para Gislene, que colocava uma generosa fatia do bolo em seu prato, sorriu e disse:

— Muito obrigado, Gislene. Nunca ninguém fez um bolo em minha homenagem.

— Um menino que trabalha e estuda merece. Eu o admiro — disse ela satisfeita.

Quando saiu da casa meia hora depois, José sentia-se muito feliz. Nunca fora tratado com tanto carinho e respeito. Chegou em casa alegre, e Nilce foi logo perguntando:

— E então, como foi?

— Muito bem. Aprendi tudo o que o professor me ensinou.

— Ele não passou lição de casa?

— Ainda não.

Ernestina entrou na cozinha carregando uma pilha de roupas que recolhera do varal.

— Está com fome, Zé? Tem café no bule e pão no armário.

— Obrigado, mãe, mas já comi. Sabe que na casa do professor a Gislene fez um bolo em minha homenagem?

— Puxa! E você comeu? — interveio Nilce.

— Claro que comi. Dois pedaços. Estava uma delícia.

— Espero que você tenha agradecido e não tenha abusado.

— Não, mãe. Pode ficar sossegada. Eles são muito educados, e eu aprenderei a ser como eles.

— Isso mesmo, meu filho. É preciso respeitar as pessoas para ser respeitado. Não quero que nenhum filho meu seja malcriado. Nós somos pobres, mas dignos.

Quando começou a escurecer, José sentou-se no degrau da escada do jardim, perdido em seus pensamentos. Olhava o céu, onde as primeiras estrelas já apareciam, e dava largas à imaginação.

Nunca reparara na beleza do céu estrelado. Notou que algumas estrelas eram maiores e brilhavam mais do que as outras. Estariam mais perto ou seriam maiores? No dia seguinte, perguntaria ao professor.

Ficou ali contemplando o céu até que Ernestina o chamou:

— Está na hora de entrar, Zé. Vamos dormir.

Ele entrou e ajudou a mãe a fechar as janelas. Depois disse:

— Amanhã, levantarei cedo. Preciso estar na casa do professor às nove horas pra trabalhar no jardim. Não quero perder a hora. Já que eu vou levantar mesmo, posso ir até a padaria buscar o pão.

Ernestina concordou. Nilce, que passava pela sala e ouviu as palavras dele, comentou:

— Uma alma se salvou agora. Os milagres podem acontecer! Você se oferecendo pra ir buscar pão?!

— O que é que tem? Eu irei, porque quero. Você não tem nada com isso.

Ernestina interveio:

— Ei, vocês dois! Vamos parar com isso! Você deveria agradecer a boa vontade do seu irmão. Se ele não se oferecesse, você teria de ir.

— Não está mais aqui quem falou, mãe. O Zé está mudado mesmo.

— Isso é só o começo. Você ainda não viu nada.

— Hum... pelo jeito está resolvido mesmo. Só quero ver até quando...

— Deixe ele, Nilce, e vá ver se a Neusinha escovou os dentes. Ela comeu broa, tomou café com leite e foi direto pro quarto. Acho que já se deitou.

Nilce foi para o quarto, e José disse sério:

— Mãe, a Nilce não acredita, mas eu estou realmente mudado. Ainda hoje, lá na casa do professor, senti que era isso que eu queria da vida. Eles me chamaram de José e me trataram tão bem que me senti importante. Estou resolvido, mãe. O Nico está certo em querer ser gente. Eu também quero ter uma vida melhor.

Ernestina sorriu, e seus olhos brilharam de felicidade quando ela respondeu:

— Filho, estou muito contente que tenha decidido isso. Eu sabia que um menino inteligente e esperto como você não ficaria toda a vida se contentando em viver na miséria e na inutilidade. Não me enganei e estou orgulhosa de você. Estou certa de que daqui pra frente você melhorará a cada dia.

— Obrigado, mãe. Mostrarei a todo mundo do que sou capaz.

— Isso mesmo, meu filho. Que Deus o abençoe!

Depois que ele foi para o quarto, Ernestina foi ver se os outros filhos já estavam deitados e se o marido estava bem. Depois, quando se certificou de que tudo estava em silêncio, dirigiu-se a uma imagem de Nossa Senhora colocada em cima da cômoda, acendeu a lamparina como fazia todas as noites e começou a rezar.

Ernestina agradeceu a mudança do filho; pediu ajuda para o marido, que, inconformado com a doença, se tornara irascível e revoltado; pediu proteção para sua família; e, por fim, pediu forças para conseguir cuidar de todas as suas obrigações com alegria e coragem.

Para não incomodar o marido, Ernestina colocara um colchão no chão, ao lado da cama do casal, e era lá que dormia desde que ele adoeceu. Ela apagou a luz e deitou-se.

A noite estava clara, e ela ficou olhando a luz que entrava pelas frestas da veneziana e pensando: "O que será de minha vida se meu marido nunca mais puder andar?".

Nelsinho tentara de todas as formas estimular Jacinto a fazer alguns exercícios, mas ele se recusava. Não queria sentir dor nem fazer nenhum esforço. Não queria cooperar, alegando que aquilo não valeria de nada. Dizia que o médico não era bom e exigia que lhe dessem um remédio que o curasse.

Ao sair, depois de muitas tentativas, Nelsinho comentou:

— Dona Ernestina, se o senhor Jacinto não cooperar, não vai se recuperar.

— Ele está revoltado, pois nunca tinha ficado doente antes. Sabe como é... não tem paciência. Mas temos que insistir. O doutor Marcílio disse que é preciso.

— Ele tem razão, por isso, em benefício do Jacinto, terei de ser mais duro.

— Coitado. Está tão sofrido!

— Ficar com pena só vai piorar o estado dele. O que ele precisa é tomar consciência de que, se não se mexer, não vai sarar. Dependerá dele melhorar ou ficar para sempre naquela cama. É isso que ele precisa saber, e eu vou lhe dizer isso. A senhora não repare se eu falar firme com ele. Faz parte da cura.

— Eu entendo. Jacinto sempre foi muito teimoso. Faça o que for preciso.

Ernestina suspirou resignada. O dia seguinte ia ser trabalhoso. Jacinto, quando acordado, chamava-a insistentemente por qualquer coisa e muitas vezes ela só podia dar conta do trabalho nos momentos em que ele dormia.

Ela sentia as costas doendo e o corpo cansado, mas, apesar disso, estava contente com a atitude de José. Se ele se dispusesse ao trabalho e conseguisse ganhar algum dinheiro para as despesas, ela poderia trabalhar menos e dispor de mais tempo para cuidar do marido.

Agradecia a Deus essa ajuda. Virou-se para o lado e, como estava cansada, logo adormeceu.

CAPÍTULO 26

O tempo varreu os acontecimentos, e, dez anos depois, encontramos Liana feliz e alegre na mansão, preparando tudo para receber Eulália e a família, que lá iriam passar as festas de fim de ano, como sempre faziam.

Liana e Alberto haviam se mudado para a antiga casa do coronel Firmino dois meses antes do nascimento de seu primeiro filho. Liana, que a princípio não gostara da ideia, começou a sentir, com o passar do tempo, uma predileção especial por aquela casa, sentindo prazer em ir para lá e cuidar para que tudo ficasse sempre bem arrumado.

Naquela ocasião, Eulália voltou ao assunto, alegando a dificuldade de se encontrar uma casa tão confortável na pequena cidade:

— Fico penalizada de ver uma casa tão espaçosa e bonita vazia quase o ano inteiro. Nosso maior desejo é que vocês se mudem para lá. Assim, em nossas férias ficaríamos todos juntos.

— Seria bom, mas teríamos de fazer algumas mudanças para nos instalarmos e eu não gostaria de tirar o conforto de vocês.

— Está resolvido, Liana. A casa é grande o bastante para todos nós. Como aparecemos de vez em quando, vocês continuarão tendo toda a privacidade.

— Vou pensar.

Uma vez a sós com Alberto, conversaram e resolveram aceitar a proposta. A alegria de Eulália deixou-os à vontade. Juntos cuidaram das mudanças necessárias.

João Alberto nasceu dois meses depois, e seu choro forte encheu a casa, causando euforia até nos criados. Era um menino robusto e bonito. Imediatamente, Alberto telefonou para Norberto comunicando sobre o nascimento.

No fim de semana, eles chegaram para conhecer o novo membro da família, trazendo-lhe inúmeros presentes.

Os meninos estavam curiosos e, alvoroçados, subiram para o quarto onde o bebê dormia tranquilo. Liana acompanhou-os recomendando silêncio para que não o acordassem.

— Tia, eu quero pegá-lo no colo — pediu Amelinha. — Olhem que lindo! Tão pequenininho!

— Deixe-o acordar, e eu o colocarei um pouco em seu colo.

— Como pode ser tão pequeno? — indagou Eurico, admirado.

— Vocês também já foram assim — comentou Eulália, que os acompanhara.

Amelinha quis ver todas as roupinhas, enquanto os meninos corriam para visitar o caramanchão e os ninhos de passarinhos.

A certa altura, Eurico ficou pensativo, e Nico indagou:

— O que foi, aconteceu alguma coisa?

— A tia Liana não sabe, mas o coronel voltou.

— Lá vem você de novo...

— É ele, sim. Está pequeno, nasceu com outra cara, mas é ele mesmo.

— Você quer dizer que o menino é ele?

— É.

— Você pode estar enganado, cismado.

— Não estou, não. Eu vi direitinho.

— Viu o quê?

— Eu olhava para o rosto do bebê, via a carinha dele, mas, atrás da cabecinha dele, vi o coronel Firmino.

— Ele pode estar do lado do menino.

— Não. Ele saía e entrava no rosto dele.

— Xi...!!! Você está complicando.

— Não estou, não. É difícil explicar. Ele sumia, e me parecia que se transformava no rosto do nenê. Depois, saía e voltava a ser o coronel novamente. Senti que ele e o menino são a mesma pessoa.

— Acho bom não contar nada para sua tia, pois ela pode ficar com medo. Logo agora que ela já esqueceu e até mora aqui na casa.

— Foi ele quem quis morar aqui. Ela sentiu a vontade dele e começou a gostar da casa depois que ele encarnou.

— Ela se mudou antes do nascimento dele.

— É, mas ele já estava dentro da barriga dela.

— Puxa! É verdade. Vamos perguntar para o doutor Marcílio sem que sua tia saiba.

No domingo, quando o médico apareceu para visitá-los, os meninos chamaram-no de um lado e contaram o que acontecera.

— O senhor acha que precisamos contar para a tia Liana?

— Eu penso que não — interveio Nico.

— É melhor não — concordou o médico.

— Nesse caso, ela nunca saberá que é ele? — indagou Eurico.

— Nesses casos, precisamos dar tempo ao tempo. Você viu isso e acredita que o menino seja o espírito do coronel Firmino reencarnado. Eu também acho que é, entretanto, a vida permitiu que ele esquecesse o passado, e ela faz tudo certo. Nós não temos o direito de interferir.

— Nesse caso, não direi nada.

— Será que é ele mesmo? — perguntou Nico.

— Bem, nós não vamos comentar para não interferir na vida dele, mas podemos observar para nosso conhecimento.

— Como assim? — indagou Nico.

— Embora Firmino esteja esquecido do passado e tenha aprendido algumas coisas e se modificado, seu temperamento e sua personalidade ainda são os mesmos.

— Eu sei — interveio Eurico. — Se for ele, vai ser mandão e querer comandar tudo.

— Não se precipite — disse o médico sorrindo. — Você o conheceu muito pouco. Ele deve ter qualidades que você não teve tempo de perceber. Não se esqueça de que ele estava desequilibrado e sofrendo muito.

— Duvido que ele tenha qualidades — disse Eurico.

— Talvez seja por isso que a vida o tenha colocado em sua família! Para que vocês aprendam a conhecer os outros lados dele.

— É. Eu acho que foi isso mesmo. Puxa! Nunca pensei nele quando era criança ou moço — comentou Nico.

— Veja o que aconteceu com seu irmão. Ele mudou muito em pouco tempo. Tem ajudado sua mãe, trabalhado e já sabe ler corretamente.

— Quem diria! Você dizia que ele era um vagabundo! — lembrou Eurico.

— É, ele era, mas agora criou vergonha. Ainda bem.

— Bom, se ele criou vergonha e mudou, o espírito do coronel Firmino pode ter feito o mesmo — lembrou o doutor.

Os meninos concordaram e não tocaram mais no assunto.

Dois anos depois, Liana deu à luz uma menina a quem chamaram de Rosa Maria, em homenagem à avó materna. Ela era linda e saudável como o irmão, mas, desde cedo, revelou um temperamento diferente do dele. Enquanto ele era barulhento e ativo, ela mostrava-se doce e tranquila. Seu sorriso encantava a todos e seu jeitinho carinhoso tornava-a muito querida não só por todos os membros da família, mas também pelos amigos.

**

Em São Paulo, Nico, Eurico e Amelinha continuavam inseparáveis, embora revelassem diferentes inclinações. Enquanto Nico revelava sua paixão pelo desenho e pela pintura, Amelinha interessava-se por balé e teatro. Eurico, por sua vez, preferia matemática e as ciências exatas.

Ao contrário dos outros dois, que, em suas horas de lazer, procuravam na música e nas artes seu entretenimento, Eurico sentia-se inclinado aos estudos da física. Apesar disso, andavam sempre juntos. Enquanto Amelinha, que se matriculara em uma escola de balé, ouvia música clássica, calçava suas sapatilhas e rodopiava pelo salão de festas de sua casa, local onde eles passavam suas horas de lazer, Nico manejava pincéis e tintas nas telas que comprara, e Eurico estudava as leis da gravidade, fazia cálculos imaginativos dos astros e ficava horas manejando alguns instrumentos de medição que conseguira ganhar do pai, anotando tudo e fazendo experiências curiosas com objetos, plantas etc.

Embora tivessem amigos no colégio, eles passavam a maior parte do tempo entretidos em casa, longe dos divertimentos comuns. Apesar disso, mantinham boas relações com os demais. Recebiam muitos convites para festas, aceitavam alguns, mas o que eles mais gostavam era ficar em casa juntos, cada um exercendo as atividades de sua predileção.

Todos sabiam que Nico não pertencia à família dos dois irmãos. Ele nunca escondia sua procedência humilde e, com dignidade, oferecia-se para dar aulas aos alunos em dificuldade, ganhando, assim, algum dinheiro para suas despesas pessoais.

Certa vez, uma colega fora até a casa deles em busca de uma matéria cuja aula perdera e, ao ser conduzida ao salão onde eles se reuniam, encantou-se com uma tela que Nico pintara, oferecendo-se para comprá-la. Ele, contudo, deu-a de presente.

A mãe da menina ficou encantada e procurou-o para ver seu trabalho. A partir desse dia, Nico começou a ser procurado por algumas mães de seus colegas interessadas em adquirir suas telas e, animado por Amelinha e Eurico, que vibravam com o sucesso do amigo, ele passou a estipular os preços e mostrar os trabalhos.

Assim, ele começou a ganhar mais, a ter dinheiro para comprar material melhor e em maior quantidade e a mandar algum dinheiro que sobrava para ajudar a mãe, apesar de Eulália continuar dando a ela uma mesada.

Os professores de Nico interessaram-se por sua pintura e aconselhava-o a cursar uma escola de belas-artes. Ele, porém, não se decidia. Para ele, pintar era fácil e natural, mas, quando pensava em fazer disso uma profissão, sentia medo, tristeza e vontade de largar tudo.

No momento de escolher uma carreira, Norberto reuniu-os para uma conversa. Amelinha queria ser bailarina e fazer escola de arte dramática, mas o pai tentou fazê-la mudar de ideia. Como ela insistia, ele propôs:

— Você pode continuar no balé, cursar a escola de arte dramática se quiser, mas, como isso não é profissão, terá de escolher outra coisa também. Ser professora, dentista, médica... Vocês precisam se preparar para a vida. Arte é um *hobby*. Faz bem para a alma, mas é só.

Nico abanou a cabeça e disse:

— Doutor Norberto, não sei o que escolher. Pintar para mim é como o ar que respiro. Nunca aprendi, mas sempre soube. Penso, contudo, que o senhor tenha razão. Não quero fazer disso profissão.

— Ainda bem, Nico. Você pode ser professor, como Alberto. Como lhe disse, arte é só para passar o tempo, por isso, acho bom os três pensarem no assunto e resolverem. O ano está no fim e não podemos esperar mais.

Quando ele se foi, os três sentaram-se no salão em meio aos objetos de costume e trocaram ideias sem chegarem a nenhuma conclusão.

— O Zé já escolheu o que ele quer ser — lembrou Nico.

— Eu sei, ele disse que será agrônomo, mas sem fazer faculdade. Só prático. Estudando nos livros e experimentando. Depois do que ele já fez nas terras de sua mãe, acho que dará muito certo — tornou Eurico.

— É mesmo. Aquilo está uma beleza! Minha mãe disse que ele tem uma mão! Tudo que ele planta dá. Ela nem está comprando mais feijão.

— Eu vi o que ele fez no jardim da mansão. Está lindo! — interveio Amelinha.

— O professor ensinou e deu muitos livros a ele. Agora tem até um ajudante.

— Ele já escolheu, mas quanto a nós? O que faremos? — indagou Amelinha. — O que eu gostaria mesmo é de ser artista, mas já sei que papai não vai deixar. Terei de escolher outra coisa. Mas o quê?

— Escolha alguma coisa bem fácil e assim poderá ter tempo de fazer a escola de arte — sugeriu Eurico. — Eu gosto de fazer minhas experiências. Quero escolher uma profissão que me permita fazer isso.

— Eu quero pintar e gosto também de pegar no barro e fazer coisas, contudo, isso não é profissão. Professor eu não sei... será que eu podia ensinar pintura?

— Claro que não, Nico. Se pintar quadros não é profissão, quem vai querer aprender? Só se você se tornar pintor de paredes — disse Eurico.

— Não é desse tipo de pintura que eu gosto.

— Você pode fazer arquitetura. Tem de desenhar e criar coisas — sugeriu Amelinha.

— É, talvez. Vamos ver. Amanhã, conversarei com a psicóloga da escola. Ela disse que pode nos ajudar a encontrar nossa vocação profissional.

— É uma boa ideia, Nico. Irei com você.

— Eu também — concordou Eurico.

Assim, Amelinha resolveu cursar pedagogia; Eurico, engenharia química; e Nico, psicologia. Apesar de haverem escolhido carreiras diferentes, eles continuavam a estudar juntos.

Eurico conseguira montar um pequeno laboratório de pesquisas nos fundos da casa, onde realizava suas experiências, nem sempre bem-sucedidas, o que provocava o riso dos outros dois e alguma preocupação em Eulália.

Estavam satisfeitos com os cursos que haviam escolhido, mas nas horas vagas continuavam a fazer o que gostavam: Eurico continuava com suas experiências; Nico, com a pintura; Amelinha, com o balé.

Nico granjeara fama no bairro. Certa vez, ele pintou o retrato de Amelinha vestida de bailarina para oferecer a Eulália como presente de aniversário.

Ela notava o movimento que Nico fazia com seus quadros, mas tanto ela como Norberto viam isso como um passatempo e nunca se interessaram em examinar com atenção o que ele fazia.

O retrato de Amelinha, contudo, impressionou-os. Era óleo sobre tela, e era difícil imaginar que aquela tela houvesse sido feita por um jovem que nunca frequentara um curso de pintura.

No dia do aniversário, Nico procurou-a e entregou-lhe o quadro dizendo sério:

— Dona Eulália, quero que a senhora saiba o quanto lhe sou grato por tudo o que tem feito por mim e por minha família. Sempre desejei dar-lhe um presente, mas a senhora tem tudo. Queria oferecer-lhe alguma coisa que viesse do meu coração, então, pensei que o amor de mãe é sagrado e fiz este trabalho. Quero que saiba que sinto um amor muito grande pela senhora, por Amelinha especialmente, sem falar do meu irmão Eurico e do doutor Norberto.

Comovida, Eulália abraçou-o e beijou-o na face:

— Obrigada, meu filho. Gosto de você como um filho e estou muito orgulhosa por você ter feito um trabalho para mim.

Quando ela removeu as folhas de papel de seda com o qual ele embrulhara o quadro, olhou-o impressionada. Era uma tela de oitenta por setenta centímetros, que parecia haver sido pintada por um mestre.

— Nico, é uma beleza! Vou pôr uma bela moldura e colocar em destaque em nossa sala de estar. Você realmente tem talento. Não sei se foi uma boa ideia estudar psicologia em vez de pintura.

— Eu não preciso estudar pintura, dona Eulália, pois nasci sabendo. Agora, psicologia, sim. Eu precisava aprender a lidar com minhas emoções. O doutor Marcílio sempre diz que a vida nos leva para o que precisamos aprender.

Ela olhou-o séria. Aquele menino sempre a surpreendia com sua maneira única de dizer as coisas.

Quando ela se foi, interessada em mostrar a tela a Norberto, Nico sentou-se pensativo. Na verdade, nos últimos tempos ele andava preocupado e desejoso de entender o que se passava em seu coração.

Estava terminando o curso e habituara-se a examinar o teor de seus pensamentos para entender melhor seus sentimentos, mas, nos últimos tempos, emoções fortes e imperiosas acometiam-no, e ele não conseguia encontrar uma solução no que aprendera.

O que estava acontecendo com ele? Estava com vinte e três anos e prestes a receber seu diploma de psicólogo. Deveria sentir-se realizado, afinal, conseguira estudar, cursar uma universidade, ser respeitado, querido. Uma vez formado, poderia melhorar a vida de sua família, como sempre desejara, ter sua própria casa, comprar o que quisesse.

Ele vencera. Por que, então, quando pensava em sua formatura dali a dois meses, sentia um aperto no coração?

A figura bonita de Amelinha surgiu em sua mente, e ele levantou-se inquieto. Ela tornara-se uma moça muito bonita. Onde aparecia era sempre requestada, elogiada, e os rapazes andavam à sua volta como abelhas no mel. Isso o irritava. Ele vigiava-a constantemente e comentava com Eurico:

— Precisamos tomar conta de Amelinha.

Eurico sacudia os ombros e dizia:

— Qual nada! Ela já é grandinha e sabe se conduzir. Não vou perder tempo com isso.

— Mas você não vê o perigo? Aquele malandro do Clóvis estava rodeando Amelinha. Claro que com má intenção. Ele é o maior cafajeste do clube.

373

— Ele é, mas Amelinha não vai entrar na dele.

Nico, contudo, não se conformava. Ele perseguia Amelinha com os olhos por onde ela andava e, quando os rapazes se aproximavam dela, encontrava um jeito de intervir, procurando atrair sua atenção para outras coisas.

Ele desejava terminar os estudos, mas, ao pensar nisso, sentia um aperto no coração. Um dia, descobriu o que o angustiava: sentia que, depois de formado, não teria mais motivos para continuar vivendo na casa de Eulália.

Teria de ir embora e cuidar de sua vida, pois eles já haviam feito demais. Não seria direito aproveitar-se daquela proteção. Além disso, pensava na família, principalmente em sua mãe.

Apesar de seu pai continuar inválido e requisitar muito sua atenção, Ernestina agora já não precisava trabalhar tanto. José tornara-se trabalhador e contribuía para o sustento da família, não só plantando feijão, milho, criando galinhas, que negociava na cooperativa trocando por outros alimentos, mas também cultivando mudas de flores e frutas, que ele vendia a um bom preço.

Jaime interessara-se pelo trabalho do irmão e ajudava-o na lavoura, enquanto Nilce e Neusinha aliviavam o trabalho doméstico de Ernestina, que dispunha de mais tempo para cuidar do marido. Ela continuava a lavar roupas para fora, mas agora ficara apenas com os melhores clientes.

Apesar disso, Nico não esquecera o antigo sonho de oferecer à mãe e a toda família um padrão de vida melhor. Desejava que ela não precisasse mais trabalhar para ninguém e que até tivesse uma empregada para cuidar dos serviços domésticos. Além disso, queria que os irmãos continuassem estudando e pudessem, tanto quanto ele, desfrutar de uma vida melhor.

Havia algum tempo, Nico vinha guardando dinheiro para montar um consultório quando se formasse. Seus quadros eram muito procurados, e, nos últimos tempos, Nico passara a receber muitas encomendas, o que possibilitou que ele pudesse, ao se formar, fazer isso com recursos próprios.

Se por um lado isso era o que sempre sonhara, por outro deixar a casa de Eulália significava perder a convivência diária com Eurico e Amelinha, que já faziam parte de sua vida.

Não podia deixar de pensar nisso e, um dia, quando viu Amelinha deixar a companhia dos dois e sair de mãos dadas com um rapaz, compreendeu o que o angustiava. Era dela que ele não queria se separar. Era a presença dela que o fazia sentir-se alegre. Era sua proximidade o que o fazia estremecer e fazia seu coração ficar descompassado.

Claro que ele tivera algumas namoradas, mas nenhuma delas conseguira fazê-lo sentir-se tocado. Às vezes, saía com elas apenas para fazer companhia a Eurico, que sempre arrumava um jeito de sair com alguma moça e o convidava para acompanhar a amiga dela.

A descoberta de que estava apaixonado por Amelinha o deixou angustiado e nervoso. Ele tornara-se seu confidente, e, cada vez que algum rapaz se interessava por ela, Amelinha lhe contava, com os olhos brilhantes de prazer. Até então, contudo, a moça ainda não amara ninguém. Esquivava-se, dizia que não pretendia namorar ainda, que queria dedicar-se aos estudos.

Até então Nico se sentira seguro, mas, naquela tarde, vendo-a sair para ir ao cinema de mãos dadas com Raul, irmão de um colega de Amelinha, ficou preocupado. A dúvida assaltou-o, e ele pensou: "Será que ela está apaixonada por ele?".

Nico foi para casa e não quis sair, pretextando dor de cabeça. Esperou ansiosamente que Amelinha voltasse e, quando a viu entrar, não se conteve:

— E, então?

— Então o quê?

— Esse moço com quem você saiu. Você gosta dele?

— É muito atraente, simpático e culto.

— O que ele faz?

— É engenheiro e tem uma construtora.

Nervoso, Nico mordeu os lábios. Além de formado, o rapaz deveria ser rico. Ele baixou a cabeça pensativo.

— O que foi? Aconteceu alguma coisa? — perguntou ela.

— Não. Nada. Estava pensando.

— Em quê?

— Bem, nós três temos vivido juntos durante todos esses anos e logo teremos de nos separar...

— Separar? Como assim?

— É. Não somos mais crianças, Amelinha. Logo mais, cada um irá para um lado, e não será mais como até agora.

Amelinha colocou a mão no braço de Nico e disse inquieta:

— Não diga isso! Nós nunca nos separaremos. Viveremos sempre juntos.

Nico suspirou triste:

— Gostaria que isso fosse verdade, mas veja: quando eu me formar, terei de me mudar, trabalhar e levar minha vida. Não posso mais viver às expensas de sua família, que já fez muito por mim. Você logo encontrará um rapaz rico, de sua classe social, que a amará. Acabará se apaixonando, se casando e viverá sua vida. Eurico fará o mesmo.

— Isso não é verdade — disse Amelinha sacudindo a cabeça negativamente e balançando os anéis de seus cabelos dourados, que lhe caíam pelas espáduas, emoldurando seu rosto bonito. — Você nunca nos deixará. Vai trabalhar, ganhar dinheiro, ajudar os seus, mas ficará para sempre aqui.

Os olhos dela brilhavam emocionados, e Nico sentiu seu coração disparar, encantado com a beleza lírica daquele rosto que ele amava.

— Você sabe que vou montar consultório. Posso me sustentar e não desejo ser pesado à sua família.

Ela abraçou-o e disse emocionada:

— Não deixarei você ir. Falarei com papai. Ele não permitirá.

— Você diz isso agora, mas logo se apaixonará e então nem sentirá minha falta.

— Eu não me apaixonarei por ninguém, e você não irá embora.

— E o moço com quem você foi ao cinema essa tarde? Você disse que ele era atraente, cheio de qualidades e, além de tudo, rico. Acho até que está se apaixonando por ele.

— Quem disse isso? Ele pode ser tudo isso, mas, quando me deu um beijo, senti vontade de sair correndo do cinema. Acho que nunca mais quero sair com ele. Gostou? Acha que sabe tudo e pensa que me deixarei levar pelo primeiro que aparece? Não é isso que quero na vida.

Sentindo a proximidade dela, Nico teve vontade de beijá-la, mas conteve-se. Ele não podia demonstrar o que ia em seu coração. Apesar de ter sido criado com eles, sempre entendeu a distância social que os separava e não queria que pensassem que estava abusando da bondade da família. Faria tudo para que ninguém soubesse de seu amor por Amelinha.

Não se conteve e indagou:

— O que você quer da vida?

— Quero viver, dançar, aprender coisas que embelezem minha vida. Não penso em ser igual à minha mãe, que se conformou com o horizonte estreito em que vive e nunca desejou mais. Eu nunca me conformaria em me tornar uma matrona dentro de casa, criando filhos e mais nada.

— E o amor? Toda mulher sonha com amor, filhos, uma família.

— O amor é um sentimento natural e acontecerá como o ar que respiro, me trará alegria e vida, prazer e felicidade. Quando aparecer, saberei. Tenho certeza de que não precisarei das regras da sociedade para ser feliz.

— Do que você precisa?

— Da cumplicidade na intimidade, do prazer de conviver com naturalidade, do companheirismo, da troca de ideias e de atitudes que alimentem a alma. É isso que eu quero. Só assim valerá a pena amar.

376

— Você se esqueceu do contato físico.

— Também, é claro. Como é possível intimidade com alguém sem isso? Tenho observado que as pessoas se entregam quando sentem atração física e não questionam outros elementos importantes para um relacionamento bom. Para mim, é preciso mais que isso. É preciso uma ligação de alma.

— É difícil achar alguém que seja igual a você.

— Você não entendeu. Não pretendo isso. Sei que cada um é um e que não existem duas pessoas iguais. O que sinto, contudo, é que no companheirismo, na troca de intimidades, na ligação de almas, existe o respeito, o carinho, a compreensão, a admiração. Onde existe tudo isso não há manipulação, mentiras ou competição; apenas há amor, troca afetiva, sustentação e paz.

Nico respirou fundo e, sentindo-se emocionado, disse simplesmente:

— Puxa, Amelinha, eu gostaria muito de sentir um amor assim.

— Você? Com tantas garotas suspirando por você, nunca o vi interessado por alguém. Como pode ser tão frio? Eurico já se apaixonou várias vezes, enquanto você, não. Às vezes, penso que é tão controlado que nunca será capaz de amar. Planejará tudo nos mínimos detalhes, como tem feito com esse seu plano de deixar esta casa quando se formar.

— As aparências enganam.

— Pois gostaria que se apaixonasse perdidamente a ponto de perder um pouco essa sua compostura bem-comportada.

— O que ganharia com isso?

— Teria certeza de que você não é indiferente, mas de carne e osso, como todo mundo.

— Não diga isso. Sou mais frágil do que supõe.

— Pois não parece. Sempre faz tudo certo, é calmo, muito diferente de mim e de Eurico. Tem sempre uma resposta sensata para tudo e por isso acaba sempre nos convencendo a fazer do seu jeito.

— Nunca pretendi lhes ensinar nada.

— Mas ensina. Sua segurança torna-o mais lúcido que nós.

— Isso não é verdade. Talvez por ser pobre e ter tido de lutar para sobreviver desde cedo, eu possua certa experiência que vocês, que nunca precisaram se preocupar em ganhar a vida, não têm. Mas, ainda agora, quando você chegou, eu estava mais inseguro que nunca, pensando em nossa separação.

— Pois não pense. Tenho certeza de que nunca nos separaremos.

Ele olhou-o nos olhos e respondeu:

— Gostaria que isso fosse verdade. Não posso pensar em viver sem você... sem Eurico — emendou.

— Nem eu. Nunca me separarei de você.

— É o que você quer?

— É.

Os olhos dela brilhavam emocionados, e Nico sentiu mais do que nunca vontade de apertá-la de encontro ao peito e lhe dizer o que lhe ia na alma. Não podia fazer isso, então, controlou-se e procurou disfarçar.

— Quando você se casar com um moço rico e bem-posto, não se lembrará mais de mim.

— Nico! Estou falando sério. Nem pense em se mudar de nossa casa. Abra seu consultório e até uma clínica de psicologia depois que se formar, mas continue morando aqui. Não abrirei mão disso. Tenho certeza de que o resto da família também não. O que seria de nós sem você? Eurico não saberia o que fazer da vida; e eu? Quem me apoiará quando eu resolver ser bailarina? Está decidido. Você não irá embora. Não deixarei.

Nico sorriu. A veemência com que ela desejava que ele continuasse na casa o emocionou. Não tocaram mais no assunto, porém, apesar disso a sombra da separação rondava os pensamentos de Nico, inquietando-o, fazendo-o chegar a desejar que o tempo não passasse para que esse dia nunca chegasse.

CAPÍTULO 27

Amelinha entrou em casa eufórica procurando por Nico, e a empregada informou-lhe que ele não chegara ainda.

— Vou tomar um banho. Assim que ele chegar, avise-me. Não vá esquecer!

Quando ele entrou, Maria deu o recado.

— Está bem. Vou falar com ela.

Fazia seis meses que Nico se formara, ficara uma semana com a família no interior e voltara a São Paulo para começar a trabalhar.

Alugara duas salas e montara seu consultório, onde já tinha alguns clientes, e o movimento melhorava a cada dia. Começou a ganhar mais e, consequentemente, a vestir-se melhor. Pensou em mudar-se da casa de Eulália, mas tanto ela quanto Norberto insistiram para que ele ficasse. Alegavam que o tinham como um filho e não queriam privar-se de sua companhia.

— Enquanto você for solteiro, não o deixaremos sair daqui. Eu só abriria mão se fosse para você morar com sua mãe, mas sua família não deseja morar em São Paulo. Além disso, você pretende trabalhar aqui, portanto, só se mudará quando se casar, isso se quiser.

— Obrigado, dona Eulália, mas vocês já fizeram muito por mim. Não desejo abusar.

— Fizemos uma troca maravilhosa, e nessa troca tivemos mais lucro do que você. Só a recuperação de Eurico vale tudo, e não é apenas isso. Conheço meu filho. É um menino bom, inteligente, mas um tanto fraco. Sem sua constante presença e seu bom senso, ele talvez não estivesse tão bem hoje. Tenho certeza de que tanto ele quanto Amelinha sofreriam muito se você nos deixasse. Por isso, peço-lhe que continue conosco.

— Está bem, dona Eulália. Para dizer a verdade, eu deveria me sustentar, agora que ganho meu próprio dinheiro, mas sofreria muito se precisasse deixá-los.

— Ainda bem, meu filho. Fico aliviada. Não se fala mais nisso.

Nico tornara-se um moço elegante, bonito, fino. Vestia-se bem e estava economizando. Desejava comprar uma bela casa para a família.

Subiu para o quarto, trocou de roupa, passou pelo quarto de Eurico, que ainda não chegara. Ele ainda tinha mais dois anos de faculdade.

Bateu no quarto de Amelinha, que imediatamente abriu:

— Nico, temos de conversar! Aconteceu uma coisa maravilhosa!

— O que foi?

— A peça na faculdade. Hoje aquele diretor de que falei foi lá. Ele é profissional mesmo. Já dirigiu muitas peças. Lembra aquela que fomos ver no mês passado?

— Lembro.

— Foi dirigida por ele! O diretor da faculdade contratou-o para nos dirigir. Nem acreditei! Estávamos ensaiando quando ele apareceu e sentou-se lá calado. Ninguém sabia quem ele era. Quando paramos, o senhor Gabriel nos chamou e apresentou-o.

— Que bom! Essa peça será um sucesso.

— E não é só! Entre e sente-se.

Amelinha arrastou-o para dentro do quarto e forçou-o a sentar-se.

— O que foi? Você me assusta!

— Não via a hora de lhe contar. Sabe o que ele fez? Disse que já havia lido a peça e que eu fui escolhida para o papel principal. Fiquei muda. Minhas pernas tremiam, pensei que fosse desmaiar.

"— Você acha que serei capaz?" — eu perguntei trêmula.

"— Você é perfeita para o papel" — ele respondeu.

— Aí me perguntou se eu estava disposta a estudar muito. Disse que eu estava muito crua e precisava treinar bastante. Se eu realmente quisesse me dedicar, ele me ajudaria ensinando o que pudesse. Marcou já um ensaio para amanhã. Já pensou nisso, Nico?

— Parabéns! Esse diretor deve ser muito bom. Viu logo que você tem talento.

— Você acha?

— Claro! Ele não perderia tempo com você se não fosse isso.

— Puxa, Nico! Serei a protagonista. Eu, que me contentaria com uma ponta. Parece um sonho. Trouxe o roteiro para estudar. Você pode me ajudar?

— Claro. Quando quer começar?

— Agora mesmo. Vamos para o salão.

O rosto corado e o brilho nos olhos de Amelinha tornavam-na mais encantadora, e Nico precisou se controlar para não beijar aquele rosto que tanto amava.

A cada dia ficava mais difícil para ele controlar seus sentimentos. A proximidade de Amelinha, sua espontaneidade ao abraçá-lo, segurando seu braço, confidenciando seus pensamentos íntimos, atraíam-no cada dia mais.

Nico dizia para si mesmo que Amelinha o queria como a um irmão e não deveria alimentar esperança. Acreditava que, se ela viesse a descobrir o que ele sentia, se afastaria. A esse pensamento, Nico estremecia de pavor.

Ele haveria de sepultar aquele amor no coração, porque só assim poderia continuar a desfrutar não só do carinho dela, mas também da amizade de toda a família.

A partir daquele dia, eles começaram os ensaios. Amelinha ia para a faculdade de manhã, almoçava lá mesmo e ficava para os ensaios com o diretor e com o elenco. Depois do jantar, ela e Nico iam para o salão de festas da casa e ensaiavam.

Eurico divertia-se vendo-os representar, porque, enquanto Amelinha fazia somente a protagonista, Nico era forçado a fazer todos os outros personagens, inclusive os femininos.

A princípio, eles insistiram para que Eurico participasse, mas ele recusou-se:

— Não tenho paciência para esses salamaleques de teatro. Estou ocupado com um teste importante que ocupa todo o meu tempo disponível.

— Mas você tem algumas noites livres — disse Nico.

— Você disse bem. Tenho algumas noites livres e não vou gastá-las dessa forma. Prefiro a companhia de Elvira. Aliás, esta noite iremos ao cinema, e Dalva a acompanhará. Eu contava que você fosse conosco, afinal, ninguém gosta de segurar vela!

— Nada disso — protestou Amelinha. — Nico ficará comigo ensaiando.

— Veja como ela fala! E você deixa? Ela manda, e você não reage? — provocou Eurico.

— Não estou mandando. Acontece que Nico combinou comigo de ensaiar sempre que ele pudesse. Além disso, se fosse para sair com alguém interessante eu entenderia, mas com Dalva...

— O que tem Dalva? Ela é bonita e educada. Além de tudo, Elvira me disse que ela está caidinha por Nico. É sopa no mel!

— Não acredito que ele se interesse por aquela lambisgoia.

Eurico sacudiu os ombros e tentou ignorar as palavras da irmã:

— E então, você vem comigo?

381

— Não, Eurico. Eu prometi ensaiar com ela. Não temos muito tempo. Falta apenas um mês para a estreia.

Fingindo não perceber o olhar triunfante da irmã, Eurico comentou:

— Puxa! Até parece que é você quem vai trabalhar na peça! Por que não fala com o diretor? Pode ser que ele o deixe fazer uma ponta.

Sem se aborrecer com o tom maldoso de Eurico, Nico tornou:

— Não fique zangado comigo. Explique a Dalva que hoje não poderei ir. Irei outro dia.

— Nesse caso, também não irei. Telefonarei para Elvira.

Nico colocou as mãos nos ombros de Eurico e, olhando-o nos olhos, disse:

— Comigo isso não pega. Conheço muito bem seu jeito de coitado. Não me sentirei culpado de nada, por isso, é melhor não entrar nessa. Vá com elas ao cinema, divirta-se e pronto. Não sairei com você apenas para que não perca sua noite. É você quem deve se dar o prazer de fazer o que gosta, não eu.

Eurico começou a rir e depois comentou:

— Falei isso porque gosto de sair com você. Além do mais, Dalva ficará decepcionada.

— Agora você quer que eu me sinta culpado e fique com pena dela. Não temos nenhum compromisso. Nem sequer a convidei para sair. Se ela ficar frustrada é porque criou expectativas sem fundamentos. Eu vou ensaiar com Amelinha e está decidido.

— Está bem. Pelo que estou vendo, você leva esse negócio de teatro a sério mesmo. Nesse caso, vou indo.

Eurico saiu, e os dois continuaram ensaiando.

***

A estreia da peça no teatro da faculdade foi um sucesso, a tal ponto que o grêmio decidiu repetir o espetáculo vários sábados seguidos. Por causa disso, começaram a pensar em levar a peça a outras faculdades.

Amelinha não pensava em outra coisa e perdera completamente o interesse pelos estudos.

— O que quero mesmo é ser atriz! — confidenciou a Nico, entusiasmada. — Você não sabe o que é pisar naquele palco, representar, sentir o interesse da plateia, seus aplausos.

Nico coçava a cabeça e dizia:

— Pelo menos termine a faculdade, Amelinha, pois assim seu pai não ficará tão contra.

382

— Ele pode ficar contra, mas eu sei o que quero!

Nico olhava para Amelinha e não respondia. Por um lado, não queria que Norberto se aborrecesse e implicasse com a vocação dela, mas, por outro, quando a via representando com naturalidade, como se sempre houvesse feito isso, vivendo seu papel com brilho e capacidade, olhos brilhantes de excitação quando colhia os aplausos entusiasmados da plateia, sentia que essa era a vocação de Amelinha. Sabia que chegaria um dia em que ela seguiria esse caminho e que ninguém a deteria.

O problema apareceu no fim do ano, quando Amelinha não conseguiu aprovação, e o pai descobriu o quanto ela faltara às aulas. Irritado, chamou-a para uma conversa na qual tentou fazê-la compreender a necessidade de terminar os estudos.

Amelinha, entretanto, tomara uma decisão. Recebera um convite para ingressar no teatro profissional. O diretor reservara-lhe um papel que não era o principal, mas havia boas possibilidades, e ela, entusiasmada, aceitara-o. Não disse nada aos pais, na tentativa de retardar o conflito que sentia ser inevitável, mas aproveitou a ocasião para se colocar.

— Papai, deixarei a faculdade, pois desejo ser atriz.

— Nada disso, Amelinha! Você terminará os estudos. Se houvesse estudado, teria apenas mais um ano para concluí-lo, mas, como foi reprovada, terá dois.

— Não adianta, papai. Não sinto vontade de estudar. Não tenho vocação para lecionar. Escolhi essa carreira só para fazer a vontade de vocês, mas percebo a cada dia que não é isso que desejo fazer.

— Ser educadora é uma nobre profissão, muito diferente do que ser uma atriz de teatro de segunda categoria.

— É uma profissão nobre para a qual não tenho nenhuma inclinação. Tenho alma de artista, papai. Sempre senti desejo de trabalhar as emoções, de transmitir sentimentos, de entender os problemas de relacionamento, de experimentar situações como se fossem minhas, de compreender como a vida funciona.

Norberto olhou-a admirado com sua veemência, mas foi irredutível:

— Você não abandonará os estudos.

— Papai, é inútil gastar mais dinheiro com essa faculdade. Eu aceitei um convite para ingressar no teatro profissional e já tenho os documentos. Essa é minha vocação, e preciso dedicar todo o meu tempo a ela. Não terei condições de estudar nem de frequentar as aulas.

— Eu a proíbo de fazer isso!

— Sinto que não aprove, papai, mas eu já o fiz.

383

Inutilmente, Norberto tentou convencê-la de todas as formas. Inconformado, procurou Eulália, para quem apelou a fim de conseguir o que pretendia. Amelinha estava decidida e não voltou atrás.

Nervoso, Norberto pretendia impedi-la a todo custo, mas Eulália conseguiu contornar, afirmando que era um capricho da filha. Era uma carreira difícil, e eram raros os que conseguiam sucesso, por isso achava melhor dar tempo a ela para que compreendesse e voltasse atrás. Quando percebesse que o sucesso não viria, certamente perderia o entusiasmo, e essa ilusão passaria.

Mas não passou. Amelinha dedicou-se inteiramente ao trabalho, frequentou cursos com grandes atores e levou muito a sério sua carreira. Levantava cedo e ia para o curso de dança. Quando não estava no teatro ensaiando, estava estudando não só suas falas na peça, mas também a vida dos grandes atores, seus sucessos e fracassos.

Nico era o companheiro habitual de Amelinha. Eurico ia com eles de vez em quando, mas preferia dedicar-se a outros entretenimentos.

Bonita, com talento e carisma, Amelinha brilhou nos palcos, e o sucesso veio, ao contrário do que seus pais esperavam. Surgiram viagens, contratos, fotos em revistas da moda, e a moça viu-se envolvida em muitos compromissos.

Por causa disso, foi se afastando aos poucos não só da família, mas também de Nico, que vibrava com cada sucesso dela, mas sentia muita falta de sua companhia.

Nico estava indo bem no trabalho e era muito procurado como psicólogo. Nos dois anos de formado, ele economizara, mas ainda não juntara o suficiente para comprar a tão sonhada casa para a mãe.

Amelinha ausentava-se, e ele sentia-se sozinho. Eurico convidava-o para sair, mas ele recusava. Não encontrava prazer longe de Amelinha e sofria em silêncio seu amor inconfessado.

Fechava-se no salão, onde costumavam estudar juntos, montava o cavalete, escolhia tintas, pincéis e passava o tempo pintando. Era a forma de extravasar suas emoções, e suas telas ganhavam expressão, luz e força.

Quando o fim do ano chegou, Eurico conseguiu formar-se. Alberto, Liana e os dois filhos chegaram para a solenidade. Amelinha, em viagem pela Argentina, onde estava se apresentando com a companhia, telefonou dizendo que iria fazer o possível para estar presente no grande dia.

Nico colocou seus quadros em um canto e cobriu-os com panos. Deixou espaço livre para João Alberto e Rosa Maria brincarem.

Alberto interessou-se em vê-los e não conteve sua admiração. Chamou Liana e comentou:

— Veja que maravilha! Ele é um gênio. Como pode pintar um quadro assim sem nunca ter aprendido?

Liana lembrou:

— Você sabe que ele foi um pintor famoso em outra vida, e isso confirma as informações que temos.

— É verdade. Isso não pode ficar oculto. Conversarei com um amigo do jornal, e veremos o que acontece.

Alberto conversou com o colega, que foi até lá e ficou tão impressionado que, em seguida, levou um especialista, dono de uma galeria de arte, para vê-los. Depois de conversar com Nico, ele convidou-o a fazer uma exposição.

Para surpresa de todos, Nico hesitou.

— Não sei se vale a pena. Para isso, eu teria de me dedicar mais, talvez estudar um pouco. Acho que não estou pronto.

— Nada disso! Você está mais do que maduro. Há muitos pintores formados em escolas de Belas Artes que não têm sua força. Faço questão de organizar uma exposição.

Nico ainda hesitava.

— Eu terei de pintar mais alguns, e pintura para mim não é obrigação. Não sei se quero fazer isso.

— Façamos uma coisa. Daqui a quinze dias, terei uma exposição em que apresentarei vários artistas. Se me permitir, poderemos expor alguns de seus trabalhos e veremos como o público os receberá.

— Está bem. Se insiste... Escolha os que quiser e pode levar.

Depois que eles se foram, Alberto considerou:

— Pensei que você fosse ficar contente em fazer uma exposição, entretanto, notei que ficou hesitante. Por quê? Não confia em sua arte?

— Não sei. Ao pensar em expor meus quadros, sinto um aperto no coração! Pintar para mim é tão natural quanto respirar. Sempre que olho as coisas à minha volta, até as pessoas, vejo-as retratadas em cores, como se ganhassem forma, força, colorido, expressão. A pintura para mim é um canal para extravasar meus sentimentos, minhas emoções. Se estou alegre, eu pinto; se estou triste, eu pinto também. E dessa forma consigo equilibrar meu espírito.

— Talvez você tenha muito de sua intimidade nessas telas e não deseje que os outros as vejam.

— Pode ser.

— Você é alegre, bem-disposto, nunca o vi queixar-se, mas reconheço que nunca fala de seus sentimentos. É fechado. Não troca confidências, como Eurico ou Amelinha.

— Não acredito que alguém sinta interesse em saber sobre o que vai em meu coração.

Alberto colocou a mão no ombro de Nico e, olhando-o nos olhos, respondeu:

— Eu sinto, Nico. Saiba que o admiro muito. Queria que soubesse que tudo o que se relaciona à sua felicidade me interessa de verdade. E tenho sentido várias vezes que há alguma coisa dentro de você que coloca um brilho triste em seus olhos. O que é?

Nico baixou a cabeça pensativo, ficou calado por alguns segundos e depois considerou:

— Está dando para notar?

— Você disfarça bem, mas eu o conheço muito.

— É... deixar de ser criança tem seu preço.

— Você é um vencedor. Nasceu em uma família pobre e conseguiu subir na vida graças a seu esforço, seu trabalho, sua determinação e coragem. Você só tem motivos para alegrar-se. Além disso, é estimado e respeitado.

— Eu sei. Todos os dias agradeço a Deus e a todos vocês que me ajudaram a conseguir o que possuo. Saiba que sou muito agradecido à vida, que me deu muito mais do que mereço.

— Se não é isso, o que é?

Pelos olhos de Nico passou um brilho de emoção.

— Minha mãe sempre me dizia que, quando o mal não tem remédio, remediado está, portanto, não adianta falar sobre isso.

— Sua mãe é sábia e sabe o que diz, contudo, nós nos enganamos muitas vezes quando acreditamos que um mal não tem remédio, e nisso reside o perigo. Eu já vi muitos doentes desenganados curarem-se, enquanto outros, aparentemente saudáveis, morriam de repente.

Nico sorriu:

— Eis aí nosso querido professor que assume a antiga posição.

— Não fuja do assunto, nem queira me confundir. Habituei-me a lê-lo como um livro aberto, e você nunca poderá me esconder nada.

— Agradeço seu interesse, mas, creia... estou bem e não precisa se preocupar.

— Está bem. Se não deseja falar, eu respeitarei. Mas saiba que estarei sempre aqui do seu lado para o que der e vier. Quando quiser conversar, serei todo ouvidos.

***

O dono da galeria escolheu cinco quadros de Nico, mandou colocar neles luxuosas molduras e os expôs. O sucesso foi absoluto. Alguns críticos, que a princípio haviam ignorado o novo pintor, começaram a interessar-se.

Um dos quadros de Nico saiu em uma importante magazine e, desde então, o rapaz não teve muito tempo para trabalhar em seu consultório. As encomendas sucediam-se, e, por fim, ele achou que estava abusando ao fazer de ateliê o salão da casa de Eulália e acabou alugando uma pequena casa para onde levou seu material de pintura.

Nesse tempo, foi inteiramente absorvido pela pintura, porque, enquanto pintava, se sentia relaxado, esquecia-se do resto do mundo e também de seu amor por Amelinha.

Ela voltou a São Paulo e cada dia mais tornava-se conhecida como atriz. Foi folheando uma revista de moda na casa de Eulália que Nico foi tomado de pânico. Havia uma foto de Amelinha ao lado de um ator famoso, e a notícia dizia que eles estavam apaixonados.

O que ele sempre temia acabara acontecendo. Nico procurou controlar-se, pois sabia que um dia ela se apaixonaria e ele teria de se conformar. Apesar de seu esforço, contudo, não se conformou.

Da janela de seu quarto, Nico viu quando Amelinha chegou, depois da meia-noite, acompanhada pelo moço do retrato. Ele abriu a porta para ela descer, e os dois abraçaram-se e beijaram-se. Nico pensou que fosse desmaiar de angústia. Afastou-se da janela tentando acalmar-se e sentiu vontade de ir falar com Amelinha, dizer que ela não podia amar outro homem, que ela pertencia a ele.

Tentando se controlar, passou a mão pelos cabelos. Ouviu os passos de Amelinha na escada e o barulho da porta de seu quarto fechando. Respirou fundo e resolveu deitar-se, mas ficou revirando-se na cama.

Eram duas da madrugada quando Nico, insone e nervoso, se levantou e foi à cozinha para tomar água. Sentia o peito oprimido e a respiração agitada.

Apanhou o copo, encheu-o e sentou-se na copa para tomar a água devagar, respirando fundo. A dor era muito grande. Ele percebeu que não poderia suportar ver sua amada nos braços de outro, então, resolveu afastar-se, ir embora dali. Já economizara o suficiente para construir uma nova casa para a família no terreno que possuíam.

Iria para Sertãozinho. Não pretendia morar com a família, pois estava disposto a viver sua vida a seu modo e manter sua privacidade. Lá, no sossego da pequena cidade onde nasceu, continuaria pintando seus quadros e mandando-os para a galeria em São Paulo.

Ficar longe de Amelinha seria um sacrifício doloroso, mas vê-la nos braços de outro seria um tormento maior. Não sentia que teria forças para enfrentar isso.

Ouviu passos, e, envolta em um robe, Amelinha apareceu na copa. Vendo-o, assustou-se:

— Puxa! É você? O que está fazendo aí, sentado no escuro?

— Tomando água e pensando na vida.

A claridade que vinha do jardim entrava pelo vitrô, e ela não acendeu a luz.

— Também senti sede.

Apanhou um copo de água, sentou-se ao lado dele e continuou:

— Foi bom encontrá-lo. Quero conversar. Preciso tomar uma decisão.

Nico estremeceu e tentou desviar o assunto:

— É tarde. É melhor irmos dormir.

— Estou sem sono, e, pelo jeito, você também. Faz tempo que não conversamos. Tenho sentido saudade.

Amelinha colocou a mão sobre o braço de Nico e aproximara seu rosto a tal ponto que ele podia sentir seu hálito. Falava baixinho para não acordar o resto da família.

— Eu também. Pensei que apenas eu sentia falta de estarmos juntos. Você tem andado tão ocupada...

— Você também. É bom estarmos aqui, na penumbra, conversando como antigamente. Você se lembra de quando íamos conversar no quarto de Eurico lá na mansão?

— Foram os melhores dias de minha vida. Nunca esquecerei. Gostaria que o tempo não houvesse passado e que ainda fôssemos crianças.

— Pois eu não. Gosto de ser adulta, independente. Por mais saudade que tenha, estou fazendo o que quero agora. Consegui seguir a carreira que sempre sonhei, e meus pais estão conformados. Eu seria uma péssima professora. Do jeito que você falou, deu-me a impressão de que se sentia mais feliz naqueles tempos do que agora.

— É verdade.

— Não entendo. Você é um vencedor; está ficando famoso. Tenho ouvido comentários elogiosos sobre suas telas. Você é um bom psicólogo, mas como pintor é um gênio. Não está contente?

— Estou. É que, quando me recordo de nossa infância, sinto saudade. É só.

— Você estava pensando na vida. Fazendo projetos para o futuro?

— É. Decidi voltar para Sertãozinho.

— Você?! No momento em que está conquistando fama e reconhecimento quer enterrar-se no interior? Pensei que planejasse viajar, ir para a Europa, ver o mundo com que sempre sonhou, contudo, quer fazer o contrário? Não acredito! Alguma coisa está acontecendo. O que é?

— Não está acontecendo nada. Estou um pouco cansado da cidade. Creio que no interior terei mais inspiração para trabalhar. Vamos falar de você. Até quando a peça ficará em cartaz? Li que está nos últimos dias.

— Ficaremos mais duas semanas. Para dizer a verdade, também ando um pouco cansada. Gostaria de tirar umas férias, mas não para ir ao interior. Gostaria de ir para um lugar calmo e em boa companhia.

Nico estremeceu, e ela prosseguiu:

— Hoje, Wilson me pediu em casamento. Faz algum tempo que estamos saindo juntos. Ele sugeriu aproveitarmos essas férias para firmarmos nosso compromisso. Quer aproximar-se da família e convidou todos nós para irmos a uma fazenda de seu pai.

Nico ficou calado. Tinha receio de que, se falasse, ela notasse sua emoção. Não conseguindo dominar a pressão, levantou-se de repente, e ela fez o mesmo dizendo admirada:

— O que foi? Está sentindo alguma coisa?

Nico sentiu um nó na garganta e, fosse pela cumplicidade da penumbra ou pela proximidade dela, não conseguiu se conter. Abraçou-a com força e beijou-a apaixonadamente nos lábios. Amelinha, então, estremeceu, e ele, sentindo toda a força de sua paixão contida, beijou-a diversas vezes apertando-a de encontro ao peito.

Amelinha surpreendeu-se, mas não o repeliu. Ao contrário, correspondeu, e Nico, sentindo-a trêmula em seus braços, esqueceu-se de todos os receios e de todas as ponderações a que se habituara.

Quando conseguiu acalmar-se, largou-a dizendo baixinho:

— Desculpe, mas não pude me conter. Eu a amo, sempre amei. Sei que é impossível, pois reconheço a distância que nos separa. Mas, quando você disse que iria se casar, não pude me controlar.

Amelinha aproximou-se e disse com doçura:

— Nico, por que nunca me disse? Por que deixou que eu pensasse que éramos como irmãos?

— Porque é como você me vê. Sei que não me ama. Nunca percebi nada que me fizesse acreditar que isso seria possível. Mas fique tranquila. Irei embora e nunca mais a incomodarei com meus sentimentos.

— Nico, eu disse que fui pedida em casamento, mas não que havia respondido sim. Gosto de Wilson. Ele é atencioso, agradável, carinhoso, mas não sinto amor por ele, por isso hesitava em aceitar seu pedido. Não quero que vá embora por minha causa. Agora sei que aceitarei esse casamento.

— Não confunda seus sentimentos, Amelinha. Minha falta de controle a perturbou.

Amelinha aproximou-se ainda mais dele, olhou-o nos olhos e disse:

— Nico, já tive alguns namorados, já me entusiasmei e até pensei estar apaixonada algumas vezes. Fui beijada, mas nunca senti com nenhum deles a emoção que seu beijo me despertou. Ainda não sei o que é, mas foi como se uma força maior me arrebatasse, e eu queria que nunca acabasse.

Nico abraçou-a novamente e beijou-a com paixão. Naquele momento, esqueceram-se de tudo que não fosse aquele calor no corpo, transbordando, o coração batendo forte e descompassado e a vontade de que aquele momento fosse eterno.

Então Amelinha puxou Nico pela mão e levou-o até seu quarto. Fechou a porta, e lá se entregaram inebriados às emoções que os uniam.

Já amanhecia quando Nico abriu os olhos. Amelinha, com a cabeça encostada em seu peito, estava adormecida, e ele ficou alguns minutos prendendo a respiração, comovido com a proximidade dela, olhando o rosto que amava, sem se mexer, com receio de acordá-la e acabar com aquele encantamento.

Recordando-se do que acontecera, sentiu uma onda de pavor. Ele sucumbira e arrastara Amelinha com sua paixão. O que ela diria quando acordasse e se desse conta do que acontecera?

Eles haviam se amado com paixão, mas ele temia que, quando o entusiasmo do momento passasse, ela o odiasse. Por que não pôde se controlar? Ele fora recebido naquela casa como um filho e estava traindo a confiança das pessoas que tanto amava.

Nico remexeu-se inquieto, e Amelinha, ainda adormecida, abraçou-o com carinho, apertando-o de encontro ao peito. Emocionado, Nico beijou os cabelos da moça com amor e depois a afastou delicadamente. Ela virou-se para o outro lado e continuou dormindo.

Com cuidado, Nico levantou-se e foi para seu quarto. Sentia-se culpado, mas ao mesmo tempo as lembranças dos momentos de amor que haviam vivido o emocionavam.

O que faria quando todos acordassem? Não se sentia com coragem de aparecer diante de Norberto e Eulália depois do que fizera. O melhor seria ir embora.

Escreveria uma carta à dona Eulália avisando que fora até Sertãozinho ver a família. Era o melhor a fazer, porque, dali para a frente, não se sentiria com forças para conviver com Eurico como um irmão, nem com Amelinha.

Agoniado, sentindo o peito oprimido, Nico arrumou uma mala, escreveu a carta e colocou-a sobre a mesa da sala de jantar. Depois, apanhou a bagagem e saiu sem fazer ruído, levando a tristeza e o remorso no coração.

CAPÍTULO 28

Nico levantou-se e foi até a janela. O jardim da mansão estava lindo como sempre, e ele recordou-se de quando entrara lá pela primeira vez, com o coração cheio de curiosidade, desejoso de conhecer o interior da casa.

Fazia um mês que ele estava hospedado lá a convite de Liana e Alberto, que não o deixaram procurar outro lugar para ficar.

Nico falara de sua intenção de morar em Sertãozinho durante algum tempo e de alugar um lugar para montar seu ateliê. Agradecia o convite e o aceitaria enquanto procurava um espaço só seu. Agora que tinha recursos, desejava realizar esse sonho.

A mãe de Nico não quisera se mudar das terras da família, e ele, então, construiu lá uma casa graciosa, já em fase de acabamento, e todos estavam muito contentes. Cada filho teria seu quarto, e eles não viam a hora de a casa ficar pronta.

Depois que deixou São Paulo, Nico nunca mais viu Amelinha. A princípio, esperava que ela desse notícias, que o procurasse, ainda que fosse para reprovar sua atitude, mas ela não fez nada. Não lhe enviou um telefonema, um bilhete.

O silêncio de Amelinha aumentava sua sensação de culpa, tornando-o triste e calado. Diante dos outros fazia o possível para esconder seus sentimentos, contudo, se conseguia disfarçar o que sentia diante de algumas pessoas, não enganava sua mãe.

Uma noite em que não conseguira conciliar o sono, levantou-se ao ouvir o galo cantar e foi até a casa da mãe. Queria sentar-se mais uma vez ao seu lado embaixo da mangueira, naquele caixão tosco que continuava

393

no mesmo lugar, tomar aquele café gostoso e conversar com ela como nos tempos de infância.

Como foram bons aqueles momentos de intimidade e confidência, só os dois no silêncio da manhã que despontava, ouvindo o chilrear dos pássaros e o cacarejar das galinhas, deixando o pensamento fluir, sonhando com o futuro.

O futuro chegara, e ele conseguira realizar muitas coisas com as quais sonhara, entretanto, embora elas fossem boas, não haviam conseguido dar-lhe a felicidade que acreditaria obter com elas.

É que ele não pensara no amor, nem em como esse sentimento o deixaria vulnerável, estabelecendo outros objetivos que se tornariam importantes para a conquista da felicidade. Agora ele sabia, mas não via possibilidades de realizar o que sonhava.

Chegou à casa da mãe sentindo o cheiro do café que vinha da cozinha. Entrou, beijou-a e, como fazia antigamente, apanhou uma caneca, serviu-se direto do coador e foi sentar-se em seu lugar preferido.

Ficou lá, sorvendo pequenos goles de café, observando os primeiros raios de sol que coloriam o céu e as últimas estrelas que desapareciam conforme a claridade aumentava.

Ernestina foi logo sentar-se ao lado do filho, e ali, juntos como antigamente, Nico não teve receio de falar sobre o amor que tumultuava seu coração, os motivos que o fizeram voltar para sua cidade e o que ele pensava em fazer no futuro.

Ela escutou tudo em silêncio, olhando-o com carinho, sem perder uma palavra. Quando ele terminou, disse apenas:

— Você estudou, melhorou de vida, tem diploma de faculdade, é um artista de nome, mas ainda não deixou de ser aquele menino pobre que ia à porta da venda do seu Zeca à espera de carregar alguma compra e ganhar alguns níqueis. Na verdade, Nico, você nunca saiu daqui.

— Por que está dizendo isso?

— Porque essa é a verdade. Embora você pareça outra pessoa hoje, seja instruído, ganhe dinheiro, se vista como um doutor, nunca deixou de ser o Nico, o menino pobre, cuja mãe é lavadeira e o pai um incapaz. Então, eu lhe pergunto: de que lhe serviu tanto esforço? De que lhe serviu trabalhar tanto se o seu coração continua o mesmo?

— Mãe, não estou entendendo...

— Está, sim. Você fez tudo pensando em nos ajudar, em conquistar o respeito dos outros, e conseguiu. Mostrou que é inteligente, capaz, honesto e trabalhador, mas se esqueceu de ver todas essas qualidades em você. O tempo todo você se sentiu menos que Eurico e Amelinha, pensando que estava com eles de favor.

— Mas essa é a verdade. Eles foram muito bons comigo, me respeitam e me estimam.

— Não estou lhe dizendo o contrário. Eles são maravilhosos. Durante anos, eles me ajudaram com uma mesada generosa, que aliviou o sofrimento da nossa família. Sou eternamente grata a eles por isso e os considero amigos de coração. Entretanto, você só vê esse lado, mas esquece como retribuiu ajudando Eurico a recuperar a saúde, sendo sempre sincero e amigo. Meu filho, seu orgulho o está cegando, e isso é o que está infelicitando-o.

— Orgulho?! Não, pelo contrário. Estou considerando minha real posição.

— Qual é sua real posição? Você é ainda aquele menino pobre, sem estudo, precisando da ajuda dos outros? Claro que não. Hoje, você é um psicólogo, tem diploma universitário, é um artista de nome. Talvez até mais nome do que Amelinha, que está lutando para conquistar um lugar de atriz, mas que, apesar de ser relativamente conhecida, ainda não atingiu fama igual à sua como pintor.

— Não é tanto assim.

— É, sim. Tenho o acompanhado pelos jornais e pelas revistas. O doutor Marcílio sempre me traz as reportagens sobre você. Não que eu dê importância a isso, porque a fama é uma ilusão passageira, mas você está se colocando no lado oposto, como se fosse um fracassado, e isso não é verdade. Você é um vencedor e é digno de se casar com a mulher que ama, se ela o quiser.

— Está falando como mãe.

— Não, meu filho. Você sabe que sempre lhe digo a verdade. Nunca menti pra você. Repito: seu orgulho o está confundindo. Você não é mais o Nico daqueles tempos. Você agora é o Antônio Juventino dos Santos, psicólogo e pintor famoso, que está construindo uma casa para sua família. Essa é a realidade. Mas, enquanto fica se depreciando, com medo de assumir aquilo que é, de deixar ir embora aquele menino pobre que você foi, não merece conquistar a felicidade. Então, ficará aqui, enterrado nesta pequena cidade, sofrendo, se machucando, perdendo tudo o que conquistou. Você conseguiu progredir, e isso pode acontecer a qualquer um, com esforço, perseverança e trabalho. Manter esse progresso, contudo, só será possível quando aceitar em seu coração que você é tão bom quanto qualquer pessoa.

— Talvez tenha razão, mas para a família de Amelinha sempre serei Nico, o menino que eles ajudaram por caridade.

Ernestina colocou a mão no braço do filho e respondeu:

— É você quem está se colocando nessa posição. Pensando dessa forma, nunca chegará a ocupar o lugar que gostaria naquela família. Nunca lhe ocorreu que eles podem vê-lo de outra forma? Que não fariam objeção e até se sentiriam felizes em casar a filha com você?

Nico sobressaltou-se:

— Eles nunca consentiriam.

— O preconceito é seu. Como pode saber se nunca perguntou para eles? Nem sequer teve coragem para se abrir com o Eurico, que é mais do que um irmão pra você.

— Não teria coragem de tocar nesse assunto com ele.

— Por quê? Onde está sua sinceridade?

— Além do mais, Amelinha não me ama. De que serviria falar sobre meus sentimentos?

— Você me decepciona. Nunca pensei que fosse covarde.

Nico endireitou-se no banco, e ela continuou:

— Por que será que essa moça se entregou a você depois de alguns beijos? Será que ela é tão fácil assim?

— Claro que não! — objetou ele. — Eu fui o primeiro... e é isso que me está atormentando.

Ernestina foi à cozinha e voltou logo em seguida com mais café na caneca.

— Quer mais um pouco?

Como ele fez que sim com a cabeça, ela despejou um pouco na caneca dele.

— Tem bastante açúcar. É bom pra acalmar. Então, essa moça, que nunca tinha tido um homem, se entregou a você. Por que será? Não é curioso?

— Acho que a perturbei com meus beijos. Ela me tem amizade, ficou confusa...

— E arrastou você para o quarto em seguida. Pelo que me contou, foi ela quem o levou para lá, não foi?

— Foi.

Ernestina suspirou, meneou a cabeça negativamente várias vezes e depois tornou:

— Você gosta mesmo dela?

— Gosto. Sem ela, a vida não tem mais valor.

— Custa-me a acreditar.

— Eu a amo mais que tudo neste mundo. Por que diz isso?

— Porque, se realmente a amasse, não teria desistido sem ao menos tentar e fica aqui perdendo tempo sem saber a verdade. Fugindo como se tivesse praticado um crime.

— O que posso fazer? Não tenho coragem para olhar para dona Eulália e para o doutor Norberto. Se souberem o que eu fiz, ficarão furiosos.

— Mais furiosos ficarão se descobrirem por meio de outras pessoas.

— Ninguém sabe, a não ser ela e eu.

— E se ela contar?

— Não se atreveria. Teria vergonha.

— Não sei. Ela pode ser mais corajosa que você.

Inquieto, Nico remexeu-se no banco.

— Ela teria coragem?

— Não sei. O que sei é que você gosta da Amelinha e dormiu com ela. Em vez de fugir, o mais decente era pedir a moça em casamento para os pais.

— Não teria coragem.

— Pois seria o mais digno a fazer.

— Ela não me ama.

— Tenho minhas dúvidas, mas o correto era pedir a moça em casamento. Se ela não aceitar, não será culpa sua. Eles não ficarão magoados com você.

— Isso é verdade. Estou começando a pensar que tem razão.

— Pense, meu filho. Vá para casa e reflita sobre tudo o que eu lhe disse. Consulte seu coração e não fique com medo de fazer o que tem vontade. A sinceridade é sempre a melhor escolha. Quantas vezes perdemos a chance de felicidade com medo de enfrentar algumas dificuldades? Você ama a Amelinha! Desejar se casar com ela é natural.

— Ela vai recusar...

— Se recusar, pelo menos você tentou. Não fugirá nem a perderá por omissão.

Nico deu um beijo no rosto da mãe e levantou-se:

— Vou pensar. Prometo.

Naquela noite, Nico mal dormiu, mas, quando voltou para a mansão, não sentiu sono; ficou pensando em tudo o que Ernestina lhe dissera. Reconheceu que era verdade. Apesar das conquistas que fizera na vida, no fundo continuava se vendo como o menino pobre e desvalido que precisava da ajuda dos outros para sobreviver.

Reconheceu que estava vivendo um momento decisivo: ou assumia e via-se como uma pessoa que subira na vida e poderia progredir ainda mais, ou continuaria a julgar-se socialmente inferior. Nesse caso, sua mãe tinha razão: de nada lhe valera ter conquistado o diploma e o sucesso.

As palavras de Ernestina continuavam se repetindo em seus ouvidos, e ele não conseguia esquecê-las. Por fim, decidiu: voltaria a São Paulo e falaria com Amelinha.

Afinal, afastara-se sem dizer nenhuma palavra sobre o que acontecera entre eles. Ela deveria estar magoada. Poderia estar pensando que ele desejava escapar à responsabilidade. A esse pensamento, sentiu-se inquieto. Sim, ele precisava voltar e enfrentar as consequências do que fizera.

Preparou a bagagem, despediu-se de Liana e Alberto e passou pela casa de Ernestina para contar-lhe sua resolução.

— Estou contente de que tenha decidido enfrentar a situação. Não é bom deixar mal resolvido um assunto tão importante como o seu.

— É. Foi o que pensei. A senhora estava certa. Sei que Amelinha não me ama e acredito que dona Eulália e o doutor Norberto não gostariam que ela se casasse comigo, mas, diante do que aconteceu, tenho de me posicionar. Primeiro, falarei com ela para dizer que não pretendo fugir à minha responsabilidade. Vou pedi-la em casamento. Desejo saber também o que ela pensa sobre o que aconteceu entre nós, se devo confessar a seus pais ou se ela prefere manter em segredo.

— Você fala como se ela já tivesse recusado seu pedido de casamento. E se ela aceitar? Se disser que gosta de você?

Inquieto, Nico passou a mão pelos cabelos e suspirou.

— Claro que ela vai recusar. Durante tantos anos de convivência, Amelinha sempre me viu como um irmão. Ninguém deseja se casar com um irmão.

Ernestina sorriu.

— Se eu fosse você, Nico, não teria tanta certeza. As mulheres são imprevisíveis.

— Nesse caso, acho difícil. Apesar disso, estou disposto a enfrentar o que for, afinal, aconteça o que acontecer, pelo menos as coisas se definem. Isso é melhor do que ficar aqui me culpando.

— Vai com Deus, meu filho.

— Obrigado, mãe.

Beijou Ernestina e saiu. Dirigindo seu carro de volta à capital, Nico ia pensando no que poderia estar acontecendo na casa de Eulália. Eurico ligara quase todas as noites para contar-lhe as novidades e perguntar quando ele voltaria. Chegaria de surpresa.

Passava das duas da tarde, quando Nico chegou. Foi recebido com alegria por Eulália, que comentou:

— Ainda bem que voltou! Espero que resolva ficar, porque Eurico anda impossível. Fala em você o tempo todo. "Vou ligar para Nico e contar isso... Vou perguntar quando ele estará de volta..." Vivia me pedindo para ir buscá-lo. Quanto a Amelinha, parece uma sombra. Não sei que bicho a mordeu. Anda de mau humor, quieta, o que não é seu costume. Ando desconfiada de que é alguma coisa de namorado.

— Vai ver que brigou com ele.

— Pode ser. Ele não tem aparecido para buscá-la. Acho que sua presença poderá ajudá-la. Comigo ela nunca se abre. Com você sempre foi diferente. Sei que conta todos os seus segredos, por isso lhe peço: veja se consegue saber o que está acontecendo com ela. Não aguento mais vê-la tão apática, distraída e triste.

Tentando esconder a preocupação, Nico respondeu:

— Conversarei com ela quando chegar.

— Ela está no salão. Deveria ter ido ensaiar, mas disse que não estava muito bem e queria descansar um pouco. Isso me deixou mais desconfiada de que algo não vai bem com ela.

— Levarei a bagagem para o quarto e depois falarei com ela.

— Isso, meu filho. Você tem feito muita falta aqui em casa, viu? Todos nós sentimos saudades dos tempos em que estávamos todos juntos.

— Eu também sinto saudade. Foi um tempo bom.

— Foi, sim. Agora vá, meu filho. Deve estar cansado da viagem, com fome. Deixe a mala no quarto e venha fazer um lanche antes de falar com Amelinha.

— Obrigado, mas comi na estrada. Estou bem. Não se preocupe.

Nico subiu, deixou a mala no quarto, banhou-se, trocou a camisa um tanto suada e empoeirada da viagem e procurou Amelinha no salão.

Abriu a porta e espiou. Ela estava de olhos fechados, deitada no sofá, tendo no colo um maço de papéis. Estaria dormindo?

Nico entrou e aproximou-se dela, chamando:

— Amelinha.

Ela abriu os olhos e disse:

— Você! Você voltou!

Amelinha colocou os papéis sobre a mesinha e sentou-se olhando para ele.

— Voltei porque precisamos conversar.

Nico sentou-se ao lado de Amelinha no sofá.

— Por que foi embora sem dizer nada?

Sem desviar os olhos dos dela, que o fitavam firmes, ele respondeu:

— Porque estava com medo. Senti-me culpado. Por não haver controlado minhas emoções, a arrastei a uma situação delicada. Devo-lhe desculpas por isso.

— É só o que tem para me dizer? Que está arrependido?

— Não. Vim para lhe dizer que, se me aceitar, poderemos nos casar, embora seus pais possam se opor.

— Por que se oporiam?

— Você sabe... não pertenço à mesma classe social que vocês.

— E isso lhe dá o direito de decidir por nós? Você disse que me amava e me beijou com paixão. Está arrependido disso também?

Nico colocou a mão sobre o braço de Amelinha e disse nervoso:

— Sabe, Amelinha, seus pais me receberam nesta casa como um filho, e vocês me trataram como um irmão. Eu não tinha o direito de trair essa confiança.

— Desde quando o amor acontece de acordo com regras e convenções, Nico? Desde quando o amor entre duas pessoas livres e adultas é proibido? Se reconhece que nós o queríamos como se fosse da família, por que ocultou seus sentimentos e agora se envergonha deles? Será que esse amor não é uma ilusão? Será que não está confundindo nossa proximidade, nosso carinho, com amor?

— Você está sendo cruel comigo. Eu gostaria de sentir por você apenas um carinho de irmão, mas o que posso fazer se, quando me aproximo de você, meu corpo treme e sinto desejo de abraçá-la, de beijá-la, de guardá-la em meus braços para sempre? Como posso explicar o que sinto e como tem sido difícil ocultar esses sentimentos por perceber que você não sentia a mesma coisa?

As lágrimas corriam pelo rosto de Amelinha, e Nico passou a mão pelo rosto dela como se quisesse enxugá-las e continuou:

— Estou fazendo você sofrer. Não queria isso.

Ela fitou-o com os olhos molhados e rompeu em soluços. Nico não esperava por isso. Nervoso, abraçou-a dizendo:

— Não chore mais, por favor. Não posso vê-la assim.

Amelinha encostou a cabeça no peito de Nico e continuou soluçando. Ele alisava os cabelos tentando acalmá-la. Por fim, Amelinha passou as mãos no pescoço, levantou a cabeça e beijou os lábios dele, que, inebriado, retribuiu apertando-a de encontro ao peito, sentindo novamente dentro de si aquele turbilhão de emoções.

Beijaram-se várias vezes. Nico estava trêmulo, emocionado, e notou que, assim como ele, Amelinha não conseguia falar. Fez um esforço e tentou acalmar-se. Quando serenou um pouco, disse:

— Eu amo você, Amelinha. Não é pela proximidade, nem pelo fato de estarmos sempre juntos. É amor de verdade. Faz tempo que descobri isso, mas me contive porque você nunca demonstrou sentir atração por mim.

— É que eu não sabia. Naquela noite, quando você me beijou, tudo ficou claro para mim. Senti que o amava e foi por isso que o levei para meu quarto. Foi por amor!

— Não está confundindo seus sentimentos, o carinho de irmão, a afinidade espiritual que sempre tivemos, com amor?

— Por que duvida de mim? Já lhe dei a maior prova que uma mulher pode dar. Depois, quando eu estava feliz, sonhando com nosso futuro, você foi embora sem dizer uma palavra. Fiquei triste, cheia de dúvidas. Por que fez isso?

— Senti-me culpado. Achei que a havia induzido a fazer o que fez. Pensei que eu tinha traído a bondade e a confiança de seus pais. Fui embora com o coração partido. Sofri muito todo esse tempo.

— E agora, por que voltou?

— Porque resolvi deixar de ser aquele menino pobre que sempre fui e assumir o que sou hoje: uma pessoa que tem um diploma, uma profissão, que conseguiu realizar seu sonho e proporcionar conforto e bem-estar à sua família, que tem, além de muito amor e carinho, condições de formar uma família e sustentá-la. Vim para pleitear a conquista mais importante de todas: me casar com você.

Amelinha passou novamente os braços em torno do pescoço de Nico e beijou-o nos lábios com carinho. Depois, afastou-se um pouco e disse alegre:

— Agora está falando verdade. Sempre admirei sua postura firme, sua lucidez, o fato de saber o que queria da vida e trabalhar para conquistar seus objetivos de maneira clara. Por isso, não entendi quando se colocou abaixo de mim e falou de diferença de classes. O importante é o que você é, o que conquistou, com esforço, trabalho, perseverança e boa vontade.

— Você se casaria comigo?

— Depende.

— Do quê?

— De ver como encara esse casamento. Se for por amor, para ficarmos juntos toda vida, eu aceitaria, contudo, se for apenas por causa do que aconteceu naquela noite, só para "reparar um erro", eu sofreria, mas diria não.

Nico abraçou-a e beijou-a delicadamente nos lábios.

— Passar o resto da vida com você é meu maior sonho.

— Tem certeza?

— Tenho.

— Nesse caso, se me pedir, eu aceitarei.

Beijaram-se longamente, e depois ele disse:

— Bem, e agora? Terei de falar com seus pais.

— É o primeiro passo.

— Você acha que me aceitarão?

— Terá de descobrir. — Vendo que ele franzira o cenho preocupado, ela sorriu e continuou: — Do jeito que eles gostam de você, será fácil.

A porta do salão abriu-se, e Eulália entrou. Vendo-os abraçados, parou surpresa. Foi Amelinha quem falou primeiro:

— Mamãe, Nico me pediu em casamento, e eu aceitei.

Eulália abriu a boca e fechou-a de novo sem saber o que dizer. Nico interveio:

— Dona Eulália, nós nos amamos e descobrimos isso há algum tempo, por isso fui embora. Pensei que estava abusando da confiança que tanto a senhora quanto o doutor Norberto depositaram em mim, mas, longe daqui, sozinho, sofrendo, resolvi lutar por esse amor e voltar. Estou aqui. Conversamos, e Amelinha garantiu que também me ama. Pretendia conversar com a senhora e o doutor Norberto juntos e falar de meus sentimentos e do que posso oferecer para a mulher que for minha esposa, porém, já que fomos surpreendidos, acho melhor abrir meu coração.

Eulália aproximou-se e olhou-os com interesse. Seus olhos brilhavam emocionados. Quando Nico se calou, ela disse:

— Fez muito bem em voltar, meu filho. Se vocês se amam de verdade, se pensam em se casar, terão todo o meu apoio. Para ser bem sincera, o futuro de Amelinha tem me preocupado ultimamente. Ela sempre foi ajuizada, mas o ambiente em que trabalha é muito liberal. Há pessoas de todos os tipos. Norberto e eu conversamos sobre isso várias vezes, sentindo receio de que um dia ela se apaixonasse pela pessoa errada e viesse a sofrer. Nós a amamos muito. Ela é nosso raio de sol, com sua alegria e beleza. Deixá-la com você, a quem amamos e confiamos, é para mim uma grande alegria e até certo alívio.

Nico esforçou-se por segurar as lágrimas que estavam prestes a cair, mas não conseguiu. Elas desceram-lhe pelas faces. Eulália abraçou-os com carinho.

— Sejam felizes, meus filhos. Tenho certeza de que Norberto concordará comigo.

— Obrigado, dona Eulália. Depois de tudo o que recebi da senhora nesses anos todos, ainda ganho este presente. Só Deus pode pagar o que tem feito por mim. Desde já, tem minha promessa de que farei tudo pela felicidade de Amelinha. Eu a amo muito.

— Eu sei, meu filho. Para dizer a verdade, estou me sentindo muito feliz.

— Hoje, quando o doutor Norberto chegar, farei o pedido.

— Mandarei fazer um jantar especial. Tenho certeza de que teremos muito a comemorar. Espere até Eurico saber! Ele ficará muito feliz. Estava reclamando tanto de sua ausência.

— Também sinto falta dele.

— Vamos tomar um café na copa. Quero saber como tudo aconteceu.

Abraçados e alegres, eles foram até a copa, sentaram-se ao redor da mesa, trocando ideias e planejando o futuro.

CAPÍTULO 29

O dia chegou lindo, e todos na mansão acordaram cedo. Os empregados iam e vinham cuidando dos preparativos. Era o grande dia do casamento de Amelinha e Nico.

Eles decidiram casar-se na igreja de Sertãozinho, e a recepção seria na mansão. O ambiente era alegre, e a expectativa, grande.

Norberto e a família chegaram na véspera, e Alberto e Liana cuidaram dos preparativos. Nico chegou dois dias antes e hospedou-se na casa de sua família.

A casa que Nico mandara construir era espaçosa, arejada, mobiliada com conforto. Ernestina não lavava mais roupa para fora, mas não parara de trabalhar. Fazia doces tão gostosos que, em pouco tempo, sua fama ultrapassou os limites da pequena cidade, e várias pessoas que passavam por Sertãozinho paravam em sua casa para comprá-los.

Nico mandava-lhe dinheiro todos os meses, e José tomara gosto pela plantação e pela criação de galinhas, ganhava dinheiro e contribuía para as despesas.

Vendo a mãe às voltas com os doces na cozinha, Nico meneava a cabeça e dizia:

— Você já trabalhou muito. Agora é hora de descansar.

Ao que ela respondia:

— Deus me livre de ficar preguiçosa! Não é do meu feitio. Além disso, Jaime está ajudando Zé, mas Nilce e Neusinha não podem crescer sem trabalhar. Precisam aprender para valorizar a vida que têm. Você viu como elas já sabem fazer de tudo na cozinha? Neusinha tem um gosto pra enfeitar os potes de doce que você precisa ver!

405

Nico sorria feliz. Ele sabia que Ernestina nunca ficaria sem trabalhar. O único que não mudara era Jacinto. Preso à sua cadeira de rodas, continuava mais do que nunca pendurado na família.

A princípio, mostrara-se revoltado com a nova situação e com a dieta que o doutor Marcílio o obrigara a fazer. Reclamava de tudo e dizia-se vítima da fatalidade.

Ernestina, entretanto, não se deixou impressionar pelas lamúrias do marido. Traçou para ele férrea disciplina no cumprimento do tratamento médico e, sempre que ele se queixava, argumentava:

— Queixar-se não vai melhorar seu estado. A culpa do que lhe aconteceu é só sua. Não movimentava o corpo, comia muita gordura e estragou a saúde. Além disso, não quis fazer os exercícios que o médico mandou. Se tivesse feito tudo direito, teria voltado a andar.

— Não tenho ânimo. Estou sofrendo muito.

— E se continuar assim, continuará sofrendo. Você não se esforça para melhorar!

— Você não tem pena de mim.

— Não tenho mesmo! Você escolheu essa vida. Nunca me ouviu. Agora me diga: por que eu tenho de ficar ouvindo suas queixas o dia todo? Faça o favor de parar com isso! De agora em diante, todas as vezes em que se queixar, eu o deixarei sozinho. Continuarei cuidando de você, mas não ficarei me aborrecendo com suas reclamações. Eu e as crianças temos o direito de viver alegres dentro de casa.

Ela disse isso e fez. Aos poucos, Jacinto deixou de se queixar e, nos últimos tempos, chegava a participar das brincadeiras e da alegria dos filhos. Jaime tocava violão, e os outros cantavam.

Nico sentia-se feliz observando o progresso dos irmãos e a alegria que reinava em sua família.

Na mansão, Eurico conversava com Alberto, falando de sua satisfação de ter Nico como cunhado.

— Para mim, foi natural. Os dois não se largavam! Além disso, Nico sempre teve uma queda por ela. Quando éramos crianças e brigávamos, ele sempre a defendia. Eu ficava louco de raiva.

— Eles estavam destinados um para o outro. Anos atrás, tivemos uma revelação sobre o passado de sua família. Eles se amavam desde aqueles tempos.

— Puxa! Ninguém nunca me contou isso.

— Temos de ser discretos com as revelações de nossas vidas passadas. Há de se ter bom senso e não fantasiar. As pessoas costumam exagerar esses fatos e acabam desiludidas quando as coisas não acontecem como elas esperavam.

— Não se pode confiar nessas revelações?

— Não se trata disso. Ocorre que elas registram parte de alguns fatos do passado. Querer adivinhar o futuro é ilusão. No presente, as coisas mudam, as pessoas mudam, as oportunidades são outras, além de haver o livre-arbítrio de cada um, escolhendo a todo momento.

— Mas você disse que estavam destinados um para o outro. Poderia ter se enganado?

— Poderia e por isso nunca toquei no assunto. Mas, já que aconteceu, tenho certeza de que serão felizes.

Liana entrou na sala acompanhada de João Alberto.

— Vocês estão com fome? Vou mandar preparar um lanche.

Alberto segurou-a pelo braço:

— Não vá ainda. Sente-se um pouco conosco. Descanse. Está andando de um lado para o outro desde cedo.

Ela sentou-se no sofá ao lado do marido, e João Alberto ficou em pé do lado dela.

— Por que não vai brincar com Rosa Maria? — indagou Liana.

— Quero ajudar você.

— Já ajudou. Agora vá brincar. Vou descansar um pouco e conversar com eles.

— Por que não conversa comigo? Eles estavam conversando muito bem.

Liana franziu o cenho.

— João Alberto, chega de ficar colado em mim. Acho que está na hora de tomar banho e se aprontar para o casamento. Aproveite que o banheiro está vazio.

— Só se você for comigo para escolher a roupa que vou vestir.

— Você está grande e sabe muito bem que vai vestir a roupa que compramos para o casamento.

— Eu só irei se você for comigo.

Liana levantou-se e disse:

— Irei com ele até lá em cima, mas voltarei logo.

Quando eles saíram, Eurico estava sério.

— O que foi? — indagou Alberto.

— O coronel Firmino... continua o mesmo.

Alberto sobressaltou-se:

— Como assim? Você o viu?

— Sim. Hoje ficou bem claro.

407

— O quê?

Eurico respondeu:

— Ele agora se chama João Alberto, mas continua apegado a Liana. Seu filho é o coronel Firmino reencarnado. Acho que vocês já sabem disso.

— Já, mas com o tempo nós nos esquecemos. Você tem razão: ele é muito apegado a Liana e tem muito ciúme dela. Tanto que evitamos nos abraçar sempre que ele está perto. Quando João era menor e nos via abraçados, chorava, tinha crises, suava frio. Por causa disso, temos evitado manifestações de carinho diante dele.

— A reencarnação é um fato. Tenho estudado esses fenômenos e frequentado uma sessão de estudos na casa de um professor meu.

— É bom ouvir isso. Nós também continuamos estudando e frequentando as sessões do doutor Marcílio.

— Gostaria de ir também, antes de voltar a São Paulo.

— Boa ideia. Ele ficará muito feliz. E você? Não pensa em se casar?

— Por enquanto, não. Quem sabe um dia, se aparecer alguém que valha a pena...

Alberto sorriu malicioso. Eurico tornara-se um rapaz bonito e simpático. Já notara que as mulheres olhavam para ele com interesse.

— Vai aparecer, estou certo. Está quase na hora. Acho que vou subir para me preparar.

— Eu também.

***

Quando Nico desceu do carro em frente à igreja da cidade, o povo já se aglomerava à sua espera.

Nico estava bonito, muito elegante, e os que o haviam conhecido desde criança olhavam-no com entusiasmo, admiração e respeito. Ele entrou procurando a sacristia. Minutos depois, Eurico apareceu abraçando-o emocionado.

Aquele casamento era o acontecimento importante da cidade, e o povo comprimia-se lotando a igreja, olhando com curiosidade e alegria a beleza dos arranjos de flores dispostos em profusão e os candelabros com todas as velas acesas. Os convidados haviam chegado e lotavam os lugares que lhes foram reservados.

Nico olhava o relógio com certa impaciência e comentou:

— Espero que Amelinha não se atrase.

— O que é isso? Nunca o vi tão ansioso. Calma. Ela virá. Acha que o deixaria escapar? Está louquinha para agarrá-lo.

Logo depois, Nico foi convidado para dirigir-se ao altar, onde o padre já o aguardava. O rapaz sentia-se muito feliz. Parecia um sonho, e intimamente ele agradecia a Deus tanta felicidade.

A música tocou, as portas principais abriram-se, e Amelinha, de braços dados com o pai, entrou dirigindo-se a passos lentos até o altar, onde os membros das duas famílias a aguardavam.

Nico aproximou-se para receber a noiva, e os dois postaram-se diante do padre, que iniciou a cerimônia imediatamente.

A tarde estava linda, e os convidados assistiam à cerimônia emocionados, vibrando pela felicidade do jovem casal.

Em um canto da igreja, um casal assistia a tudo emocionado, sem que ninguém os pudesse ver. Era o espírito de Anita, que estava acompanhado por seu amigo Neves.

Quando a cerimônia terminou, os dois acompanharam os noivos até entrarem no carro que os levaria de volta à mansão. Neves perguntou:

— Você deseja ir até lá?

— Não. Temos de voltar. Estou contente e aliviada. Sei que eles desfrutarão de um período de tranquilidade e progresso. Finalmente, nós conseguimos nossos objetivos. Helena está feliz em companhia de Amadeo, e não há nada que possa atrapalhá-los. Sou muito grata a você e ao grupo de Marcílio. Sem vocês, teria demorado mais, e o sofrimento deles teria sido maior.

— Você sabe, Anita, como é o processo. Depende exclusivamente do esforço de cada um. Deus espera que as pessoas amadureçam para dar-lhes a felicidade. Nós os protegemos sugerindo-lhes bons pensamentos, ideias do bem, mas estamos proibidos de fazer a parte que lhes cabe.

Anita sorriu, e seus olhos brilharam emocionados. Ela respondeu com voz suave:

— Eu sei, Neves. Embora a felicidade seja nosso maior objetivo, ainda não sabemos distinguir o falso do verdadeiro. Criamos ilusões, perseguimos objetivos falsos e colhemos sofrimento, mas é por meio deles que aprendemos a conhecer a vida e a melhorar nossas atitudes. É possível que venhamos a nos enganar outras vezes, e esse é o preço do progresso. Apesar disso, meu coração está em paz por saber que, acima de todas as nossas falhas e até de nosso livre-arbítrio, a vida está nos protegendo e conduzindo nossos passos para o bem maior.

— A ansiedade atrapalha. As pessoas estão tão voltadas ao mundo material, não têm paciência de esperar e querem fazer tudo sozinhas. Não se ligam com a fonte de vida e nem sequer percebem que um objetivo não alcançado, em vez de ser um fracasso, pode ser uma ajuda. Em tudo só os valores verdadeiros permanecem. Assim, é preciso não esmorecer, fazer sempre o melhor que souber, confiar na sabedoria divina e esperar.

— Essa é a lição que estou aprendendo agora. Há muito deixei a ansiedade. Decidi servir à vida, libertar minha alma das prisões do passado e consegui uma grande vitória hoje.

— Você mereceu, pois não se desesperou. Esforçou-se, trabalhou, soube esperar.

— É que eu sei que quem decide é a sabedoria divina, e ela, meu amigo, só faz acontecer quando chega a hora!

Neves sorriu, colocou o braço dela no seu e disse:

— Vamos embora.

Os dois deslizaram para cima e desapareceram. No céu, as primeiras estrelas começavam a brilhar, iluminando a Terra e revelando a grandiosidade do universo e o poder de Deus.

Fim

GRANDES SUCESSOS DE
ZIBIA GASPARETTO

Com 20 milhões de títulos vendidos, a autora
tem contribuído para o fortalecimento da literatura
espiritualista no mercado editorial e para a popularização
da espiritualidade. Conheça os sucessos da escritora.

Romances
pelo espírito Lucius

A força da vida

A verdade de cada um

A vida sabe o que faz

Ela confiou na vida

Entre o amor e a guerra

Esmeralda

Espinhos do tempo

Laços eternos

Nada é por acaso

Ninguém é de ninguém

O advogado de Deus

O amanhã a Deus pertence

O amor venceu

O encontro inesperado

O fio do destino

O poder da escolha

O matuto

O morro das ilusões

Onde está Teresa?

Pelas portas do coração

Quando a vida escolhe

Quando chega a hora

Quando é preciso voltar

Se abrindo pra vida

Sem medo de viver

Só o amor consegue

Somos todos inocentes

Tudo tem seu preço

Tudo valeu a pena

Um amor de verdade

Vencendo o passado

Sucessos
Editora Vida & Consciência

Amadeu Ribeiro

A herança
A visita da verdade
Depois do fim
Juntos na eternidade
Laços de amor
Mãe além da vida
O amor não tem limites
O amor nunca diz adeus

O preço da conquista
Reencontros
Segredos que a vida oculta vol.1
A beleza e seus mistérios vol.2
Amores escondidos vol. 3
Seguindo em frente vol. 4
Doce ilusão vol. 5

Amarilis de Oliveira

Além da razão (pelo espírito Maria Amélia)
Do outro lado da porta (pelo espírito Elizabeth)
Nem tudo que reluz é ouro (pelo espírito Carlos Augusto dos Anjos)
Nunca é pra sempre (pelo espírito Carlos Alberto Guerreiro)

Ana Cristina Vargas
pelos espíritos Layla e José Antônio

A morte é uma farsa
Almas de aço
As aparências enganam
Código vermelho
Em busca de uma nova vida
Em tempos de liberdade
Encontrando a paz

Escravo da ilusão
Ídolos de barro
Intensa como o mar
Loucuras da alma
O bispo
O quarto crescente
Sinfonia da alma

GRANDES SUCESSOS DE
ZIBIA GASPARETTO

Com 20 milhões de títulos vendidos, a autora
tem contribuído para o fortalecimento da literatura
espiritualista no mercado editorial e para a popularização
da espiritualidade. Conheça os sucessos da escritora.

Romances
pelo espírito Lucius

A força da vida

A verdade de cada um

A vida sabe o que faz

Ela confiou na vida

Entre o amor e a guerra

Esmeralda

Espinhos do tempo

Laços eternos

Nada é por acaso

Ninguém é de ninguém

O advogado de Deus

O amanhã a Deus pertence

O amor venceu

O encontro inesperado

O fio do destino

O poder da escolha

O matuto

O morro das ilusões

Onde está Teresa?

Pelas portas do coração

Quando a vida escolhe

Quando chega a hora

Quando é preciso voltar

Se abrindo pra vida

Sem medo de viver

Só o amor consegue

Somos todos inocentes

Tudo tem seu preço

Tudo valeu a pena

Um amor de verdade

Vencendo o passado

Sucessos
Editora Vida & Consciência

Amadeu Ribeiro

A herança
A visita da verdade
Depois do fim
Juntos na eternidade
Laços de amor
Mãe além da vida
O amor não tem limites
O amor nunca diz adeus

O preço da conquista
Reencontros
Segredos que a vida oculta vol.1
A beleza e seus mistérios vol.2
Amores escondidos vol. 3
Seguindo em frente vol. 4
Doce ilusão vol. 5

Amarilis de Oliveira

Além da razão (pelo espírito Maria Amélia)
Do outro lado da porta (pelo espírito Elizabeth)
Nem tudo que reluz é ouro (pelo espírito Carlos Augusto dos Anjos)
Nunca é pra sempre (pelo espírito Carlos Alberto Guerreiro)

Ana Cristina Vargas
pelos espíritos Layla e José Antônio

A morte é uma farsa
Almas de aço
As aparências enganam
Código vermelho
Em busca de uma nova vida
Em tempos de liberdade
Encontrando a paz

Escravo da ilusão
Ídolos de barro
Intensa como o mar
Loucuras da alma
O bispo
O quarto crescente
Sinfonia da alma

Carlos Torres

A mão amiga
Passageiros da eternidade
Querido Joseph (pelos espírito Jon)
Uma razão para viver

Cristina Cimminiello

A voz do coração (pelo espírito Lauro)
Além da espera (pelo espírito Lauro)
As joias de Rovena (pelo espírito Amira)
O segredo do anjo de pedra (pelo espírito Amadeu)

Eduardo França

A escolha
A força do perdão
Do fundo do coração
Enfim, a felicidade
Um canto de liberdade
Vestindo a verdade
Vidas entrelaçadas

Floriano Serra

A grande mudança
A outra face
Amar é para sempre
A menina do lago
Almas gêmeas
Marcado pelo passado
Ninguém tira o que é seu
Nunca é tarde
O mistério do reencontro
Quando menos se espera...

Gilvanize Balbino

De volta pra vida (pelo espírito Saul)
Horizonte das cotovias (pelo espírito Ferdinando)
O homem que viveu demais (pelo espírito Pedro)
O símbolo da vida (pelos espíritos Ferdinando e Bernard)
Salmos de redenção (pelo espírito Ferdinando)

Jeaney Calabria

Uma nova chance (pelo espírito Benedito)

Juliano Fagundes

Nos bastidores da alma (pelo espírito Célia)
O símbolo da felicidade (pelo espírito Aires)

Lucimara Gallicia
pelo espírito Moacyr

Ao encontro do destino

Márcio Fiorillo
pelo espírito Madalena

Lições do coração
Nas esquinas da vida

Maurício de Castro

A outra (pelos espíritos Hermes e Saulo)
Caminhos cruzados (pelo espírito Hermes)
O jogo da vida (pelo espírito Saulo)
Sangue do meu sangue (pelo espírito Hermes)

Meire Campezzi Marques
pelo espírito Thomas

A felicidade é uma escolha
Cada um é o que é
Na vida ninguém perde
Os desafios de uma suicida (pelo espírito Ellen)
Uma promessa além da vida

Rose Elizabeth Mello

Como esquecer
Desafiando o destino
Livres para recomeçar
Os amores de uma vida
Verdadeiros Laços

Sâmada Hesse
pelo espírito Margot

Revelando o passado
Katie: a revelação

Stephane Loureiro

Resgate de outras vidas

Sérgio Chimatti
pelo espírito Anele

Os protegidos
Um amor de quatro patas

Thiago Trindade
pelo espírito Joaquim

As portas do tempo
Com os olhos da alma
Maria do Rosário
Samsara: a saga de Mahara

Conheça mais sobre espiritualidade com outros sucessos.

vidaeconsciencia.com.br   /vidaeconsciencia   @vidaeconsciencia

Rua das Oiticicas, 75 — SP
55 11 2613-4777

contato@vidaeconsciencia.com.br
www.vidaeconsciencia.com.br